Interdependenzen zwischen den Nachhaltigkeitsdimensionen

Arzu Tschütscher-Alanyurt

Interdependenzen zwischen den Nachhaltigkeitsdimensionen

Steuerungstools mit Fokus auf Banken in der Schweiz und in Liechtenstein

Springer Gabler

Arzu Tschütscher-Alanyurt
Business Administration
Middlesex University London
London, UK

Dieses Werk entstand als Dissertation im Rahmen des Doctor of Business Administration (DBA/Dr.) an der Middlesex University / KMU Akademie.

ISBN 978-3-658-50492-2 ISBN 978-3-658-50493-9 (eBook)
https://doi.org/10.1007/978-3-658-50493-9

Die Deutsche Nationalbibliothek verzeichnet diese Publikation in der Deutschen Nationalbibliografie; detaillierte bibliografische Daten sind im Internet über https://portal.dnb.de abrufbar.

Planung/Lektorat: Karina Kowatsch
Springer Gabler ist ein Imprint der eingetragenen Gesellschaft Springer Fachmedien Wiesbaden GmbH und ist ein Teil von Springer Nature.
Die Anschrift der Gesellschaft ist: Abraham-Lincoln-Str. 46, 65189 Wiesbaden, Germany

Generalklausel

Zugunsten der leichteren Lesbarkeit wird im gesamten Text der vorliegenden Dissertationsschrift auf eine geschlechtsspezifische Differenzierung verzichtet. Stattdessen wird durchgängig die maskuline Form benutzt. Im Sinne der Gleichbehandlung sind diese Bezeichnungen als nicht geschlechtsspezifisch zu betrachten und schließen alle Formen gleichermaßen ein.

Danksagung und Publikationen

Danksagung

Im Verlauf der Arbeit an dieser Dissertation durfte ich die Begleitung und Unterstützung vieler Menschen erfahren, denen ich an dieser Stelle herzlich danken möchte.

An erster Stelle stehen mein Mann und unsere beiden zauberhaften Kinder, die mich unermüdlich unterstützt und an mich geglaubt haben. Dir lieber Klaus danke ich insbesondere für unsere angeregten Gespräche, die mir stets geholfen haben meine Gedanken zu sortieren.

Ein riesiges Dankeschön geht an unsere beiden Söhne. Eure Fröhlichkeit und unendliche Liebe haben mir immer wieder die nötige Energie gegeben. Ihr zeigt mir jeden Tag, wie viel Freude es bereiten kann, zu träumen und für seine Träume zu kämpfen.

Meiner Advisorin, Dr. Anna-Elisa Göke, möchte ich ebenfalls meinen tiefsten Dank aussprechen. Deine Expertise, die konstruktive Kritik und deine kontinuierliche Unterstützung haben mir den Weg gewiesen.

Ein großes Dankeschön gebührt auch meinen treuen Freunden. Der Austausch mit euch hat mir immer wieder geholfen, neue Perspektiven einzunehmen und alternative Ansätze zu erwägen. Eure Freundschaft und Unterstützung werde ich immer schätzen.

Nicht zuletzt danke ich meinen Eltern. Ihr habt mir den Zugang zu einer höheren akademischen Bildung geebnet und mir viele Jahre den Rücken freigehalten. Ihr habt das stabile Fundament gelegt, auf das ich immer weiter aufbauen konnte.

Diese Reise hat mir gezeigt, dass man nie auslernt und dass es nie zu spät ist, seine Ziele zu verfolgen. Mit Ü40 eine Dissertation zu schreiben, ist der Beweis dafür, dass das Lernen und Wachsen ein lebenslanger Prozess ist. Vielen Dank an alle, die diesen Weg mit mir gegangen sind. Diese Dissertation ist ebenso euer Erfolg wie meiner.

Aufzählung der bisherigen Publikationen

Im Verlauf meiner akademischen Laufbahn hatte ich die Gelegenheit, verschiedene wissenschaftliche Arbeiten zu veröffentlichen. Die folgenden Publikationen spiegeln einige Ergebnisse und Schwerpunkte meiner bisherigen Forschung und Praxis wider:

- Aktionärbindungsverträge bei öffentlichen Unternehmen in Liechtenstein. 2022. GMG Verlag.
- Segmentierte Verbandsperson in Liechtenstein. Liechtensteinische Juristenzeitung LJZ 3/21, S. 121–129.
- Stellvertretung im Verwaltungsrat liechtensteinischer Aktiengesellschaften – Eine Analyse unter besonderer Berücksichtigung der Situation liechtensteinischer Banken. 2020. GMG Verlag.
- Nachhaltigkeit in Organisationen. Mit dem positiven Nachhaltigkeitskreislauf in die Zukunft. 2020. Schäffer Poeschel Verlag.

Interessenkonflikt Der/die Autor*in hat keine für den Inhalt dieses Manuskripts relevanten Interessenkonflikte.

Inhaltsverzeichnis

Abkürzungsverzeichnis

AEUV	Vertrag über die Arbeitsweise der Europäischen Union
AI	Artificial Intelligence
AIFMD	Richtlinie über die Verwaltung alternativer Investmentfonds
AMAS	Asset Management Association Switzerland
Art.	Artikel
AT	Österreich
BaFin	Bundesanstalt für Finanzdienstleistungsaufsicht (Deutschland)
BankV	Liechtensteiner Bankenverordnung
BIP	Bruttoinlandsprodukt
BPR	Best Practice Recommendations
Bst.	Buchstabe
BTAR	Banking Book Taxonomy Alignment Ratio
CC	Corporate Citizenship
CDP	Carbon Disclosure Project
CDSB	Climate Disclosure Standard Board
CH	Schweiz
CHF	Schweizer Franken
CIR	Cost-Income-Ratio
CO_2	Kohlenstoffdioxid
CRR	Capital Requirements Regulation
CS	Corporate Sustainability
CSDDD	Corporate Sustainability Due Diligence Directive
CSR	Corporate Social Responsibility
CSRD	Corporate Sustainability Reporting Directive
i. d. Z.	in diesem Zusammenhang
DAX	Deutscher Aktienindex
DE	Deutschland

Disc.	Disclosure
DJSI	Dow Jones Sustainability Index
DNK	Deutscher Nachhaltigkeitskodex
DNSH	Do No Significant Harm
DOI	Digital Object Identifier
DSGVO	Datenschutz-Grundverordnung
EEF	empiriegeleitete Ergebnisformen
EF	Ergebnisformen
EFA	Explanatory Factor Analysis
EFF	empiriegeleitete Fragestellung
EFFAS	European Federation of Financial Analysts Societies
EFRAG	European Sustainability Reporting Standards
EPRA	European Public Real Estate Association
ESAP	European Single Access Point
ESEF	European Single Electronic Format
ESG	Environmental Social Governance
ESGÖ	Environmental Social Governance Ökonomie
ESMA	Europäische Wertpapier- und Marktaufsichtsbehörde
ESRS	European Sustainability Reporting Standards
et al.	et alii
ETP	Exception to Policy
EU	Europäische Union
EUR	Euro
EWR	Europäischer Wirtschaftsraum
EWRA	Abkommen über den Europäischen Wirtschaftsraum
EWR-FNDG	EWR-Finanzdienstleistungs-Nachhaltigkeits-Durchführungsgesetz
EZB	Europäische Zentralbank
EZS	empiriegeleitete Zielsetzung
FAO	Food and Agriculture Organization der Vereinten Nationen
FDIC	Federal Deposit Insurance Corporation
FIDLEG	Schweizer Finanzdienstleistungsgesetz
FINMA	Eidgenössische Finanzmarktaufsicht
FL	Fürstentum Liechtenstein
FMA	Finanzmarktaufsicht
FSB	Financial Stability Boards
FTSE	Financial Times Stock Exchange Index
G20	Gruppe der zwanzig wichtigsten Industrie- und Schwellenländer

GAR	Green Asset Ratio
GEF	gestaltungsgeleitete Ergebnisformen
GFANZ	Glasgow Financial Alliance for Net Zero
GFF	gestaltungsgeleitete Fragestellung
GHG	Greenhouse Gas
GOV	Governance
GRI	Global Reporting Initiative
GRI SRS	GRI Sustainable Reporting Standards
GSSB	Global Sustainability Standards Board
GZS	gestaltungsgeleitete Zielsetzung
HDI	Human Development Index
HR	Human Resources
https	Hypertext Transfer Protocol Secure
i. V. z.	im Vergleich zu
i. Z. m.	im Zusammenhang mit
IAM	integrated assessment models
IDD	Insurance Distribution Directive
IFRS	International Financial Reporting Standards
IIRC	International Integrated Reporting Council
IPCC	Intergovernmental Panel on Climate Change
IR	Integrated Reporting
IRO	impact, risk and opportunity
iSDG	integrated Sustainable Development Goals
ISIC	International Standard Industrial Classification of All Economic Activities
ISO	International Standards Organization
ISSB	International Sustainability Standards Board
JRC	Joint Research Centre
KI	Künstliche Intelligenz
KLD	Kinder Lydenberg Domini Social Rating
KPI	Key Performance Indicator
KVI	Konzernverantwortungsinitiative
KYC	Know your customer
LCA	Life Cycle Assessment
lfr.	langfristig
LLBG	Gesetz über die Liechtensteinische Landesbank
MBO	Management by Objectives
MCDM	Multiple-Criteria-Decision Making
MDGs	Millennium Development Goals

MiFID	Markets in Financial Instruments Directive
Mrd.	Milliarde
MSCI	Morgan Stanley Capital International
NACE	Nomenclature statistique des activités économiques dans la Communauté européenne
NAI	Natur-Aktien-Index
NFRD	Non-Financial Reporting Directive
OECD	Organization for Economic Co-operation and Development
OffG	Liechtensteiner Offenlegungsgesetz
OR	Schweizer Obligationenrecht
ÖUSG	Öffentliche-Unternehmen-Steuerungs-Gesetz
P	Person
PAI	Principal Adverse Impact
PGR	Liechtensteiner Personen- und Gesellschaftsrecht
PPP	Public-Privat-Partnerships
PSI	Principles for Sustainable Insurance
PTF	Project Task Force
PWC	PricewaterhouseCoopers
RBI	Raiffeisen Bank International
RL	Richtlinie
Rn.	Randnummer
RNE	Deutscher Rat für nachhaltige Entwicklung
ROI	Return on Investment
RWA	Risk Weighted Assets
S&P	Standard & Poor's
i. S.	im Sinne
S.	Seite
SAFA	Sustainability Assessment of Food and Agriculture Systems
SASB	Sustainability Accounting Standards Board
SBSC	Sustainability Balanced Scorecard
SBT-FI	Science-Based Targets for Financial Institutions
SBTi	Science Based Targets Initiative
SBVg	Schweizerische Bankiervereinigung
SD	Sustainable Development
SDG	Sustainable Development Goals
SFDR	Sustainable Finance Disclosure Regulation
SIX	Swiss Infrastructure and Exchange
SK	Subkategorie
SMART	Sustainability Monitoring and Assessment Routine

SPI	Sustainable Performance Indicator
SREP	Supervisory Review and Evaluation Process
SROI	Social Return on Investment
SSK	Sub-Subkategorie
STOXX	Stock Exchange
SVV	Schweizerischer Versicherungsverband
SWOT	Strengths, Weaknesses, Opportunities und Threats
TCFD	Task Force on Climate-related Financial Disclosures
TEF	theoretische Ergebnisformen
TFF	theoriegeleitete Fragestellung
TZS	theoriegeleitete Zielsetzung
UBS	Union de Banques Suisses
UCITSD	Undertakings for Collective Investments in Transferable Securities Directive
UCITSG	Undertakings for Collective Investments in Transferable Securities Gesetz
UCITSV	Undertakings for Collective Investments in Transferable Securities Verordnung
UK	United Kingdom
UNDP	United Nations Development Programme
UNEP FI	United Nations Environment Programme Finance Initiative
UNGC	United Nations Global Compact
UNGP	United Nations Guiding Principles on Business and Human Rights
UNO	United Nations Organization
UNPRB	United Nations Principles for Responsible Banking
UNPRI	United Nations Principles for Responsible Investment
UNPSI	United Nations Principles for Sustainable Insurance
US	United States
USA	United States of America
VersAG	Versicherungsaufsichtsgesetz
VO	Verordnung
VRF	Value Reporting Foundation
VUCA	Volatility, Uncertainty, Complexity and Ambiguity
VVO	Liechtensteiner Vermögensverwaltungsverordnung
WCED	World Commission on Environment and Development
WDI	World Development Indicator
WPG	Liechtensteiner Wirtschaftsprüfergesetz

WRI	World Resources Institute
WWF	World Wie Fund for Nature
www	world wide web
ZKBG	Gesetz über die Züricher Kantonalbank
ZS	Zielsetzung

Abbildungsverzeichnis

Tabellenverzeichnis

Teil I
Einleitungsteil

1 Ausgangslage

Die Förderung einer nachhaltigen Entwicklung rückte in den vergangenen Jahren vermehrt in den politischen Fokus, und stellt folglich einen wesentlichen Schwerpunkt jüngster Veränderungen in der europäischen Finanzmarktregulierung dar (Riegler, 2023, S. 23). Dies ist insbesondere auf den im Jahr 2018 durch die Europäische Kommission veröffentlichten Aktionsplan für ein nachhaltiges Finanzwesen zurückzuführen (Griese, 2020, S. 17–18; Hilbert, 2024, S. 98–100), der seinerseits eine Reaktion auf das Pariser Abkommen von 2015 darstellt (Böffel & Schürger, 2023b, S. 229). Der EU-Aktionsplan für ein nachhaltiges Finanzwesen, welcher am 8. März 2018 in einer Pressemitteilung der Europäischen Kommission (2018b) verlautbart wurde, soll die Umsetzung der in Art. 2 des Pariser Übereinkommens festgelegten Klimaziele (Vereinte Nationen, 2015, S. 5) sowie die Erreichung der in der Agenda 2030 der Vereinten Nationen (United Nations General Assembly, 2015, Rz. 59) festgelegten Ziele für nachhaltige Entwicklung unterstützen. Auf die Veröffentlichung des EU-Aktionsplans folgte der EU-Green Deal, der die konkreten Umsetzungspläne für die Europäische Union darlegt und die Schaffung rechtlicher Grundlagen initiiert (Europäische Kommission, 2019a).

Die Finanzwirtschaft soll durch nachhaltige Finanzierungs- und Anlagetätigkeiten die finanziellen Mittel in Bereiche zur Förderung nachhaltiger Entwicklung kanalisieren (Fabian, 2022, S. 94; Kiszka, 2023, S. 100–101; Waschbusch et al., 2021, S. 23) und gleichzeitig Resilienz gegen Nachhaltigkeitsrisiken aufbauen (Frank et al., 2022, S. 118).

Vor dem Hintergrund der zunehmenden Regulierung zur Förderung nachhaltiger Entwicklung (European Banking Authority, 2022a, S. 22) sowie auch der sich zunehmend auf die Nachhaltigkeit ausrichtenden Bedürfnisse der Bankkunden

A. Tschütscher-Alanyurt, *Interdependenzen zwischen den Nachhaltigkeitsdimensionen*, https://doi.org/10.1007/978-3-658-50493-9_1

und die Erwartungshaltungen von Mitarbeitenden und Investoren können Banken der Integration von Nachhaltigkeitsaspekten in ihre Geschäftstätigkeit nicht mehr gänzlich ausweichen (Waschbusch et al., 2021, S. 24). Dies gilt gleichermaßen für Banken innerhalb wie außerhalb der Europäischen Union. Abbildung 1.1 veranschaulicht die Anspruchsgruppen von Banken (Ersoy et al., 2022, S. 2 und S. 11) i. Z. m. Nachhaltigkeitsbelangen.

Abbildung 1.1 Anspruchsgruppen im Umfeld der Banken i. Z. m. Nachhaltigkeitsbelangen. (Quelle: Eigene Darstellung)

Trotz aller Bemühungen scheint die Zielerfüllung i. Z. m. den Sustainable Development Goals (SDGs) sowie dem Klimaabkommen von Paris deutlich negative Planabweichungen aufzuzeigen (IPCC, 2023, S. 57; United Nations, 2024, S. 4). Kostetckaia und Hemetner (2022, S. 924–925) führen diesen Umstand auf das Vorhandensein von Interdependenzen zwischen den drei Nachhaltigkeitsdimensionen und deren Wirkungsweise zurück. In der Identifikation dieser Interdependenzen sowie im effizienten Umgang mit denselben sehen die Autoren einen wesentlichen Teil der Lösung zur Erreichung von Nachhaltigkeitszielen. Diese Forschungsergebnisse bilden die Grundlage für die Motivation zu vorliegender Forschungsarbeit.

Unter dem Überbegriff der Interdependenzen können grundsätzlich sowohl positive als auch negative Wechselwirkungen, Abhängigkeiten oder Beziehungen verstanden werden. Die positiven Interdependenzen werden in weiterer Folge als Synergien, die negativen als Zielkonflikte bezeichnet. Synergien können die Erreichung von Nachhaltigkeitszielen positiv verstärken, während Zielkonflikte hinderlich wirken. Eine durch das Management getroffene Maßnahme zur Förderung eines Nachhaltigkeitsziels in einer Dimension kann im Fall eines Zielkonflikts negative Auswirkungen auf eine oder mehrere andere Nachhaltigkeitsdimensionen entfalten, wohingegen sich im Fall von Synergien positive Wirkungen in mehreren Nachhaltigkeitsdimensionen einstellen und negative Wirkungen gänzlich ausbleiben (Nilsson & Weitz, 2019, S. 255). Eine Betrachtung der drei Dimensionen der Nachhaltigkeit ohne die Berücksichtigung der herrschenden Interdependenzen zwischen denselben kann somit zu nachteiligen Effekten führen. Zum einen können Zielkonflikte die Erreichung nachhaltiger Entwicklungsziele behindern. Zum anderen führen ungenutzte Synergien zu verpassten Chancen (Fader et al., 2018, S. 2).

Die vorliegende Arbeit widmet sich demzufolge den Interdependenzen zwischen den drei Nachhaltigkeitsdimensionen der Ökologie, der Ökonomie und dem Sozialen, sowie der internen Transparenz und Steuerung derselben. Zudem wird eine kontextspezifische Untersuchung der sich daraus ableitenden Forschungsfragen bei Banken in der Schweiz und in Liechtenstein angestrebt. Diese Untersuchung erfolgt zum einen aufgrund der „Schlüsselrolle“, welche die Banken „bei der Neuorientierung der Wirtschaft“ einnehmen (Kiszka, 2023, S. 100–101), und zum anderen aufgrund der Bedeutung des Bankensektors für die beiden Länder Schweiz und Liechtenstein.

Im Jahr 2024 sind in der Schweiz 276 Banken mit aktiver Lizenz tätig (Eidgenössische Finanzmarktaufsicht Schweiz, 2024), wohingegen sich die Zahl in Liechtenstein auf 11 durch die Finanzmarktaufsicht Liechtenstein zugelassene Banken (Finanzmarktaufsicht Liechtenstein, 2024) beschränkt. Diese Zahlen sind indes im Kontext zur Größe der beiden Länder zu betrachten.

Rund 9 % des Bruttoinlandsprodukts der Schweiz wird im Jahr 2022 durch Banken und Versicherungen erwirtschaftet (Eidgenössisches Departement für auswärtige Angelegenheiten, 2024). Der Schweizer Bankensektor ist zum Ende des Jahres 2022 mit einem Anteil von 25 % führend in der weltweit grenzüberschreitenden Vermögensverwaltung und verwaltete dabei Vermögenswerte von 7’847 Milliarden Franken, wovon annähernd die Hälfte aus dem Ausland stammen.[1]

[1] Vgl. Banken und Versicherungen (admin.ch).

Jedoch gehört die Schweiz weder der Europäischen Union (EU) noch dem Europäischen Wirtschaftsraum (EWR) an, weshalb die europäische Banken- und Finanzmarktregulierung auf Schweizer Banken keine unmittelbare Anwendung findet. Aufgrund der intensiven Außenhandelsbeziehungen der Schweiz zu den Ländern der EU und des EWR findet jedoch eine weitreichende Annäherung, insbesondere der Schweizer Nachhaltigkeitsregulierung, an die europäischen Regularien statt (Schweizer Bundesrat, 2022c; Stern, 2020, S. 98–99 und S. 301–302).

In Liechtenstein trägt der Finanz- und Versicherungssektor in Summe 11.5 % zur Bruttowertschöpfung des Jahres 2021 bei (Amt für Statistik Liechtenstein, 2023, S. 6). Da Liechtenstein seit dem Jahr 1995 ein EWR-Mitgliedsland ist, kommt die europäische Banken- und Finanzmarktregulierung zur Anwendung. Liechtenstein und die Schweiz sind als geografische Nachbarländer über fünf Brücken über den Rhein verbunden. Zudem verfügt Liechtenstein in Teilbereichen nicht über eigene Infrastruktureinrichtungen, wie eine eigene Autobahn, einen eigenen Flughafen, eine nationale Armee oder eine Nationalbank. Vielmehr stellt die Schweiz dem Land Liechtenstein Infrastruktur und Dienstleistungen in unterschiedlicher Form und Ausprägung zur Verfügung. Zwischen Liechtenstein und der Schweiz bestehen zahlreiche bilaterale Abkommen, dabei auch solche, die den Finanzdienstleistungssektor betreffen. Des Weiteren bilden beide Länder eine Zollunion, Liechtenstein setzt den Schweizer Franken als Landeswährung ein und das Schweizer Recht stellt in weiten Bereichen die Rezeptionsgrundlage für das liechtensteinische Recht dar. Umgekehrt nutzen viele Schweizer Unternehmen das Land Liechtenstein wirtschaftlich gesehen als Brücke zur EU, indem diese Tochtergesellschaften in Liechtenstein gründen (Marxer, 2007, S. 41–43).

Die Bedeutung des Bankensektors ist somit in beiden Ländern vergleichbar. Während Liechtenstein als EWR-Mitgliedsland die europäische Nachhaltigkeitsregulierung umzusetzen hat, gestaltet die Schweiz ihren regulatorischen Rahmen unter Beachtung ihrer geografischen Lage sowie der engen Außenhandelsbeziehungen zu den europäischen Mitgliedsstaaten zwar weitestgehend autark, jedoch in Anlehnung an die europäischen Gegebenheiten, worauf in Abschnitt 6.3 noch näher einzugehen sein wird.

2 Problemstellung

Die Problemstellung der vorliegenden Thematik ergibt sich aus der Notwendigkeit, die Interdependenzen zwischen den drei Nachhaltigkeitsdimensionen, somit zwischen der ökologischen, der sozialen und der ökonomischen Dimension, kontextspezifisch bei Banken in der Schweiz sowie in Liechtenstein zu erkennen (Urban & Hametner, 2022, S. 2) und zum Zweck einer Optimierung des Umgangs mit denselben interne Transparenz- und Steuerungsmechanismen aufzuzeigen bzw. in weiterer Folge zur Anwendung zu bringen (Sailer, 2022, S. 171 und S. 181). Im Falle fehlender Transparenz und Steuerung von Interdependenzen kann dieser Umstand zu nachteiligen Nachhaltigkeitswirkungen oder ungenutzten Synergien bei der Umsetzung von Nachhaltigkeitsstrategien führen (Beuermann et al., 2020, S. 19; Breu et al., 2021, S. 198). Folglich lassen sich zwei Problemstellungen formulieren:

P1: Die einzelnen Nachhaltigkeitsdimensionen werden im Zusammenhang mit geplanten Vorhaben strategischer oder operativer Art oftmals isoliert betrachtet, ohne dabei die Interdependenzen zwischen den Nachhaltigkeitsdimensionen und damit die Auswirkungen dieser Interdependenzen auf die Erreichung der Nachhaltigkeitsziele insgesamt bei Banken in der Schweiz und in Liechtenstein zu berücksichtigen (Müller-Christ, 2020, S. 85). Die Ursache kann darin vermutet werden, dass zwar das Bestehen von Interdependenzen zwischen den Nachhaltigkeitsdimensionen in der Literatur als unbestritten gilt, indes diese bislang weder systematisch noch branchenspezifisch untersucht wurden und in der Praxis derzeit nicht die erforderliche Aufmerksamkeit erfahren.

P2: Erfolgt keine periodische sowie transparente Darstellung, Überwachung und Steuerung der Interdependenzen zwischen den Nachhaltigkeitsdimensionen, können diese übersehen werden, wodurch negative, ungesteuerte Effekte auf die

A. Tschütscher-Alanyurt, *Interdependenzen zwischen den Nachhaltigkeitsdimensionen*, https://doi.org/10.1007/978-3-658-50493-9_2

nachhaltige Entwicklung der Banken in der Schweiz und in Liechtenstein, oder negative Einflüsse aus Bankaktivitäten auf die externen Nachhaltigkeitsfaktoren entstehen können. Die gängigen Berichtsstandards für die Nachhaltigkeitsberichterstattung, wie bspw. der GRI-Standard als bekanntester Standard (Global Reporting Initiative, 2021), sehen heute lediglich die Darstellung von qualitativen sowie quantitativen Indikatoren pro Nachhaltigkeitsdimension vor. Möglichkeiten der Darstellung, Überwachung und Steuerung von Interdependenzen zwischen den Nachhaltigkeitsdimensionen werden indes keine empfohlen.

Nachfolgend wird auf das Forschungsinteresse und die Relevanz der vorliegenden Forschungsarbeit eingegangen.

3 Erkenntnisinteresse und Relevanz der Arbeit

Aus den im vorherigen Abschnitt dargestellten Problemstellungen lassen sich im Wesentlichen wie folgt zwei Themenfelder für Forschungsfragen ableiten, deren Behandlung und Zuführung zu Lösungsansätzen einen Nutzen sowohl für die Forschung als auch die Praxis stiften können.

3.1 Themenfelder

Im Rahmen dieses Dissertationsvorhabens werden, wie in Abbildung 3.1 grafisch dargestellt, im Wesentlichen zwei Themenfelder behandelt. Einerseits werden mögliche Interdependenzen zwischen den drei Nachhaltigkeitsdimensionen bei Banken in der Schweiz und in Liechtenstein aufgezeigt. Andererseits werden interne Transparenz- und Steuerungsmechanismen für diese Interdependenzen vorgeschlagen.

3.2 Forschungsrelevanz

Die Beantwortung der diesem Forschungsvorhaben zu Grunde liegenden Forschungsfragen soll einen Beitrag zur Schließung der in der Forschung identifizierten und in Teil II/ Abschnitt 7.4 noch darzulegenden Forschungslücken leisten, indem Interdependenzen zwischen den drei Nachhaltigkeitsdimensionen bei Banken identifiziert und interne Transparenz- und Steuerungsmechanismen dieser aufgezeigt werden. Damit besteht eine Forschungsrelevanz dieses Dissertationsvorhabens.

A. Tschütscher-Alanyurt, *Interdependenzen zwischen den Nachhaltigkeitsdimensionen*, https://doi.org/10.1007/978-3-658-50493-9_3

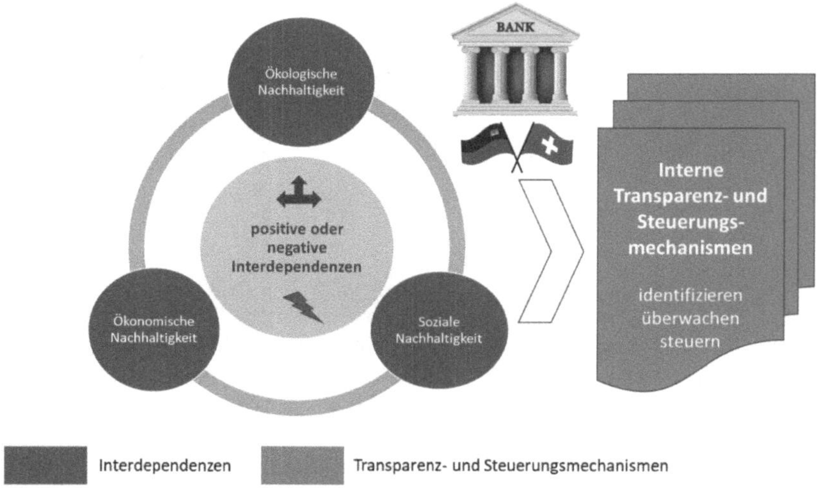

Abbildung 3.1 Themenfelder der Forschungsarbeit. (Quelle: Eigene Darstellung in Anlehnung an Tschütscher-Alanyurt 2022, S. 92)

3.3 Praxisrelevanz

Der Nutzen für die Praxis, im Konkreten für Entscheidungsträger von Banken, ergibt sich aus dem Aufzeigen möglicher Interdependenzen zwischen den drei Nachhaltigkeitsdimensionen, und bildet in weiterer Folge eine branchenspezifische Orientierungshilfe für die institutsspezifische Identifikation von Interdependenzen. Zudem sollen dieser Zielgruppe weitere interne Transparenz- und Steuerungsmechanismen für den Umgang mit institutsspezifischen Interdependenzen empfohlen werden.

Die Relevanz dieser Forschungsarbeit für die Praxis besteht folglich darin, Kosten und Risiken aus ungünstigen Entscheidungen aufgrund unerkannter, intransparenter oder nicht effektiv gesteuerter Interdependenzen für Banken, und in weiterer Folge für ganze Volkswirtschaften zu vermeiden, insbesondere im Falle systemrelevanter Banken.

Zielstellung der Dissertation

4

In diesem Abschnitt werden die beiden übergeordneten, zu untersuchenden Hauptzielstellungen und deren -ergebnisse dargestellt und schließlich in die untergeordneten theoriegeleiteten, empiriegeleiteten und gestaltungsgeleiteten Teilzielstellungen und -ergebnisse untergliedert.

4.1 Haupt- und Teilzielstellungen

Die dem vorliegenden Forschungsvorhaben zugrunde liegenden Hauptzielstellungen lassen sich analog zu den in Teil I/ Abschnitt 3.1 formulierten Themenfeldern wie folgt in zwei Zielstellungen unterteilen.

4.1.1 Hauptzielstellung

ZS1: Die aus der Literatur sowie der Regulierung gewonnenen Erkenntnisse zu Interdependenzen zwischen den drei Nachhaltigkeitsdimensionen im Allgemeinen sollen mit den durch Experten im Rahmen von Experteninterviews aufgezeigten Interdependenzen bei Banken in der Schweiz und in Liechtenstein diskutiert werden. Aus den Experteninterviews resultierend sollen branchenspezifische Orientierungshilfen zur institutsspezifischen Identifikation von Interdependenzen bereitgestellt werden, die im Rahmen von internen Strategie- und Entscheidungsfindungsprozessen berücksichtigt werden sollen.

ZS2: Die anhand der Literatur identifizierten Möglichkeiten zur transparenten Darstellung und Steuerung von Interdependenzen zwischen den drei Nachhaltigkeitsdimensionen, sofern solche vorhanden sind, sollen mit den durch Experten

A. Tschütscher-Alanyurt, *Interdependenzen zwischen den Nachhaltigkeitsdimensionen*, https://doi.org/10.1007/978-3-658-50493-9_4

im Rahmen der Experteninterviews genannten Transparenz- und Steuerungsmechanismen für Interdependenzen zwischen den drei Nachhaltigkeitsdimensionen diskutiert werden. Aus den Diskussionen resultierend sollen konkrete Empfehlungen für interne Transparenz- und Steuerungsmechanismen zur Anwendung bei Banken in der Schweiz und in Liechtenstein erarbeitet werden.

4.1.2 Theoriegeleitete Zielstellungen

Aus den zuvor genannten Hauptzielstellungen lassen sich die im Folgenden genannten theoriegeleiteten Zielstellungen ableiten, wobei die theoretischen Erkenntnisse zu einem allgemeinen Verständnis über Interdependenzen zwischen den Nachhaltigkeitsdimensionen, deren grundlegenden Ausprägungsformen, Wirkungsweisen sowie Einflussfaktoren führen sollen:

TZS1: Ableitung des Forschungsstandes aus der Literatur zu Interdependenzen zwischen den drei Nachhaltigkeitsdimensionen im Allgemeinen, deren Ausprägungsformen, Wirkungsweisen und Einflussfaktoren. Die gewonnenen Erkenntnisse dienen als Grundlage für die darauf aufbauende empiriegeleitete Untersuchung.

TZS2: Identifizierung von Transparenz- und Steuerungsmechanismen für Interdependenzen zwischen den drei Nachhaltigkeitsdimensionen aus der Literatur. Die gewonnenen Erkenntnisse dienen als Grundlage für die darauf aufbauende empiriegeleitete Untersuchung.

4.1.3 Empiriegeleitete Zielstellung/en

Als empiriegeleitete Zielstellungen werden die beiden Folgenden aufgeführt:

EZS1: Ableitung von Interdependenzen zwischen den drei Nachhaltigkeitsdimensionen bei Banken in der Schweiz und in Liechtenstein aus den Nennungen durch Experten im Rahmen der Experteninterviews und der Diskussion derselben mit den Erkenntnissen aus der Theorie.

EZS2: Aufzeigen der im Rahmen der Experteninterviews genannten Transparenz- und Steuerungsmechanismen für Interdependenzen zwischen den drei Nachhaltigkeitsdimensionen bei Banken in der Schweiz und in Liechtenstein und der Diskussion derselben mit den Erkenntnissen aus der Theorie.

4.1.4 Gestaltungsgeleitete Zielstellung/en

In weiterer Folge werden die gestaltungsgeleiteten Zielstellungen definiert. Diese sollen auf Basis der theorie- sowie empiriegeleiteten Erkenntnisse erarbeitet werden.

GZS1: Empfehlung zur Überprüfung institutsspezifischer Interdependenzen zwischen den drei Nachhaltigkeitsdimensionen im Rahmen der Festlegung der Geschäfts- und Nachhaltigkeitsstrategie sowie im Zuge sonstiger strategischer sowie operativer Entscheidungsfindungsprozesse durch das Management von Banken in der Schweiz und in Liechtenstein.

GZS2: Empfehlung zur Anwendung interner Transparenz- und Steuerungsmechanismen für die Darstellung von und den Umgang mit Interdependenzen zwischen den drei Nachhaltigkeitsdimensionen bei Banken in der Schweiz und in Liechtenstein.

4.2 Erwartete neue Ergebnisse und Erkenntnisse

Als Ergebnis aus den zuvor dargelegten Zielstellungen lassen sich zusammengefasst folgende Ergebnisse erwarten.

4.2.1 Erwartete neue Ergebnisse und Erkenntnisse der Dissertation

EF1: Beschreibung möglicher Interdependenzen zwischen den drei Nachhaltigkeitsdimensionen für Banken in der Schweiz und in Liechtenstein als Orientierungshilfe zur Identifikation institutsspezifischer Interdependenzen sowie Berücksichtigung derselben im Rahmen von Strategie- und Entscheidungsfindungsprozessen.

EF2: Empfehlung interner Transparenz- und Steuerungsmechanismen für Interdependenzen zwischen den Nachhaltigkeitsdimensionen für eine Anwendung durch Banken in der Schweiz und in Liechtenstein.

4.2.2 Erwartete neue Ergebnisse und Erkenntnisse des theoretischen Teils

Die folgenden beiden theoriegeleiteten Ergebnisse lassen sich aus vorherig in Abschnitt 4.2.1 Ausgeführtem ableiten und werden demzufolge angestrebt:

TEF1: Aus der Literatur abgeleitetes Verständnis zu Interdependenzen zwischen den drei Nachhaltigkeitsdimensionen, deren Ausprägungsformen, Wirkungsweisen und Einflussfaktoren im Allgemeinen.

TEF2: Aus der Literatur abgeleitetes Verständnis zu möglichen Transparenz- und Steuerungsmechanismen für Interdependenzen zwischen den drei Nachhaltigkeitsdimensionen im Allgemeinen.

4.2.3 Erwartete neue Ergebnisse und Erkenntnisse des empirischen Teils

Die Bearbeitung der empiriegeleiteten Zielstellungen sollen zu den in der Folge genannten empiriegeleiteten Ergebnissen führen:

EEF1: Beschreibung von möglichen Interdependenzen zwischen den drei Nachhaltigkeitsdimensionen im Speziellen bei Banken in der Schweiz und in Liechtenstein, abgeleitet aus der Nennung durch Experten im Rahmen der Experteninterviews und nach Diskussion mit den theoretischen Erkenntnissen.

EEF2: Beschreibung möglicher interner Transparenz- und Steuerungsmechanismen für Interdependenzen zwischen den drei Nachhaltigkeitsdimensionen im Speziellen bei Banken in der Schweiz und in Liechtenstein, abgeleitet aus der Nennung durch Experten im Rahmen der Experteninterviews und nach Diskussion mit den theoretischen Erkenntnissen.

4.2.4 Erwartete neue Ergebnisse und Erkenntnisse des Gestaltungsteils

Erwartet werden abschließend die folgenden beiden gestaltungsgeleiteten Ergebnisse:

GEF1: Empfehlung zur institutsspezifischen Identifikation von Interdependenzen sowie Berücksichtigung derselben im Rahmen von Strategie- und Entscheidungsfindungsprozessen bei Banken in der Schweiz und in Liechtenstein.

GEF2: Empfehlung zur Anwendung von internen Transparenz- und Steuerungsmechanismen für bestehende bzw. potenzielle Interdependenzen zwischen

Tabelle 4.1 Stringenz-Matrix. (Quelle: Eigene Darstellung)

Elemente der Arbeit	Umsetzung in der Arbeit	Stringenz (−2 bis +2)
Problemstellung & Forschungsziele: Kontextspezifische Analyse der Interdependenzen zwischen den drei Nachhaltigkeitsdimensionen bei Banken in der Schweiz und in Liechtenstein sowie der Möglichkeiten zur transparenten Darstellung, Überwachung und Steuerung von Interdependenzen.	Ausgehend von der Problemstellung, Gewinnung von Erkenntnissen zu Zielkonflikten & Synergien sowie Transparenz- & Steuerungsmechanismen im Allgemeinen aus der Theorie und im Speziellen aus der Empirie. Ableitung von Handlungsempfehlungen im Gestaltungsteil.	+2 (klar definierte Ziele, Abgrenzungen; passend zur Problemstellung)
Forschungslücke & Forschungsfragen: 1. Welche Interdependenzen bestehen zwischen den drei Nachhaltigkeitsdimensionen bei Banken in der Schweiz und in Liechtenstein? 2. Welche Transparenz- und Steuerungsmechanismen eignen sich für den Umgang mit diesen Interdependenzen?	Beide Forschungsfragen adressieren die identifiziere Forschungslücke und leiten sich aus den Forschungszielen ab. Sie werden kontextspezifisch für Banken in der Schweiz und in Liechtenstein untersucht.	+2 (Forschungsfragen aus Forschungslücke abgeleitet)
Theoretischer Rahmen: Integrierte Nachhaltigkeitsmodelle; Triple-Bottom-Line; Nexus-Approach; Seven-Point-Scale-Methode; Institutionelle Theorie.	Der theoretische Rahmen dient als Grundlage zur Diskussion und Interpretation der Ergebnisse (Teil III/ Abschnitt 12.1) und wird systematisch zur Rückanbindung der Ergebnisse an die Theorie herangezogen.	+2 (theoretischer Rahmen geeignet)

(Fortsetzung)

Tabelle 4.1 (Fortsetzung)

Elemente der Arbeit	Umsetzung in der Arbeit	Stringenz (−2 bis +2)
Methodik: Qualitativer Forschungsansatz.	Exploratives Forschungsdesign unter Berücksichtigung der Komplexität und Vielschichtigkeit der Interdependenzen zwischen den Nachhaltigkeitsdimensionen sowie des Umgangs mit ihnen.	+2 (Qualitativer Forschungsansatz geeignet)
Datenerhebung: Teilstandardisierte Experteninterviews.	Durchführung von 12–15 teilstandardisierten Experteninterviews unter Anwendung eines Pre-Tests zur Optimierung des Interviewleitfadens; theoretische Sättigung wird sichergestellt; ein kriterienbasiertes Sampling für eine homogene Expertengruppe wird angestrebt.	+2 (Datenerhebungsmethode geeignet)
Datenanalyse: Qualitative Inhaltsanalyse in Anlehnung an Kuckartz.	Strukturierte Analyse basierend auf der in sieben Phasen gegliederten inhaltlich-strukturierenden qualitativen Inhaltsanalyse nach Kuckartz.	+2 (geeignetes Analyseverfahren)

(Fortsetzung)

Tabelle 4.1 (Fortsetzung)

Elemente der Arbeit	Umsetzung in der Arbeit	Stringenz (−2 bis +2)
Erwartete Ergebnisse: 1. Kontextspezifische Zielkonflikte & Synergien; 2. Systematisierungen von Transparenz- und Steuerungsmechanismen.	1. Detailliert aufgezeigte Zielkonflikte und Synergien sollen als branchenspezifische Orientierungshilfe im Rahmen der institutsspezifischen Identifikation von Interdependenzen zur Anwendung kommen 2. Spezifische Transparenz- und Steuerungsmechanismen sollen beim Umgang mit den kontextspezifischen Interdependenzen unterstützen.	+2 (Ergebnisse passen zu den Fragestellungen)
Handlungsempfehlungen: 1. Berücksichtigung von Interdependenzen in Strategiesetzungs- und Entscheidungsfindungsprozessen; 2. Anwendung von Transparenz- und Steuerungsmechanismen in strategischen und operativen Prozessen.	Implementierung der Ergebnisse in strategische und operative Prozesse – beginnend bei der Governance, über die Strategie und Planung, die Operationalisierung, bis hin zum internen Berichtswesen.	+2 (schlüssige und praxisnahe Empfehlungen)

den drei Nachhaltigkeitsdimensionen bei Banken in der Schweiz und in Liechtenstein.

4.3 Überprüfung der Stringenz

Die in Tabelle 4.1 dargestellte Matrix dient der Überprüfung und Bewertung der inhaltlichen Stringenz zwischen Problemstellung, Methodik, Theoriebezug und Ergebnistransfer. Die Skala der Stringenz-Matrix reicht von −2 bis +2 und dient der Bewertung des Grades an Stringenz, wobei −2 für eine sehr geringe bzw. fehlende Stringenz steht und +2 eine hohe Stringenz zum Ausdruck bringt (Tabelle 4.1).

4.4 Inhaltliche Abgrenzung

Die in der Folge dargelegten Abgrenzungen dienen der eindeutigen Festlegung der Ziele und Grenzen des Dissertationsvorhabens.

Zum einen sollen in vorliegender Arbeit mögliche Interdependenzen zwischen der ökologischen, ökonomischen sowie sozialen Nachhaltigkeitsdimension bei Banken in Theorie und Praxis beschrieben, und zum anderen interne Transparenz- und Steuerungsmechanismen für diese Interdependenzen aufgezeigt werden.

Keine Berücksichtigung finden hingegen weitere, in der Theorie vereinzelt aufgebrachte Dimensionen oder Faktoren der Nachhaltigkeit, wie die sog. Kultur-Dimension (F. M. Zimmermann, 2016b, S. 15), die sog. Resilienz-Dimension (Fathi, 2019, S. 25) oder die sog. Technologie-Dimension (Eling, 2022, S. 24–25), da sich diese Ansätze in der Forschung nicht durchsetzen konnten.

Auch sind die Interdependenzen zwischen den physischen und transitorischen Risiken innerhalb der ökologischen Nachhaltigkeitsdimension bzw. der umwelt- und klimabezogenen Risikokategorie nicht Teil der Untersuchung dieser Arbeit (BaFin, 2020, S. 8 & 11; Kumpan & Misterek, 2023, S. 12; Lopatta et al., 2022, S. 1070). Umweltrisiken beschreiben das Risiko von finanziellen Auswirkungen auf Banken, etwa aufgrund des Klimawandels. Diese Risikokategorie kann zum einen in die physischen und zum anderen in die transitorischen Risiken unterteilt werden. Ersteres beschreibt zum Beispiel die physischen Auswirkungen eines Extremwetterereignisses mit der Konsequenz finanzieller Schäden für die Bank, wohingegen zweiteres die finanziellen Folgen für Banken bezeichnet, die aufgrund regulatorischer Maßnahmen im Rahmen der Transition zu nachhaltiger Entwicklung entstehen (Smet, 2023, S. 280). Zwischen den physischen und transitorischen Risiken bestehen Interdependenzen (Böffel & Schürger, 2023b, S. 266). Während durch eine strenge CO_2-Regulierung in der kurzen Frist transitorische Risiken schlagend werden, können in der längerfristigen Betrachtung physische Risiken verhindert oder gemildert werden (Smet, 2023, S. 281).

In vorliegender Arbeit werden zudem die Effekte regulatorisch bedingter externer Berichtspflichten bzw. die positiven oder negativen Wirkungen einer freiwilligen externen Offenlegung zu Interdependenzen zwischen den drei Nachhaltigkeitsdimensionen, beispielsweise auf den Firmenwert oder die Marktpositionierung, nicht analysiert. Externe Berichtspflichten werden lediglich zur Gewinnung möglicher Erkenntnisse für die Beantwortung der Forschungsfragen durch Übertragung und Anpassung näher betrachtet. Die Eingrenzung des Forschungsvorhabens auf die interne Transparenz und Steuerung liegt insbesondere darin begründet, dass Banken als regulierte Finanzinstitute oftmals auch auf dem Kapitalmarkt gelistet sind und bereits externen Offenlegungspflichten unterliegen (Fabian, 2022, S. 104–107), die in vorliegender Arbeit als gegeben hingenommen werden. Das vorliegende Forschungsvorhaben soll demnach keine Ablenkung durch Diskussionen über den Umgang mit Geschäftsgeheimnissen i. Z. m. dem Ausmaß der Transparenz im externen Berichtswesen erfahren.

In der vorliegenden Arbeit werden somit ausschließlich interne Transparenz- und Steuerungsmechanismen für Interdependenzen zwischen den drei Nachhaltigkeitsdimensionen betrachtet, um die transparente Darstellung und effektive Steuerung derselben unternehmensintern sicherzustellen.

Es gilt auch zwischen den Transparenz- und Steuerungsmechanismen von Interdependenzen auf der einen Seite und den auf diesen Erkenntnissen basierenden Entscheidungsfindungsprozessen auf der anderen Seite zu differenzieren. Lediglich Ersteres wird von der zweiten Hauptzielstellung umfasst. Das Dissertationsvorhaben hat hingegen nicht die Entwicklung von Entscheidungsfindungsmethoden bzw. Priorisierungsmechanismen, bekannt ist i. d. Z. beispielsweise das sog. Multiple-Criteria-Decision-Making (MCDM) (Sousa et al., 2021, S. 2) oder die sog. multi-kriterielle Optimierung (Schwaab, 2018, S. 9), beim Vorliegen von Interdependenzen zwischen den drei Nachhaltigkeitsdimensionen zum Ziel.

Eine wesentliche Eingrenzung stellt die kontextspezifische Bearbeitung der Forschungsfragen ausschließlich mit dem Bezug auf das Bankenwesen dar, wobei zusätzlich eine regionale Eingrenzung auf die Länder Schweiz und Liechtenstein vorgenommen wurde. Die branchenspezifische sowie regionale Eingrenzung wird als sinnvoll erachtet, da sich Interdependenzen zwischen den drei Nachhaltigkeitsdimensionen in verschiedenen Branchen und Regionen der Welt wesentlich unterscheiden können und folglich einer spezifischen Untersuchung bedürfen (Urban & Hametner, 2022, S. 2).

5 Aufbau der Dissertation

Diese Dissertation gliedert sich in einen Einleitungsteil (Teil I), welcher die Ausgangslage (Kapitel 1) zum Forschungsvorhaben darlegt, die Problemstellung (Kapitel 2) beschreibt, das Erkenntnisinteresse und die Relevanz der Arbeit (Kapitel 3) aufzeigt sowie die Zielstellungen (Kapitel 4) im Detail definiert.

Darauf folgen der Theorieteil (Teil II) sowie der Empirieteil (Teil III). Die vorliegende Arbeit behandelt Forschungsfragen, für welche *„klassisch deduktive Methodologien – die Hypothesen aus theoretischen Modellen ableiten und empirisch überprüfen – zu kurz greifen"* (Flick, 2021, S. 23). Vielmehr eignet sich ein induktives Vorgehen zur Entwicklung bzw. Ableitung von Theorien oder Systematisierungen aus empirischen Untersuchungen. Das Forschungsinteresse liegt somit in der Gewinnung neuer Erkenntnisse begründet, statt bekannte Theorien zu überprüfen (Flick, 2021, S. 27). Indes ist auch in der qualitativen Forschung einschlägige wissenschaftliche Literatur zum Forschungsfeld von Relevanz, jedoch nicht, um daraus Hypothesen abzuleiten und anschließend empirisch zu überprüfen (Flick, 2021, S. 73). Vielmehr dient die wissenschaftliche Literatur dem Aufbau von Kontextwissen (Flick, 2021, S. 74), auf dem im Rahmen der empirischen Untersuchung aufgebaut werden kann.

Aus der Diskussion der empirisch gewonnenen Erkenntnisse mit jenen der Theorie (Flick, 2021, S. 79) werden die Hauptergebnisse der Forschungsarbeit abgeleitet. Diese führen in weiterer Folge zur Formulierung von Handlungsempfehlungen im Gestaltungsteil (Teil IV) der Arbeit. Abschließend werden im Schlussteil (Teil V) alle Ergebnisse bzw. Erkenntnisse der Forschungsarbeit zusammengefasst, Limitationen aufgezeigt sowie ein Ausblick auf mögliche künftige Entwicklungen innerhalb des einschlägigen Forschungsgebietes gewährt. Tabelle 5.1 fasst den Aufbau der Dissertation, insbesondere mit Bezug auf die Teil-, Haupt- und Nebenergebnisse, zusammen (Tabelle 5.1).

A. Tschütscher-Alanyurt, *Interdependenzen zwischen den Nachhaltigkeitsdimensionen*, https://doi.org/10.1007/978-3-658-50493-9_5

Tabelle 5.1 Aufbau der Dissertationsschrift. (Quelle: Eigene Darstellung)

Arbeitsschritt.	Teil-, Haupt- und Neben-ergebnisse	Beschreibung	Gewählte Methodik
1	Theoriegeleitete Teilergebnisse.	Analyse der einschlägigen Literatur zu Interdependenzen zwischen den drei Nachhaltigkeitsdimensionen im Allgemeinen (branchenübergreifend und regional indifferent).	Literaturrecherche zum einschlägigen Forschungsfeld; Das Zusammentragen der Erkenntnisse zum aktuellen Forschungsstand zu den Teilaspekten des gegenständlichen Forschungsvorhabens dient im weiteren Verlauf der Kontextualisierung der empirisch gewonnenen Ergebnisse (Flick, 2021, S. 79).
		Erhebung möglicher Transparenz- und Steuerungsmechanismen für Interdependenzen aus der wissenschaftlichen Literatur	
2	Empiriegeleitete Teilergebnisse – Erhebung.	Erörterung der für Banken in der Schweiz und Liechtenstein relevanten Interdependenzen zwischen den drei Nachhaltigkeitsdimensionen im Rahmen von Experteninterviews.	15 teilstandardisierte, leitfadengestützte Experteninterviews; Forschungsfragen 1 und 2 werden im Rahmen der Interviews jeweils zusammen behandelt, da diese aufeinander aufbauen; Der Interviewleitfaden wird zu Optimierungszwecken einem Pre-Test unterzogen; Experteninterviews werden wörtlich transkribiert.
		Erörterung möglicher Ansätze der Transparenz und Steuerung derselben im Rahmen von Experteninterviews.	

(Fortsetzung)

Tabelle 5.1 (Fortsetzung)

Arbeitsschritt.	Teil-, Haupt- und Neben-ergebnisse	Beschreibung	Gewählte Methodik
	Empiriegeleitete Teilergebnisse – Analyse & Auswertung.	Analyse der Ergebnisse der Experteninterviews zwecks einer Beantwortung der empiriegeleiteten Fragestellungen 1 und 2 durch Kategorisierung, Interpretation und Auswertung.	Qualitative Inhaltsanalyse in Anlehnung an Kuckartz (Kuckartz & Rädiker, 2022, S. 132).
3	Diskussion der bisherigen Teilergebnisse aus den Arbeitsschritten 1 und 2 zur Erlangung der Hauptergebnisse.	Diskussion der theoriegeleiteten Teilergebnisse zu beiden Forschungsfragen mit den entsprechenden empiriegeleiteten Teilergebnissen. Abschließende Ableitung und Formulierung der Hauptergebnisse.	Diskussion, Interpretation und Verschriftlichung der Ergebnisse.
	Überprüfung der Gütekriterien.	Überprüfung der internen und externen Studiengüte.	Überprüfung der Gütekriterien qualitativer Forschung in Anlehnung an Kuckartz (Kuckartz & Rädiker, 2022, S. 237–238 und S. 250–254).

(Fortsetzung)

Tabelle 5.1 (Fortsetzung)

Arbeitsschritt.	Teil-, Haupt- und Neben-ergebnisse	Beschreibung	Gewählte Methodik
4	Gestaltungs-geleitete Neben-ergebnisse.	Empfehlung zur 1. institutsspezifischen Identifikation von Interdependenzen, 2. internen Transparenz über Interdependenzen, 3. Steuerung von Interdependenzen zwischen den drei Nachhaltigkeitsdimensionen.	Praxis: Aussprechen konkreter Handlungsempfehlungen. Forschung: teilweise Schließung der identifizierten Forschungslücken.
5	Zusammenfassung und Ausblick.	Zusammenfassung der Ergebnisse der Forschungsarbeit sowie Aufzeigen der Limitationen. Gedanken zur möglichen Weiterentwicklung der erzielten Ergebnisse und aufgezeigten Lösungsansätze (z. B. Anwendbarkeit auf andere Branchen und Regionen).	Zusammenfassung der Ergebnisse; Aufzeigen der Limitationen; Ausblick auf Weiterentwicklung und Übertragbarkeit.

6 Nachhaltigkeit im Kontext internationaler Bestimmungen

In diesem Kontextkapitel wird der internationale, normative Rahmen für das Nachhaltigkeitsmanagement aufgezeigt, wenngleich man sich der unterschiedlichen Funktionen, Verbindlichkeitsgrade und Kontexte bewusst sein muss. Ein solcher Rahmen bietet Orientierung für Unternehmen, wie Nachhaltigkeit strategisch gesteuert, operativ umgesetzt und transparent berichtet werden kann. In weiterer Folge wird auf die verschiedenen multinationalen Nachhaltigkeitsinitiativen sowie -programme (Abschnitt 6.1) eingegangen, die jeweils den Ausgangspunkt für verschiedene Regulierungsmaßnahmen in Europa, Liechtenstein und der Schweiz bildeten und auch weiterhin bilden werden. Folglich ist im Zusammenhang mit vorliegender Arbeit zunächst die Durchführung einer vertieften Analyse der europäischen Regulierung (Abschnitt 6.2) im Nachhaltigkeitsbereich sinnvoll, bevor auf die einschlägige Regulierung in der Schweiz und Liechtenstein (Abschnitt 6.3) einzugehen sein wird.

Sowohl die in den Nachhaltigkeitsinitiativen und -programmen gesetzten Ziele wie auch die Anforderungen der darauf aufbauendenden Gesetze und Verordnungen haben Einfluss auf die Berichtssysteme und -standards (Abschnitt 6.4) des Nachhaltigkeitsmanagements ausgeübt. Entsprechende Berichtssysteme und -standards werden ebenfalls näher erläutert, ergänzt um einen Überblick zu den gängigen Nachhaltigkeitsindizes und -ratings.

Insgesamt dient dieses Kontextkapitel der systematischen Aufbereitung relevanter Grundlagen, um im anschließenden theoretischen Teil den Forschungsstand zu den Interdependenzen zwischen den drei Nachhaltigkeitsdimensionen (Teil II/ Abschnitt 8.4) und deren Steuerungsmechanismen (Teil II/ Abschnitt 8.5) analysieren zu können.

A. Tschütscher-Alanyurt, *Interdependenzen zwischen den Nachhaltigkeitsdimensionen*, https://doi.org/10.1007/978-3-658-50493-9_6

6.1 Nachhaltigkeitsinitiativen und -programme

Den Ausgangspunkt der Nachhaltigkeitsregulierung in Europa bilden einerseits die Agenda 2030 der Vereinten Nationen mit den 17 Zielen für nachhaltige Entwicklung, sowie andererseits das Klimaabkommen von Paris (Fabian, 2022, S. 93–95), welche beide im Jahr 2015 verabschiedet wurden und im Jahr 2016 in Kraft traten.

Auf Basis dieser Programme hat die Europäische Union den sog. European Green Deal sowie den EU-Aktionsplan für die Finanzierung nachhaltigen Wachstums erarbeitet (Fabian, 2022, S. 99–100).

In weiterer Folge wird auf die Inhalte der einzelnen Programme detailliert eingegangen. Das Augenmerk liegt dabei insbesondere auf Hinweisen zu Interdependenzen zwischen den drei erläuterten Nachhaltigkeitsdimensionen.

6.1.1 Agenda 2030 der Vereinten Nationen

Die Vereinten Nationen mit ihren 193 Mitgliedsstaaten haben 2015 die gegenwärtig geltende Agenda 2030 (United Nations General Assembly, 2015, Rz. 59) einschließlich der inkludierten SDGs verabschiedet. Die SDGs bestehen aus 17 Zielen sowie 169 Unterzielen für das Erreichen einer nachhaltigen Entwicklung. Die Agenda 2030 basiert auf den sog. Millennium Development Goals (MDGs), die beim Millenniumsgipfel der Vereinten Nationen im Jahr 2000 beschlossen wurden, sowie der Agenda 21, die aus der Konferenz für Umwelt und Entwicklung der Vereinten Nationen in Rio de Janeiro des Jahres 1992 hervorgegangen ist (Eisenmenger et al., 2020, S. 1101; Kropp, 2019, S. 8–10; Waschbusch et al., 2021, S. 33; F. M. Zimmermann, 2016b, S. 5–7). Diesen Umwelt- und Entwicklungsprogrammen ist die Setzung von Zielen in den Teilbereichen der ökologischen, der sozialen und der ökonomischen Nachhaltigkeit gemein. SDG 17 adressiert zusätzlich zu den drei Nachhaltigkeitsdimensionen diejenigen Partnerschaften, die zur Erreichung der Ziele eingegangen werden sollen (Herlyn & Lévy-Tödter, 2020, S. 51).

Viele Jahre nach dem Erscheinen des Brundtlandreports entsteht mit den SDGs das erste internationale Programm, welches die drei Dimensionen der Nachhaltigkeit explizit mit der Armutsbekämpfung als Voraussetzung zur Erreichung des übergeordneten Ziels der globalen, nachhaltigen Entwicklung, zusammenbringt. Vor diesem Hintergrund ist zu erwähnen, dass die Armutsbekämpfung eines der 17 SDGs darstellt und keine neue Nachhaltigkeitsdimension begründet. Das Ziel SDG1 (keine Armut) wird allerdings explizit hervorgehoben, um die Notwendigkeit der erfolgreichen Armutsbekämpfung als wesentliches Ziel sowie als Voraussetzung für den Erfolg der Umsetzung der SDGs insgesamt zu unterstreichen. Der erste sowie der letzte Absatz der Präambel der Agenda 2030 verdeutlichen das Zusammenbringen des Gedankens der Armutsbekämpfung mit einer nachhaltigen Entwicklung und verweisen in aller Deutlichkeit auf die Interdependenzen zwischen den drei Nachhaltigkeitsdimensionen. Die beiden Absätze der Präambel lauten wie folgt:

> *„Diese Agenda ist ein Aktionsplan für die Menschen, den Planeten und den Wohlstand. Sie will außerdem den universellen Frieden in größerer Freiheit festigen. Wir sind uns dessen bewusst, dass die Beseitigung der Armut in allen ihren Formen und Dimensionen, einschließlich der extremen Armut, die größte globale Herausforderung und eine unabdingbare Voraussetzung für eine nachhaltige Entwicklung ist." (United Nations General Assembly, 2015, S. 1)*

> *„Die Querverbindungen zwischen den Zielen für nachhaltige Entwicklung und deren integrierter Charakter sind für die Erfüllung von Ziel und Zweck der neuen Agenda von ausschlaggebender Bedeutung. Wenn wir unsere Ambitionen in allen Bereichen der Agenda verwirklichen können, wird sich das Leben aller Menschen grundlegend verbessern und eine Transformation der Welt zum Besseren stattfinden." (United Nations General Assembly, 2015, S. 2)*

Auch die Ethnologin und wissenschaftliche Mitarbeiterin am Zentrum für nachhaltige Entwicklung und Umwelt an der Universität Bern, Cordula Ott, stellt in einem Interview fest, dass die 17 SDGs nicht einzeln, sondern vielmehr als „kohärentes Set" an Nachhaltigkeitszielen zu betrachten sind. Gleichzeitig kritisiert sie jedoch, dass die SDGs „kaum Handlungsanleitungen" im Umgang mit dem integrierten Charakter der 17 Ziele geben. Ott unterstreicht, dass dieser Mangel das Cherry Picking somit die opportune Wahl einzelner Ziele zur Unterstützung der Nachhaltigkeitskommunikation von Unternehmen begünstigt, dies insbesondere angesichts des großen ökonomischen Drucks, dem Unternehmen ausgesetzt sind. Oft entstehe dadurch bewusstes oder unbewusstes Greenwashing. Ott bekräftigt, dass das nicht zukunftsfähige Wachstumsparadigma nicht gänzlich verworfen werden könne und daher im Nachhaltigkeitsparadigma ein Gegenentwurf zu suchen sei. Die Forscherin ist jedoch überzeugt, dass insbesondere reiche Länder auf einen Teil ihres ökonomischen Wohlstandes verzichten werden müssen oder alternativ Wohlstand neu zu definieren sein wird (Vogt-Beck, 2023, S. 4–5).

Umfassende Literatur besteht mit Bezug zu den SDGs, welche sich vornehmlich mit der Unteilbarkeit der SDGs befasst, insbesondere vor dem Hintergrund bestehender Synergien und Zielkonflikte zwischen den Zielen und Unterzielen

(Bennich et al., 2020, S. 1–2; Borchardt et al., 2019, S. 3–4; Cling et al., 2020, S. 455–456; Kostetckaia & Hametner, 2022, S. 917; Sousa et al., 2021, S. 1–4; Urban & Hametner, 2022, S. 2–4).

Auf die Tools zur Zuordnung der SDGs zu den Nachhaltigkeitsdimensionen und zur Darstellung von Synergien und Zielkonflikten wird in Teil II/ Abschnitt 8.4.2 näher eingegangen. Im Zusammenhang mit der allgemeinen Systematisierung der Nachhaltigkeitsdimensionen werden in der Literatur, wie in Teil II/ Abschnitt 8.3 kurz ausgeführt, verschiedene Modelle etabliert und diskutiert, wie etwa das Drei-Säulen-Modell oder das integrierende Nachhaltigkeitsdreieck (Hauff, 2021, S. 171–174; Hoppe, 2022, 80–21), welche auch Interdependenzen zwischen den Nachhaltigkeitsdimensionen thematisieren. Hierauf wird in Teil II/ Abschnitt 8.5.1 noch näher eingegangen.

Angesichts der vielen Zielkonflikte und Synergien zwischen den drei Nachhaltigkeitsdimensionen bzw. den SDGs wird jedoch das Fehlen von Hinweisen zum Umgang mit denselben kritisiert. Bali Swain und Yang-Wallentin (2020, S. 104–105) schlagen vor, die Priorisierung einzelner Ziele für entwickelte Länder anders auszugestalten als für weniger entwickelte. Für Erstere besteht die Empfehlung, den Fokus auf die soziale und ökologische Nachhaltigkeitsdimension zu legen. Hingegen besteht für Zweitere aufgrund des wirtschaftlichen und sozialen Nachholbedarfs die Empfehlung, den Fokus zunächst auf die ökonomische und soziale Dimension zu legen. Dabei sei jedoch stets auf die Interdependenzen zwischen den drei Nachhaltigkeitsdimensionen zu achten.

Auch Scherer et al. (2018, S. 69–70) adressieren in ihrer Studie zur näheren Analyse der Zielkonflikte zwischen der sozialen und der ökonomischen Nachhaltigkeitsdimension das Gefälle zwischen reichen und armen Gesellschaften bzw. Ländern, da ihrer Ansicht nach die Reichen auf Kosten der Armen in allen drei Dimensionen der Nachhaltigkeit zu profitieren scheinen. Es wird zudem auf den unterschiedlichen Einfluss auf Interdependenzen hingewiesen, der auf regionalen Gegebenheiten bzw. Rahmenbedingungen basiert.

Herlyn (2020, S. 49) befasst sich insbesondere mit dem Nutzen von sog. Multi-Akteurs-Partnerschaften und untersucht dabei Möglichkeiten der Auflösung von Zielkonflikten, die aus der (nachzuholenden) wirtschaftlichen Entwicklung für mehr Wohlstand im globalen Süden zum Umwelt- und Klimaschutz entstehen. Hierbei wird insbesondere die Tatsache hervorgehoben, dass ein hohes Wohlstandsniveau, gemessen am HDI, gegenwärtig lediglich auf Kosten eines hohen ökologischen Fußabdrucks erreicht wird. Da Armut mit einem niedrigen ökologischen Fußabdruck einhergeht, ermöglicht der globale Süden dem globalen Westen somit den Wohlstand und den übermäßigen Verbrauch natürlicher Ressourcen. Es wird die Frage aufgeworfen, ob eine nachholende wirtschaftliche Entwicklung des globalen Südens bei gleichzeitiger Schonung der weltweiten natürlichen Ressourcen möglich sein wird, womit der adressierte Zielkonflikt aufgelöst würde (Henke et al., 2020, 225–226; Herlyn, 2020, S. 49–50).

Lim et al. (2018, S. 11) kritisieren auf Basis einer Analyse der Wechselwirkungen die Zusammensetzung der SDGs in fünf Punkten. Zunächst urteilen die Autoren die Definition des Ziels zur Bekämpfung von Armut als zu eng gefasst. Zudem äußern sie ihr Unverständnis über die fehlgeleitete Definition des Wachstumsziels, und kritisieren den fehlenden Einbezug der Unternehmen als Zielgruppe der SDGs, die nach Meinung der Autoren eine wesentliche globale Einflussgruppe darstellen. Ergänzt wird die Liste der Kritikpunkte um die Ignoranz der Grenzen internationalen Rechts. Abschließend wird der fehlende Einbezug der Herausforderungen aus einerseits der Dynamik der Entwicklung der Weltbevölkerung, sowie andererseits des Aspekts der intergenerativen Gerechtigkeit kritisiert.

Alcamo et al. (2020, S. 1567–1570) stellen den Begriff der sog. synergy drivers anhand weniger Beispiele vor. Hiermit werden Maßnahmen bezeichnet, die zwei oder mehrere SDGs positiv voranbringen. Die Forschung wird damit aufgefordert, regionale synergy drivers umfänglich zu identifizieren.

Die Agenda 2030 hat zu zahlreichen Forschungsarbeiten zur Thematik der Interdependenzen zwischen den 17 SDGs geführt und dabei auch Instrumente, wie etwa die sog. Seven-Point-Scale-Methode (Nilsson et al., 2016, S. 321) hervorgebracht, welche in Teil II/ Abschnitt 8.4.2 thematisiert wird.

6.1.2 UN-Global Compact (UNGC)

Der UN Global Compact als eine Initiative der Vereinten Nationen verfolgt das Ziel, sich weltweit und branchenunabhängig für eine gerechte Ausgestaltung der Globalisierung einzusetzen. Diese Initiative soll als offenes Forum bzw. als Plattform für Diskussionen sowie Wissens- und Ideenaustausch für nationale Netzwerke fungieren, um konkrete Lösungsansätze zur Verwirklichung dieses Zieles zu entwickeln (Müller-Christ, 2020, S. 51; Waschbusch et al., 2021, S. 41).

Gemäß des Global Compact Netzwerks Deutschland (2023) wird mit der UNGC-Initiative die *„Vision einer inklusiveren und nachhaltigen Wirtschaft zum Nutzen aller Menschen, Gemeinschaften und Märkte, heute und in Zukunft“* verfolgt, dies unter Einbezug von Unternehmen, Politik, Zivilgesellschaft und Wissenschaft.

In Rahmen ihrer Tätigkeit sollen sich Unternehmen und Organisationen an zehn Prinzipien orientieren. Diese werden unter den vier Kategorien Menschenrechte, Arbeitsnormen, Umwelt und Korruptionsprävention zusammengefasst. Zudem steht das Ziel der Verwirklichung der SDGs der Vereinten Nationen im Mittelpunkt der Aktivitäten (Müller-Christ, 2020, S. 52).

Einige Unternehmen veröffentlichen in ihren Nachhaltigkeitsberichten ihre Unternehmensaktivitäten mit einer Zuordnung zu den SDGs oder den Prinzipien des UN Global Compact anstelle oder ergänzend zur Anwendung eines gängigen Berichtssystems oder -standards. Über die Berichterstattungsform und -inhalte können naturgemäß lediglich jene Unternehmen frei wählen, welche nicht aufgrund gesetzlicher Vorgaben zur Anwendung eines definiertes Berichtssystems verpflichtet sind. Auf entsprechende rechtliche Vorgaben wird in Abschnitt 6.2 näher eingegangen.

6.1.3 Klimaabkommen von Paris

Das Übereinkommen von Paris wurde im Dezember 2015 als völkerrechtlicher Vertag durch 195 Staaten inkl. der europäischen Staatengemeinschaft unterzeichnet, und löste das Kyotoprotokoll aus dem Jahr 1997 ab (Fabian, 2022, S. 94–95; Waschbusch et al., 2021, S. 22).

Art. 2 des Pariser Überkommens hält drei Hauptziele fest: die Beschränkung des weltweiten, durchschnittlichen Temperaturanstiegs auf deutlich unter 2 Grad Celsius mit Anstrengungen in Richtung 1,5 Grad Celsius im Vergleich zum vorindustriellen Zeitalter[1], die Senkung der Emissionen und die Förderung der Widerstandsfähigkeit gegenüber Klimaveränderungen, sowie die Lenkung von Finanzmitteln zur Unterstützung der Erreichung der Klimaziele und der klimaresistenten Entwicklung (Vereinte Nationen, 2015, S. 5).

In Summe werden Finanzmittel in der Höhe von 2.5 Trillionen US Dollar pro Jahr (Menon, 2023, S. 1) benötigt, um diese genannten Ziele zu erreichen. Da die öffentliche Hand Finanzmittel in dieser Höhe nicht allein in nachhaltige Projekte investieren kann, ist Bedarf für Kooperation zwischen öffentlichen und privaten Investoren vorhanden. Diese sog. Public-Privat-Partnerships (PPPs) haben eine Ausgestaltungsform unter dem Begriff der sog. Blended Finance (Menon, 2023, S. 7–8) gefunden. Hierbei werden öffentliche Investitionsmaßnahmen strategisch derart konzipiert, um private Investitionsgelder anzuziehen bzw. zu mobilisieren.

[1] Der Vergleichswert des vorindustriellen Zeitalters wird gemäß des IPCC-Berichts IPCC (2023, S. 42) durch die Bildung des Mittelwerts der Jahre 1850–1900 ermittelt.

6.1.4 EU-Green Deal

Der sog. Green Deal bildet die übergeordnete Klima-Initiative auf Ebene der EU und wurde im Jahr 2019 durch die Europäische Kommission als europäischer Umsetzungsplan des Pariser Klimaabkommens vorgestellt. Der Green Deal verfolgt die Vision eines klimaneutralen Europas bis zum Jahr 2050 und zeigt die verschiedenen Schritte zur Erreichung dieser Vision auf (Europäische Kommission, 2019a, S. 5–6; Fabian, 2022, S. 95).

Die Schweiz hat als Reaktion auf das Klimaabkommen von Paris das seit dem Jahr 2000 und bis 2024 gültige CO_2-Gesetz angepasst. So sollen im Zeitraum zwischen 2025 und 2030 die Treibhausgasemissionen der Schweiz im Vergleich zum Referenzjahr 1990 halbiert werden. Zur Erreichung dieses Klimaziels kann der Bund im Zeitraum 2025 bis 2030 bis zu 4.1 Mrd. CHF investieren (Schweizer Bundesrat, 2022b).

6.1.5 EU-Aktionsplan für die Finanzierung nachhaltigen Wachstums

Wenngleich sich der EU-Aktionsplan für die Finanzierung nachhaltigen Wachstums aus dem Jahr 2018 mit unterschiedlichen Maßnahmen und Anforderungen an verschiedene Sektoren und Akteure wendet, sollen insbesondere Finanzdienstleister dazu bewegt werden, Investitionen in nachhaltige Projekte und Lösungen zu lenken. Die EU bezieht sich in Ihrem Aktionsplan sowohl auf die Umsetzung des Pariser Klimaabkommens als auch der 17 SDGs der Agenda 2030 der Vereinten Nationen (Europäische Kommission, 2018a, S. 1; Fabian, 2022, S. 95; Waschbusch et al., 2021, S. 23).

Das Finanzwesen soll demnach derart transformiert werden, sodass die Förderung einer nachhaltigeren Welt gewährleistet werden kann. Die Teilziele des Aktionsplans umfassen dabei wie folgt: die Neuausrichtung der Kapitalflüsse hin zu einer nachhaltigeren Wirtschaft (Europäische Kommission, 2018a, S. 5), die Einbettung der Nachhaltigkeit in das Risikomanagement der Finanzmarktteilnehmer (Europäische Kommission, 2018a, S. 9), und die Förderung von Transparenz und Langfristigkeit (Europäische Kommission, 2018a, S. 12).

6.1.6 Zwischenfazit

Das umfassendste internationale Nachhaltigkeitsprogramm stellt zweifelsohne die Agenda 2030 der Vereinten Nationen dar, das mit ihren 17 SDGs alle drei Dimensionen der Nachhaltigkeit adressiert und mit in Summe 169 Unterzielen konkretisiert. Von ebenso gewichtiger Bedeutung ist das Klimaabkommen von Paris (Kiszka, 2023, S. 80–84).

Vor dem Hintergrund der Umsetzung der SDGs und der Ziele des Klimaabkommens hat die Europäische Union den Green Deal verabschiedet sowie den EU-Aktionsplan für die Finanzierung nachhaltigen Wachstums lanciert. Mit dem Aktionsplan betont die Europäische Union die tragende Rolle, die den Finanzmarktteilnehmern in der Transformation zu nachhaltiger Entwicklung zukommt, zum einen durch die Lenkung der Kapitalflüsse zum Zweck der Förderung nachhaltiger Entwicklung, und zum anderen durch den Aufbau von Resilienz gegenüber Nachhaltigkeitsrisiken (Kiszka, 2023, S. 208).

Mit Bezug auf die theoriegeleiteten Forschungsfragen bietet die Agenda 2030 konkrete Hinweise, indem die Querverbindungen zwischen den 17 SDGs sowie der integrative Charakter dieser betont werden. Darauffolgend entstanden zahlreiche Forschungsarbeiten zur Untersuchung eben dieser Querverbindungen bzw. Interdependenzen zwischen den SDGs, auf welche in Teil II/ Abschnitt 8.4.2 ausführlich einzugehen sein wird.

6.2 Die europäische Nachhaltigkeitsregulierung

Vor dem Hintergrund der Erreichung der Ziele des Pariser Klimaabkommens hat die Europäische Union neben den in Abschnitt 6.1 näher beleuchteten Initiativen und Programmen eine Vielzahl an Gesetzen und Verordnungen erlassen. Diese zielen insbesondere darauf ab, einerseits die Unternehmen resilient gegen Umweltauswirkungen zu machen, und andererseits die Umwelt vor den negativen Auswirkungen wirtschaftstreibender Unternehmen zu schützen. Die Offenlegung dieser Aspekte soll die Transparenz für den Adressaten dieser offengelegten Informationen fördern. Gleiches gilt für die soziale Nachhaltigkeitsdimension, obgleich diese allerdings noch in einem geringeren Detaillierungsgrad regulatorisch ausgestaltet ist, wie noch darzulegen sein wird. Im Sinne eines Steuerungsmechanismus für eine nachhaltige Entwicklung sollen verschiedene Regularien dazu dienen, Investitionen in die Förderung nachhaltiger Technologien und Lösungen sowie in nachhaltiges Wirtschaftswachstum zu lenken (Fabian, 2022, S. 93).

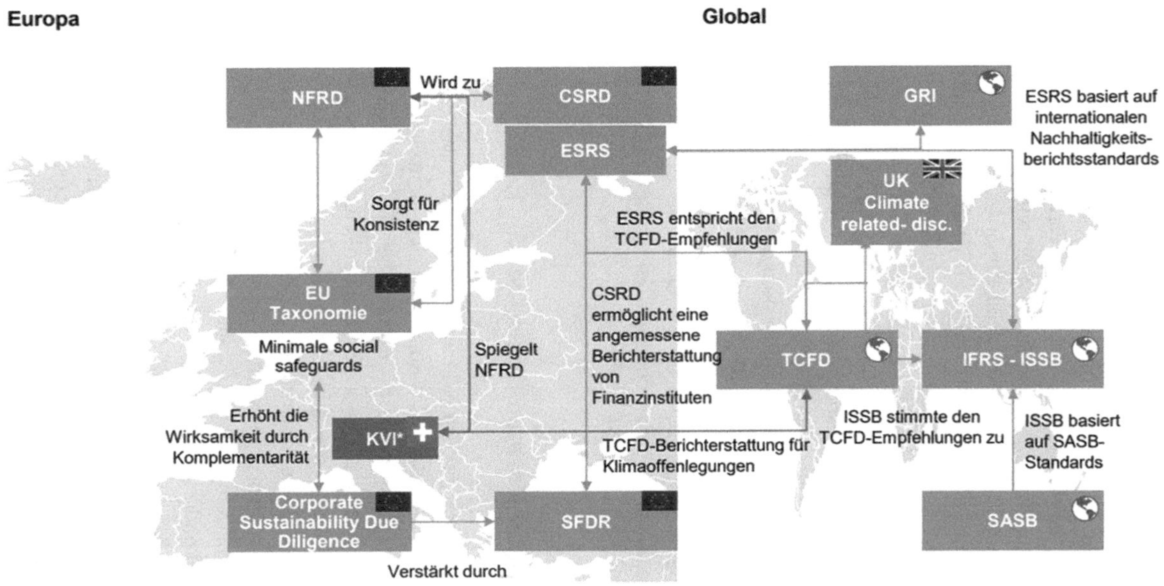

Abbildung 6.1 Aufeinander abgestimmtes Gesamtgerüst der Nachhaltigkeitsregulierung. (Quelle: PWC ESG Breakfast Event (PWC, 2023, S. 10))

In diesem Abschnitt zur europäischen Nachhaltigkeitsregulierung wird zunächst auf die Funktionsweise der europäischen Normenhierarchie (Abschnitt 6.2.1) eingegangen. Anschließend werden einzelne, für Banken relevante Verordnungen und Richtlinien im Bereich der Nachhaltigkeitsregulierung näher analysiert, darunter die EU-Taxonomie-Verordnung (Abschnitt 6.2.2), die nachhaltigkeitsbezogenen Offenlegungspflichten aus der Sustainable Finance Disclosure Regulation (SFDR), Non-Financial Reporting Directive (NFRD) und Corporate Sustainability Reporting Directive (CSRD) (Abschnitt 6.2.3), das EU-Lieferkettengesetz bzw. Corporate Sustainability Due Diligence Directive (CSDDD) (Abschnitt 6.2.4), die ESG-Ratings-Verordnung (Abschnitt 6.2.5) sowie die ersten Überlegungen zur EU-Sozialtaxonomie (Abschnitt 6.2.6).

Die Europäische Union hat insbesondere in den Kernrechtsakten der Nachhaltigkeitsregulierung auf ein abgestimmtes Zusammenspiel Bedacht genommen. Dabei stellen vor allem die EU-Taxonomie-Verordnung, die CSRD, die CSDDD sowie die SFDR ein integriertes und damit aufeinander abgestimmtes Regulierungspaket dar (Leuchters, 2023, S. 8). Abbildung 6.1 stellt neben dem aufeinander abgestimmten, europäischen Gerüst der Nachhaltigkeitsregulierung auch die Zusammenhänge zwischen den europäischen und internationalen Berichtsstandards übersichtlich dar.

6.2.1 Europäische Normenhierarchie

An oberster Stelle der europäischen Normenhierarchie steht das Primärrecht, welches die Gründungsverträge der EU umfasst, die sich ihrerseits aus dem Vertrag über die Europäische Union und dem Vertrag über die Arbeitsweise der Europäischen Union inkl. den dazugehörigen Protokollen, weiters der Charta der Grundrechte sowie subsidiär den allgemeinen Rechtsgrundsätzen des Gerichtshofs der Europäischen Union zusammensetzen. Dem Primärrecht nachgelagert sind die internationalen Abkommen mit Nicht-EU-Ländern oder internationalen Organisationen. Ihr Rechtsrang ist höher als derjenige des Sekundärrechts. Sodann folgt das Sekundärrecht, das alle EU-Rechtsakte mit und ohne Gesetzescharakter einschließt (Amt für Veröffentlichungen der Europäischen Union, 2022).

Das Verhältnis zwischen dem Recht der Mitgliedsstaaten und dem Unionsrecht sowie die Arten von Zuständigkeiten der Mitgliedsstaaten im Verhältnis zur Union wird durch den Vertrag von Lissabon des Jahres 2007 bindend geregelt. Dieser Vertrag trat am 1.12.2009 in Kraft und stellt eine Abänderung des

Vertrags über die Europäische Union und des Vertrags zur Gründung der Europäischen Gemeinschaft dar. Dabei wurde der Vertrag zur Gründung der Europäischen Gemeinschaft umbenannt in „Vertrag über die Arbeitsweise der Europäischen Union – (AEUV)“ (Maurer, 2009, S. 10).

Art. 114 AEUV enthält die Regelungen für die Umsetzung von Harmonisierungsmaßnahmen zum Zweck der Sicherstellung eines funktionierenden Binnenmarktes, wovon auch die Harmonisierung des Binnenmarktes für Finanzdienstleistungen eingeschlossen ist (Baumgarth, 2018, S. 10).

EU-Rechtsakte mit Gesetzescharakter können gem. Art. 288 AEUV Verordnungen, Richtlinien und Beschlüsse einschließen, die über das ordentliche oder das besondere Gesetzgebungsverfahren entsprechend des Art. 289 AEUV angenommen werden (Amt für Veröffentlichungen der Europäischen Union, 2022).

Eine wesentliche Unterscheidung zwischen Verordnungen („regulations“) und Richtlinien („directives“) liegt gem. Art. 288 AEUV darin, dass Verordnungen in allen Mitgliedsstaaten in vollem Umfang verbindlich wirken und unmittelbar Geltung erlangen, wohingegen Richtlinien nur im Hinblick auf die darin definierten Ziele verbindlich sind und zunächst in nationales Recht der Mitgliedsstaaten umgesetzt werden müssen.

Zu den Rechtsakten ohne Gesetzescharakter, welche jenen mit Gesetzescharakter nachgelagert sind, zählen insbesondere delegierte Rechtsakte sowie Durchführungsrechtsakte. Mittels delegierter Rechtsakte kann die Europäische Kommission gem. Art. 290 AEUV Teile von EU-Gesetzgebungsakten ergänzen oder ändern, solange diese Ergänzungen bzw. Änderungen nicht wesentlich sind. Durchführungsrechtsakte gem. Art. 291 AEUV enthalten hingegen detaillierte Vorschriften bzw. Ausführungen zur einheitlichen Umsetzung von Gesetzgebungsakten.

Für EWR-Mitgliedsstaaten, darunter Liechtenstein gilt, dass EU-Verordnungen sowie Richtlinien zunächst in das EWR-Abkommen übernommen werden müssen. Ist die Übernahme in das EWR-Abkommen erfolgt, gelten auch EU-Verordnungen in Liechtenstein unmittelbar (Stern, 2020, S. 6–7).

Die Schweiz ist weder ein Mitglied der EU noch des EWR. Aus Sicht der EU und des EWR stellt die Schweiz somit ein Drittland dar (Stern, 2020, S. 98). In der Gesetzgebungsstrategie der Schweiz darf allerdings nicht außer Acht gelassen werden, dass die Schweiz nicht nur geografisch inmitten Europas liegt, sondern auch intensive Außenhandelsbeziehungen zu zahlreichen europäischen Ländern pflegt. Vor diesem Hintergrund kündigte der Schweizer Bundesrates bereits an, die Nachhaltigkeitsregulierung sukzessive an jene der EU annähern zu wollen. Zu diesem Zweck sollen zunächst die Implikationen der CSRD (Abschnitt 6.2.3.2) sowie der CSDDD (Abschnitt 6.2.4) auf die Schweiz vertieft analysiert werden (Schweizer Bundesrat, 2022c).

6.2.2 EU-Taxonomie-Verordnung

Die Taxonomie-Verordnung (EU) 2020/852 stellt gem. Art. 1 ein Klassifizierungssystem der ökologischen Nachhaltigkeit dar. Mit diesem wird festgestellt, welche wirtschaftlichen Tätigkeiten bzw. Technologien der Unternehmen als nachhaltig im Sinne der Ökologie einzustufen sind.

Gemäß Art. 3 der Taxonomie-Verordnung gilt eine Wirtschaftstätigkeit als ökologisch nachhaltig, wenn diese wie folgt einzustufen ist: Die Aktivität leistet im Sinne einer sog. substantial contribution einen wesentlichen Beitrag zu mindestens einem der sechs Umweltziele der EU. Die Wirtschaftsaktivität beeinträchtigt zudem nicht das Erreichen eines der fünf anderen Umweltziele wesentlich, auch als sog. do no significant harm zu bezeichnen. Darüber hinaus erfolgt die Wirtschaftsaktivität in Übereinstimmung mit sozialen Mindestschutzmaßnahmen und wird auch als sog. social minimum safeguards bezeichnet. Eine Wirtschaftsaktivität gilt zudem dann als nachhaltig, sofern diese den von der Kommission festgelegten technischen Prüfkriterien entspricht.

Die sechs Umweltziele werden in Art. 9 der Taxonomie-Verordnung festgelegt und lauten wie folgt: „Klimaschutz", „Anpassung an den Klimawandel", „Nachhaltige Nutzung von Wasserressourcen", „Übergang zur Kreislaufwirtschaft", „Vermeidung von Umweltverschmutzung und Schutz von Ökosystemen und Biodiversität" (Waschbusch et al., 2021, S. 83).

Die separate delegierte Verordnung (EU) 2021/2139 legt für die einzelnen Wirtschaftssektoren, gegliedert nach den bekannten NACE-Codes[2], technische Bewertungskriterien fest, welche alle in Art. 9 Bst. a bis f der Taxonomie-Verordnung definierten Umweltziele betreffen.

Im Rahmen der Überprüfung der Nachhaltigkeit ermitteln Unternehmen zunächst ihren Anteil der taxonomiefähigen (eligibility) und der taxonomiekonformen (alignment) Wirtschaftstätigkeit. Unter Taxonomiefähigkeit ist in diesem Kontext die Erfassung einer Wirtschaftstätigkeit von der EU-Taxonomie-Verordnung zu verstehen (Kiszka, 2023, S. 226). Erfüllt eine taxonomiefähige

---

[2] Die Abkürzung NACE steht für „Nomenclature statistique des activités économiques dans la Communauté européenne" und stellt ein Klassifizierungssystem für Wirtschaftszweigen dar, das von der Europäischen Union auf Basis der ISIC der Vereinten Nationen entworfen wurde. Vgl. dazu Leuchters (2023, S. 3–4).

Tätigkeit darüber hinaus die Kriterien des in der Verordnung definierten signifikanten Beitrags zu den Umweltzielen, die Kriterien der sog. do no significant harm sowie der sog. social minimum safeguards, kann von der Taxonomiekonformität einer Aktivität ausgegangen werden (Kiszka, 2023, S. 232). Als Folge gilt diese Tätigkeit als berichtspflichtig im Sinne der Verordnung, und erfordert die Berichterstattung der nachfolgenden Kennzahlen: Anteil der Umsatzerlöse, der Investitionen und der Betriebsausgaben des Unternehmens, welche zum einen als taxonomiefähig und zum anderen als taxonomiekonform und damit als „grün" einzustufen sind (Fabian, 2022, S. 102).

Anhand dieses Klassifizierungssystems kann Greenwashing (Kiszka, 2023, S. 237; Kropp, 2019, S. 39) objektiven Kriterien folgend festgestellt werden.

Vorgesehen ist, die EU-Taxonomie-Verordnung als dynamisches Rechtsinstrument laufend zu überprüfen und weiterzuentwickeln, wofür eine ständige Plattform für ein nachhaltiges Finanzwesen durch die EU-Kommission eingerichtet wurde (Kiszka, 2023, S. 216).

In der heutigen Form bietet die EU-Taxonomie-Verordnung somit lediglich ein Klassifizierungssystem zur Identifizierung ökologisch nachhaltiger Wirtschaftstätigkeiten (Kumpan & Misterek, 2023, S. 13). Die sogenannte Sozial-Taxonomie, mit welcher die soziale Nachhaltigkeitsdimension in die EU-Taxonomie-Verordnung integriert werden soll, ist derweil noch ausständig bzw. in Erarbeitung und in Abstimmung befindlich. Die soziale Nachhaltigkeitsdimension wird in der EU-Taxonomie-Verordnung bislang lediglich über die sog. social minimum safeguards in geringem Umfang berücksichtigt. Auf einen ersten Entwurf der Ergänzung der EU-Taxonomie-Verordnung um eine Sozial-Taxonomie wird in Abschnitt 6.2.6 näher eingegangen.

6.2.3 Nachhaltigkeitsbezogene-Offenlegungsvorschriften

Bereits heute besteht in der Europäischen Union ein umfassender Regulierungsrahmen zur Offenlegung von Nachhaltigkeitsbelangen. Dieser umfasst die bereits erwähnte EU-Taxonomie-Verordnung, die NFRD, die ihre Weiterentwicklung in der CSRD gefunden hat, sowie die SFDR, welche Offenlegungsvorschiften für den Finanzdienstleistungssektor im Speziellen enthält.

Während die EU-Taxonomie-Verordnung, wie bereits im vorausgegangenen Abschnitt ausführlich dargelegt, ein Klassifizierungssystem für ökologisch nachhaltige Wirtschaftstätigkeiten darstellt, beinhandeltet die CSRD – als Weiterentwicklung der NFRD – Regelungen zur Nachhaltigkeitsberichterstattung für Unternehmen aller Sektoren, die vom Geltungsbereich dieser Regulierung umfasst sind. Die CSRD verweist auf die EU-Taxonomie-Verordnung, wenn es um Klassifizierungsthemen der Ökologie geht. Die SFDR hingegen richtet ihre nachhaltigkeitsbezogenen Offenlegungspflichten ausschließlich an die Finanzdienstleistungsindustrie und bezieht sich ihrerseits ebenfalls auf die EU-Taxonomie-Verordnung.

In der Folge werden die wesentlichen Inhalte der SFDR und der CSRD sowie die Differenzen derselben zur NFRD erläutert.

6.2.3.1 SFDR und weiteres nachhaltigkeitsbezogenes Finanzmarktrecht

Die Verordnung (EU) 2019/2088 über die nachhaltigkeitsbezogene Offenlegung im Finanzdienstleistungssektor verpflichtet gem. Art. 1 und Art. 20 SFDR Finanzmarktteilnehmer und Finanzberater in der EU zwischen den Jahren 2021 und 2024, in drei Phasen zunehmend Angaben zu nachteiligen Nachhaltigkeitsauswirkungen sowohl auf Unternehmensebene als auch auf Produktebene offenzulegen. Art. 2 der SFDR spezifiziert sodann die beiden Begrifflichkeiten Finanzmarktteilnehmer sowie Finanzberater. Zur Tätigung der geforderten Angaben benötigen die betroffenen Unternehmen des Finanzdienstleistungssektors ihrerseits die Angaben aus den CSRD-Offenlegungsberichten der Unternehmen, in die sie investieren, die ihrerseits ebenfalls auf das Klassifizierungssystem der EU-Taxonomie-Verordnung zurückgreifen. Durch dieses integrierte Regulierungsgerüst soll neben der Konformität auch die Verfügbarkeit der benötigten Daten sichergestellt werden (Kiszka, 2023, S. 335).

Die SFDR adressiert zwei Ebenen, zum einen die Unternehmensebene ab Art. 3 SFDR, zum anderen die Produktebene ab Art. 6 SFDR. Auf Unternehmensebene sind Nachhaltigkeitsrisiken in den Investitionsentscheidungsprozess einzubinden. Da solche Investitionsentscheidungen wesentliche nachteilige Auswirkungen auf externe Nachhaltigkeitsfaktoren haben können, ist der Umgang mit diesen in einem sogenannten Principal Adverse Impacts Statement (PAI-Statement) zu veröffentlichen (Kiszka, 2023, S. 321).

Erwähnenswert ist in diesem Kontext der sog. comply-or-explain-Ansatz, der für die Art. 4, 6 und 7 Anwendung findet. Finanzmarktteilnehmer und Finanzberater erklären somit entweder, dass die entsprechenden Vorgaben eingehalten werden, oder aber aus welchem Grund diese nicht einhalten werden bzw. wie geplant wird, in der Zukunft mit diesen umzugehen (Kiszka, 2023, S. 332–333).

Hinsichtlich der Belange auf der Unternehmensebene enthält Art. 3 SFDR Regelungen zur Offenlegung zum Umgang mit den Nachhaltigkeitsrisiken, Art. 4 SFDR Bestimmungen zum PAI-Statement und Art. 5 SFDR Vorgaben zur Offenlegung über die Berücksichtigung von Nachhaltigkeitsrisiken in der Vergütungspolitik.

Mit Bezug auf die Produktebene kommen insbesondere die Art. 6–11 SFDR zur Anwendung. Dabei wird wie folgt unterschieden: Artikel-6-Produkte (Kiszka, 2023, S. 324–325) sehen lediglich einen Einbezug von Nachhaltigkeitsrisiken in Beratungen oder Anlageentscheidungen bei der Portfolioverwaltung vor, während Artikel-8-Produkte (Kiszka, 2023, S. 326–328) ökologische oder soziale Merkmale bewerben, wobei nur eine der beiden Dimensionen berücksichtigt werden muss. Hingegen behandeln Artikel-9-Produkte (Kiszka, 2023, S. 329–331) solche Produkte, deren ausgewiesenes nicht-finanzielles Ziel die nachhaltige Anlage darstellt. Artikel-8-Produkte werden daher als sog. light green-Produkte, Artikel-9-Produkte hingegen als sog. dark green-Produkte bezeichnet (Anderl & Ciarnau, 2023, S. 224; Kiszka, 2023, S. 329).

Art. 7 SFDR enthält die Transparenzvorschriften über die nachteiligen Nachhaltigkeitsauswirkungen (PAI) auf der Produktebene (Kiszka, 2023, S. 333). Unternehmen, in die im Rahmen von Artikel-8- und Artikel-9-Produkten investiert wird, müssen zudem eine ordentliche Governance vorweisen können. Werden Artikel-8- und Artikel-9-Produkte beworben, so sind damit zum einen gem. Artikel 10 SFDR Informationspflichten, zum anderen gem. Artikel 11 SFDR Berichtspflichten verbunden (Kiszka, 2023, S. 331–333).

Die detaillierte Ausgestaltung der Offenlegung gem. SFDR wird in der Delegierten Verordnung (EU) 2022/1288 spezifiziert.

Die Offenlegungen i. Z. m. den Art. 3–5 SFDR sowie Art. 10 SFDR haben auf der Internetseite des Finanzmarktteilnehmers bzw. Finanzberaters zu erfolgen, wohingegen die Offenlegungspflichten nach Art. 6–9 SFDR in den vorvertraglichen Produktdokumenten zu erfüllen sind. Den Pflichten nach Art. 11 SFDR wird durch eine Veröffentlichung regelmäßiger Berichte nachgekommen (Kiszka, 2023, S. 332–333).

Im Jahr 2021 verabschiedete die EU-Kommission wie folgt sechs delegierte Rechtsakte im Bereich des Finanzmarktrechts: die Del. VO (EU) 2021/1255 (AIFMD), die Del. RL (EU) 2021/1270 (UCITSD), die Del. RL (EU) 2021/1269 (MiFID), die Del. VO (EU) 2021/1253 (MiFID), die Del. VO (EU) 2021/1256 (VersAG) sowie die Del. VO (EU) 2021/1257 (IDD), welche der Abänderung bereits bestehender delegierter Rechtsakte dienen (FMA Liechtenstein, 2024). Zweck dieser Verordnungen ist die Regelung des Einbezugs von Nachhaltigkeitsrisiken, Nachhaltigkeitsfaktoren und Anlegerpräferenzen in Vertragsdokumente und Beratungsprozesse, welche zur Beeinflussung von Investitionsentscheidungen führen können. Dabei werden auch Nachhaltigkeitsaspekte in die Eignungs-

und Angemessenheitsprüfung, die im Rahmen der Anlageberatung durchzuführen sind, integriert. Für Versicherungen werden Regelungen für die Ausgestaltung nachhaltiger Anlage- und Versicherungsprodukte erlassen.

Mit der Verordnung (EU) 2019/876 ist zudem die Abänderung der Verordnung (EU) 2013/575 erfolgt, auch bekannt als die Kapitaladäquanzverordnung bzw. Capital Requirements Regulation (CRR). Diese findet auf Kreditinstitute und systemisch wichtige Wertpapierfirmen Anwendung, damit auch auf Banken in Liechtenstein. Art. 434a und 449a CRR regeln im Wesentlichen die Offenlegung der ESG-Risiken. Es wird dabei zwischen physischen Risiken und Transitionsrisiken differenziert, die in Teil I/ Abschnitt 4.3 bereits spezifiziert wurden. Zudem sollen Nachhaltigkeitsrisiken gem. Art. 501c CRR in den Aufsichtsprozess der sog. Supervisory Review and Evaluation Process (SREP) einbezogen werden, welcher durch die zuständige Finanzaufsichtsbehörde FMA in Liechtenstein auszuführen ist.

Die Verordnung (EU) 2019/2033, auch als sog. Investment Firm Regulation (IFR) bekannt, sieht im Wesentlichen vergleichbare Regelungen vor, welche allerdings angepasst für kleine und weniger komplexe Wertpapierfirmen gelten, die nicht unter den Anwendungsbereich der CRR fallen.

6.2.3.2 NFRD und CSRD

Die im Jahr 2014 verabschiedete NFRD RL (EU) 2014/95 wurde bis Ende 2016 durch die Mitgliedsstaaten der EU in nationales Recht umgesetzt (Kiszka, 2023, S. 262–263). Eine Mitteilung der Europäischen Kommission im Jahr 2019 enthielt Ergänzungen i. Z. m. Informationen zur klimabezogenen Berichterstattung bzw. Klarstellungen zur Auslegung der doppelten Materialität (Europäische Kommission, 2019b; Kiszka, 2023, S. 276–277).

Geltung erlangt die NFRD allerdings lediglich für große Kapitalgesellschaften von öffentlichem Interesse, welche mehr als 500 Mitarbeitende beschäftigen und entweder eine Bilanzsumme von über 20 Mio. EUR oder Umsatzerlöse von über 40 Mio. EUR aufweisen. Auch Banken und Versicherungsunternehmen zählen zu Unternehmen von öffentlichem Interesse (Kiszka, 2023, S. 264–265).

Gemäß der NFRD sind diese Unternehmen verpflichtet, nicht-finanzielle Informationen in einem gesonderten Nachhaltigkeitsbericht unter Beachtung des Prinzips der sog. doppelten Materialität offenzulegen. Dabei müssen, neben relevanten Angaben zum Geschäftsmodell, zumindest Informationen offengelegt werden, welche für das Verständnis des Geschäftsverlaufs des Unternehmens, dessen Geschäftsergebnisse sowie die wirtschaftliche Lage als wesentlich beurteilt werden, damit den Investoren alle wesentlichen Informationen zum Treffen ihrer Investitionsentscheidungen vorliegen. Hierbei handelt es sich gemäß der

Richtlinie um die sogenannte Outside-in-Perspektive bzw. die finanzielle Materialität.

Diese Informationen sind um Angaben zu den Auswirkungen der Tätigkeit des Unternehmens auf Nachhaltigkeitsaspekte zu ergänzen, sofern diese als wesentlich beurteilt werden und Auswirkungen auf die Stakeholder eines Unternehmens haben. Hierzu zählen beispielsweise je nach Unternehmen und Umfeld Bürger, Verbraucher, Arbeitnehmende, Geschäftspartner, Gemeinden und zivilgesellschaftliche Organisationen, können jedoch auch für Investoren Relevanz entfalten. Diese wesentlichen Informationen müssen „sich mindestens auf Umwelt-, Sozial-, und Arbeitnehmerbelange, auf die Achtung der Menschenrechte und auf die Bekämpfung von Korruption und Bestechung beziehen“ (Europäische Kommission, 2019b, S. 4). Hiermit wird die sog. Inside-out-Perspektive bzw. die ökologische und soziale Wesentlichkeit (impact materiality) angesprochen. Die Abschlussprüfer dieser Unternehmen müssen lediglich bestätigen, dass der Berichterstellungspflicht Folge geleistet wurde (Europäische Kommission, 2019b; Pallwein-Prettner et al., 2022, S. 43–44).

Die Schwachstellen der NFRD konnten im Wesentlichen nach der letztgültigen Umsetzung identifiziert werden. Zum einen fallen zahlreiche Unternehmen nicht in den Anwendungskreis der NFRD, wodurch in weiterer Konsequenz den Berichtspflichtigen nach der SFDR die nicht-finanziellen Informationen über diese Unternehmen fehlen. Zum anderen sind die inhaltlichen Vorgaben zur Offenlegungspflicht nicht ausreichend detailliert ausgestaltet, wodurch die Quantität, Qualität und Vergleichbarkeit der offengelegten Daten unzulänglich sind (Kiszka, 2023, S. 288; Pallwein-Prettner et al., 2022, S. 43).

Abhilfe wird mit der im Januar 2023 in Kraft getretenen CSRD geschaffen. Diese RL (EU) 2022/2464 sieht im Vergleich zur NFRD zum einen eine zeitlich gestaffelte Erweiterung der Berichtspflicht ab 2024 bis 2026, und mit einer sog. Opting-out-Option sogar bis 2028 vor, und definiert zum anderen einen wesentlich breiteren Anwendungskreis. Der erweiterte Anwendungsbereich erstreckt sich auf alle Unternehmen, die zwei der in weiterer Folge genannten Kriterien erfüllen: Sie weisen eine Bilanzsumme von mehr als 20 Millionen Euro auf, erwirtschaften einen Umsatz von mehr als 40 Millionen Euro oder beschäftigen mehr als 250 Mitarbeitende. Hinzu kommen kleine und mittlere kapitalmarktorientierte Unternehmen. Auch Drittstaatenunternehmen können im Falle einer Geschäftstätigkeit gewissen Ausmaßes bzw. einer Präsenz durch Tochtergesellschaften oder Zweigniederlassungen innerhalb der EU, betroffen sein.

Die zweite wesentliche Änderung gegenüber der NFRD stellt die Erweiterung und Standardisierung der Berichtsinhalte anhand der von der European Financial Reporting Advisory Group (EFRAG) erstellten und laufend anzupassenden European Sustainability Reporting Standards (ESRS), gepaart mit einer Prüfpflicht dar. Die Prüfpflicht ergibt sich insbesondere aus der Integration des Nachhaltigkeitsberichts in den Lagebericht der Unternehmen. Hinzu kommt die zusätzliche Veröffentlichung der verpflichtenden Angaben im sog. European Single Electronic Format (ESEF), einem standardisierten elektronischen Berichtsformat der EU (Frey & Brogyanyi, 2023, S. 138–139; Kiszka, 2023, S. 301, S. 310 und 315).

Bereits Schoof (2023, S. 125–126) hat in ihrer Monografie festgestellt, dass ein in die Finanzberichterstattung integriertes Berichtswesen über nicht-finanzielle Unternehmensinformationen durch Investoren positiv wahrgenommen wird, und so die Unternehmensbewertung durch den Kapitalmarkt positiv beeinflusst.

Die CSRD enthält, zusammen mit den integrierten ESRS, nach einer zunächst missverständlichen Formulierung in der NFRD, nunmehr eine deutlich ausformulierte Berichtspflicht nach dem Prinzip der doppelten Materialität i. Z. m. Nachhaltigkeitsaspekten, somit gleichermaßen über die Inside-out-Auswirkungen wie auch die Outside-in Risiken und Chancen. Zusammenfassend werden die Begrifflichkeiten impacts, risks and opportunities (IRO) verwendet. Es wird klargestellt, dass nicht nur jene Themen offenzulegen sind, die eine Schnittmenge aus beiden Dimensionen bilden, sondern auch jede der Dimensionen einzeln zu adressieren ist. Dabei bildet die Inside-out-Dimension den Ausgangspunkt der Beurteilung der Materialität, dies selbst dann, wenn keine finanzielle Materialität für das Unternehmen aus der Outside-in-Betrachtung vorliegt (Kiszka, 2023, S. 303–305).

Abbildung 6.2 veranschaulicht die beiden Dimensionen sowie die Schnittstelle, wie sie erstmals in der NFRD aufgezeigt wurde.

Die EFRAG hat sich bei der Erstellung der ESRS an den gängigsten Berichtsstandards orientiert, darunter den Standards der GRI, denen des Sustainability Accounting Standards Board (SASB), des Deutschen Nachhaltigkeitskodex (DNK) sowie den Empfehlungen der Task Force Climate-related Financial Disclosures (TCFD). Auf diese und weitere Berichtsstandards wird in Abschnitt 6.4 näher eingegangen. An dieser Stelle erfolgen lediglich Ausführungen zur ESRS i. Z. m. der doppelten Materialität. Vor diesem Hintergrund soll überprüft werden, inwiefern der Ansatz nützliche Informationen in Verbindung mit Transparenzmechanismen für Interdependenzen zwischen den drei Nachhaltigkeitsdimensionen liefern kann.

Wie bereits erwähnt, verfolgt die ESRS den Ansatz der doppelten Materialität. Im Unterschied zur ESRS nehmen die übrigen Berichtsstandards zumeist

Die doppelte Wesentlichkeitsperspektive der Richtlinie über die Angabe nichtfinanzieller Informationen im Kontext der Angabe klimabezogener Informationen

* *Der Begriff der finanziellen Wesentlichkeit wird hier im allgemeinen Sinne einer Beeinflussung des Unternehmenswerts und nicht nur im Sinne einer Beeinflussung der im Jahresabschluss angesetzten finanziellen Messgrößen verwendet.*

Abbildung 6.2 Der Ansatz der doppelten Wesentlichkeit in der NFRD. (Quelle: Mitteilung (2019/C 209/01) zur NFRD RL (EU) 2014/95, S. 5)

lediglich eine der beiden Perspektiven ein. Auch enthält der ESRS eine Reihe grundlegender Offenlegungspflichten, die unabhängig von der Wesentlichkeitsanalyse zu erbringen sind. In Abschnitt 6.4.1 wird näher darauf eingegangen. An dieser Stelle sollen zunächst weitere Ausführungen zum Ansatz der doppelten Materialität folgen.

Zur Inside-out-Dimension ist in Anhang 1 der ESRS konkret aufgeführt:

> *„Ein Nachhaltigkeitsaspekt ist hinsichtlich der Auswirkungen wesentlich, wenn er sich auf die wesentlichen tatsächlichen oder potenziellen, positiven oder negativen Auswirkungen des Unternehmens auf Menschen oder die Umwelt innerhalb kurz-, mittel- oder langfristiger Zeithorizonte bezieht. Zu den Auswirkungen gehören diejenigen, die mit der eigenen Geschäftstätigkeit und der vor- und nachgelagerten Wertschöpfungskette des Unternehmens zusammenhängen, auch durch seine Produkte und Dienstleistungen sowie durch seine Geschäftsbeziehungen. Geschäftsbeziehungen umfassen die vor- und nachgelagerte Wertschöpfungskette des Unternehmens und beschränken sich nicht auf direkte Vertragsverhältnisse." (Europäische Kommission, 2023a, S. 8)*

Die Outside-in-Dimension wird gemäß EU wie folgt adressiert:

> *„Ein Nachhaltigkeitsaspekt ist unter finanziellen Gesichtspunkten wesentlich, wenn er wesentliche finanzielle Auswirkungen auf das Unternehmen nach sich zieht oder wenn diese nach vernünftigem Ermessen zu erwarten sind. Dies trifft zu, wenn durch einen Nachhaltigkeitsaspekt Risiken oder Chancen entstehen, die innerhalb von kurz-, mittel- oder langfristigen Zeithorizonten einen wesentlichen Einfluss auf die Entwicklung, die Finanzlage, die finanzielle Leistungsfähigkeit, die Cashflows, den Zugang zu Finanzmitteln oder die Kapitalkosten des Unternehmens haben (oder wenn ein solcher Einfluss nach vernünftigem Ermessen zu erwarten ist). Risiken und Chancen können sich aus Ereignissen in der Vergangenheit oder in der Zukunft ergeben. Die finanzielle Wesentlichkeit eines Nachhaltigkeitsaspekts ist nicht auf Aspekte beschränkt, die unter die Kontrolle des Unternehmens fallen, sondern umfasst auch Informationen über wesentliche Risiken und Chancen, die auf Geschäftsbeziehungen außerhalb des bei der Erstellung von Abschlüssen verwendeten Konsolidierungskreises zurückzuführen sind." (Europäische Kommission, 2023a, S. 9)*

Zudem legt die EFRAG in ihren sog. Allgemeinen Grundsätzen fest, dass unabhängig von der Wesentlichkeit der Outside-in-Bewertung über die Inside-out-Wesentlichkeitsbewertung berichtet werden muss, da diese den Ausgangspunkt für die Bewertung der doppelten Materialität bildet. Auch wird auf die Wechselwirkungen zwischen den Outside-in- und den Inside-out-Wesentlichkeitsbewertungen hingewiesen, weshalb die Allgemeinen Grundsätze die Berücksichtigung dieser Wechselwirkung zwischen diesen beiden Perspektiven der Materialität verlangen. Dazu enthält Anhang 1 der ESRS wie folgt:

> *„Die Bewertungen der Wesentlichkeit der Auswirkungen und der finanziellen Wesentlichkeit sind miteinander verknüpft, und die Wechselwirkungen zwischen diesen beiden Dimensionen sind zu berücksichtigen. Im Allgemeinen stellt die Bewertung der Auswirkungen den Ausgangspunkt dar, auch wenn es wesentliche Risiken und Chancen geben kann, die nicht mit den Auswirkungen des Unternehmens in Zusammenhang stehen. Eine nachhaltigkeitsbezogene Auswirkung kann von Anfang an finanziell wesentlich sein oder finanziell wesentlich werden, wenn nach vernünftigem Ermessen davon auszugehen ist, dass sie die Finanzlage, die finanzielle Leistungsfähigkeit, die Cashflows, den Zugang zu Finanzmitteln oder die Kapitalkosten des Unternehmens kurz-, mittel- oder langfristig beeinflusst. Unabhängig von ihrer finanziellen Wesentlichkeit werden die Auswirkungen unter dem Gesichtspunkt der Wesentlichkeit der Auswirkungen beurteilt." (Europäische Kommission, 2023a, Rn. 38, S. 8)*

Eine Aussage dazu, in welcher Form diese Wechselwirkungen zu berücksichtigen sind, bleiben die ESRS allerdings schuldig.

Von großer Relevanz für vorliegende Arbeit ist indes der Hinweis in Anhang 1 der ESRS über mögliche Zielkonflikte, die in Verbindung mit gesetzten Nachhaltigkeitsmaßnahmen entstehen könnten und im Rahmen der Materialitätsprüfung ermittelt werden. Solche materiellen Zielkonflikte unterliegen gemäß ESRS der Offenlegungspflicht, dies zusammen mit Angaben zum geplanten Umgang mit diesen Zielkonflikten. Dazu wird in Anhang 1 der ESRS-VO unter der Überschrift „Wesentliche Auswirkungen oder Risiken, die sich aus Maßnahmen zum Umgang mit Nachhaltigkeitsaspekten ergeben", vermerkt:

> *„Die Bewertung der Wesentlichkeit durch das Unternehmen kann dazu führen, dass Situationen ermittelt werden, in denen seine Maßnahmen zum Umgang mit bestimmten Auswirkungen oder Risiken oder zur Nutzung bestimmter Chancen im Zusammenhang mit einem Nachhaltigkeitsaspekt wesentliche negative Auswirkungen oder wesentliche Risiken im Zusammenhang mit einem oder mehreren anderen Nachhaltigkeitsaspekten nach sich ziehen könnten. Beispiele:*
>
> *a) ein Aktionsplan zur Dekarbonisierung der Produktion, in dessen Rahmen die Herstellung bestimmter Produkte aufgegeben wird, könnte wesentliche negative Auswirkungen auf die eigene Belegschaft des Unternehmens haben und zu wesentlichen Risiken aufgrund von Abfindungszahlungen führen, oder*
>
> *b) ein Aktionsplan eines Automobilzulieferers, der sich auf die Lieferung von Elektrofahrzeugen konzentriert, könnte zu verlorenen Vermögenswerten für die Herstellung von Zulieferteilen für konventionelle Fahrzeuge führen.*
>
> *In solchen Situationen geht das Unternehmen wie folgt vor:*
>
> *a) Es gibt die Existenz wesentlicher negativer Auswirkungen oder wesentlicher Risiken an und nennt die Maßnahmen, die diese verursachen, mit einem Querverweis auf das Thema, auf das sich die Auswirkungen oder Risiken beziehen, und*
>
> *b) es beschreibt, wie die wesentlichen negativen Auswirkungen oder wesentlichen Risiken im Rahmen des Themas, auf das sie sich beziehen, angegangen werden." (Europäische Kommission, 2023a, S. 10)*

Die EU-Gesetzgebung beschreibt hiermit ergänzend zur Offenlegung von materiellem Impact sowie materiellen finanziellen Auswirkungen die Pflicht zur Offenlegung von wesentlichen Zielkonflikten zwischen den drei Nachhaltigkeitsdimensionen, die sich aus gesetzten Nachhaltigkeitsmaßnahmen in Form von wesentlichen negativen Auswirkungen oder wesentlichen Risiken materialisieren. Interessant erscheint dabei auch die Formulierung des Satzanfangs, der impliziert, dass die Zielkonflikte während der Wesentlichkeitsprüfung unter Einbezug verschiedener Stakeholder „ermittelt" werden.

Mit dieser speziellen Offenlegungspflicht scheint die Thematik der Interdependenzen zwischen den drei Nachhaltigkeitsdimensionen jedoch noch nicht vollständig erfasst zu sein. Zum einen können drohende Zielkonflikte frühzeitig erkannt werden und dazu führen, dass Maßnahmen nicht weiterverfolgt werden. Auf das erste Beispiel aus Anhang 1 der ESRS-VO verweisend, könnte der Zielkonflikt und somit die negative Auswirkung auf die eigene Belegschaft bereits in der Analyse des Projektes zur Dekarbonisierung der Produktion erkannt werden, und zum Verwerfen dieses Projektvorhabens führen. Damit würde selbstredend auch die positive Auswirkung aus dem Vorhaben zur Dekarbonisierung ausbleiben. Zum anderen könnten Zielkonflikte mangels Wissens bzw. aufgrund der Komplexität der Zusammenhänge nicht erkannt werden, womit in weiterer Folge eine Offenlegung ausbliebe. Die Bestimmung ist im Unterschied zur prozessorientierten Herangehensweise zielorientiert ausgestaltet, wodurch die aktive Auseinandersetzung mit den Interdependenzen ausbleiben könnte (Nilsson & Weitz, 2019, S. 254). Müller-Christ (2020, S. 84–85) bezeichnet diese widersprüchlichen bzw. dilemmatischen Entscheidungsalternativen als „blinden Fleck der Managementlehre“.

Die in diesem Abschnitt diskutierte Offenlegungsbestimmung ist somit von der internen Transparenz über, und Steuerung von Synergien und Zielkonflikten zwischen den drei Nachhaltigkeitsdimensionen abzugrenzen. Vielmehr stellen die Schaffung interner Transparenz über Interdependenzen zwischen den drei Nachhaltigkeitsdimensionen sowie die effektive Steuerung derselben die Voraussetzungen für die beschriebene Offenlegungspflicht dar, die lediglich einen Teilaspekt der Interdependenzen, d. h. die materiellen Zielkonflikte und den Umgang mit derselben, adressiert.

6.2.4 EU-Lieferkettengesetz

Seit Februar 2022 bemühte sich die Europäische Union um eine Einigung auf die sog. Directive on Corporate Sustainability Due Diligence (CSDDD), die als sog. Europäisches Lieferkettengesetz in einer Entwurfsversion vorlag (Gruber, 2022, S. 67). Am 24. April 2024 stimmte die Mehrheit des EU-Parlaments letztlich für eine Kompromissvariante der CSDDD und schließlich verabschiedete der Rat am 24. Mai 2024 die Richtlinie (EU) 2024/1760 (Schöchli, 2024, S. 21).

Die erarbeiteten Kompromisse betreffen zum einen den Anwendungsbereich und zum anderen materielle Bestimmungen (Bueno et al., 2024, S. 1). Der Geltungsbereich gemäß Art. 2 CSDDD i. V. m. den Umsetzungsbestimmungen gemäß Art. 37 CSDDD sehen eine gestaffelte Einführung vor. Zwei Jahre nach dem Inkrafttreten müssen die EU-Mitgliedsstaaten die Richtlinie in nationales Recht übernehmen, d. h. bis Juni 2026. Drei Jahre nach Inkrafttreten ist die CSDDD zunächst nur auf Unternehmen anwendbar, die mehr als 5´000 Mitarbeitende und einen weltweiten Umsatz von mehr als 1.5 Mrd. EUR aufweisen. Vier Jahre nach Inkrafttreten werden diejenigen Unternehmen adressiert, welche mehr als 3´000 Mitarbeitende beschäftigen und einen Umsatz von mehr als 900 Mio. EUR erwirtschaften. Schließlich ist das Gesetz fünf Jahre nach Inkrafttreten auf Unternehmen anwendbar, die mehr als 1´000 Mitarbeitende beschäftigen und einen Umsatz von mehr als 450 Mio. EUR aufweisen. Damit sollen gem. erster Schätzung lediglich 5´500 Unternehmen betroffen sein, insbesondere, da einerseits die ursprünglich angedachten gesonderten Bestimmungen für Unternehmen aus Hochrisikobranchen entfallen sind, und andererseits die Schwellenwerte in der Kompromissversion wesentlich erhöht wurden (Bueno et al., 2024, S. 2).

Unternehmen müssen gemäß Art. 1 CSDDD grundsätzlich einen konkreten Plan für eine Geschäftsstrategie entwickeln, der die Erfüllung der Klimaziele des Pariser Übereinkommens stützt (Schöchli, 2024, S. 21).

Das Gesetz sieht zudem eine Verpflichtung für die betroffenen Unternehmen vor, ihre Geschäftstätigkeit gemäß Art. 7 bis 12 CSDDD einerseits auf mögliche Menschenrechtsverletzungen, wie etwa Kinderarbeit oder Sklaverei hin zu überprüfen bzw. diese zu verhindern, zu mindern oder Abhilfe zu schaffen. Andererseits wird mit dem Gesetz die Verpflichtung angestrebt, Umweltverschmutzung oder Verlust der Biodiversität aufzudecken und zu vermeiden, zu mindern oder Abhilfe zu schaffen. Dabei müssen die von diesem Gesetz erfassten Unternehmen die Auswirkungen auf Umwelt und Menschenrechte in Bezug auf ihre eigenen Tätigkeiten, die Tätigkeiten ihrer Gruppengesellschaften und die Tätigkeiten ihrer direkten als auch indirekten Geschäftspartner, die Teil der Aktivitätenkette des Unternehmens sind, berücksichtigen. Adressiert werden in der nunmehr verabschiedeten Version der CSDDD somit die Aktivitätenketten statt der ursprünglich angedachten gesamten Wertschöpfungskette. Unterschieden wird zwischen sog. Upstream- und Downstream-Aktivitäten, d. h. zwischen der eigenen Wertschöpfung im Unterschied zu vorgelagerten und nachgelagerten Aktivitäten, wobei von den nachgelagerten Aktivitäten lediglich die Geschäftsbereiche Transport, Distribution und Lagerung erfasst sind (Bueno et al., 2024, S. 3).

Gemäß Art. 9 CSDDD sind die nach Art. 8 CSDDD ermittelten und bewerteten negativen Auswirkungen nach Grundlage ihrer Schwere und Wahrscheinlichkeit zu priorisieren, um die Reihenfolge der Maßnahmen zur Verhinderung bzw. Minderung der Auswirkungen festzulegen, sofern eine gleichzeitige Vorgehensweise nicht möglich ist.

Unternehmen werden verpflichtet, sich laut Art. 13 CSDDD mit Betroffenen sowie mit Menschenrechts- und Umweltaktivisten entlang ihrer Aktivitätenketten auseinanderzusetzen und zu diesem Zweck einen Beschwerdemechanismus aufzubauen. Ergänzend dazu sollen Unternehmen gemäß Art. 14–16 CSDDD Prozesse bzw. Mechanismen zur regelmäßigen Überprüfung der Wirksamkeit ihrer Sorgfaltspflichtregelungen installieren sowie über die Fortschritte berichten. Die ursprünglich angedachte Kopplung von Vergütungsvereinbarungen an die Erreichung von Nachhaltigkeitszielen ist im Zuge der Verhandlungen auf dem Weg zur Endfassung etwaigen Kompromissen zum Opfer gefallen (Bueno et al., 2024, S. 3–4).

Um Anlegern sowie Anwendern der SFDR den Zugang zu diesen Sorgfaltspflichtinformationen zu ermöglichen, wird gem. Art. 17 CSDDD die Erfassung der Daten über das zentrale europäische Zugangsportal European Single Access Point (ESAP) in Kraft gesetzt.

Hinzu kommen zivilrechtliche Haftungsbestimmungen gepaart mit Sanktionierungsmöglichkeiten, die in den Art. 27 und 29 CSDDD geregelt sind. Mögliche Sanktionen bei Verstößen betreffen Geldstrafen von bis zu 5 Prozent des weltweiten Nettoumsatzes der Unternehmen (Gruber, 2022, S. 70–72).

Banken müssen somit zusätzlich zur Erstellung von internen Plänen zur Einhaltung der Sorgfaltspflichten und der Förderung des Pariser Übereinkommens die Einhaltung von Menschenrechts- und Umweltstandards bei ihren Lieferanten sicherstellen. Jedoch besteht für Banken i. Z. m. nachgelagerten Aktivitäten vorerst keine Verpflichtung, beispielsweise die Geschäftstätigkeit ihrer Kreditkunden zu überprüfen. Bis zum Jahr 2026 soll die EU-Kommission jedoch überprüfen, ob es für den Finanzsektor zusätzlicher Bestimmungen bedarf (Schöchli, 2024, S. 21).

Zum Umgang mit Zielkonflikten werden keine expliziten Regelungen getroffen, wenngleich der Gegenstand des Gesetzes die Vermeidung von Menschenrechtsverletzungen sowie negativer Umweltauswirkungen im Rahmen der Geschäftstätigkeit von Unternehmen zum Ziel hat, die in den Geltungsbereich der CSDDD fallen. Priorisierungen beim Umgang mit negativen Auswirkungen sind dabei möglich, sofern nicht alle Maßnahmen gleichzeitig durchgeführt werden können.

Deutschland (Maurice, 2022, S. 20–23), die Niederlande und Frankreich (Maurice, 2022, S. 21) hatten bereits zuvor nationale Lieferkettengesetze in Geltung, wobei das EU-Lieferkettengesetz nunmehr deutlich strengere und umfassendere Vorschriften auferlegt (Bueno et al., 2024, S. 3; Interview JuS.de, 2023, S. 23).

6.2.5 ESG-Ratings-Verordnung

Die EU-Kommission hat am 13. Juni 2023 einen Vorschlag für eine Verordnung zur Stärkung der Integrität und Transparenz hinsichtlich der Tätigkeit von ESG-Ratinganbietern vorgestellt. Dieser Vorschlag wurde am 27. November 2024 vom Europäischen Parlament und dem Rat der Europäischen Union verabschiedet. Die Verordnung trat am 1. Januar 2025 in Kraft und ist damit spätestens ab dem 1. Juli 2026 anwendbar.

Die Regulierung über ESG-Ratinganbieter sieht zwei wesentliche Elemente vor. Zum einen soll gem. Art. 1 Rating-VO die Schaffung von Transparenz, Zuverlässigkeit und Integrität durch den Erlass von Regeln zur Vermeidung von Interessenskonflikten erreicht werden. Zudem wird die Schaffung einer Vergleichbarkeit von ESG-Ratings sowie die Sicherstellung des Einbezugs von ESG-Risiken in die Bonitätsbeurteilung der Institute und deren Produkte angestrebt.

Andererseits wird durch die EU-Kommission gem. Art. 4 Rating-VO vorgesehen, die ESG-Ratingagenturen der Aufsicht durch die Europäische Wertpapier- und Marktaufsichtsbehörde (ESMA) zu unterstellen und damit die Erfüllung organisatorischer Anforderungen bereits ab der Zulassung zu prüfen, sowie die Aufsicht über den laufenden Betrieb strukturiert und fortlaufend zu sichern.

Die bedeutsame Rolle von ESG-Ratings in der Nachhaltigkeitskommunikation sowie als Informationsquelle für Investoren hebt Banke (2022, S. 109–110) hervor, und kritisiert gleichzeitig die Inhomogenität in der Qualität sowie die fehlende Vergleichbarkeit der unterschiedlichen Ratings. Der Autor kommt zu dem Schluss, dass Transparenz und Vergleichbarkeit bei ESG-Ratings selbst im Fall von negativen Einschätzungen, etwa wegen Verbesserungs- bzw. Weiterentwicklungsbedarfs im Bereich des Nachhaltigkeitsmanagements von Unternehmen, dennoch positive Auswirkungen auf deren Aktienkurs haben können (Banke, 2022, S. 110).

Waschbusch et al. (2021, S. 154–155) thematisieren ebenfalls die divergierenden Ratingergebnisse, die durch externe Ratingagenturen in Folge unterschiedlicher Informationsquellen und Beurteilungsmechanismen resultieren.

6.2.6 Ausblick auf die Sozial-Taxonomie

In Abschnitt 6.2.2 wurde bereits darauf hingewiesen, dass sich die EU-Taxonomie-Verordnung in ihrer heutigen Fassung ausschließlich auf ein ökologisches Klassifizierungssystem beschränkt (Kiszka, 2023, S. 216), was allerdings eine Änderung erfahren soll (Kiszka, 2023, S. 253–256). Die EU-Kommission hat die Subgruppe 4 der Plattform für ein nachhaltiges Finanzwesen indes damit beauftragt, zum Zweck der Ergänzung der bestehenden EU-Taxonomie-Verordnung einen Vorschlag für eine sog. Sozial-Taxonomie zu erarbeiten und dabei Themengebiete der Governance mit zu berücksichtigen (Kiszka, 2023, S. 253 und S. 256; Platform on Sustainable Finance, 2022, S. 6).

Mit der Erweiterung der EU-Taxonomie-Verordnung um die Sozial-Taxonomie soll zukünftig eine objektive Beurteilung von Wirtschaftstätigkeiten entlang aller drei Dimensionen des ESG-Ansatzes ermöglicht werden. In konsequenter Weiterentwicklung der EU-Taxonomie-Verordnung greift die Arbeitsgruppe in ihrem Bericht erneut auf die Kategorien der sog. substantial contribution, der sog. do no significant harm und der sog. minimum safeguards zurück. Dabei soll im Zuge der Arbeiten an der Sozial-Taxonomie auch die grundsätzliche Effektivität der in Art. 18 der EU-Taxonomie-Verordnung festgeschriebenen, sog. minimum safeguards-Regelung überprüft werden (Platform on Sustainable Finance, 2022, S. 6–9).

Die angestrebte Ergänzung des Klassifizierungssystems für ökologisch nachhaltige Wirtschaftstätigkeiten um soziale Aspekte sowie um erweiterte Governance-Aspekte soll neben dem sog. Greenwashing (Kropp, 2019, S. 39) nun auch das sog. Social-Washing objektiv feststellbar machen und verhindern (Leuchters, 2023, S. 4).

Im Februar 2022 legte die Subgruppe 4 der Plattform für ein nachhaltiges Finanzwesen einen Bericht vor, der im Ergebnis zwei mögliche Modelle (Platform on Sustainable Finance, 2022, S. 72–76) für eine um soziale und Governance-Aspekte erweitere EU-Taxonomie-Verordnung vorschlägt. Auf diese beiden Modelle wird in weiterer Folge näher eingegangen, da diese das Ringen um einen sinnvollen Umgang mit Interdependenzen zwischen den Nachhaltigkeitsdimensionen veranschaulichen (Kiszka, 2023, S. 250).

Die Subgruppe 4 hat sich entschieden, die beiden möglichen Modelle als „Extremvarianten" (Platform on Sustainable Finance, 2022, S. 72) auszugestalten. Auf der einen Seite soll, wie in Tabelle 6.1 ersichtlich, die Beziehung zwischen den drei Nachhaltigkeitsdimensionen lediglich über die sog. minimum safeguards in einem sehr geringen Maße Berücksichtigung finden (Platform on Sustainable Finance, 2022, S. 73–74). Auf der anderen Seite soll, wie in Tabelle 6.2 dargestellt, eine starke Berücksichtigung der Interdependenzen zwischen den drei Nachhaltigkeitsdimensionen über die Verbindung der sozialen und der ökologischen Dimension anhand der sog. substantial contribution- und der sog. do no significant harm-Kriterien zueinander geschaffen werden (Platform on Sustainable Finance, 2022, S. 74). Die Governance-Kriterien sowie allgemeine Kriterien der sozialen Dimension, insbesondere im Bereich der Menschenrechte, werden im zweiten Modell zusätzlich über die schwächeren sog. minimum safeguards hinzugefügt (Kiszka, 2023, S. 250).

Tabelle 6.1 Modell 1 der Sozial-Taxonomie. (Quelle: Bericht der Plattform für ein nachhaltiges Finanzwesen (Platform on Sustainable Finance, 2022, S. 73))

Objective	Substantial-contribution criteria for	DNSH criteria for	Minimum safeguard (UNGP, OECD)
Climate-change mitigation	Environment	Environment	UNGP OECD without environment
Climate-change adaptation	Environment	Environment	UNGP OECD without environment
Circular economy	Environment	Environment	UNGP OECD without environment
Pollution control	Environment	Environment	UNGP OECD without environment
Water	Environment	Environment	UNGP OECD without environment
Biodiversity	Environment	Environment	UNGP OECD without environment
Decent work	Social	Social	Governance, environment, entity-related social topics
Adequate living standards and wellbeing for end-users	Social	Social	Governance, environment, entity-related social topics
Inclusive and sustainable communities and societies	Social	Social	Governance, environment, entity-related social topics

ESG or E only

S only

Die Schwäche des Modells 1 liegt darin begründet, dass die UNGPs und OECD-Richtlinien, die in den sog. minimum safeguards herangezogen werden, wesentlich marginalere Bestimmungen in den Bereichen der sozialen, der ökologischen und der Governancebezogenen Kriterien enthalten, als über die sog. do no significant harm-Regelungen einer Taxonomie implementiert werden könnte. In Verbindung mit Modell 2 besteht indes die Gefahr, dass im Fall der Notwendigkeit der gleichzeitigen Erfüllung ökologischer als auch sozialer Kriterien im Ergebnis zu wenige als „grün“ klassifizierbare Wirtschaftstätigkeiten resultieren könnten. Im Modell 2 gäbe es zwar weniger grüne Wirtschaftstätigkeiten, jedoch gleichzeitig auch weniger unerkannte bzw. in Kauf genommene Zielkonflikte zwischen den Nachhaltigkeitsdimensionen Ökologie und Soziales, die

Tabelle 6.2 Modell 2 der Sozial-Taxonomie. (Quelle: Bericht der Plattform für ein nachhaltiges Finanzwesen (Platform on Sustainable Finance, 2022, S. 75))

Objective	Substantial-contribution criteria for	DNSH criteria (including generic DNSH criteria) for	Minimum safeguards at entity level
Climate mitigation	Environment	Environment and social	Governance, social
Climate adaptation	Environment	Environment and social	Governance, social
Circular economy	Environment	Environment and social	Governance, social
Pollution control	Environment	Environment and social	Governance, social
Water	Environment	Environment and social	Governance, social
Biodiversity	Environment	Environment and social	Governance, social
Decent work	Social	Environment and social	Governance, social
Adequate living standards and wellbeing for end-users	Social	Environment and social	Governance, social
Inclusive and sustainable communities and societies	Social	Environment and social	Governance, social

E only
S only
E & S or G & S

hingegen in Modell 1 unkontrolliert schlagend werden könnten (Kiszka, 2023, S. 251; Platform on Sustainable Finance, 2022, S. 75–76).

Kiszka (2023, S. 251–253) spricht sich aufgrund der Komplexität in der Umsetzung des Modells 2 sowie der damit einhergehenden Reduktion der als nachhaltig geltenden Wirtschaftstätigkeiten, insbesondere auch unter Berücksichtigung der durch die CSDDD verfolgten Nachhaltigkeitsziele, für das Modell 1 aus. Dieser Gedankengang kann zwar nachvollzogen werden. Gleichsam ist jedoch zu bedenken, dass durch die Berücksichtigung verschiedener Perspektiven in unterschiedlichen Regularien das Silo-Denken in den einzelnen Dimensionen der Nachhaltigkeit gefördert wird, wodurch die Berücksichtigung von bzw. Transparenz über Interdependenzen erschwert werden könnte.

Letztlich stehen vor allem wirtschaftliche Überlegungen im Raum, welche über die finale Ausgestaltung entscheiden werden. Zum einen sind aufwendige Verfahren kostenintensiv, zum anderen bedeutet eine geringe Anzahl an als nachhaltig einzustufende Wirtschaftstätigkeiten ausbleibende Investitionsmittel für große Teile der Wirtschaft. Die Arbeitsgruppe weist darauf hin, dass zwischen den beiden vorgestellten Extremmodellen auch Zwischenmodelle denkbar sind, auf die allerdings nicht weiter eingegangen wird (Platform on Sustainable Finance, 2022, S. 72). Es lassen sich somit bereits in der Konzeptionsphase der Sozial-Taxonomie Zielkonflikte zur ökonomischen Dimension erkennen, die dieses Gesetzesvorhaben bisher ausbremsen.

6.2.7 Zwischenfazit

Dem europäischen Regulator gelingt es zunehmend, ein integriertes und aufeinander abgestimmtes Nachhaltigkeitsregulierungspaket zu schnüren (Kiszka, 2023, S. 261). Bei näherer Betrachtung, insbesondere mit Verweis auf die EU-Taxonomie-Verordnung, kann zunächst festgestellt werden, dass der Detaillierungsgrad der ökologischen Rechtsnormen höher ist, als jener für die übrigen beiden Nachhaltigkeitsdimensionen, obgleich die nachhaltigkeitsbezogenen Offenlegungsnormen (SFDR und CSRD) wie auch die CSDDD, welche sich auf die EU-Taxonomie-Verordnung beziehen, jeweils alle drei ESG-Dimensionen adressieren. Bislang sieht die Regulierung zudem keine zulängliche Behandlung bzw. Offenlegung der Interdependenzen zwischen den drei Nachhaltigkeitsdimensionen vor.

Der Bericht über den Vorschlag für eine Sozial-Taxonomie lässt erkennen, welche Herausforderungen die Interdependenzen zwischen den Nachhaltigkeitsdimensionen mit sich bringen. Es wurden zwei Extremvarianten der integrierten Betrachtung aller drei ESG-Dimensionen vorgestellt, wobei lediglich Modell 2, wie in Tabelle 6.1 dargestellt, die Interdependenzen insbesondere zwischen der ökologischen, sozialen sowie der Governance-Dimension in ausreichender Form zu adressieren vermag. Dies erfolgt mittels einer kreuzenden Verknüpfung der Dimensionen über die sog. significant contribution-, gepaart mit der sog. do no significant harm-Regelung. Die Governance-Dimension wird über die sog. social minimum safeguards hinzugefügt. Die Mitglieder der Arbeitsgruppe selbst hat bereits erkannt, dass eine solch starke Berücksichtigung von Interdependenzen zwischen den ESG-Dimensionen dem Bestreben nach wirtschaftlichem Wachstum entgegenstehen könnte.

Grundsätzlich scheint der Ansatz der sog. significant contribution-, gepaart mit der sog. do no significant harm-Regelung sowie den sog. social minimum safeguards ein passables Instrument zur Aufdeckung von Interdependenzen zwischen den drei Nachhaltigkeitsdimensionen zu sein, sofern alle drei klassischen Nachhaltigkeitsdimensionen der Ökologie, dem Sozialen und der Ökonomie im weiteren Sinne damit angesprochen würden, was gegenwärtig jedoch nicht der Fall ist.

Die ESRS basieren, wie in Abschnitt 6.2.3.2 dargestellt, auf dem Prinzip der doppelten Materialität, welche sowohl die Inside-out- als auch die Outside-in-Perspektive betrachtet und die Schnittstelle zwischen diesen beiden Dimensionen berücksichtigt. Ergänzend verlangt der ESRS die Offenlegung von materiellen Zielkonflikten zwischen den ESG-Dimensionen, die aus gesetzten Nachhaltigkeitsmaßnahmen resultieren könnten, erweitert um die Offenlegung des geplanten Umgangs mit diesen Zielkonflikten. Dies setzt indes voraus, dass interne Transparenz- und Steuerungsmechanismen zu Interdependenzen vorhanden sind. Diese sollten jedoch nicht nur die Erfüllung der externen Offenlegungspflichten zum Ziel haben. Das interne Interesse des Unternehmens sollte in der Vermeidung bzw. Optimierung von Zielkonflikten, und idealerweise in der Identifikation sowie Beschreitung von Synergiepfaden liegen.

6.3 Nachhaltigkeitsregulierung in der Schweiz und in Liechtenstein

In Abschnitt 6.2 wurde vertiefend auf die europäische Nachhaltigkeitsregulierung eingegangen. Aufbauend auf diesen Informationen wird in den folgenden Abschnitten die aktuell geltende Nachhaltigkeitsregulierung in der Schweiz und in Liechtenstein im Detail beschrieben. Dabei wird auch auf die Beziehungen dieser beiden Länder zueinander sowie zur Europäischen Union eingegangen.

6.3.1 Nachhaltigkeitsregulierung in der Schweiz

Der Schweizer Bundesrat hat in seinem sog. Sustainable Finance Schweiz-Bericht vom 16. Dezember 2022 vier konkrete Handlungsfelder für die Jahre 2022 bis 2025 für einen führenden und gleichsam nachhaltigen Finanzplatz definiert. Angestrebt wird dabei wie folgt: Die Gewinnung von Nachhaltigkeitsdaten aus der Gesamtwirtschaft, die Schaffung von Transparenz im Finanzsektor, die Förderung von Impact Investments und grünen Anleihen, und die Bepreisung von Umweltverschmutzung (Schweizer Bundesrat, 2022a, S. 24–27).

Vorherig ist als Konsequenz der Ablehnung der sog. Konzernverantwortungsinitiative bzw. der sog. CH-KVI durch das Schweizer Stimmvolk im Jahr 2020 der indirekte Gegenvorschlag des Parlaments in den Vordergrund getreten. Mit dessen in Kraft treten im Januar 2023 wurden Aktiengesellschaften, Banken und Versicherungen mit mehr als 500 Mitarbeitenden sowie einer Bilanzsumme von mindestens 20 Mio. CHF oder einem Umsatz von mehr als 40 Mio. CHF zur

Offenlegung eines Berichts über nicht-finanzielle Belange verpflichtet. Besonders hervorzuheben ist, dass der Schweizer Gesetzgeber dem Europäischen gefolgt ist und dabei das Prinzip der doppelten Wesentlichkeit grundsätzlich übernommen, jedoch mit der Anwendbarkeit der TCFD gleichzeitig wieder aufgeweicht hat (Meyer, 2023, S. 19; Schweizer Bundesrat, 2022a, S. 7–8).

Die Bestimmungen der Verordnung zur Klimaberichterstattung sind in den Art. 964 a-c OR eingegliedert (Meyer, 2023, S. 19). Im Zusammenhang mit der Offenlegung von Nachhaltigkeitsbelangen steht Art. 964a OR, welcher den Anwendungsbereich der nicht-finanziellen Transparenzpflichten definiert, und der sich an die europäische NFRD anlehnt (Schweizer Bundesrat, 2022c), wenngleich die EU zwischenzeitlich den Weg einer Weiterentwicklung mit der CSRD unter Berücksichtigung der ESRS gegangen ist.

In Art. 964b Abs. 2–5 OR werden zudem die inhaltlichen Transparenzvorschriften definiert, denen jene nach Art. 964a OR von den nicht-finanziellen Transparenzpflichten betroffenen Unternehmen Folge zu leisten haben. Grundsätzlich ist hiermit die Offenlegung zu Umwelt-, Arbeitnehmer- und Sozialbelangen sowie die Offenlegung i. Z. m. der Achtung der Menschenrechte und der Bekämpfung von Korruption verbunden.

Die Verordnung zur Berichterstattung über Klimabelange dient der näheren Ausgestaltung des Art. 964b OR. Dabei konkretisiert Artikel 1 Abs. 2 der Verordnung, dass sowohl die Auswirkungen des Klimawandels auf Unternehmen als auch die Auswirkungen der Tätigkeiten von Unternehmen auf den Klimawandel ab dem Geschäftsjahr 2024 im Rahmen der Offenlegung zu adressieren sind.

Art. 964c OR regelt schließlich die Genehmigung und Unterzeichnung des Berichts durch das oberste Leitungs- oder Verwaltungsorgan bzw. durch das für die Genehmigung der Jahresrechnung zuständige Organ. Vor diesem Hintergrund wird deutlich, dass der nicht-finanziellen Berichterstattung hohe Aufmerksamkeit einzuräumen ist und Haftungsfolgen nicht ausgeschlossen werden können.

Hat die Geschäftstätigkeit eines in der Schweiz ansässigen Unternehmens Berührungspunkte mit Rohstoffen oder Mineralien und Metallen bzw. besteht die Gefahr von Kinderarbeit, so kommen Art. 964 Bst. d bis 1 OR zur Anwendung. Diese Bestimmungen sehen seit dem 1.1.2023 besondere Managementsysteme für die Lieferkettenüberwachung durch diese Unternehmen vor, ergänzt durch ein dazugehöriges effektives Risikomanagement, welches durch eine unabhängige Fachperson zu prüfen ist.

Diese Bestimmungen sind zwar mit jenen der EU-CSDDD vergleichbar, jedoch bleiben die Schweizer Regelungen in ihrer Granularität hinter jenen der EU zurück. Nachdem sich die EU, wie in Abschnitt 6.2.4 dargelegt, im Mai 2024 auf die CSDDD einigen konnte, wird in der Schweiz die Diskussion zu führen sein, ob eine Angleichung ihrer Regelungen sinnvoll ist. Obschon die Schweiz als Drittstaat gilt, sieht die CSDDD vor, dass Konzerne, die in der EU einen Jahresumsatz von mehr als 450 Mio. EUR erwirtschaften, direkt von den europäischen Regelungen betroffen sind. Unabhängig davon können Schweizer Unternehmen auch indirekt von den Regelungen der CSDDD betroffen sein, falls betroffene Firmen in der EU die Anforderungen aus der CSDDD ihrerseits an Unternehmen aus ihrer vor- und nachgelagerten Aktivitätenkette weitergeben. Für betroffene Unternehmen in der Schweiz könnte eine Angleichung der Schweizer Regelungen an die Europäischen wünschenswert sein (Schöchli, 2024, S. 21).

Wenngleich, wie soeben ausgeführt, in einigen Belangen dem europäischen Vorbild gefolgt wird, so wird diesem in anderen Belangen nicht Rechnung getragen. Etwa macht der Schweizer Gesetzgeber keine Vorgaben i. Z. m. einem Berichtsstandard für die nicht-finanzielle Berichterstattung, indes hat die EU einen detaillierten Berichtsstandard in Form der ESRS veröffentlicht. Vielmehr können die betroffenen Schweizer Unternehmen gemäß Art. 964b Abs. 3 OR aus den gängigen nationalen, europäischen oder internationalen Berichtsstandards wählen. Das kann zwar einerseits als Vorteil im Sinne eines Wahlrechts gesehen werden, insbesondere für Unternehmen, die international tätig sind und sich so an den Interessen und Vorgaben ihrer wichtigsten Stakeholder ausrichten können. Beispielsweise können Schweizer Unternehmen vom EU-Lieferkettengesetz betroffen sein, sofern ihre Abnehmer in einem europäischen Land sitzen. Andererseits kann diese Regelungslücke auch zu Unsicherheiten, Inkonsistenzen und mangelnder Vergleichbarkeit der offengelegten Informationen führen. Jedenfalls ist festzuhalten, dass der Schweizer Gesetzgeber durch diese Bestimmungen zunächst lediglich eine Annäherung an die europäische NFRD bewerkstelligt hat. Doch auf EU-Ebene hat zwischenzeitlich mit der CSDDD, der CSRD und den damit verbundenen ESRS eine Weiterentwicklung stattgefunden. Ob und ggf. wann eine Angleichung der Schweizer Regelungen an jene der EU vorgenommen wird, bleibt abzuwarten.

Neben den gesetzlichen Bestimmungen sind in der Schweiz die FINMA-Aufsichtsmitteilung 05/2021 zur Prävention und Bekämpfung von Greenwashing vom 3. November 2021 (FINMA, 2021; Meyer, 2023, S. 20), zudem das AMAS-Papier der Asset Management Association Switzerland zur Selbstregulierung von Transparenz und Offenlegung bei Kollektivvermögen mit Nachhaltigkeitsbezug vom 26. September 2022 (AMAS, 2022; Meyer, 2023, S. 21), sowie zwei Swiss Banking-Papiere der Schweizer Bankiersvereinigung (SBVg) vom Juni 2022 von Relevanz. Dabei handelt es sich zum einen um die Richtlinie für Finanzdienstleister zum Einbezug von ESG-Präferenzen und ESG-Risiken bei der Anlageberatung und Vermögensverwaltung (Meyer, 2023, S. 21; Swiss Banking, 2022b) sowie die Richtlinien für Anbieter von Hypotheken zur Förderung der Energieeffizienz (Swiss Banking, 2022a).

Während die FINMA-Aufsichtsmitteilung Empfehlungen auf Unternehmens- und Produktebene ausspricht und mit Bezug auf den sog. Point of Sales auf die SBVg-Empfehlungen verweist, behandelt Swiss Banking lediglich den sog. Point of Sales und verweist i. Z. m. der Unternehmens- und Produktebene auf die FINMA-Aufsichtsmitteilung sowie das AMAS-Papier (Meyer, 2023, S. 20–21), wie Abbildung 6.3 entnommen werden kann.

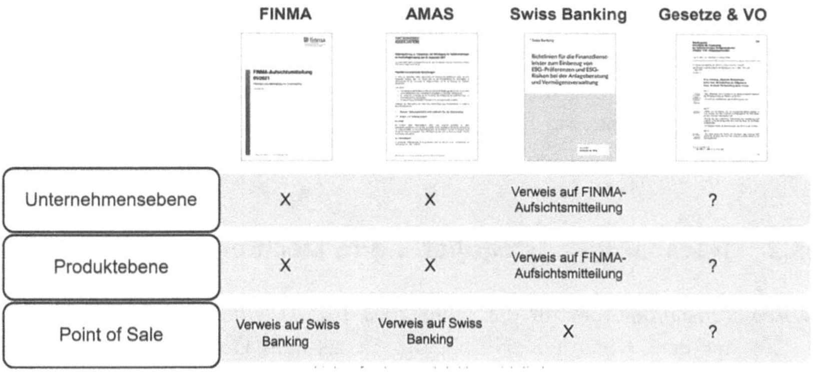

Abbildung 6.3 Gegenüberstellung der CH-Regularien. (Quelle: Grant Thornton Regulatory Outlook 2024 (Grant Thornton, 2023, S. 12))

Im März 2024 wurde sodann das CO_2-Gesetz der Schweiz mit dem Ziel der Halbierung der Treibhausgasemissionen bis zum Jahr 2030 im Vergleich zum Jahr 1990 revidiert, welches sodann am 1. Januar 2025 in Kraft trat. Gleichzeitig kam es zu einer Änderung des Gesetzes über den unlauteren Wettbewerb (UWG), wonach ebenfalls ab 1. Januar 2025 alle Angaben, die zur verursachten Klimabelastung von Produkten und Dienstleistungen getätigt werden, auch objektiv belegbar zu sein bzw. auf überprüfbaren Grundlagen zu fußen haben. Hiervon sind sodann auch Finanzdienstleistungsprodukte umfasst (Hofer & Resta, 2024, S. 2).

Diese Neuerungen veranlassten die AMAS und die SBVg dazu, ihre Empfehlungen zur Selbstregulierung ebenfalls anzupassen, sowie den Schweizerischen Versicherungsverband (SVV) erstmals zur Herausgabe entsprechender Empfehlungen für anteilsgebundene Lebensversicherungen, wobei eine große Ähnlichkeit in den Bestimmungen aller drei Verbände zu erkennen ist. Insgesamt wird bei diesen Empfehlungen zur Selbstregulierung die Vermeidung von Greenwashing forciert, wie dies auch im CO_2-Gesetz und im UWG der Fall ist. Die drei Verbände haben sich an den Bestimmungen der EU-Taxonomie-Verordnung orientiert und geben vor, dass für die Bezeichnung von Anlageprodukten und -dienstleistungen als nachhaltig neben den Finanzzielen zusätzlich mindestens ein weiteres Ziel zu verfolgen ist. So muss das nachhaltige Produkt einen Beitrag zur Erreichung eines oder mehrerer Nachhaltigkeitsziele leisten, was dem Kriterium der sog. substantial contribution in der EU-Taxonomie-Verordnung entspricht. Alternativ müssen Produkte zusätzlich verträglich mit einem oder mehreren spezifischen Nachhaltigkeitszielen sein, was in der EU-Taxonomie-Verordnung als sog. do no significant harm bezeichnet wird. Die Nachhaltigkeitsziele müssen spezifisch definiert sein und in weiterer Folge auch gemessen und überwacht werden. Während die Selbstregulierung der AMAS und der SBVg am 1. September 2024 in Kraft trat, war dies für jene der SVV am 1. Januar 2025 der Fall (Hofer & Resta, 2024, S. 3–4).

6.3.2 Nachhaltigkeitsregulierung in Liechtenstein

Im Regierungsprogramm für die Jahre 2021 bis 2025 des Fürstentums Liechtenstein mit dem Untertitel „Nachhaltig. Verlässlich. Gestaltend." nimmt das Thema Nachhaltigkeit eine zentrale Rolle ein. In diesem Papier wurden konkrete Ziele sowie Maßnahmen für alle drei Dimensionen der Nachhaltigkeit, somit für die ökonomische, die soziale sowie die ökologische Dimension, definiert. Ergänzt werden diese drei Dimensionen durch gesonderte Ziele in der Kategorie der „finanziellen Nachhaltigkeit und staatlichen Verlässlichkeit" (Regierung des Fürstentums Liechtenstein, 2021, S. 1 und S. 4–5).

Liechtenstein ist, wie bereits erwähnt, ein EWR-Mitgliedsland. Damit erlangen alle Rechtsakte, die ins EWRA übernommen werden, entweder unmittelbar Gültigkeit in Liechtenstein oder müssen in nationales Recht übernommen werden (Stern, 2020, S. 28–29).

Die Umsetzung der CSRD erfolgte grundsätzlich im liechtensteinischen Personen- und Gesellschaftsrecht (PGR) (Liechtensteiner Landtag, 1926), wobei das PGR das Pendent zum Schweizer Obligationenrecht (OR) darstellt. Damit ging auch die Übernahme der ESRS einher. Zudem kam es i. Z. m. der Umsetzung der CSRD in Liechtenstein zu Anpassungen im Offenlegungsgesetz (OffG) und im Wirtschaftsprüfergesetz (WPG) (Ministerium für Infrastruktur und Justiz & Ministerium für Präsidiales und Finanzen, 2023, S. 19–20).

Der Durchführung der SFDR (VO (EU) 2019/2088) und der EU-Taxonomie-Verordnung (VO (EU) 2020/852) dient das EWR-Finanzdienstleistungs-Nachhaltigkeits-Durchführungsgesetz (EWR-FNDG), das am 1. Mai 2022 in Kraft trat.

Die Delegierten Verordnungen zu bestehenden Finanzmarktrechtsakten gelten in Liechtenstein unmittelbar und müssen daher nicht in nationales Recht übernommen werden. Dabei handelt es sich um die Delegierten Verordnungen (EU) 2021/1255, 2021/1256, 2021/1257, 2021/1253, welche Offenlegungspflichten im Hinblick auf die Berücksichtigung von Nachhaltigkeitsfaktoren und -risiken in internen Prozessen sowie die Pflicht zur Abfrage von Nachhaltigkeitspräferenzen der Anleger im Beratungsprozess regeln.

Die Delegierten Richtlinien (EU) 2021/1270 und 2021/1269, bei denen es sich um Offenlegungspflichten im Hinblick auf die Berücksichtigung von Nachhaltigkeitsfaktoren und -risiken im Rahmen der Sorgfaltspflichten, des Risikomanagements und den Produktüberwachungspflichten von Verwaltungsgesellschaften nach dem sog. Undertakings for Collective Investments in Transferable Securities Gesetz (UCITSG) und von Banken bzw. Vermögensverwaltungsgesellschaften, die Wertpapierdienstleistungen erbringen, handelt, wurden in der liechtensteinischen Undertakings for Collective Investments in Transferable Securities Verordnung (UCITSV), in der Verordnung über die Vermögensverwaltung (VVO) und der Bankenverordnung (BankV) umgesetzt.

Abbildung 6.4 bietet einen Überblick über die in Liechtenstein anwendbaren regulatorischen Vorgaben.

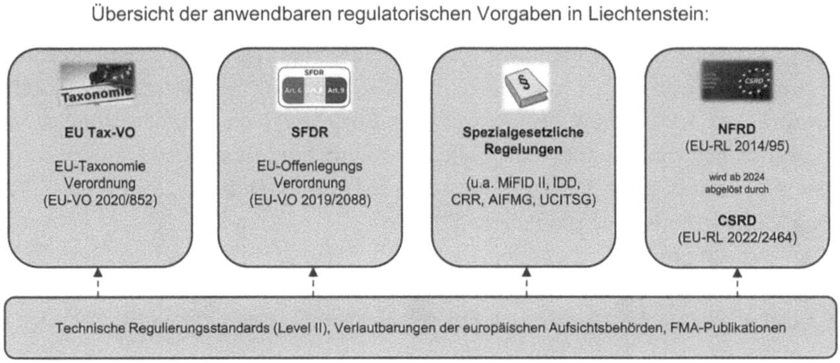

Abbildung 6.4 Regulatorische Vorgaben in Liechtenstein. (Quelle: Grant Thornton Regulatory Outlook 2024 (Grant Thornton, 2023, S. 22))

6.3.3 Exkurs: Nachhaltigkeitsregulierung für Kantonal- bzw. Landesbanken der Schweiz und Liechtensteins

Die vorliegende Arbeit beschäftigt sich mit Forschungsfragen im Umfeld von Schweizer und Liechtensteiner Banken. In der Schweiz prägen insbesondere Kantonalbanken die Bankenlandschaft, wohingegen die Liechtensteinische Landesbank zu den größten Banken des Liechtensteiner Finanzplatzes zählt (Liechtensteinischer Bankenverband, 2023; Statista, 2023). Daher ist es angebracht, einen näheren Blick auf die spezialgesetzlichen Gegebenheiten für diese Banken zu werfen und dabei insbesondere Aspekte der Nachhaltigkeit zu prüfen.

Das Gesetz über die Züricher Kantonalbank (ZKBG) vom 28. September 1997 beispielsweise gilt als eines, das mit Bezug auf die Berücksichtigung von Nachhaltigkeitsaspekten seiner Zeit voraus war. Bereits in der Ursprungsfassung des Jahres 1997 enthält das Gesetz in den noch heute gültigen § 2 sowie § 3 ZKBG einen umfassenden Leistungsauftrag mit direktem Bezug zur Nachhaltigkeit, unter Berücksichtigung der ökonomischen, der ökologischen und der sozialen Nachhaltigkeitsdimension.

Der Vollständigkeit halber darf eine nähere Beleuchtung des Gesetzes für die, mehrheitlich im Besitz des Landes Liechtenstein befindliche, Liechtensteinische Landesbank nicht fehlen. Dieses enthält in Art. 3 LLBG zunächst ausschließlich ökonomische Zweckbestimmungen. Jedoch weist die von der Regierung, gestützt auf Art. 16 ÖUSG sowie auf Art. 15 Abs. 2 Bst. b LLBG erlassene Beteiligungsstrategie (Regierung des Fürstentums Liechtenstein, 2024, S. 2), weiterführende Bestimmungen i. Z. m. der nachhaltigen Ausrichtung der Bank auf. Einerseits werden in den Artikeln 3.2 sowie 3.3 der Beteiligungsstrategie betriebswirtschaftliche sowie volkswirtschaftliche Ziele und andererseits, in Artikel 3.4 ethische, soziale sowie ökologische Ziele festgelegt (Regierung des Fürstentums Liechtenstein, 2024, S. 4–5), die durch die Organe der Liechtensteinischen Landesbank bei der Ausgestaltung der Unternehmensstrategie zu berücksichtigen sind. Somit ist auch die mehrheitlich im Besitz des Landes Liechtenstein befindliche Liechtensteinische Landesbank unter Berücksichtigung aller drei Nachhaltigkeitsdimensionen zu führen.

Der Umgang mit Interdependenzen zwischen den drei Dimensionen der Nachhaltigkeit wird allerdings weder für die Züricher Kantonalbank (ZKB) noch für die Liechtensteinische Landesbank (LLB) angesprochen bzw. geregelt.

6.3.4 Zwischenfazit

Es darf resümiert werden, dass Liechtensteins Nachhaltigkeitsregulierung aufgrund der EWR-Zugehörigkeit mit jener der EU konform ist.

Die Schweizer Regulierungslandschaft i. Z. m. Nachhaltigkeitsbelangen hinkt hingegen sowohl in den Offenlegungspflichten zu Nachhaltigkeitsbelangen im Allgemeinen, ebenso wie im Speziellen für den Finanzdienstleistungssektor hinter jenen der EU nach. Im Wesentlichen hat die Schweiz die Vorgaben der NFRD nachvollzogen, während in der EU bereits die CSRD zur Anwendung kommt (Meyer, 2023, S. 16). Mit der CSDDD hat die EU im Bereich der nachhaltigen Lieferketten einen weiteren Vorsprung ggü. der Schweiz aufgebaut. Ebenso fehlt es der Schweiz an einem Klassifizierungssystem nach dem Vorbild der EU-Taxonomie-Verordnung sowie an einem einheitlichen Berichtssystem wie den ESRS. Der Schweizer Bundesrat lässt allerdings, nicht zuletzt aufgrund der starken wirtschaftlichen Vernetzung der Schweiz mit der Europäischen Union (Meyer, 2023, S. 27) insbesondere hinsichtlich des Waren- und Dienstleistungsexports in seinem Bericht keinen Zweifel daran, eine weitere Annäherung an die EU-Nachhaltigkeitsregulierung prüfen zu wollen (Karametaxas, 2021, S. 44; Schweizer Bundesrat, 2022c).

Das Schweizer OR diente dem liechtensteinischen PGR im Jahr 1926 als Rezeptionsgrundlage (Marxer, 2007, S. 43), dies nicht zuletzt aufgrund der sehr engen bilateralen Beziehungen Liechtensteins zur Schweiz. Allerdings gilt die Schweiz in der EU als Drittland (Stern, 2020, S. 98). Aufgrund der EWR-Zugehörigkeit setzt Liechtenstein seit 1995 europäisches Recht um, wodurch das PGR seither von europäischen Bestimmungen geprägt ist und sich somit in einigen Regelungsbereichen vom Schweizer OR entfernt hat.

Die Brückenstellung Liechtensteins zwischen der EU und der Schweiz beschert Liechtenstein Vorzüge als Wirtschaftsstandort, dies auch für Schweizer Unternehmen, die in der EU tätig werden wollen. Andererseits ergeben sich auch zahlreiche Herausforderungen für Liechtensteiner Unternehmen, die im Gegensatz zu ihren Schweizer Konkurrenten im globalen Wettbewerb strengeren Vorgaben unterstehen.

Mit Bezug auf die Forschungsfragen kann festgehalten werden, dass lediglich Banken in Liechtenstein aufgrund der Anwendung des europäischen Rechts von den externen Offenlegungspflichten zu materiellen Zielkonflikten aus Nachhaltigkeitsmaßnahmen sowie zum Umgang mit denselben nach ESRS betroffen sind, wie bereits in Abschnitt 6.2.3.2 ausführlich dargestellt wurde.

Darüberhinausgehende Bestimmungen zur Offenlegung von Interdependenzen zwischen den drei Nachhaltigkeitsdimensionen sind in den nationalen Gesetzgebungen der Schweiz und Liechtensteins nicht vorhanden.

6.4 Berichtssysteme und -standards in der Nachhaltigkeitsberichterstattung

Im Berichtswesen wird zwischen externem und internem Berichtswesen unterschieden, wobei Ersteres unternehmensexterne Interessensgruppen adressiert bzw. mit Informationen bedient. Zweiteres soll unternehmensinternen Mitarbeitenden und Führungskräften dazu dienen, anhand von transparenten qualitativen und quantitativen Informationen sowie adressatengerechten Analysen das Unternehmen zielgerichtet zu steuern und den Austausch wesentlicher Informationen zwischen den Unternehmenseinheiten und Hierarchiestufen sicherzustellen (Sailer, 2022, S. 296). Das Ziel liegt somit in der Schaffung von Transparenz als Basis für die Steuerung im Nachhaltigkeitsmanagement.

Qualitative Informationen haben einen beschreibenden Charakter, während quantitative Daten bzw. Kenngrößen numerisch ausgedrückt werden. Beim Vorliegen von nicht oder nur bedingt messbaren Nachhaltigkeitswirkungen wird empfohlen, quantitative Kennzahlen durch qualitative Informationen zu ergänzen (Sailer, 2022, S. 243).

Im Jahr 2023 wurden neben einem Klassifizierungssystem für ökologisch nachhaltige Wirtschaftstätigkeiten auch regulatorisch vereinheitlichte Berichtsstandards für Nachhaltigkeitsbelange durch die EU veröffentlicht. Damit soll die Vergleichbarkeit der offengelegten Nachhaltigkeitsdaten einen wesentlichen Entwicklungsschritt erfahren, dies nicht zuletzt, da die neue Offenlegungsrichtlinie auf die EU-Taxonomie-Verordnung sowie auf die ESRS zurückgreift, die jeweils einen integrativen Bestandteil der CSRD bilden. Hierzu wurde in Abschnitt 6.2 bereits ausgeführt.

International hat die International Financial Reporting Standards (IFRS)-Foundation indes die Erstellung von zwei International Sustainability Standards Board (ISSB)-Standards forciert. Betreffend die Anwendung dieser Standards wird im Unterschied zu der CSRD auf Freiwilligkeit gesetzt (Bassen et al., 2023, S. 172 und S. 176).

Im Bereich des Nachhaltigkeitsberichtswesens bezogen sich europäische Unternehmen in der Vergangenheit, und teilweise auch heute noch, auf eine Vielzahl unterschiedlicher Standards und Regelwerke (Sailer, 2022, S. 71). Dies ist insbesondere der Tatsache geschuldet, dass die Regulierungsbehörden über lange Zeit verabsäumt haben, einen einheitlich gültigen Berichtsstandard festzulegen (Gerwing et al., 2022, S. 518–519), mit dessen Anwendung die geltenden und eher vage ausformulierten Offenlegungspflichten als umgesetzt gelten. Die europäischen ESRS sollen eben dieses Versäumnis bzw. diese Wahlfreiheit für alle EU- und EWR-Länder beseitigen. Für Schweizer Unternehmen herrscht indes weiterhin ein Wahlrecht zur Anwendung international gängiger Standards (Karametaxas, 2021, S. 42; Nagel-Jungo et al., 2023, S. 11).

Zuletzt hat sich weltweit, damit auch in Europa und der Schweiz, insbesondere der international gültige GRI-Standard als führend herauskristallisiert (Nagel-Jungo et al., 2023, S. 21; Sailer, 2022, S. 72).

Einige Unternehmen berichten über ihre Nachhaltigkeitsleistung auch entlang der SDGs der Agenda 2030 der Vereinten Nationen oder unter Bezugnahme auf die Prinzipien des UN Global Compact. Zu beiden Programmen wurde bereits in den Abschnitten 2.4.1 sowie 2.4.2 ausgeführt. Im Folgenden soll auf die gängigen Nachhaltigkeitsberichtssysteme und -standards näher eingegangen werden.

6.4.1 European Sustainability Reporting Standards (ESRS)

Die ESRS stellen für alle durch den Anwendungskreis der neuen Offenlegungspflichten der CSRD erfassten Unternehmen die Grundlage für die Inhalte des Nachhaltigkeitsberichts dar (Kiszka, 2023, S. 310–311), welcher auch einen prüfungspflichtigen Teil des Lageberichts bildet (Kiszka, 2023, S. 314). Die ESRS beinhalten Offenlegungspflichten für alle drei Aspekte des ESG-Ansatzes, somit für Umwelt, Soziales sowie Governance. Dabei ist neben Informationen zu vergangenen Perioden ebenfalls auf eine zukunftsgerichtete Berichterstattung zu achten (Kiszka, 2023, S. 308–309). Zusätzlich hat die Offenlegung in einem einheitlichen elektronischen Berichtsformat zu erfolgen (Kiszka, 2023, S. 315). Investoren sowie andere Stakeholder sollen über Inside-out- sowie Outside-in-Risiken der für sie relevanten Unternehmen informiert sein. Bei der Erstellung der ESRS hat die EFRAG Project Task Force on European Sustainability Reporting Standards (EFRAG PTF-ESRS) besonderen Wert auf die Abstimmung mit dem ISSB sowie der GRI gelegt, um eine möglichst weitreichende Kompatibilität zwischen den europäischen und den internationalen Berichtssystemen zu erzielen (Europäisches Parlament, 2022, S. 29).

Die ESRS besteht in Set 1 aus zwei übergreifenden Standards, einerseits den allgemeinen Anforderungen und andererseits den allgemeinen Angaben. Ergänzt werden die übergreifenden Standards durch in Summe zehn thematische Standards, darunter fünf Umweltstandards, vier Sozialstandards sowie einem

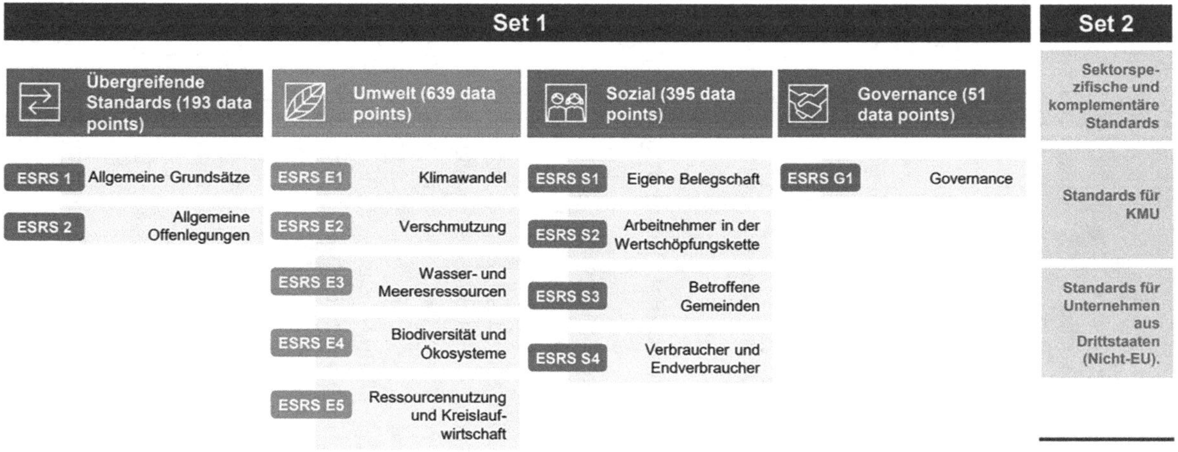

Abbildung 6.5 Aufbau der ESRS. (Quelle: PWC ESG Breakfast Event (PWC, 2023, S. 15))

Governance-Standard (Europäische Kommission, 2023a, S. 1). In Set 2 wurden zudem sektorspezifische Standards definiert, welche die Offenlegung von Auswirkungen, Risiken und Chancen (IRO) regeln, die für alle Unternehmen eines bestimmten Wirtschaftszweigs von wesentlicher Bedeutung sind, jedoch nicht oder nicht ausreichend von themenbezogenen Standards abgedeckt werden. Set 2 beinhaltet zudem spezielle Bestimmungen für kleine und mittlere Unternehmen (KMU) sowie Unternehmen aus Drittstaaten (Europäische Kommission, 2023a, S. 3). Abbildung 6.5 soll die Elemente des ESRS übersichtlich darstellen.

Der Standard „ESRS 1 – allgemeine Anforderungen" stellt alle übrigen Standards, mit Ausnahme des „ESRS 2 – allgemeine Angaben", unter den Wesentlichkeitsvorbehalt (Europäische Kommission, 2023a, S. 4). Wie bereits ausgeführt, geht es hierbei sowohl um die sog. impact materiality als auch um die sog. financial materiality (Europäische Kommission, 2023a, S. 5–9). Der Ansatz der doppelten Materialität wird somit in den ESRS-Standards stringent umgesetzt.

6.4.2 Global Reporting Initiative (GRI)

Der GRI-Standard wurde vom Global Sustainability Standards Board (GSSB) verabschiedet (Global Reporting Initiative, 2021, S. 2) und bietet ein Set an Indikatoren zur Darstellung, Messung und Steuerung betrieblicher Nachhaltigkeitsaspekte (Baumast, 2019, S. 44). Er stellt, wie in Abschnitt 6.4 bereits erwähnt, den aktuell gängigsten, internationalen Berichtsstandard für Nachhaltigkeitsbelange dar. Seit dem Jahr 2021 wurde der GRI-Standard, wie in Abbildung 6.6 ersichtlich, umfassend überarbeitet. Nach und nach wurden Branchenstandards in Anlehnung an den SASB-Standard eingeführt. In der letzten, seit 2023 anwendbaren Fassung, setzt sich der GRI-Standard aus drei universellen Standards zusammen: den grundsätzlichen „Anforderungen und Prinzipien für die Verwendung der GRI-Standards", den „Allgemeinen Angaben über die Organisation" sowie den „Angaben und Anleitungen für die wesentlichen Managementthemen der Organisation" (Global Reporting Initiative, 2021, S. 9).

Hinzu kommen 33 themenspezifische Standards, aufgeteilt auf die drei Nachhaltigkeitsdimensionen, davon sieben in der Dimension der Ökonomie, acht in der Ökologie und abschließend 18 in der Dimension Soziales. Wie vormals erwähnt, werden die universellen Standards sowie die Themenstandards nunmehr um bisher vier veröffentlichte Branchenstandards ergänzt. Geplant sind in der Summe mindestens 40 Branchenstandards, darunter auch solche für den Finanzdienstleistungssektor (Global Reporting Initiative, 2021; Sailer, 2022, S. 72–75).

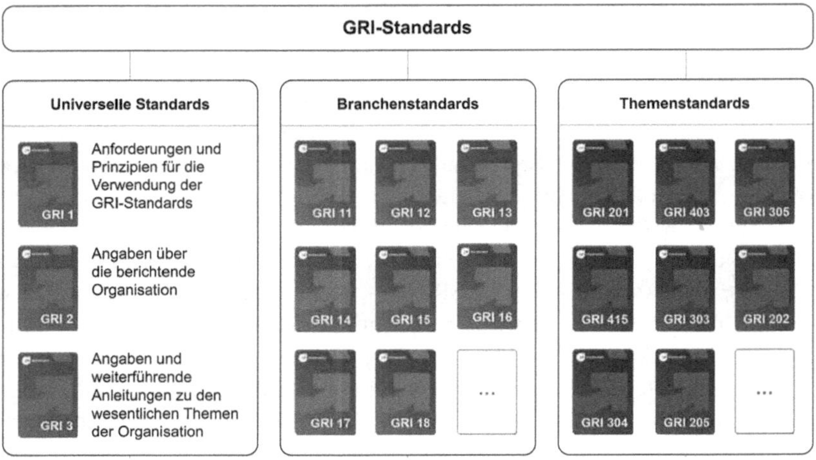

Abbildung 6.6 Aufbau der GRI-Standards. (Quelle: GRI Standards (Global Reporting Initiative, 2021, S. 9))

Offengelegt werden wesentliche positive als auch negative Auswirkungen, welche Unternehmen mit ihrer Wirtschaftstätigkeit sowie ihren Geschäftsbeziehungen auf die Wirtschaft, die Umwelt und die Gesellschaft entfalten, wobei die Einhaltung von Menschenrechten ebenfalls Berücksichtigung findet. Bei der Beurteilung der Wesentlichkeit wird einerseits die Perspektive von Investoren und anderen Stakeholdern im Rahmen ihrer Entscheidungsfindung eingenommen. Andererseits werden die Auswirkungen auf die nachhaltige Entwicklung insgesamt betrachtet (Global Reporting Initiative, 2021, S. 12).

Die im Rahmen der Nachhaltigkeitsberichterstattung nach dem GRI-Standard zur Verfügung gestellten Inside-out-Informationen sollen als Grundlage für die Bestimmung der finanziellen Materialität und somit der Feststellung der finanziellen Risiken und Chancen für das Unternehmen selbst dienen. Diese Outside-in-Perspektive wird allerdings, dem Verständnis des GRI-Standards folgend, im Finanzbericht, jedoch nicht im Nachhaltigkeitsbericht der Unternehmen eingenommen. Der Nachhaltigkeitsbericht dient somit als Grundlage für die finanzielle Berichterstattung in Nachhaltigkeitsbelangen. Wesentliche Auswirkungen auf die Umwelt und die Gesellschaft können umgekehrt jedoch im Nachhaltigkeitsbericht nicht zurückgestellt werden, für den Fall, dass diese von der Organisation als finanziell nicht wesentlich erachtet werden. Bei der Beurteilung der Wesentlichkeit in der Inside-out-Dimension gilt das Primat des öffentlichen Interesses an nachhaltiger Entwicklung (Global Reporting Initiative, 2021, S. 12).

Damit gilt auch in der Nachhaltigkeitsberichterstattung nach dem GRI-Standard das Wesentlichkeitsprinzip als umgesetzt, allerdings lediglich in Form der einfachen Materialität. Die Angaben aus der Inside-out-Dimension sollen jedoch, wie zuvor ausgeführt, als Grundlage für den Finanzbericht dienen, in dem sodann die Outside-in-Perspektive eingenommen wird (Global Reporting Initiative, 2021, S. 12).

6.4.3 Deutscher Nachhaltigkeitskodex (DNK)

Der DNK wurde durch den deutschen Rat für nachhaltige Entwicklung (RNE) erstellt und im Jahr 2011 beschlossen. Mit diesem soll Unternehmen ein einfacher Einstieg in die Nachhaltigkeitsberichterstattung sowie die Vergleichbarkeit offengelegter Nachhaltigkeitsbelange ermöglicht werden (Sailer, 2022, S. 75).

Offengelegt wird laut des Kodex in Form einer sog. DNK-Erklärung. Wie in Abbildung 6.7 ersichtlich, ist die DNK-Erklärung in zwei übergeordnete Kategorien, einerseits das Nachhaltigkeitskonzept, andererseits die Nachhaltigkeitsaspekte, gegliedert. Darunter werden je zwei Themenfelder für die DNK-Erklärung vorgeschlagen. Vor dem Hintergrund des Nachhaltigkeitskonzeptes betrifft dies die Strategie, in der Wesentlichkeitsanalysen, Visionen und Ziele entlang der Wertschöpfungskette offengelegt werden sollen. Zudem betrifft dies Ausführungen zum Prozessmanagement, hierbei insbesondere zu den Regeln, Abläufen, Anreizsystemen, zum Produkt- und Innovationsmanagement sowie zur Verantwortung und zum Einbezug von Stakeholdern. Unter den Nachhaltigkeitsaspekten wird die Offenlegung von Informationen in den beiden Teilbereichen Umwelt und Gesellschaft verlangt. Insgesamt sind in der DNK-Erklärung qualitative Erläuterungen zu 20 Nachhaltigkeitskriterien abzugeben (Rat für nachhaltige Entwicklung, 2020, S. 4).

Zusätzlich zu den qualitativen Angaben wird die Offenlegung in Form von quantitativen Leistungsindikatoren verlangt. Zur Auswahl stehen hierbei Indikatoren-Sets aus den beiden Berichtsstandards GRI und der European Federation of Financial Analysts Societies (EFFAS). Der DNK funktioniert nach dem sog. Comply-or explain-Grundsatz, der aus der europäischen Regulierung bekannt ist. Diesem Grundsatz folgend werden die Anforderungen entweder wie vorgegeben umgesetzt (comply) oder es wird erklärt (explain), aus welchen Gründen eine konforme Umsetzung nicht erfolgt ist (Kiszka, 2023, S. 323; Waschbusch et al.,

Abbildung 6.7 Aufbau des Deutschen Nachhaltigkeitskodex. (Quelle: Leitfaden zum DNK (Rat für nachhaltige Entwicklung, 2020, S. 7))

2021, S. 70). Dieser Grundsatz soll der Transparenz dienen (Rat für nachhaltige Entwicklung, 2020, S. 7–8).

Eine weitere Parallele zur europäischen Nachhaltigkeitsregulierung lässt sich in der Anwendung der doppelten Materialität erkennen, die mittels einer Wesentlichkeitsanalyse unter Einbezug verschiedener Stakeholder-Perspektiven festgestellt wird (Rat für nachhaltige Entwicklung, 2020, S. 20–22).

Zudem ist anzumerken, dass der RNE im Zusammenhang mit dem Nachhaltigkeitsmanagement von möglichen Zielkonflikten spricht, die betrachtet werden sollen (Rat für nachhaltige Entwicklung, 2020, S. 6). In den Indikatoren-Sets ist hierzu allerdings kein konkreter Umsetzungsvorschlag zu finden. Es bleibt somit bei der lediglich wage gehaltenen Adressierung des Bestehens möglicher Interdependenzen zwischen den Nachhaltigkeitsdimensionen.

6.4.4 Science Based Targets Initiative (SBTi)

Die sog. Science Based Targets Initiative (SBTi), die im deutschsprachigen Raum auch Initiative für wissenschaftsbasierte Ziele genannt wird, ist aus einer Kooperation zwischen dem Carbon Disclosure Project (CDP), dem Global Compact der Vereinten Nationen (UNGC), dem World Resources Institute (WRI) und dem World Wide Fund for Nature (WWF) entstanden (Science Based Targets initiative, 2023, S. 14).

Das Ziel der SBTi liegt in der unabhängigen Definition und Förderung von Best-Practice-Methoden zur Setzung von Umweltzielen, insbesondere im Bereich der Emissionsreduktion von Treibhausgasen, die auf wissenschaftlichen Erkenntnissen basieren. Die SBTi orientiert sich am sog. Greenhouse Gas Protocol Standard, der eine Einteilung in direkte Emissionen eines Unternehmens (Scope 1), indirekte Emissionen aus dem Energieverbrauch (Scope 2) und andere indirekte Emissionen (Scope 3) vornimmt, sowie diese entlang der Wertschöpfungskette von Produkten und Dienstleistungen betrachtet (Science Based Targets initiative, 2023, S. 18).

Die SBTi hat sektorspezifische Standards, darunter auch einen Standard für Finanzdienstleister herausgegeben (SBT-FI). Dieser wurde erstmals im Oktober 2020 veröffentlich und zuletzt im Juli 2022 überarbeitet. Die SBT-FI richten sich an Banken, Versicherungen, Investoren und andere Finanzinstitutionen, deren Geschäftstätigkeit mit den Klimazielen des Pariser Abkommens in Einklang gebracht werden soll. Finanzdienstleister werden dabei ermutigt, Ziele für ihre eigenen betrieblichen Prozesse (Scope 1- und 2-Emissionen) sowie für ihre Investitions- und Finanzierungsgeschäfte (Scope 3-Emissionen) festzulegen. Dies umfasst die Emissionen der Unternehmen bzw. Kunden, in die diese investieren oder denen diese Kredite gewähren (Science Based Targets initiative, 2022, S. 7–8).

In der SBTi findet somit lediglich die Inside-out-Dimension Berücksichtigung, und hierbei ausschließlich ein Teilbereich der ökologischen Nachhaltigkeitsdimension, nämlich die Emissionsreduktion von Treibhausgasen. Auf Interdependenzen zwischen den drei Nachhaltigkeitsdimensionen wird nicht eingegangen.

6.4.5 Sustainability Accounting Standards Board Standard (SASB-Standard) und International Sustainability Standards Board (ISSB)

Die Value Reporting Foundation stellt die herausgebende Institution der SASB-Standards dar. Das Sustainability Accounting Standards Board (SASB) wurde 2011 gegründet. Hierbei handelt es sich um eine gemeinnützige Organisation, die unabhängig agiert und Standards für die Offenlegung von wesentlichen finanziellen Nachhaltigkeitsinformationen von Unternehmen herausgibt, womit Investoren die erforderlichen Informationen für ihre Investitionsentscheidungen i. Z. m.

Nachhaltigkeitsaspekten zugänglich gemacht werden sollen. Die Anwendung der Standards unterliegt dem Prinzip der Freiwilligkeit.

Seit 2018 werden vom SASB nach und nach branchenspezifische Standards, bisher für 77 Branchen, bereitgestellt, darunter auch für den Finanzsektor. Der SASB verlangt von Banken im Speziellen die Offenlegung zu den nachfolgenden Themen: finanzielle Inklusion und Kapazität, Datensicherheit und -schutz, ethisches Verhalten und Vermeidung von Korruption, Management von systemischen Risiken im Finanzsystem, sowie klimabezogene Risiken und Chancen. Von Relevanz ist lediglich die Outside-in-Dimension, womit ein sog. single materiality-Ansatz verfolgt wird (SASB, 2023, S. 5 und S. 7–8).

Im August 2022 kommt es zum Zusammenschluss des SASB mit dem ISSB zur IFRS-Foundation. Mit diesem Zusammenschluss wurde eine Konsolidierung und Weiterentwicklung der SASB-Standards, der Task Force for Climate-related Financial Disclosures (TCFD) Recommendations, des Integrated Reporting (IR) Frameworks sowie des Climate Disclosure Standards Board (CDSB) Frameworks in Aussicht gestellt. Der ISSB nahm umgehend die Arbeiten an den IFRS Sustainability Disclosure Standards auf, die eine Weiterentwicklung der SASB-Standards unter Berücksichtigung der übrigen oben genannten Berichtsstandards darstellen (IFRS Foundation, 2022).

Am 26.6.2023 hat der ISSB die beiden Standards IFRS1 (ISSB, 2023a) sowie IFRS2 (ISSB, 2023b) veröffentlicht, wobei Ersterer mit den sog. General Requirements for Disclosure of Sustainability-related Financial Information allgemeine Offenlegungspflichten adressiert, Letzterer mit den Climate-related Disclosures lediglich auf die Offenlegung von Umweltrisiken und -chancen durch die anwendenden Unternehmen abzielt, und dabei den TCFD-Empfehlungen folgt.

Zusammengefasst lässt sich festhalten, dass die durch den ISSB veröffentlichten IFRS 1- und IFRS 2-Standards in ihrer heutigen Fassung neben den allgemeinen Angaben zur nicht-finanziellen Berichterstattung im Speziellen die ökologische Nachhaltigkeitsdimension abdecken und dabei von einer sog. single materiality ausgehen. Sie betrachten somit ausschließlich die Outside-in-Risiken für das Unternehmen, um den Investoren eine Grundlage für ihre Investitionsentscheidungen zu bieten. Zudem weisen die IFRS1- und IFRS2-Standards im Unterschied zu den ESRS lediglich einen freiwilligen Charakter auf.

Im April 2024 hat die IFRS Foundation (2024, S. 5) zudem die IFRS Sustainability Disclosure Taxonomy veröffentlicht, um die Offenlegungspflichten unter IFRS S1 und S2 zu detaillieren. Hierin wird auf eine Offenlegungspflicht zu Zielkonflikten zwischen nachhaltigkeitsbezogenen Chancen und Risiken hingewiesen, die sich im Rahmen der Strategiefindung ergeben können (IFRS Foundation,

2024, S. 40). Detaillierte Angaben zu Offenlegungspflichten i. Z. m. Interdependenzen bleiben sowohl in den SASB-Standards für den Finanzsektor als auch in den IFRS1- und IFRS2-Standards aus.

6.4.6 Task Force on Climate-related Financial Disclosures (TCFD)

Das TCFD stellt eine Initiative des Financial Stability Boards (FSB) dar, welche 2015 durch die G20-Mitglieder mit dem Ziel der Förderung der Finanzstabilität gegründet wurde. Im Jahr 2017 wurden sodann die Empfehlungen des TCFD mit Bezug auf klimabezogene Finanzinformationen veröffentlicht, die in bestehende Berichtsstrukturen integriert werden sollten (TCFD, 2017, S. 5–8).

Der TCFD-Standard enthält Empfehlungen in den vier Bereichen Governance, Strategie, Risikomanagement und Messgrößen. Im Bereich der Governance sollen Unternehmen ihre Rahmenbedingungen und die Art der Unternehmensführung mit Bezug auf klimabezogene Risiken und Chancen offenlegen. Unter dem Bereich der Strategie wird die Offenlegung der tatsächlichen und potenziellen Auswirkungen klimabezogener Chancen und Risiken auf die Strategie, die Geschäftstätigkeit, die Finanzplanung sowie die Organisation eines Unternehmens empfohlen. Die Identifikation, Bewertung und Steuerung klimabezogener Risiken soll durch die Empfehlungen im Bereich des Risikomanagement abgedeckt werden. Letztlich sollen Messgrößen offengelegt werden, die der Bewertung und Steuerung wesentlicher klimabezogener Risiken und Chancen eines Unternehmens dienen (TCFD, 2017, S. 14).

Die aktuellen TCFD-Empfehlungen enthalten neben den sektorunabhängigen Klimakennzahlen auch spezifische Empfehlungen für vier Sektoren der Finanzdienstleistungsindustrie, darunter auch Banken, sowie für vier weitere Branchen außerhalb des Finanzdienstleistungssektors (TCFD, 2017, S. 15).

Zusammengefasst lässt sich festhalten, dass die TCFD-Empfehlungen lediglich klimabezogener Natur sind und sich dabei auf die Outside-in-Dimension beschränken. Das Ziel des TCFD ist es, Auswirkungen des Klimawandels auf das anwendende Unternehmen in bestehenden Geschäfts- und Finanzberichten für Investoren sowie Kreditgeber zugänglich zu machen, um Fehlallokationen von Kapital zu vermeiden (TCFD, 2017, S. 1–2).

6.4.7 Nachhaltigkeitsindizes und -ratings

An den Börsen weltweit kommen heute eine Vielzahl von Nachhaltigkeitsindizes zur Anwendung. Zu den bekanntesten zählen der Dow Jones Sustainability Index (DJSI) (Franzen, 2022, S. 28–29), der MSCI World ESG Index sowie der FTSE4Good Index (FTSE4Good). In Deutschland existiert bereits seit dem Jahr 1997 der Natur-Aktien-Index (NAI), der STOXX Sustainability Index, der DAXglobal Sarasin Sustainability Germany Index und einige weitere. Kohärente Auswahlkriterien zur Identifikation von geeigneten Unternehmen für diese Indizes oder eine einheitliche Anwendung von Bewertungsmethoden gibt es indes keine. Kritisiert wird daher insbesondere das Fehlen von Mindeststandards, um Vergleichbarkeit, Kontinuität und Glaubwürdigkeit zu gewährleisten (Abdel-Karim & Kollmer, 2022a, S. 22–23).

Nachhaltigkeitsratings, wie etwa KLD ESG-Ratings, S&P Global ESG-Ratings, Refinitiv ESG-Risk-Ratings, Substainalytics, Moody´s ESG-Ratings oder MSCI ESG-Ratings (Berg et al., 2022, S. 1319–1320) werden durch Ratingagenturen auf Basis der eigenständigen Analyse verfügbarer Angaben der Unternehmen, ergänzend zu Finanzratings, erstellt. Den Nachhaltigkeitsratings haften die gleichen Kritikpunkte an, die vormals i. Z. m. Nachhaltigkeitsindizes aufgezeigt wurden (Berg et al., 2022, S. 1316–1317).

Berg et al. (2022, S. 1341–1343) führen die beträchtlichen Unterschiede in der Nachhaltigkeitsbewertung eines einzelnen Unternehmens durch unterschiedliche Ratingagenturen auf zwei Hauptgründe zurück. Zum einen bestehen Unterschiede in der Auswahl der Kriterien sowie der Gewichtung derselben. Zum anderen werden unterschiedliche Messmethoden angewandt. Die Autoren sehen die Unterschiede somit zum einen im sog. Scope und sog. Weight, zum anderen im sog. Measurement. Die Abweichungen zwischen den Ratings entstehen dabei nicht nur auf der aggregierten Ebene, sondern bereits in den Bewertungen der Einzelelemente pro Nachhaltigkeitsdimension.

Die EU ist bestrebt, wie bereits unter Absatz 2.5.5 erwähnt, die Kritikpunkte i. Z. m. der mangelnden Qualität, Vergleichbarkeit, Transparenz sowie Zuverlässigkeit, insbesondere im Bereich des ESG-Ratings, mit der ESG-Ratings-Verordnung zu adressieren bzw. in Teilen zu beheben.

Besedovsky (2018, S. 31) kritisiert hingegen die Rolle von Ratingagenturen auf dem Weg zu einer nachhaltigen Entwicklung. Die Autorin erarbeitet eine Gegenüberstellung von Finanzmarktrationalitäten auf der einen Seite, denen Ratingagenturen sowie private Investoren folgen, und den Leitprinzipien der Nachhaltigkeit auf der anderen Seite. Dabei stellt sie fest, dass diese beiden Bereiche gänzlich gegensätzlichen Rationalitäten bzw. Leitprinzipien folgen. Die entsprechenden Charakteristika werden in drei Gruppen unterteilt: Zukunftsorientierung, Ressourcenallokation und Risikokonzeption. In der ersten Gruppe wird die Finanzmarktrationalität darin gesehen, dass Profite aus Investitionen, die in Zukunft erwartet werden, in die Gegenwart geholt werden, während nachhaltige Entwicklung für die Zukunft durch das Handeln in der Gegenwart ermöglicht wird. Im Bereich der Ressourcenallokation geht der Finanzmarkt von der Steuerung über Angebot und Nachfrage aus, wohingegen Nachhaltigkeit bedingt, dass Ressourcen für die Zukunft über den Konsum innerhalb der Grenzen der Natur in der Gegenwart bewahrt bleiben. Die Risikokonzeption unterscheidet zwischen dem Finanzmarktrational ggü. der nachhaltigen Entwicklung darin, dass Risiken im ersten Fall immer auch Chancen für mehr Ertrag darstellen, wohingegen im zweiten Fall stets die Minimierung oder Prävention der Risiken angezeigt ist, dies unabhängig von den Ertragschancen. Aufgrund dieser widersprüchlichen Rationalitäten sieht die Autorin die Gefahr der Unterwerfung des Nachhaltigkeitsstrebens unter die Gewinnmaximierung durch Rater und sieht daher die Politik gefordert, alternative Instrumente zur Erreichung der Nachhaltigkeitsbestrebungen zu schaffen (Besedovsky, 2018, S. 35).

Mit ihrer Studie im Umfeld von indischen Banken untersuchen Panda und Mitra (2021, S. 81) die Präferenzen von Investoren im Spannungsfeld zwischen schnellen Gewinnen einerseits, und nachhaltigen Wachstumsraten andererseits. Die Autoren kommen zu dem Schluss, dass Investoren den intrinsischen Wert von Aktien, den sie in nachhaltigen Wachstumsraten orten, kurzfristigen Gewinnen vorziehen. Diese nachhaltige Wachstumsperspektive sei heute durch den Marktwert der Aktien zu wenig reflektiert.

Weder die Nachhaltigkeitsindizes noch -ratings gehen explizit auf Interdependenzen zwischen den drei Nachhaltigkeitsdimensionen ein bzw. ist ein solcher Einbezug nicht transparent. Dieser vermutete Mangel könnte darauf zurückzuführen sein, dass den Ratingagenturen Informationen über Interdependenzen für den Einbezug in ihre Bewertungen fehlen, sofern die Ratingagenturen diese ergänzenden Informationen nicht zusätzlich zu den öffentlich zugänglichen Daten bei den Finanzmarktakteuren einholen.

6.4.8 Sonstige Standards, Kennzahlen und Regelwerke

Neben den in den letzten Abschnitten erwähnten gängigen Berichtssystemen orientieren sich Unternehmen im Rahmen ihrer Offenlegung von Nachhaltigkeitsbelangen mitunter auch an weiteren Guidelines und Standards. Einige Unternehmen richten ihre Nachhaltigkeitsstrategie an internationalen Nachhaltigkeitsprogrammen bzw. -initiativen aus. Insbesondere die Sustainable Development Goals der Vereinten Nationen sind ein gängiger Anhaltspunkt für die Nachhaltigkeitsstrategie von Unternehmen. Zumeist werden einzelne SDGs, die grafisch in Form von bunten Kacheln aufbereitet sind, ausgewählt, um die Aktivitäten des Unternehmens i. Z. m. diesen SDGs darzulegen (Sailer, 2022, S. 23–24).

Neben den SDGs, für deren offizielle Messung auf Ebene der umsetzenden Staaten das Eurostat Indikatorenset (Eurostat, 2023) entwickelt wurde, enthält die nachfolgende, nicht abschließende Aufzählung von Standards und Regelwerken ebenfalls eine Vielzahl an Indikatoren für das Nachhaltigkeitsberichtswesen (Ahrend, 2022, S. 80–83; Nagel-Jungo et al., 2023, S. 24–25; Sailer, 2022, S. 71–72 und S. 89–90; Waschbusch et al., 2021, S. 50):

- OECD-Guidelines for Multinational Enterprises
- UN Guiding Principles on Business and Human Rights
- UN Global Compact (UNGC)
- Integrated Reporting (IR) Framework
- Climate Disclosure Standards Board (CDSB)
- Carbon Disclosure Project (CDP)
- Greenhouse Gas Protocol (GHG Protocol)
- UN Principles for Responsible Banking (UNPRB)
- UN Principles for Responsible Investment (UNPRI)
- UN Principles for Sustainable Insurance (UNPSI)
- ISO 26000 Social Responsibility
- ISO 14001/14044/14040: Umweltmanagement/Ökobilanz/Life-Cycle-Assessment (LCA)
- ISO 20400 Nachhaltiges Beschaffungswesen
- European Public Real Estate Association Sustainability Best Practices Recommendations (EPRA Sustainability BPR)
- Glasgow Financial Alliance for Net Zero (GFANZ)
- Equator Principles.

Der Nachteil vieler dieser Standards liegt in deren Einseitigkeit, da diese mehrheitlich lediglich einen Teilbereich der Nachhaltigkeit adressieren. Damit geht die Gefahr des Cherry-Pickings einher (Sailer, 2022, S. 88) und kann zu Greenwashing oder Social-Washing (Kropp, 2019, S. 39) führen. In weiterer Folge kann es zu einem unvollständigen oder falschen Blick auf Unternehmen bzw.

ihrer Vulnerabilität ggü. Nachhaltigkeitsrisiken und auf ihren Beitrag zu nachhaltiger Entwicklung kommen, und somit die Gefahr der Fehlallokation von Kapital einhergehen.

Werden mehrere dieser Standards jedoch in Kombination konsultiert, kann eine umfassende und ausgeglichene Auseinandersetzung mit allen Dimensionen der Nachhaltigkeit erreicht werden. Diese Vorgehensweise ist jedenfalls aufwendig und erfordert umfassenderes Fachwissen als das Zurückgreifen auf einen Standard, der eine möglichst breite, integrierende und idealerweise sektorspezifische Sicht auf alle Nachhaltigkeitsdimensionen bereits gewährleistet und bei breiter Akzeptanz zudem die Vergleichbarkeit der offengelegten Nachhaltigkeitsbelange zwischen Unternehmen gewährleistet (Sailer, 2022, S. 87–88).

Die einschlägige Literatur beinhaltet neben den vorgestellten Berichtssystemen auch Kennzahlen, wie das Impact Measurement bzw. die Wirkungsmessung (Sailer, 2022, S. 238–239) und den Sustainable Value als Spitzenkennzahl (Sailer, 2022, S. 250–253), worauf in Teil II/ Abschnitt 8.5.2 näher eingegangen wird. Zudem stehen einzelne Nachhaltigkeitskennzahlen bzw. Messgrößen zur Verfügung, die als sog. Sustainable Performance Indicators (SPI) (Saeed & Kersten, 2020, S. 1) bezeichnet werden und in Anlehnung an den klassischen Begriff der sog. Key Performance Indikators (KPI) (Sailer, 2022, S. 181–184) verwendet werden. SPIs können grundsätzlich Kennzahlen aus jeder der drei Dimensionen der Nachhaltigkeit repräsentieren (Saeed & Kersten, 2020, S. 12–13; Vollmar, 2022, S. 1119). Konkrete Kennzahlen zur Abbildung von Interdependenzen zwischen den drei Nachhaltigkeitsdimensionen können in der wissenschaftlichen Literatur jedoch nicht ausfindig gemacht werden.

In Anlehnung an sowie in Erweiterung der aus der Finanzberichterstattung bekannten Kennzahl Return on Investment (RoI) wurde für die soziale Nachhaltigkeitsdimension der sog. Social Return on Investment (SRoI) bzw. die Sozialrendite, entwickelt. Der SRoI setzt die diskontierten Investitionen für soziale Aktivitäten dem diskontierten Erfolg bzw. Nutzen aus denselben gegenüber. Einige Anwender subsumieren zudem umweltbezogene Aktivitäten zu den sozialen Aktivitäten. In diesem Fall wäre der Begriff des sog. Sustainability Return on Investment wohl zutreffender. Der SRoI wird heute vornehmlich von Non-Profit-Organisationen angewendet, obgleich die Kennzahl für alle Unternehmensformen und Branchen geeignet ist (Sailer, 2022, S. 239–242).

Hilbert (2019, S. 536 und S. 549) plädiert in seinem Beitrag einerseits dafür, Nachhaltigkeit in die traditionelle Unternehmenssteuerung zu integrieren, und andererseits die Rolle bzw. das Kompetenzprofil des Controllers auf die Unterstützung bei der Steuerung von Nachhaltigkeitsaspekten auszuweiten. Hierfür sollen die strategischen Modelle, wie etwa die sog. SWOT-Analyse (Hilbert, 2019,

S. 538–539) oder auch die sog. Balanced Scorecard (BSC) nach Kaplan und Norton (1996), um Nachhaltigkeitsaspekte erweitert werden. Im Fall der BSC resultiert sodann der Begriff der sog. Sustainability Balanced Scorecard (SBSC) (Hilbert, 2019, S. 541–542, 2024, S. 184–185; Sailer, 2022, S. 167–168; Vollmar, 2022, S. 1120–1123; Waschbusch et al., 2021, S. 101; Wellbrock et al., 2020, S. 24).

Da Nachhaltigkeit gem. Hilbert (2019, S. 542 und S. 547) einen Bezug zu ethisch-moralischen Fragestellungen aufweist, sei eine laufende Überprüfung von Ursachen-Wirkungs-Zusammenhängen unabdingbar, womit auch eine Ergänzung der quantitativen Kennzahlen um qualitative Angaben erforderlich werde. Zudem sei neben der Markt- auch die Nicht-Markt-Perspektive zu berücksichtigen, während Erstere die ökonomische und zweitere die ökologische und soziale Nachhaltigkeitsdimension betreffe.

Hilbert (2019, S. 527) hebt neben dem Bedarf des Einbezugs der drei Nachhaltigkeitsdimensionen ins Controlling ebenso die Berücksichtigung der Interdependenzen zwischen diesen drei Dimensionen explizit hervor. Zudem sollen die verschiedenen zeitlichen Zieldimensionen, die sowohl intragenerativ (innerhalb einer Generation) als auch intergenerativ (generationsübergreifend) dargestellt werden können, beachtet werden (Hilbert, 2019, S. 522).

Sailer (2022, S. 170–172) ergänzt den Gedanken zur Integration von Nachhaltigkeitsaspekten in die strategischen Modelle um Überlegungen zur integrierten operativen Planung. Im Rahmen des Planungsprozesses sollen neben der Festlegung von operativen Zielen pro Nachhaltigkeitsdimension auch die Zielkonflikte zwischen denselben aufgezeigt und einer Klärung zugeführt werden. Weiters soll in der Planung der Maßnahmen zur Umsetzung dieser Ziele herausgearbeitet werden, welche der Maßnahmen sich gegenseitig unterstützen bzw. stören, wodurch auch hier eine Klärung des Umgangs mit Interdependenzen bereits in der Planungsphase erfolgen kann.

Im Bankensektor ist zudem die in Art. 449a CRR vorgegebene regulatorische Kennzahl GAR von Interesse, welche alle gemäß der EU-Taxonomie-Verordnung als ökologisch eingestuften Aktivpositionen der Bankenbilanz ins Verhältnis zur Bilanzsumme setzt. Weiters verlangt Art. 449a CRR die Offenlegung der sog. Banking Book Taxonomy Alignment Ratio (BTAR). Während die GAR lediglich solche Geschäftsaktivitäten berücksichtigen darf, die von der CSRD erfasst sind, betrachtet die BTAR auch darüber hinaus gehende Aktivitäten, indem die BTAR ausdrücklich Engagements einschließt, die nicht unter die CSRD fallen, sich jedoch an der EU-Taxonomie-Verordnung orientieren. Die Herausforderung im Zusammenhang mit der Kennzahl BTAR besteht für die Banken darin, die erforderlichen Daten zu erheben oder zu schätzen. Die Kombination aus den beiden Kennzahlen GAR und BTAR soll verhindern, dass den Banken Anreize gegeben werden, Kredite nur an Unternehmen zu vergeben, die unter die CSRD fallen. Banken sollen zudem die nicht unter die CSRD fallenden Unternehmen bei ihren Bemühungen im Übergang zur Klimaneutralität durch die Zurverfügungstellung von finanziellen Mitteln unterstützen und begleiten (Brühl, 2023, S. 65–68; European Banking Authority, 2022b, S. 47–50; Kiszka, 2023, S. 345–346).

6.4.9 Zwischenfazit

In der Praxis des Berichtswesens zu Nachhaltigkeitsbelangen haben sich Berichtssysteme, wie beispielsweise die GRI etabliert, die eine Messung der Fortschritte in allen drei Dimensionen der Nachhaltigkeit vorsehen. Daneben existieren eine Vielzahl weiterer, nicht integrierender Standards, die sich beispielsweise lediglich auf die ökologische Nachhaltigkeitsdimension beschränken.

Während die europäische Regulierung die Standardisierung, Zuverlässigkeit sowie Vergleichbarkeit der externen Nachhaltigkeitsberichterstattung über die verpflichtenden ESRS erreichen will, setzen der IFRS S1 und IFRS S2 nach wie vor auf Freiwilligkeit.

Jedoch sieht keines der Berichtssysteme Verpflichtungen bzw. konkrete Vorschläge zur umfassenden Offenlegung von Interdependenzen zwischen den Nachhaltigkeitsdimensionen vor. Dieser Aspekt verdient eine differenzierte Betrachtung. Auf der einen Seite verlangt der Regulator in der ESRS eine externe Offenlegung zu materiellen Zielkonflikten zwischen den drei Nachhaltigkeitsdimensionen und des Umgangs mit denselben. Auf der anderen Seite werden Synergien gänzlich außer Acht gelassen. Zudem fehlt eine prozessorientierte Auseinandersetzung mit Interdependenzen, welche den Vorteil mitbrächte, Zielkonflikte bereits in der Strategiefindung transparent darzulegen und diese damit frühzeitig vermieden oder effektiv gesteuert werden könnten. In Teil II/ Abschnitt 8.4 und Abschnitt 8.5 wird näher darauf einzugehen sein.

Teil II
Theoretischer Teil

Stand der Forschung 7

Die Forschung auf dem Gebiet der Nachhaltigkeit bzw. des Nachhaltigkeitsmanagements im Allgemeinen schreitet in der jüngsten Vergangenheit rasch voran und bringt stetig neue Erkenntnisse und Publikationen hervor, wie aus den Rechercheergebnissen der Abschnitte 7.1 und 7.2 hervorgeht. Zurückzuführen ist dieser Umstand unter anderem auf die Dringlichkeit der Lösung der Klimakrise, die insbesondere in den Publikationen des Weltklimarates[1] (IPCC, 2023, S. 42) deutlich adressiert wird (Edel & Mayer, 2022, S. 11; Waschbusch et al., 2021, S. 21 und S. 131).

Die Bevölkerung ist sowohl direkt als auch indirekt von den negativen Entwicklungen des Klimas und daraus resultierenden Naturkatastrophen betroffen. In einem Bericht der Internationalen Arbeitsorganisation (International Labour Organization (ILO[2])) wurde offengelegt, dass 70 % aller Arbeitskräfte weltweit vom Klimawandel negativ betroffen und im Rahmen Ihrer Arbeit klimabedingten Gesundheitsrisiken ausgesetzt sind (Benavides & Delclos, 2024, S. 229–230; ILO, 2024). Darüber hinaus sind einer Schätzung des World Economic Forum (WEF, 2024) zufolge etwa 44 Billionen US Dollar an ökonomischer Wertgenerierung moderat bis stark von natürlichen Ressourcen abhängig, was wiederum mehr als der Hälfte des globalen Bruttoinlandsprodukts (BIP) entspricht. Laut des

[1] Die internationale Bezeichnung des Weltklimarates lautet „Intergovernmental Panel on Climate Change (IPCC)".

[2] Hierbei handelt es sich um eine Sonderorganisation der Vereinten Nationen.

Ergänzende Information Die elektronische Version dieses Kapitels enthält Zusatzmaterial, auf das über folgenden Link zugegriffen werden kann https://doi.org/10.1007/978-3-658-50493-9_7.

A. Tschütscher-Alanyurt, *Interdependenzen zwischen den Nachhaltigkeitsdimensionen*, https://doi.org/10.1007/978-3-658-50493-9_7

amerikanischen Landwirtschaftsministeriums sind ca. 30 % der globalen Nahrungskonsumation auf die Arbeit tierischer Bestäuber zurückzuführen. Dies ist vor dem Hintergrund zu betrachten, dass die Weltbevölkerung stetig zunimmt und insbesondere auch Bienen vom Artensterben bedroht sind (Murray, 2023, S. 1).

Erschwerend wirken neben dem Klimawandel zudem weitere ökologische Krisen, globale Herausforderungen, wie die Ungleichheit zwischen Arm und Reich, der demografische Wandel, Chancen und Risiken disruptiver Technologien sowie zahlreiche geopolitische Spannungen bzw. Unruhen. In der Literatur wird dieses Phänomen der schnellen und oftmals nicht vorhersehbaren Veränderungen in der Welt und den damit einhergehenden Herausforderungen für die Unternehmensführung mit dem Akronym VUCA belegt, welches für Volatility, Uncertainty, Complexity und Ambiguity steht (Amerland, 2023; Hilbert, 2024, S. 16). Indes haben sich die Vereinten Nationen mit der Formulierung der 17 SDGs eine ganzheitliche Lösung dieser Herausforderungen zum Ziel gesetzt (Binder Gösswang Rechtsanwälte GmbH, 2022, S. 5–6), wozu in Teil I/Abschnitt 6.1.1 ausgeführt wurde.

Gleichzeitig finden Bestimmungen verschiedenster Art Einzug in die Gesetzgebung, vor allem auch in die für Banken relevante Finanzmarktregulierung auf europäischer sowie nationaler Ebene (Fabian, 2022, S. 93–96). Das Thema Nachhaltigkeit wird insgesamt, damit auch für den Finanzdienstleistungssektor, als ein Megatrend angesehen (Hilbert, 2024, S. 94).

7.1 Recherchevorgehen

Nachfolgend wird ein Überblick zur Vorgehensweise in der Literaturanalyse mit dem Ziel der Erhebung des aktuellen Stands der Forschung im Zusammenhang mit den beiden für das Forschungsvorhaben in Teil I/ Abschnitt 4.1.2 definierten Zielstellungen gegeben. Recherchiert wurde anhand der Nutzung gängiger Datenbanken für wissenschaftliche Publikationen, wobei sowohl einschlägige Beiträge in wissenschaftlichen Zeitschriften als auch Sammelbänder und Monografien einbezogen wurden. Die für die Recherche herangezogenen Datenbanken lauten wie folgt:

- Google Scholar
- ResearchGate
- Elicit (AI Research Assistant)
- E-Library der Universität Liechtenstein

- Swisscovery (nationales Bibliotheken-System der Schweiz)
- Bibliothek der Universität Köln (mit Zugriff auf ca. 150'000 E-Journals und 1'650 Datenbanken, darunter auch BASE, EBSCOhost, Worldcat, Emerald, JSTOR u. v. m.).

Unter der Anwendung definierter Ein- und Ausschlusskriterien wurden die Rechercheergebnisse der oben genannten Quellen gefiltert. Dabei wurden die Ein- und Ausschlusskriterien wie folgt festgelegt:

- Literatur mit einem Erscheinungsdatum zwischen 2015 und 2024 (Ausnahmen für Grundlagenliteratur)
- Ausschluss von Master-, Bachelor-, und Seminararbeiten
- Möglichkeit des Abrufens des vollständigen Textes der Publikation
- Literatur der Sprachen Deutsch und Englisch
- Kombination der Keywords als Teil des Titels oder des Abstracts („..." und/ and „...").

Die zeitliche Eingrenzung auf Publikationen ab 2015 war indiziert, nachdem eine erste weitläufigere Recherche Interdependenzen zwischen den drei Nachhaltigkeitsdimensionen aufgezeigt hat, insbesondere ab dem Zeitpunkt des Beschlusses über die Agenda 2030 der Vereinten Nationen. Ab dem Beschluss wurden die Interdependenzen zwischen den Nachhaltigkeitsdimensionen intensiv wissenschaftlich untersucht, vormals wurden diese hauptsächlich in der Grundlagenliteratur i. Z. m. dem Modell der Triple-Bottom-Line und den integrierten Nachhaltigkeitsmodellen im Allgemeinen diskutiert. Aus diesem Grund wurde die zeitliche Einschränkung auf Grundlagenliteratur nicht angewendet. Die für Banken einschlägige Nachhaltigkeitsregulierung, die naturgemäß einen wesentlichen Einfluss auf die Ausgestaltung der Nachhaltigkeitsstrategie von Banken ausübt, hat sich erst ab 2018 in Folge des EU-Aktionsplans für die Finanzierung nachhaltigen Wachstums entwickelt, womit die Einschränkung auf die Literatur mit einem Erscheinungsdatum ab 2015 auch aus dieser Betrachtung als geeignet angesehen werden kann.

Von entscheidender Bedeutung für eine zielführende Literaturrecherche erwies sich neben der Wahl der Keywords auch die Kombination aus denselben. Da die Literaturrecherche ausschließlich anhand des Keywords „Nachhaltigkeit" eine hohe Anzahl an Resultaten hervor- und eine Unübersichtlichkeit der Ergebnisse mit sich brachte (Google Scholar: 21'200 Resultate, Stand: 07/2024), war eine

Annäherung an die konkreten Forschungsfragen über Kombinationen von Keywords unabdingbar. Unter dem englischen Pendant „sustainability“ als Kennwort erhöht sich nochmals deutlich die Anzahl an Publikationen zum Thema Nachhaltigkeit (Google Scholar: 1’360’000 Resultate, Stand 07/2024). Auch eine unspezifische Kombination aus den Keywords „Nachhaltigkeit“ und „Banken“ brachte für die Forschungsziele dieser Arbeit zu viele Treffer zutage (Google Scholar: 8’980 Resultate, Stand: 07/2024). Die englische Kombination der Keywords „sustainability“ und „banking“ brachte erwartungsgemäß nochmals eine größere Anzahl an gefundenen Publikationen hervor (Google Scholar: 187´000, Stand: 07/2024). Die Nutzung von auf die spezifischen Forschungsfragen effektiv abgestimmter Kombinationen aus mehreren Keywords erwies sich indes als unerlässlich für die Erhebung einschlägiger Literatur. Tabelle 1 in Anlage A fasst die im Rahmen der Literaturrecherche angewendeten Kombinationen aus Keywords sowie die auf diese Weise erzielten Suchergebnisse beispielhaft zusammen.

7.2 Beschreibung des Stands der Forschung

Die mit den Forschungsfragen im Zusammenhang stehende Literatur kann in zwei Bereiche unterteilt werden, wobei jeder dieser Bereiche einer Hauptzielstellung zugeordnet werden kann, wie in Abbildung 7.1 dargestellt wird.

Die Literaturanalyse bringt umfassende Ergebnisse im Umfeld beider Hauptkategorien des Forschungsvorhabens hervor. Jedoch kann keine Literatur ausfindig gemacht werden, die im Speziellen Interdependenzen zwischen den Nachhaltigkeitsdimensionen bei Banken bzw. kontextspezifische Transparenz- und Steuerungsmechanismen für Interdependenzen adressiert, womit in logischer Konsequenz auch die regionale Betrachtung von Banken in der Schweiz und in Liechtenstein i. Z. m. den Forschungsfragen ohne nützliche Ergebnisse bleibt. Vor diesem Hintergrund wurde zum Zweck der Erarbeitung der theoretischen Grundlagen in thematisch angrenzenden Forschungsgebieten recherchiert.

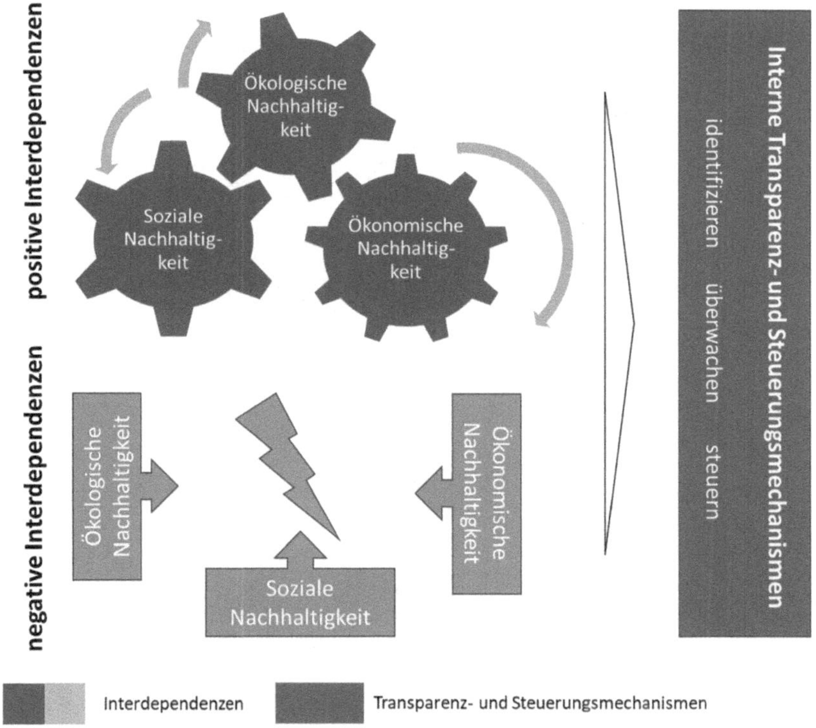

Abbildung 7.1 Hauptkategorien der Literatur i. Z. m. den Forschungsfragen. (Quelle: Eigene Darstellung)

Zur detaillierteren Darstellung des Standes der Forschung sollen, ausgehend von den Hauptkategorien, nunmehr Teilaspekte bzw. Themen im näheren Umfeld des Forschungsvorhabens zunächst im Rahmen eines Überblicks in Abbildung 7.2 aufgezeigt werden, um in weiterer Folge als Grundlage sowie Bezugspunkt für die theoretischen Ausführungen zu dienen. Die aufgezeigten Teilaspekte wurden bewusst breit gefasst, um mangels einschlägiger Literatur zu den beiden Forschungsfragen die Übertragbarkeit möglicher Ansätze bzw. deren Weiterentwicklung zur Beantwortung der Forschungsfragen überprüfen zu können.

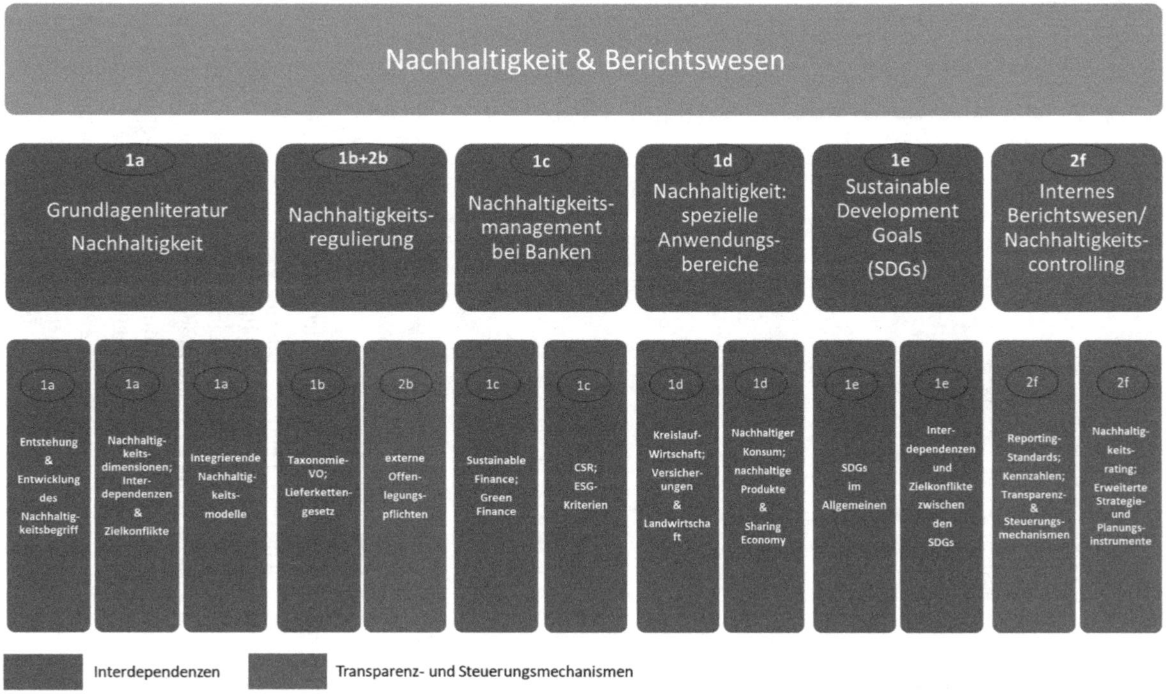

Abbildung 7.2 Teilaspekte im Umfeld der Forschungsfragen. (Quelle: Eigene Darstellung)

Nachfolgend wird ein kurzes Resümee zur identifizierten Literatur gegeben, um die vorherrschenden Forschungslücken daraus ableiten zu können. In Kapitel 8 folgen vertiefende theoretische Ausführungen zu den in Abbildung 7.2 aufgezeigten Themengebieten. Tabelle 2 in Anlage A enthält eine systematische Auflistung der identifizierten Literatur unter Darstellung der Relevanz für die vorliegenden Forschungsfragen sowie den entsprechenden Forschungslücken.

1 Die Diskussion der Rechercheergebnisse befasst sich zunächst mit der ersten Forschungsfrage, somit der Literatur zu Interdependenzen zwischen den drei Nachhaltigkeitsdimensionen bei Banken in der Schweiz und in Liechtenstein. Dabei wird stets der Bezug zu den einzelnen Teilaspekten, wie in Abbildung 7.2 dargestellt, über die dort verwendete Nummerierung hergestellt.

1a Der Begriff der Nachhaltigkeit wird erstmals durch Hans Carl von Carlowitz im Jahr 1713 i. Z. m. der Forstwirtschaft aufgebracht (Carlowitz et al., 2012, S. 27), wobei sich im 18. und 19. Jahrhundert die Verwendung des Begriffs der Nachhaltigkeit auf die Forstwirtschaft beschränkt. Erst ab dem 20. Jahrhundert werden weitere Definitionen hervorgebracht, wie zunächst durch den sog. Club of Rome mit seiner Publikation „Die Grenzen des Wachstums" im Jahr 1968 (Meadows, 1972) und in weiterer Folge mit dem Brundtlandreport der WCED (1987, S. 43). Der Brundtlandreport enthält erstmals eine Definition des Nachhaltigkeitsbegriffs, bestehend aus den drei heute bekannten Nachhaltigkeitsdimensionen der Ökonomie, der Ökologie und dem Sozialen. Der Nachhaltigkeitsbegriff ist fortan nicht mehr auf die Forstwirtschaft begrenzt, sondern interdisziplinär und generationenübergreifend zu verstehen (Hauff, 2021, S. 9–12; Hoppe, 2022, S. 78; Kropp, 2019, S. 5).

Neben dem Begriff Sustainable Development (SD) entstehen weitere Begrifflichkeiten, wie beispielsweise Corporate Sustainability (CS) und Corporate Social Responsibility (CSR), die durch Costa et al. (2022, S. 19) im Rahmen einer Literatur Review klar zueinander abgegrenzt wurden. Schneider (2015, S. 22 und S. 32–34) zeigt die zeitliche Entwicklung des Begriffs CSR auf. Ebenfalls zu finden ist der Begriff Corporate Citizenship (CC), der von Kiszka (2023, S. 97–99) eingeordnet und durch Beckmann (2007, S. 53 und S. 61 und S. 68) zusammen mit dem Ansatz der CSR als Orientierungshilfe für den Umgang mit Zielkonflikten gesehen wird.

Interdependenzen zwischen den Nachhaltigkeitsdimensionen werden im Allgemeinen durch Kropp (2019), Dusseldorp (2017), Kopfmüller (2001), Groschupp (2022), Tschütscher-Alanyurt (2022) und Hauff (2021) thematisiert. Es wird auf Möglichkeiten der generalisierten Modellierung hingewiesen, wie beispielsweise unter Zuhilfenahme des Modells der Triple- Bottom-Line (Elkington, 1994; Hauff, 2021, S. 168) oder des Integrierenden Nachhaltigkeitsdreiecks, welches anhand des Gibbschen Dreiecks (Hauff, 2021, S. 175–177) zur Darstellung der Mischverhältnisse zwischen den Nachhaltigkeitsdimensionen oder auch unter Anwendung des Konzepts des positiven Nachhaltigkeitskreislaufs (Tschütscher-Alanyurt, 2022, S. 90–92) weiterentwickelt wird. Eine spezifische und umfassende Analyse zu Interdependenzen zwischen allen drei Nachhaltigkeitsdimensionen bei Banken kann unter Anwendung der Keyword-Kombinationen gemäß Anlage A nicht gefunden werden. Aus den allgemeinen Erkenntnissen könnten eventuell Ansätze für die Bankenbranche abgeleitet oder für diese weiterentwickelt werden.

1a Ahrend (2022) ortet unternehmerische Chancen durch Innovationskraft, die bei der Einbettung von Nachhaltigkeit in die Unternehmensstrategie entstehen können. Der Autor spricht das Vorhandensein von Interdependenzen zwischen den Nachhaltigkeitsdimensionen zwar an, geht jedoch nicht auf konkrete Beispiele oder Auswirkungen derselben ein.

1d In Bening et al. (2019) werden die Interdependenzen zwischen den drei Nachhaltigkeitsdimensionen lediglich i. Z. m. der Kreislaufwirtschaft betrachtet, wohingegen Popović et al. (2021) den nachhaltigen Konsum als Zusammenspiel der Dimensionen der Nachhaltigkeit in der Versicherungswirtschaft betrachten. Schader et al. (2016) haben in einer Studie zu Interdependenzen in landwirtschaftlichen Betrieben das Sustainability Monitoring and Assessment Routine (SMART) Farm-Tool eingesetzt und interessante Wechselwirkungen zwischen den drei Nachhaltigkeitsdimensionen identifiziert. Die Übertragbarkeit einzelner Erkenntnisse auf die Bankenbranche gilt es im Zuge der Forschungsarbeit zu prüfen. Lyaskovskaya & Khudyakova (2021) analysieren den Effekt der Sharing Economy auf die Nachhaltigkeitsdimensionen. Heimel & Krams (2021) betrachten die Sharing Economy aus der Perspektive des nachhaltigen Konsums und stellen widerläufige Auswirkungen in den drei Dimensionen der Nachhaltigkeit fest.

1a Fathi (2019), Hoppe (2022) und F. M. Zimmermann (2016b) betrachten jeweils eine vierte Dimension, deren Berücksichtigung sie als Schlüssel zur Erzielung nachhaltiger Entwicklung ansehen. Dabei nennt Hoppe (2022, S. 75) die Dimension der Kultur, wohingegen F. M. Zimmermann (2016b, S. 2) die Werte- und Geisteshaltung des Individuums anspricht. Fathi (2019, S. 25) sieht den entscheidenden Faktor in der Entwicklung der gesellschaftlichen Resilienz. Da sich anhand der Literaturrecherche keiner dieser Ansätze der Erweiterung der Nachhaltigkeitsdimensionen durchgesetzt hat und somit zur Beantwortung der Forschungsfragen nicht von Relevanz sind, wird in weiterer Folge auf eine vertiefte Diskussion dieser Ansätze verzichtet.

1a Die Zielkonflikte, insbesondere zwischen der ökonomischen und der ökologischen Nachhaltigkeitsdimension, benennt Müller-Christ (2020) unter dem Begriff der „widersprüchlichen Managementrationalitäten", wohingegen Vieweg (2019) das Konzept der sozialen Marktwirtschaft hin zu einer nachhaltigen Marktwirtschaft entwickeln will. Beide Autoren thematisieren damit Zielkonflikte und Interdependenzen zwischen einzelnen Nachhaltigkeitsdimensionen im Allgemeinen, ohne im Speziellen auf eine Branche einzugehen. Müller-Christ (2020, S. 85) attestiert, dass Zielkonflikte trotz der *„Omnipräsenz des Integrationsbegriffs"* sowohl in der Lehre als auch Praxis einen *„blinden Fleck"* darstellen.

1e Zielkonflikte und Synergien zwischen den 17 SGDs der Vereinten Nationen werden durch viele Autoren betrachtet, darunter Laumann et al. (2022), Breuer et al. (2019), Zimm et al. (2018), Herlyn und Lévy-Tödter (2020), Sachs et al. (2022) sowie Kroll et al. (2019), wobei letztere insbesondere in der Umwandlung von Zielkonflikten in Synergien eine Chance zur Erreichung der Nachhaltigkeitsziele der Agenda 2030 sehen. I. Z. m. den SDGs wird zudem das „JRC-SDG interlinkages visualization tool" (Europäische Kommission, 2023b) zur Schaffung von Transparenz über Synergien und Zielkonflikte zwischen den SDG-Unterzielen entwickelt. Des Weiteren werden verschiedene Entscheidungsfindungsansätze in Form sog. Multi-Criteria-Decision-Making-Methoden, welche bei Vorliegen von Synergien und Zielkonflikten zum Einsatz kommen können, konzipiert (Sousa et al., 2021, S. 2).

1c Auf das Nachhaltigkeitsmanagement bei Banken gehen die Autoren Kumpan und Misterek (2023) ein, indem diese auf die Nachhaltigkeitsrisiken für Banken hinweisen und dabei Möglichkeiten und Grenzen der Identifizierung und Bewertung derselben aufzeigen. Die Autoren behandeln jedoch nicht die Interdependenzen zwischen den drei Nachhaltigkeitsdimensionen im Speziellen. Waschbusch et al. (2021) haben sich mit dem Thema der Nachhaltigkeit bei Banken im Allgemeinen beschäftigt. Kiszka und Hastenteufel (2024) haben sich im Speziellen mit den Auswirkungen der Nachhaltigkeit auf die Geschäftsmodelle von Banken sowie die Gesamtbanksteuerung auseinandergesetzt. Die Ursachen von bzw. den Umgang mit Zielkonflikten und Synergien zwischen den Nachhaltigkeitsdimensionen behandeln die genannten Autoren nicht explizit.

Im Zusammenhang mit der Integration des CSR-Ansatzes in die Strategie von Banken entstehen jedoch auch wissenschaftliche Studien zu den Wirkungszusammenhängen zwischen CSR und dem finanziellem Erfolg von Banken (Ngamvilaikorn et al., 2024; Slama Ben & Hamouda Ben, 2024). Die Interdependenzen zwischen allen drei Nachhaltigkeitsdimensionen werden hierbei nicht systematisch beleuchtet.

2 Die Ergebnisse der Literaturrecherche i. Z. m. der zweiten Forschungsfrage zu internen Transparenz- und Steuerungsmechanismen für Interdependenzen können ebenfalls den in Abbildung 7.2 dargestellten Teilaspekten zugeordnet werden.

2f Zahlreiche Autoren thematisieren Instrumente und Möglichkeiten zur Darstellung, Überwachung sowie Steuerung nachhaltiger Entwicklung im Allgemeinen. Zu nennen sind beispielsweise Englert und Ternès (2019), Baumast et al. (2019) und Wellbrock et al. (2020). Ebenso kennen Forschung und Praxis Berichtssysteme für das Nachhaltigkeitscontrolling. Das gängigste Berichtssystem stellt derzeit die sogenannte Global Reporting Initiative (2021) dar. Auf die Darstellung, Überwachung und Steuerung von Interdependenzen zwischen den Nachhaltigkeitsdimensionen im Speziellen wird hierbei nicht explizit eingegangen.

2f Sailer (2022), Vollmar (2022), Hilbert (2024) und Schäffer (2022) vertreten die Ansicht, dass ein gutes Nachhaltigkeitscontrolling wesentlich zur Erreichung von Nachhaltigkeitszielen beiträgt und heben dabei insbesondere die Rolle des Controllers im Nachhaltigkeitsmanagement hervor. Sailer (2022) zeigt mögliche Controllinginstrumente i. Z. m. der Identifikation (Sailer, 2022, S. 170–173) und Auflösung (Sailer, 2022, S. 47–50) von Zielkonflikten im Allgemeinen auf, die auf ihre Übertragbarkeit auf Banken zu prüfen sein werden.

2f Besedovsky (2018) behandelt das Nachhaltigkeitsrating unter anderem auch im Bankensektor. Dabei werden verschiedene, öffentlich zugängliche Informationen verarbeitet, jedoch bestehen große Divergenzen zwischen den gängigen Nachhaltigkeitsratings der Ratingagenturen (Berg et al., 2022, S. 1317). Dies wurde insbesondere auch beim Ausschluss Teslas aus dem Nachhaltigkeitsindex S&P 500 ESG-Index (Stüttgen et al., 2022) evident, während die Agentur Sustainalytics noch ein relativ gutes Rating erteilte.

Costanza et al. (2009) thematisieren neue und vor allem integrativere Bewertungsmöglichkeiten des Entwicklungs- und Wohlstands einer Volkswirtschaft neben den im BIP berücksichtigten ökonomischen Faktoren, und beziehen ökologische und soziale Faktoren ein. Kraemer et al. (2020) verfolgen einen ähnlichen Ansatz und diskutieren i. d. Z. den sog. World Development Indicator (WDI) sowie den sog. Human Development Index (HDI).

Brühl (2023) betrachtet die regulatorische Nachhaltigkeitskennzahl Green Asset Ratio (GAR), die sich an der EU-Taxonomie-Verordnung orientiert und die „grünen“ Aktivpositionen einer Bankbilanz ins Verhältnis zur Bilanzsumme setzt.

Ein Hinweis auf systematische Darstellungsmöglichkeiten von Interdependenzen zwischen den Nachhaltigkeitsdimensionen im Speziellen bei Banken kann nicht ausfindig gemacht werden.

2b Die Auswirkungen der Offenlegung von nachhaltigkeitsbezogenen Aktivitäten durch Unternehmen und Banken auf ihre Bewertung werden durch die Forschenden Banke (2022), Schoof (2023) und Schick et al. (2021) erhoben. Daraus könnten einzelne Erkenntnisse eventuell auf interne Transparenzmechanismen übertragen werden.

1b 1c 2b Dem für Banken sehr relevanten Themenkomplex der Sustainable Finance, den damit verbundenen rechtlichen Rahmenbedingungen inkl. der Offenlegungspflichten, und den Herausforderungen der Umsetzung widmen sich zahlreiche Autoren, darunter Griese (2020), Waschbusch et al. (2021), Abdel-Karim und Kollmer (2022b), Karametaxas (2021) sowie Zwick und Jeromin (2023). Vor diesem Hintergrund ist allerdings anzumerken, dass sich die aktuelle Ausgestaltung der Regulierung der Sustainable Finance, wie bspw. die EU-Taxonomie-Verordnung, hauptsächlich auf die ökologische Nachhaltigkeitsdimension konzentriert. Die soziale und ökonomische Dimension sowie die Interdependenzen zwischen den drei Nachhaltigkeitsdimensionen werden aktuell nicht spezifisch behandelt bzw. reguliert (Kiszka, 2023, S. 216). Maurice (2022) hingegen thematisiert die Nachhaltigkeit globaler Lieferketten und geht dabei auf die verschiedenen Dimensionen der Nachhaltigkeit ein.

1b Diverse Autorinnen und Autoren im Sammelband der Herausgeber
Binder und Gösswang (2022), Zahradnik und Richter-Schöller (2023),
2b Kiszka (2023), Böffel und Schürger (2023a) und weitere, zeigen den
2f Stand der aktuellen Regulierung i. Z. m. dem Thema Nachhaltigkeit und die damit verbundenen externen Offenlegungspflichten sowie Nachhaltigkeitsratings auch für den Bankensektor auf. Auf die Interdependenzen zwischen den Nachhaltigkeitsdimensionen wird dabei nicht im Speziellen verwiesen, da es hierzu, wie bereits erwähnt, aktuell keine umfassenden rechtlichen Bestimmungen gibt.

7.3 Einbezug der internationalen Forschung

Der Einbezug internationaler Forschung im Zuge der Literaturrecherche wird zum einen durch die Anwendung von englischen Keywords, des Weiteren durch das Heranziehen von Recherchedatenbanken mit internationaler Ausrichtung sowie durch das Einschließen des Filterkriteriums englischsprachiger Literatur, und schließlich durch die gezielte Suche in internationalen, einschlägigen Fachjournals für das Nachhaltigkeitsmanagement sichergestellt. Wie im Literaturverzeichnis ersichtlich, konnten auf diese Weise Publikationen internationaler Forschender einbezogen werden.

Gleichwohl ist ungeachtet des erfolgten Einbezugs internationaler Literatur auf die regionale Eingrenzung der Forschungsarbeit auf die Länder Schweiz und Liechtenstein hinzuweisen, die in Teil I/ Abschnitt 4.4 bereits begründet wurde.

7.4 Forschungslücken

Anhand der Literaturanalyse zur Erhebung des aktuellen Stands der Forschung lassen sich zahlreiche Anhaltspunkte zum Bestehen von Interdependenzen zwischen den drei Nachhaltigkeitsdimensionen ableiten, jedoch wurden diese nicht kontextspezifisch für Banken analysiert bzw. erhoben.

Obgleich die Mehrzahl an Studien, welche die Synergien und Zielkonflikte vertieft adressieren, i. Z. m. den SDGs stehen, kritisieren Trane et al. (2023, S. 26–27) in ihrer systematischen Literaturanalyse, sowie auch Zimm et al. (2018, S. 10–11), die nach wie vor zu geringe interdisziplinäre Forschung i. Z. m. den Interaktionen zwischen den drei Nachhaltigkeitsdimensionen bzw. deren mangelhafte Abdeckung durch die sog. Integrated Assessment Models (IAM). Auch kommen die Autoren zu dem Schluss, dass wesentlich mehr Forschung im Umfeld der ökologischen als in dem Bereich der sozialen Nachhaltigkeitsdimension betrieben wird. Kontextual gesehen werden die meisten Studien i. Z. m. den SDGs gemäß der systematischen Literaturanalyse von Trane et al. (2023, S. 1) in Europa zu den Anwendungs- bzw. Fachbereichen der Governance (Gerwing et al., 2022, S. 517–518), der Kreislaufwirtschaft (Bening et al., 2019, S. 40), den Ökosystemleistungen (Yang et al., 2020, S. 322), der Urbanisierung (Schwaab, 2018, S. 7–9) sowie den Entscheidungsfindungsmodellen (Sousa et al., 2021, S. 1–3) publiziert.

Ebenfalls haben sich eine Reihe gängiger Berichts- und Kennzahlensysteme für das Nachhaltigkeitscontrolling im Allgemeinen herauskristallisiert, die in der Praxis zwar auf hohe Akzeptanz treffen, jedoch keine dieser Systeme die Darstellung von Interdependenzen zwischen den drei Nachhaltigkeitsdimensionen im Speziellen adressiert. Aufbauend auf bestehender Forschung ist auch i. d. Z. eine Weiterentwicklung bzw. Ergänzung zur Beantwortung der zweiten Forschungsfrage zu prüfen.

Halsnaes et al. (2024, S. 37 und S. 46) untersuchen sektorspezifische Klimamaßnahmen auf Zielkonflikte und Synergien und plädieren für umfassendere regionale und kontextspezifische Untersuchungen, um Wissen zum Umgang mit Interdependenzen und die damit verbundenen Wirkungszusammenhänge in differenzierter Weise aufzubauen.

Auch Müller-Christ (2020, S. 85) unterstreicht diese Erkenntnisse mit der nachfolgenden Aussage:

„Weder die Managementlehre noch die Förderpraxis hat bislang auf diese Tatsache ausreichend Rücksicht genommen. Trotz der Omnipräsenz des Integrationsbegriffs lassen sich kaum systematische Ansätze finden, was Integration – also die Wiederzusammenführung zuvor getrennter Dimensionen – wirklich bedeutet.“

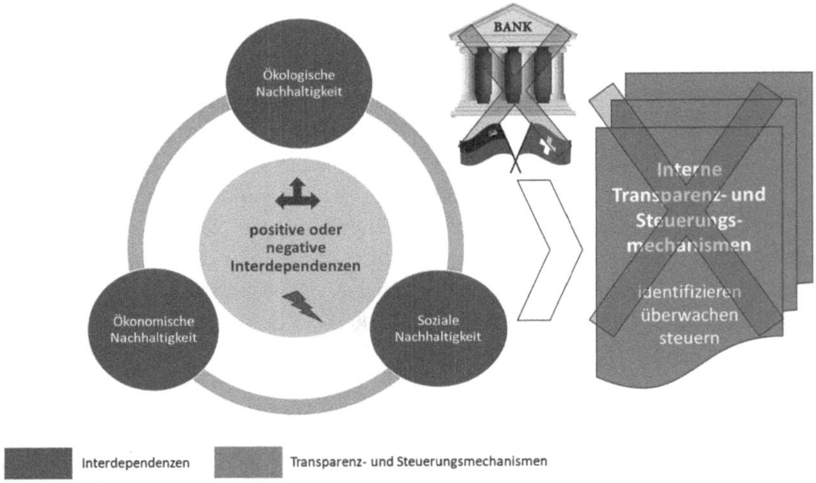

Abbildung 7.3 Identifizierte Forschungslücken. (Quelle: Eigene Darstellung in Anlehnung an Tschütscher-Alanyurt (2022, S. 92))

Eine Forschungslücke besteht folglich, wie in Abbildung 7.3 aufgezeigt, in der Identifizierung der Interdependenzen zwischen den drei Nachhaltigkeitsdimensionen, dies kontextspezifisch im Bankensektor in der Schweiz und in Liechtenstein. Darüber hinaus besteht eine Forschungslücke in den internen Transparenz- und Steuerungsmechanismen für diese Interdependenzen bei Banken.

7.5 Theoriegeleitete Fragestellungen

Basierend auf dem Stand der Forschung und unter Berücksichtigung der identifizierten Forschungslücken werden die folgenden theoriegeleiteten Fragestellungen definiert:

TFF1: Welche Erkenntnisse zu Interdependenzen zwischen den drei Nachhaltigkeitsdimensionen, deren Ausprägungen, Wirkungsweisen und Einflussfaktoren lassen sich im Allgemeinen aus der Theorie ableiten?

TFF2: Welche Transparenz- und Steuerungsmechanismen für Interdependenzen zwischen den drei Nachhaltigkeitsdimensionen kennt die Theorie im Allgemeinen?

In folgendem Abschnitt werden die aktuellen Forschungserkenntnisse aus der Theorie erörtert.

Theoretische Ausführungen 8

Nachdem in Kapitel 7 zunächst das Recherchevorgehen zur Erhebung des Forschungsstandes beschrieben sowie ein erster Überblick desselben dargelegt wurde, folgen vertiefende Ausführungen zum aktuellen Stand der Forschung. Zunächst wird auf die Entstehung des Nachhaltigkeitsbegriffs (Abschnitt 8.1) eingegangen, sodann folgen Erläuterungen zu den drei Nachhaltigkeitsdimensionen (Abschnitt 8.2) sowie zu den integrierten Nachhaltigkeitsmodellen (Abschnitt 8.3).

Das Ziel einer vertieften Analyse der zuvor in Teil I/ Kapitel 6 vorgestellten Nachhaltigkeitsinitiativen und -programme, der daraus hervorgegangenen Regulierungselemente sowie der Berichtssysteme und -standards ist es, bereits bekannte und adressierte Interdependenzen zwischen den drei Nachhaltigkeitsdimensionen (Abschnitt 8.4) im Allgemeinen zu identifizieren. Zudem sollen gegebenenfalls auch bereits bekannte Transparenz- und Steuerungsmechanismen (Abschnitt 8.5) aufgedeckt werden. Aus diesen theoriegeleiteten Erkenntnissen lassen sich möglicherweise Ansätze in angepasster Form auf den Bankensektor in der Schweiz und in Liechtenstein übertragen.

In einem abschließenden Schritt wird eine Zusammenfassung erstellt und es werden Konklusionen formuliert (Kapitel 9). Im Ergebnis erfolgt die Beantwortung der beiden theoriegeleiteten Forschungsfragen sowie eine Überleitung in den empirischen Teil.

A. Tschütscher-Alanyurt, *Interdependenzen zwischen den Nachhaltigkeitsdimensionen*, https://doi.org/10.1007/978-3-658-50493-9_8

8.1 Entstehung und Entwicklung des Nachhaltigkeitsbegriffs

Der Begriff der Nachhaltigkeit, mit dem Hans Carl von Carlowitz den nachhaltigen Umgang mit der Ressource Holz in den Wäldern fordert, geht zurück auf das Jahr 1713 (Carlowitz et al., 2012, S. 27). Unter nachhaltiger Forstwirtschaft beschreibt Carlowitz demnach die Beschränkung der Abholzung auf jenes Maß, welches die natürliche Regeneration des Waldes und damit den nachhaltigen Erhalt der Ressource Holz erlaubt. Im 18. und 19. Jahrhundert bleibt die Verwendung des Begriffs der Nachhaltigkeit auf die Forstwirtschaft beschränkt (Kropp, 2019, S. 7; Waschbusch et al., 2021, S. 27).

Im 20. Jahrhundert kommt es zur Prägung des Begriffs der nachhaltigen Entwicklung im Zusammenhang mit Umweltschutz- und Entwicklungsprogrammen. Zunächst wird 1968 der Club of Rome gegründet, der mit seiner Publikation „Die Grenzen des Wachstums" (Meadows, 1972) und den darin beschriebenen Thesen zu umwelt- und sozialpolitischen Grenzen und Auswirkungen von Wachstum weltweites Aufsehen auslöst. Es folgen, getrieben durch die Vereinten Nationen, die Weltumweltkonferenz in Stockholm im Jahr 1972, der Brundtlandreport der WCED 1987 sowie der Weltgipfel in Rio de Janeiro im Jahr 1992, im Rahmen welcher über das Konzept der nachhaltigen Entwicklung breiter und somit unter Berücksichtigung der heute bekannten drei Dimensionen sowie i. Z. m. Generationengerechtigkeit in einem erweiterten zeitlichen Kontext diskutiert wird (Hauff, 2021, S. 9–12). Der Nachhaltigkeitsbegriff ist fortan nicht mehr auf die Forstwirtschaft begrenzt, sondern interdisziplinär und generationenübergreifend zu verstehen (Kropp, 2019, S. 7–9; Waschbusch et al., 2021, S. 28–30; WCED, 1987, S. 43; F. M. Zimmermann, 2016b, S. 3–5).

Der Brundtlandreport der WCED ist benannt nach der ehemaligen norwegischen Regierungschefin Gro Harlem Brundtland, die der UNO-Weltkommission für Wirtschaft und Entwicklung[1] vorsaß und für die Erstellung des gleichnamigen Reports verantwortlich zeichnete. In einem Interview sagte sie im Jahr 2023:

> *„Man kann die Umwelt nicht retten, wenn die Leute kein anständiges Leben führen können. Nicht nur in Norwegen, sondern auf der ganzen Welt. Das war damals eine radikale Idee. Ich habe dann sichergestellt, dass gut die Hälfte der Mitglieder in meiner Kommission aus Entwicklungsländern kam. Indira Gandhi sagte schon 1972 in*

[1] Die UNO-Weltkommission für Wirtschaft und Entwicklung ist bekannt unter dem englischen Begriff UN World Commission on Economic and Development (WCED).

Stockholm: Armut ist der größte Umweltverschmutzer. Ich musste mit meiner Kommission Lösungsvorschläge formulieren, und so einigten wir uns auf die Definition nachhaltiger Entwicklung." (Fischer & Hosp, 2023, S. 22)

Brundtland ergänzt zudem, dass nachhaltige Entwicklung inklusives Wachstum braucht. Menschen sollen in die Wirtschaft integriert sein und ein anständiges Leben führen können (Fischer & Hosp, 2023, S. 23).

Die Vorsitzende jener Kommission, die sich auf die Definition nachhaltiger Entwicklung als aus den drei Dimensionen Ökonomie, Ökologie und Soziales bestehend festlegte, erklärt somit in diesem Interview viele Jahre nach dem Erscheinen des Brundtlandreports erneut, dass sie die Integration der Dimensionen Ökonomie und Soziales als unerlässlich ansieht, um ökologische Nachhaltigkeit und damit nachhaltige Entwicklung insgesamt erreichen zu können. Bereits hieraus lassen sich Interdependenzen zwischen den drei Nachhaltigkeitsdimensionen erkennen.

Die sich an Staaten richtenden Umwelt- und Entwicklungsprogramme sind von der unternehmerischen Nachhaltigkeit abzugrenzen. Costa et al. (2022, S. 19) ordnen den Begriff des sog. Sustainable Development (SD) den Bemühungen von Staaten zu, nachhaltige Entwicklung voranzubringen, während der Begriff der sog. Corporate Sustainability (CS) das unternehmerische Nachhaltigkeitsmanagement beschreibt. Weiters grenzen die Autoren den Begriff der sog. Corporate Social Responsibility (CSR) auf die soziale Dimension der Nachhaltigkeit ein, wenngleich Schneider (2015, S. 32–34) in dem von ihm entwickelten Reifegradmodell der CSR unterschiedliche Stadien mit abweichenden Definitionen dieses Begriffs aufzeigt und dabei kritisiert, dass es an einer einheitlichen Definition mangelt, womit Erwartungen an ein adäquates CSR-Management regelmäßig enttäuscht würden (Schneider, 2015, S. 22). Schneiders (2015, S. 32) Reifegradmodell folgend, bezieht sich der CSR-Begriff in den 1950er Jahren zunächst lediglich auf das legale und wirtschaftliche Handeln durch Unternehmen. In den 1970er Jahren steht das philanthropische Handeln im Mittelpunkt der CSR-Bemühungen. Erst in den 1980er Jahren führt das Modell der Triple-Bottom-Line von John Elkington (1994) zur Erkenntnis, dass der Begriff CSR auf die drei Dimensionen der sozialen, der ökologischen und der ökonomischen Nachhaltigkeit auszuweiten ist. Ab den 2000er Jahren institutionalisiert sich dieses Verständnis und es werden zum einen CSR-Konzepte entwickelt, die alle drei Dimensionen der Nachhaltigkeit beinhalten, und zum anderen eine systematisierte Berichterstattung, etwa in Anlehnung an die Standards der GRI (Global Reporting Initiative, 2021, S. 7), zu allen drei Dimensionen vorgenommen.

Kiszka (2023, S. 97–99) hingegen sieht in dem Begriff der CSR lediglich die soziale und ökologische Nachhaltigkeitsdimension subsummiert und bezieht sich hierbei auf das Grünbuch der Europäischen Kommission (2001, S. 7). Die Autorin grenzt zudem das Konzept der Corporate Citizenship (CC) vom Begriff der CSR ab. CC umfasst demnach lediglich die soziale Nachhaltigkeitsdimension. Erst unter dem Begriff des sog. Corporate Sustainability Management sieht Kiszka (2023, S. 99) alle drei Dimensionen der Nachhaltigkeit erfasst.

Schaltegger (2015, S. 202) grenzt die auf Freiwilligkeit basierende CSR zur Corporate Sustainability und somit zum umfassenden, teilweise auf regulatorischen Verpflichtungen basierenden, unternehmerischen Nachhaltigkeitsmanagement ab, zu dem beispielsweise auch nachhaltige Lieferketten gehören.

Kiszka (2023, S. 107) nimmt zudem eine Unterteilung des Begriffs der Sustainable Finance im Bankenumfeld vor. Dieser umfasst ihrer Ansicht nach alle drei ESG-Dimensionen, während der Begriff Green Finance lediglich die ökologische Dimension, und der Begriff Social Finance lediglich die soziale Dimension adressiert.

8.2 Die drei Nachhaltigkeitsdimensionen

Unter den drei Nachhaltigkeitsdimensionen sind die ökonomische, die ökologische sowie die soziale Nachhaltigkeitsdimension zu verstehen. Im Ergebnis bzw. in Summe wird von Nachhaltigkeit bzw. einer nachhaltigen Entwicklung gesprochen (F. M. Zimmermann, 2016b, S. 3).

Vieweg (2019, S. 191) beschreibt in seiner Monografie den Weg von der sozialen hin zu einer nachhaltigen Marktwirtschaft. Mit der Aufnahme der ökologischen Nachhaltigkeitsdimension wird eine große Schwäche der sozialen Marktwirtschaft behoben, nämlich das Fehlen einer wesentlichen Dimension der Nachhaltigkeit, zu welcher Interdependenzen bestehen können. An der Schnittstelle zwischen den drei Nachhaltigkeitsdimensionen sieht der Autor die nachhaltige Entwicklung als erreicht an (Vieweg, 2019, S. 28). Daher sollen diese drei klassischen Nachhaltigkeitsdimensionen in den folgenden Absätzen definiert und der Unterschied zum ESG-Ansatz, welcher Einzug in die Finanzmarktregulierung gefunden hat, herausgearbeitet werden.

Im Zusammenhang mit der ökologischen Nachhaltigkeitsdimension spricht man von der Erde als natürliche Lebensgrundlage der Menschen und der Tierwelt. Das Ziel liegt im Erhalt der Artenvielfalt, sauberer Luft sowie guter Wasser- und Bodenqualität (Hauff, 2021, S. 36–37; Waschbusch et al., 2021, S. 31; F. M. Zimmermann, 2016b, S. 8).

Die soziale Nachhaltigkeitsdimension beschreibt das friedliche Zusammenleben der Bevölkerung unter Achtung der Menschenrechte sowie unter Berücksichtigung von Werten, wie Gerechtigkeit und Chancengleichheit (Hauff, 2021, S. 39; Waschbusch et al., 2021, S. 31; F. M. Zimmermann, 2016b, S. 13).

Unter der ökonomischen Nachhaltigkeitsdimension werden sozial- und umweltverträgliche Wirtschaftssysteme verstanden, die den Wohlstand sowie das Wohlergehen der Menschen unter Ablehnung von Korruption und Ausbeutung sichern sollen (Hauff, 2021, S. 37–39; Waschbusch et al., 2021, S. 32; F. M. Zimmermann, 2016b, S. 9–12).

In der Nachhaltigkeitsregulierung wird mit dem ESG-Ansatz die ökonomische Nachhaltigkeitsdimension auf den Aspekt der Governance bzw. Corporate Governance beschränkt (Kiszka, 2023, S. 92–93). Gleissner & Weissman orten eben darin die wesentliche Schwäche von ESG-Scores, da aus ihrer Sicht die finanzielle Nachhaltigkeit eines Unternehmens die Grundvoraussetzung bildet, um ökologisch und sozial wirtschaften zu können. Damit dürfe man die ökonomische Nachhaltigkeit in Bewertungsmodellen nicht außer Acht lassen, insbesondere da noch kein Nachweis über den eindeutigen Zusammenhang zwischen ökologisch und sozialer Wirtschaftstätigkeit sowie ökonomisch nachhaltigem Unternehmenserfolg erbracht werden konnte (Gleissner & Weissman, 2023, S. 40–42). Waschbusch et al. (2021, S. 38) setzen diese beiden Ansätze hingegen gleich.

Die Corporate Governance beschreibt die Art der Geschäftsführung. Ist diese nicht ordnungsgemäß ausgestaltet, können sich Haftungsfragen insbesondere für die strategische Führungsebene ergeben, in deren Verantwortungsbereich die Sicherstellung einer angemessenen Corporate Governance fällt (Khol et al., 2022, S. 186–189). Die Art der Geschäftsführung umfasst verschiedene Elemente, wie unter anderem die Unternehmenskultur, die Vermeidung von Bestechung und Korruption und den Umgang mit Hinweisgebern (Europäische Kommission, 2023a, S. 30). Es kann festgehalten werden, dass die Nachhaltigkeitsregulierung dem sogenannten ESG-Ansatz folgt, wohingegen die klassische Definition des Nachhaltigkeitsbegriffs dem Brundtlandreport folgt und die drei Nachhaltigkeitsdimensionen Ökonomie, Ökologie und Soziales inkludiert.

Der Begriff ESG steht für „Environmental“, „Social“ and „Governance“. Der Teilbegriff „Environmental“ ist mit der ökologischen Nachhaltigkeitsdimension gleichzusetzen, wohingegen der Teilbegriff “Social” für die soziale Nachhaltigkeitsdimension steht. Der Teilbegriff „Governance“ bzw. “Corporate Governance” bezeichnet die Art der Unternehmensführung (F. M. Zimmermann, 2016a, S. 51–52, 2016b, S. 16–17) und deckt ihrerseits einen Teilbereich der ökonomischen Nachhaltigkeitsdimension ab.

Eling (2022, S. 24–25) hingegen sieht in der Governance lediglich einen Enabler für die drei Nachhaltigkeitsdimension Ökologie, Ökonomie und Soziales und fügt diesem Dreiklang noch die Dimension der Technologie hinzu.

Popović et al. (2021, S. 923) erweitern den ESG-Ansatz und sprechen vom sog. ESGÖ-Ansatz, wobei das Ö für Ökonomie steht. Mit diesem Zusatz wird der Versuch unternommen, den ESG-Ansatz mit dem klassischen Nachhaltigkeitsbegriff zu verbinden und die fehlende ökonomische Nachhaltigkeitsdimension wieder zu integrieren.

Der Unterschied zwischen dem klassischen Ansatz der drei Nachhaltigkeitsdimensionen Ökonomie, Soziales und Ökologie sowie dem ESG-Ansatz liegt somit lediglich in der Unterscheidung zwischen der ökonomischen Nachhaltigkeitsdimension gegenüber dem Begriff der Governance bzw. Corporate Governance, wobei die ökonomische Nachhaltigkeitsdimension das ökonomisch nachhaltige Wirtschaften insgesamt beschreibt.

Wie in Abschnitt 8.4 noch aufzuzeigen sein wird, bestehen zahlreiche Interdependenzen zwischen der Ökonomie und den beiden anderen Nachhaltigkeitsdimensionen, d. h. der Ökologie und dem Sozialen (Eisenmenger et al., 2020, S. 1105–1106), sodass in vorliegender Arbeit der breiter gefasste klassische Nachhaltigkeitsbegriff angewendet wird.

Wiek et al. (2011, S. 206–207) definieren das „*Systemdenken*“ bzw. „*Systems Thinking Competence*“ als eine von fünf Schlüsselkompetenzen auf dem Weg hin zu einer nachhaltigen Entwicklung. Die Autoren verstehen darunter die „*Fähigkeit, komplexe Systeme in verschiedenen Bereichen (Gesellschaft, Umwelt, Wirtschaft) sowie in verschiedenen Maßstäben (lokal bis zu global) ganzheitlich zu analysieren*“. Hierbei werden sowohl die Notwendigkeit der Betrachtung der „*Ursache-Wirkungs-Zusammenhänge*“ als auch die Wahrnehmung der „*Wechselwirkungen zwischen den Nachhaltigkeitsdimensionen*“ als wesentlich beurteilt (F. M. Zimmermann & Risopoulos-Pichler, 2016, S. 237).

Einzelne Autorinnen und Autoren widmen sich ausschließlich den Zielkonflikten zwischen der ökonomischen Dimension und der Nachhaltigkeit insgesamt. Beispielhaft zu nennen ist etwa die Studie von Cosmi et al. (2023, S. 3–4) mit dem Titel „The profitability-sustainability trade-off in complex chemical value chains“. Erbetta et al. (2023, S. 2649–2650) hingegen betrachten lediglich die Synergien und Zielkonflikte zwischen der ökonomischen und der ökologischen Nachhaltigkeitsdimension kontextspezifisch für den Energiesektor.

Eine ganzheitliche Betrachtung der Interdependenzen zwischen den drei Nachhaltigkeitsdimensionen vor dem Hintergrund des Bankensektors fehlt gänzlich in der Literatur.

8.3 Nachhaltigkeitsmodelle

In diesem Abschnitt soll lediglich einleitend auf die gängigen Nachhaltigkeitsmodelle hingewiesen werden, bevor diese in Abschnitt 8.4.1 detailliert auf deren Berücksichtigung von Interdependenzen hin untersucht werden.

Während Nachhaltigkeitsmodelle zunächst als Drei-Säulen-Modell (Hauff, 2021, S. 170–171; Kiszka, 2023, S. 67; Sailer, 2022, S. 20; Waschbusch et al., 2021, S. 31) präsentiert werden, indem die Säulen der ökonomischen, der ökologischen und der sozialen Nachhaltigkeit gleichbedeutend nebeneinander abgebildet und grafisch mit einem Dach für die „nachhaltige Entwicklung" als übergeordnetes Element verbunden sind, entstehen in weiterer Folge zunehmend Schnittstellenmodelle (Hauff, 2021, S. 172–173; Kiszka, 2023, S. 68), welche in Form drei sich thematisch überlappender Kreise dargestellt werden. Diese drei Kreise repräsentieren jeweils eine Nachhaltigkeitsdimension. Die Schnittstellen deuten auf die Herausforderungen einer klaren Zuordnung von Maßnahmen zu einzelnen Dimensionen sowie auf Interdependenzen zwischen den drei Nachhaltigkeitsdimensionen hin. Mit dem Gibbschen Dreieck verfolgt Hauff (2021, S. 175–179) den Ansatz der Darstellung des Mischverhältnisses der drei Nachhaltigkeitsdimensionen in unterschiedlichen Ausprägungen. Sogenannte Vorrangmodelle versuchen sich in der Beschreibung der Priorisierung unter konfliktären Zielsetzungen und werden durch unterschiedlich große, ineinander liegende Kreise dargestellt (Sailer, 2022, S. 22).

8.4 Stand der Forschung zu Interdependenzen zwischen den drei Nachhaltigkeitsdimensionen

Unter dem Begriff der Interdependenzen werden in vorliegender Arbeit Synergien zwischen den drei Nachhaltigkeitsdimensionen auf der einen, und Zielkonflikten auf der anderen Seite subsumiert (Sailer, 2022, S. 172–174).

Wird in der Forschung von Synergien gesprochen, wird von einer reinen Win-Win-Konstellation ausgegangen (Haffar, 2018, S. 18–20). Darunter wird verstanden, dass mit dem Setzen von Maßnahmen durchwegs positive Wirkungen in einer oder mehreren Nachhaltigkeitsdimensionen erzeugt werden, während negative Effekte ausbleiben (Kostetckaia & Hametner, 2022, S. 924–925).

Von Zielkonflikten oder Trade-offs spricht man hingegen dann, wenn eine Maßnahme zwar eine oder mehrere Dimensionen der Nachhaltigkeit positiv beeinflusst, jedoch mit Bezug auf eine oder mehrere andere Nachhaltigkeitsdimensionen negativ wirkt (Beuermann et al., 2020, S. 3; Groschupp, 2022,

S. 37–38). Haffar (2018, S. 18–20) bezeichnet diesen Umstand als sog. Win-Lose-Konstellation.

Haffar (2018, S. 21) teilt Zielkonflikte im Nachhaltigkeitsmanagement zudem in drei hierarchisch angeordnete Teilbereiche ein. Zuoberst steht der Zielkonflikt zwischen dem sog. private-value ggü. dem sog. shared-value. Diese Ebene stellt die Macro-Ebene dar und besteht ihrerseits aus drei Untergruppen, zum einen den Zielkonflikten zwischen den drei Nachhaltigkeitsdimensionen, zum anderen der Zeitperspektive, bei der das Management oftmals langfristigen Impact gegen kurzfristige Gewinnchancen abwägen muss, und letztlich den konfliktären Erwartungen der Stakeholder. Nachgelagert folgen die Teilbereiche der Zielkonflikte auf der Micro-Ebene, im Detail die sog. scope vs. depth sowie die sog. measurement vs. management. Angesichts der sog. scope vs. depth, somit der Breite vs. der Tiefe der nachhaltigen Ausrichtung, wird der Zielkonflikt insbesondere in der personellen vs. der finanziellen Ressourcenknappheit gesehen. Unter dem sog. measurement vs. management kann eine Unterscheidung zwischen der zielorientierten Arbeitsweise ggü. der Prozessorientierung gesehen werden. Hierbei wird die Ursache des Zielkonflikts insbesondere in der zeitlichen Restriktion verortet.

Die drei Nachhaltigkeitsdimensionen dürfen aufgrund des Bestehens von Interdependenzen nicht unabhängig voneinander, sondern sollen vielmehr ganzheitlich betrachtet werden, denn diese beeinflussen und bedingen einander. Auch können diese in einem Widerspruch zu einander stehen (Kumpan & Misterek, 2023, S. 12; Lim et al., 2018, S. 12; Sailer, 2022, S. 170–172).

Interdependenzen können auf die Erreichung nachhaltiger Entwicklung verstärkend, jedoch auch schwächend wirken, wobei der Niederschlag der Wirkung auf unterschiedliche Dimensionen der Nachhaltigkeit entweder simultan oder sequenziell bzw. zeitversetzt erfolgen kann (Haffar, 2018, S. 21; Müller-Christ, 2020, S. 335–337).

An dieser Stelle kann bereits resümiert werden, dass sich die Forschenden über das Bestehen von Interdependenzen zwischen den drei Nachhaltigkeitsdimensionen grundsätzlich einig sind. Dennoch sind die Interdependenzen, im Generellen und insbesondere auch bei Banken, noch nicht hinlänglich und kontextspezifisch erforscht, wie bereits in Teil I/ Abschnitt 1.4 dargelegt wurde. Daher wird in weiterer Folge eine genauere Analyse der bereits vorliegenden, kontextspezifischen Forschungsergebnisse i. Z. m. Interdependenzen in angrenzenden Fachgebieten sowie die Überprüfung der Übertragbarkeit derselben auf den Bankensektor dargelegt.

Zunächst wird auf die theoretischen Erkenntnisse zu Interdependenzen i. Z. m. den integrierenden Nachhaltigkeitsmodellen eingegangen, gefolgt von den Interdependenzen zwischen den SDGs. Des Weiteren wird auf die Berücksichtigung von Interdependenzen in der Nachhaltigkeitsregulierung sowie den Berichtssystemen hingewiesen. Schlussendlich werden die Erkenntnisse zu Interdependenzen in speziellen Anwendungsgebieten reflektiert.

8.4.1 Interdependenzen in den Nachhaltigkeitsmodellen und -ansätzen

In diesem Abschnitt werden die integrierten Nachhaltigkeitsmodelle und -ansätze erörtert. Zunächst erfolgt die Darstellung der Nachhaltigkeit in Form des Drei-Säulen-Modells, bestehend aus drei gleich hohen Säulen, wobei eine Säule eine Nachhaltigkeitsdimension reflektiert, sowie einem darüber befindlichen, die Dimensionen verbindenden Dach. Das Modell impliziert bildlich die gleichgewichtete Relevanz der ökonomischen, der ökologischen und der sozialen Nachhaltigkeit. Das Ziel der nachhaltigen Entwicklung, dargestellt als das verbindende Dach über den Säulen, soll anhand der drei Dimensionen erreicht werden. Das Model der sog. Triple-Bottom-Line basiert auf diesem Säulenansatz und wurde vom Unternehmensberater John Elkington erstmals beschrieben sowie in der Beratungspraxis eingesetzt (Elkington, 1994; Sailer, 2022, S. 20–21; Wall, 2022, S. 1136).

Wechselwirkungen oder Schnittstellen zwischen den drei Nachhaltigkeitsdimensionen werden im Modell der Triple-Bottom-Line jedoch nicht abgebildet. Vielmehr werden drei Gewinn- und Verlustrechnungen betrachtet, im Detail die ökonomische, die ökologische und die soziale Rechnung. Daher wird der Ansatz oftmals mit der Möglichkeit des Aufrechnens der drei Dimensionen verbunden und stößt hierfür auch auf Kritikpunkte (Kiszka, 2023, S. 71; Waschbusch et al., 2021, S. 37–38; F. M. Zimmermann, 2016b, S. 18).

Im zeitlichen Verlauf folgten die sogenannten Schnittstellenmodelle, die zum einen als Kreisdiagramme, bestehend aus drei gleich großen, teilweise überlappenden Kreisen, dargestellt werden. Der integrierende Charakter des Nachhaltigkeitsgedankens wird als Schnittmenge der drei Nachhaltigkeitsdimensionen im Zentrum der Grafik abgebildet (Hauff, 2021, S. 172; Kiszka, 2023, S. 68; F. M. Zimmermann, 2016b, S. 18).

Zudem wurde das integrierende Nachhaltigkeitsdreieck als gleichschenkeliges Dreieck entwickelt. Dieses soll aufzeigen, dass einzelne Maßnahmen gleichzeitig in unterschiedlich starker Ausprägung bzw. Abstufung eine oder mehrere der Nachhaltigkeitsdimensionen tangieren können. Die Mitte des Dreiecks bildet den gleichgerichteten Ausgleich aus der Berücksichtigung ökologischer, ökonomischer sowie sozialer Aspekte ab (Hauff, 2021, S. 175–179; Kiszka, 2023, S. 69; F. M. Zimmermann, 2016b, S. 18).

In der Literatur sind auch sog. Vorrangmodelle der Nachhaltigkeit bekannt (Sailer, 2022, S. 22). Hierbei wird anhand unterschiedlich großer, ineinander liegender Kreise eine Über- und Unterordnung bzw. Priorisierung zwischen den drei Nachhaltigkeitsdimensionen vorgenommen. Etwa kann der größte Kreis die ökologische Nachhaltigkeit, der zweitgrößte die soziale und der kleinste die ökonomische Nachhaltigkeit repräsentieren. Damit wären wirtschaftliche Interessen stets den sozialen und den ökologischen Interessen unterzuordnen. Zudem müssten Umweltaspekte in jedem Fall den sozialen sowie den wirtschaftlichen vorgehen. Die Vorrangmodelle gehen implizit von Zielkonflikten zwischen den Nachhaltigkeitsdimensionen aus und geben eine pauschale Priorisierung (Sailer, 2022, S. 22) zwischen den Nachhaltigkeitsdimensionen vor. Ähnlich wird im Fall von Entscheidungsfindungen unter konkurrierenden Zielsetzungen, auch als sog. multi-objective decision-making bezeichnet, vorgegangen (Wall, 2022, S. 1139). Indes macht es einen Unterschied, ob eine generell gültige Priorisierung festgelegt oder für jeden Einzelfall eine Priorisierung diskutiert und beschlossen wird. Eine Festlegung der Priorisierung bereits in der Strategiefindung eines Unternehmens kann als Orientierungshilfe für das Management dienlich sein, dies auch mit Blick auf die Verlässlichkeit und Nachvollziehbarkeit operativer Entscheidungsfindungen sowie i. Z. m. Haftungsfragen. Für eine Einzelfallbetrachtung spricht hingegen die Vielfalt und Komplexität der Interdependenzen, denen mit der größtmöglichen Sorgfalt und auf informierter Basis differenziert begegnet werden sollte.

Kopfmüller et al. (2001, S. 32) betrachten die drei Dimensionen der Nachhaltigkeit als integratives Modell und diskutierten i. d. Z. insbesondere den Zielkonflikt der Ökologie zur Ökonomie. Dabei vertreten die Autoren die Meinung, dass der Zielkonflikt nicht in einer Priorisierung einer der Dimensionen münden darf, sondern vielmehr eine Herangehensweise zu eruieren sei, den Zielkonflikt aufzulösen, um eine gemeinsame Realisierung aller Ziele in allen Dimensionen der Nachhaltigkeit zu erreichen.

Beckmann (2007, S. 53) beschäftigt sich mit den Ansätzen CSR und CC und ortet in diesen beiden Ansätzen ein Orientierungsangebot zum Umgang mit dem Zielkonflikt zwischen der ökonomischen und der sozialen Nachhaltigkeitsdimension. Der Autor ist der Meinung, dass die CSR und die CC hybride Orientierungsangebote darstellen. Zunächst würde versucht, bestehende Spannungsverhältnisse aufzulösen und damit einen Win-Win-Ansatz zu verfolgen, bei dem unternehmerische und gesellschaftliche Interessen gezielt miteinander verbunden würden. Besteht jedoch ein Zielkonflikt ohne eine Lösung für eine „wechselseitige Besserstellung“, so müsse eine Kompromisslösung gefunden werden (Beckmann, 2007, S. 68).

Zusammenfassend kann festgehalten werden, dass die Nachhaltigkeitsmodelle sowie Ansätze, wie die der CSR und der CC, im Generellen dem Bestehen von Interdependenzen zwischen den Nachhaltigkeitsdimensionen Rechnung tragen, wenngleich nicht immer alle drei Dimensionen der Nachhaltigkeit berücksichtigt werden. Inwiefern es gelungen ist, effektive Mechanismen zur Identifikation von Interdependenzen in der Praxis zu finden, gilt es in den Abschnitten 8.4.2 bis 8.4.5 zu diskutieren.

8.4.2 Interdependenzen in den Sustainable Development Goals

Die SDGs bestehen, wie bereits in Teil I/ Abschnitt 6.1.1 erwähnt, aus 17 Zielen und 169 Unterzielen, die jeweils einer der drei Dimensionen der Nachhaltigkeit zugeordnet werden können. Eine Methode der Zuordnung der Ziele zu den Nachhaltigkeitsdimensionen stellt die sog. Explanatory Factor Analysis (EFA) (Bali Swain & Yang-Wallentin, 2020, S. 97) dar.

Wie bereits im Teil I/ Abschnitt 6.1.1 dargelegt, weist die Präambel der Agenda 2030 der Vereinten Nationen im letzten Absatz explizit auf die Querverbindungen und den integrierten Charakter aller SDGs hin (United Nations General Assembly, 2015, S. 2). Zudem wird das Ziel der Armutsbekämpfung als unabdingbare Voraussetzung zur Erlangung der nachhaltigen Entwicklung insgesamt hervorgehoben (United Nations General Assembly, 2015, S. 1). Dieses deutliche Adressieren der Interdependenzen zwischen den SDGs hat den Anstoß zu umfassender Forschung zu Synergien und Zielkonflikten zwischen den SDGs und ihren Unterzielen gegeben. Da jedes SDG einer Nachhaltigkeitsdimension zuordenbar ist, können die Ergebnisse dieser Studien auch als Synergien und Zielkonflikte zwischen den drei Nachhaltigkeitsdimensionen interpretiert werden.

Zur Systematisierung bzw. Darstellung von Synergien und Zielkonflikten zwischen den Zielen und Unterzielen der SDGs ist in der Forschung beispielsweise das sog. JRC-SDG interlinkages visualization tool (Europäische Kommission, 2023b), die sog. Seven-Point-Scale-Methode (Nilsson et al., 2016, S. 321), die sog. SIX SDG-Transformations Scorecard (Sachs et al., 2022, S. 40) sowie das sog. iSDG Synergy Assessment Tool bekannt (Millenium Institute, 2023).

Van Soest et al. (2023, S. 210) haben in ihrer Studie verschiedene sog. Integrated Assessment Models (IAMs) analysiert und festgestellt, dass die meisten Modelle zwar Interaktionen zwischen der ökologischen und der ökonomischen Nachhaltigkeitsdimension gut identifizieren können, wohingegen die Identifikationskapazitäten von Interdependenzen zu den Zielen der sozialen Nachhaltigkeitsdimension sowie der Governance noch ausbaufähig sind.

Trane et al. (2023, S. 16) haben in ihrer systematischen Literaturanalyse über die Fortschritte in der Umsetzung der SDGs auch Modelle zur Identifikation von Interdependenzen zwischen den Nachhaltigkeitsdimensionen zusammenfassend aufgezeigt. Dabei zählen die Autoren beispielsweise die nachfolgenden Modelle auf: das Life Cycle Assessment (LCA), die material flow analysis, die input-output analysis, die multi-sectoral system analysis, die due integrated assessment models und die general linear model statistical analysis. Im Ergebnis wird einerseits kritisiert, dass viele Fortschrittsmessungen in der Umsetzung der SDGs Interdependenzen zwischen den SDGs nicht beleuchten, und andererseits, dass es i. Z. m. Modellen zur Identifikation von Interdependenzen bzw. dem Umgang mit denselben noch zusätzlicher, interdisziplinärer Forschung bedarf.

Zwei der erwähnten Modelle sollen in der Folge kurz vorgestellt werden, da diese nützlichen Erkenntnisse mit Blick auf die Beantwortung der ersten Forschungsfrage (Teil II/ Abschnitt 7.5) bringen könnten.

Nilsson´s sog. Seven-Point-Scale-Methode misst, inwiefern eine konkrete Maßnahme zur Förderung eines SDGs gleichzeitig positiv unterstützend oder negativ hindernd auf andere SDGs wirkt. Entstehen keine Auswirkungen auf andere Ziele, so liegt der Wert bei null. Bei Behinderung anderer SDGs wird zwischen minus einem bis minus drei Punkten skaliert, wohingegen bei positiver Förderung eines weiteren Zieles zwischen plus einem und plus drei Punkten vergeben werden (Nilsson et al., 2016, S. 321).

Liu et al. (2018, S. 466–467) schlagen den sog. Nexus Approach zur Identifikation von Synergien und Zielkonflikten zwischen den verschiedenen Zielen und Unterzielen der SDGs vor. Ursprünglich wurde der Ansatz zur Identifikation der Interdependenzen für den sog. Food-Energy-Water-Nexus genutzt, womit die Wechselwirkungen zwischen Nahrungssicherheit, leistbarer und sauberer Energie sowie Zugang zu sauberem Wasser und Sanitäranlagen aufgezeigt wurden. Mittlerweile wird der Nexus Approach viel breiter angewandt. Jedenfalls erfordert der Ansatz die Zusammenarbeit von Experten aus allen relevanten Fachbereichen, entsprechend des untersuchten Nexus sowie gegenseitiges Verständnis, dies in klarer Abgrenzung zum Silo-Denken i. Z. m. den Nachhaltigkeitsdimensionen (Trane et al., 2023, S. 27). Die Autoren schlagen hierbei die in Abbildung 8.1 dargestellte Vorgehensweise vor. Zunächst werden die SDGs definiert, zwischen denen Wechselwirkungen identifiziert werden sollen. Anschließend erfolgt z. B. eine regionale Eingrenzung sowie die Definition der konkreten Teilbereiche innerhalb der SDGs, die betrachtet werden sollen. Beispielsweise könnte der Food-Energy-Water-Nexus nur mit Bezug auf Fischereiprodukte und Wasserkraft in Skandinavien analysiert werden. Auf dieser Basis können die Wechselwirkungen identifiziert und ggf. auch quantifiziert bzw. in Simulationsmodellen nachgebildet werden.

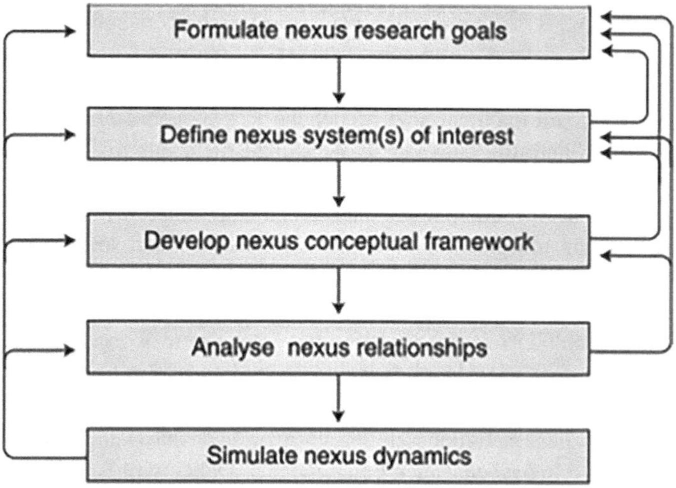

Abbildung 8.1 Nexus Approach in fünf Schritten. (Quelle: Nach Liu et al. (2018, S. 469))

Sowohl die Seven-Point-Scale-Methode als auch der Nexus-Approach setzen einen interdisziplinären Diskurs voraus, womit Expertise aus verschiedenen Fachbereichen einbezogen werden muss, um komplexe bzw. vielschichtige Interdependenzen aufdecken zu können (Liu et al., 2018, S. 466; Nilsson et al., 2016, S. 321).

Einigkeit herrscht darüber, dass Interdependenzen kontextspezifisch analysiert werden sollten, da diese nach Sektoren und auch regional stark abweichen können (Beuermann et al., 2020, S. 9; Borchardt et al., 2019, S. 28; Breuer et al., 2019, S. 17; Laumann et al., 2022, 423; Lyytimäki et al., 2021, S. 3463–3466; Nilsson et al., 2018, S. 1492–1494; Urban & Hametner, 2022, S. 3).

Insbesondere Nilsson et al. (2018, S. 1492–1494) haben den kontextspezifischen Aspekt näher untersucht und sind zu dem Schluss gelangt, dass Interaktionen zwischen den SDGs auf drei Einflussfaktoren zurückzuführen sind.

Zunächst wird der sog. Regierungskonnex adressiert, gefolgt vom sog. geografischen Konnex und abschließend des sog. zeitlichen Konnex. Bei unterschiedlicher Ausprägung dieser drei Faktoren in den verschiedenen Volkswirtschaften ergeben sich auch unterschiedliche Synergien und Zielkonflikte zwischen den angestrebten Zielen je Nachhaltigkeitsdimension. Daher bekräftigen die Autoren die Notwendigkeit der kontextspezifischen Analyse dieser Interaktionen.

Hickel (2019, S. 880–882) kommt in seiner empirisch basierten Studie zu dem Schluss, dass SDG 8 (ökonomisches Wachstum) nicht kompatibel mit SDG 12 (Reduktion von Ressourcenverbrauch) und SDG 13 (CO_2-Ausstoß) ist. Der Autor schlägt vor, SDG 8 gänzlich zu streichen und stattdessen ein neues Ziel einzugliedern, das einen maximal anzustrebenden Ressourcenverbrauch pro Person vorgibt. Damit könnte die entwickelte Welt nicht mehr auf Kosten der weniger entwickelten Welt Ressourcen im Übermaß verbrauchen. Die ökonomische Entwicklung des globalen Südens wäre damit ebenso gesichert wie die ökologische Redimensionierung des globalen Nordens. Der Autor schlägt somit bereits einen Steuerungsmechanismus vor, der einen Zielkonflikt in eine Synergie verwandeln soll.

Die Widersprüchlichkeit der ökologischen Ziele zum ökonomischen Wachstum in SDG 8 wird von zahlreichen weiteren Studienautoren kritisiert. Urban & Hametner (2022, S. 22) kommen in ihrer Studie zu dem Schluss, dass SDG 8 die höchste Anzahl an Zielkonflikten zu den übrigen Nachhaltigkeitszielen aufweist, dies neben den ökologischen Zielen untereinander. Dabei wird der Zielkonflikt zu SDG 12 (Konsum und Produktion) besonders hervorgehoben. Gleichzeitig sehen die Autorinnen Synergien zwischen SDG 8 (ökonomisches Wachstum) zu SDG 2 (Bekämpfung von Hunger). Damit geht jedoch auch eine erhöhte Pestizidbelastung in der Landwirtschaft einher, die sich negativ auf SDG 15 (Gefährdung von Leben an Land) auswirkt und somit einen Zielkonflikt darstellt. Die Autoren heben ebenfalls den positiven Zusammenhang zwischen SDG 7 (leistbare und grüne Energie) zu SDG 13 (Klimaschutz und Reduktion der Treibhausgase) hervor, allerdings mit einer möglichen negativen Auswirkung auf SDG 15 (Leben an Land/Landverbrauch). Die Komplexität und Vielschichtigkeit von Interdependenzen zwischen den Nachhaltigkeitsdimensionen und damit der Bedarf, diese in Strategie- und Entscheidungsfindungsprozessen zu berücksichtigen, werden hierbei deutlich (Urban und Hametner, S. 24).

Pham-Truffert et al. (2020, S. 18–19) verfolgen mit ihrer Studie das Ziel, Priorisierungsansätze unter der Annahme von Ressourcenknappheit sowie zeitlichen Restriktionen für die Umsetzung der SDGs bereitzustellen. Die Autoren der Studie unterscheiden hierfür zwischen sog. multipliers und sog. buffers für die Förderung von Synergien und den umsichtigen Umgang mit Zielkonflikten bei der

Umsetzung der SDGs. Sie kommen zu dem Schluss, dass SDG 1 (Keine Armut), SDG 3 (Gesundheit und Wohlergehen), SDG 5 (Geschlechtergleichheit) and SDG 10 (weniger Ungleichheiten) systematisch von der erfolgreichen Umsetzung der übrigen Ziele der Agenda 2030 profitieren, jedoch umgekehrt kaum positive Auswirkungen auf andere Ziele entfalten. Sie dienen somit als sog. buffers. SDG 2 (kein Hunger) und SDG 8 (Wirtschaftswachstum & menschenwürdige Arbeit) müssen mit aller Vorsicht umgesetzt werden, da diese Multiplikatoren von Zielkonflikten darstellen und damit bei starker Forcierung die übrigen Ziele negativ beeinträchtigen können. Andere Ziele wiederum gelten als Multiplikatoren und Beschleuniger der Transformation für nachhaltige Entwicklung, wie etwa SDG 7 (bezahlbare und saubere Energie), SDG 9 (Industrie, Innovation & Infrastruktur), SDG 11 (nachhaltige Städte und Gemeinden), und SDG 13 (Maßnahmen zum Klimaschutz), wobei die Synergien und Zielkonflikte nur sehr schwer kontrollierbar seien. Abschließend wurden eine Reihe von SDGs identifiziert, die als relativ sichere Multiplikatoren für positive Entwicklung in den anderen Zielen gelten, ohne nennenswerte Zielkonflikte auszulösen, darunter SDG 4 (hochwertige Bildung), weiters SDG 6 (sauberes Wasser und Sanitäreinrichtungen), SDG 12 (verantwortungsvoller Konsum & Produktion), SDG 14 (Leben unter Wasser), SDG 15 (Leben an Land), SDG 16 (Frieden, Gerechtigkeit und starke Institutionen), sowie SDG 17 (Partnerschaften zur Erreichung der Ziele).

Borchardt et al. (2019, S. 15–16) kommen in ihrer Studie zum Ergebnis, dass Zielkonflikte weniger Aufmerksamkeit erfahren als Synergien zwischen den SDGs, obwohl der hinderliche Charakter der Zielkonflikte eine höhere Aufmerksamkeit verdienen würde. Weitz et al. (2018, S. 536–538) hingegen identifizierten in ihrer Studie mit einer Anzahl von 647 mehr Zielkonflikte als Synergien mit einer Anzahl von 475. Andere Publikationen identifizieren entweder mehr Synergien als Zielkonflikte (Urban & Hametner, 2022, S. 7) oder beschränken sich lediglich auf die Untersuchung der Synergien, etwa zwischen Bildung und den Fortschritten in der Umsetzung der SDGs (Vladimirova & Le Blanc, 2016, S. 254–255).

Pradhan et al. (2017, S. 1174 und S. 1176) haben jeweils die Top 10 SDG-Paare für Synergien und Zielkonflikte identifiziert und dabei insbesondere die Erkenntnis gewonnen, dass SDG 1 (keine Armut), SDG 3 (Gesundheit und Wohlergehen) und SDG 6 (Sauberes Wasser und Sanitäreinrichtungen) mehrheitlich unter den Synergie-Paaren vertreten sind. Im Vergleich dazu finden sich SDG 12 (verantwortungsvoller Konsum & Produktion) und SDG 15 (Leben an Land) hauptsächlich unter den Zielkonflikt-Paaren wieder. Diese Ergebnisse werden in einem weiteren Schritt auch geografisch anhand der Einwohnerzahl der einzelnen

Länder differenziert, womit eine neue Rangordnung entsteht und die Wichtigkeit kontextspezifischer Untersuchungen unterstrichen wird. Resümiert wird, dass synergetische SDG-Paare gefördert, hingegen mit Zielkonflikten behaftete SDG-Paare durch alternative Herangehensweisen bzw. Umsetzungsmaßnahmen aufgelöst werden sollten.

Kostetckaia & Hametner (2022, S. 924–925) sowie auch Hametner (2022, S. 9–10) gehen davon aus, dass der Grund für den ausbleibenden Fortschritt in der Erreichung der SDGs einzelner europäischer Länder trotz vieler Einzelaktivitäten im Nachhaltigkeitsbereich im falschen bzw. fehlenden Umgang mit Zielkonflikten zu suchen ist. Costanza et al. (2009, S. 32–33) sehen den Ausweg in der Loslösung vom ökonomischen Wachstumsstreben und der Hinwendung zu anderen Faktoren des Wohlstands für Gesellschaften, welche verstärkt die sozialen und ökologischen Aspekte der Nachhaltigkeit berücksichtigen.

In diesem Zusammenhang entstehen zunehmend Forschungsarbeiten, die insbesondere in der Kennzahl des BIP Lücken bzw. Schwächen i. Z. m. der Bewertung des nachhaltigen Entwicklungs- bzw. Wohlstandes einer Nation orten, da die alleinige Betrachtung des BIP i. Z. m. dem Wohlstand einer Nation die Dimension der ökologischen sowie sozialen Nachhaltigkeit weitestgehend außer Acht lässt (Costanza et al., 2009, S. 8; Kraemer et al., 2020, S. 1000–1001). Die Autoren schlagen daher Erweiterungen zur Kennzahl des BIP vor. Dabei wird die bisher rein ökonomische Betrachtungsweise um Aspekte des sozialen sowie ökologischen Wohlbefindens (Costanza et al., 2009, S. 10–15 und S. 18–22; Fathi, 2019, S. 140–142) in den jeweiligen Nationen ergänzt. Zudem wird über Kennzahlen diskutiert, die das klassische BIP gänzlich ausklammern und indes lediglich ökologische und soziale Aspekte berücksichtigt werden (Costanza et al., 2009, S. 15–18).

Ahrend (2022, S. 85) beschreibt in diesem Zusammenhang etwa das Messsystem der OECD, den sog. Better-Life-Index, der in Ergänzung zum ökonomischen Kapital auch die Kapitalarten Humankapital, ökologisches Kapital und Sozialkapital mit einbezieht. Ergänzt wird die Betrachtungsweise durch konkrete Aspekte der Lebensqualität, wie Bildung, Gesundheit und soziale Teilhabe, sowie durch Aspekte des Wohlstands. Verschiedene Kapitalarten betrachtet auch der International Integrated Reporting Council (IIRC) in seinem Rahmenkonzept zum integrierten Berichtswesen (Velte, 2022, S. 1216). Der IIRC hat sich mittlerweile mit dem SASB zur Value Reporting Foundation (VRF) zusammengeschlossen (Bassen et al., 2023, S. 40 und S. 175) und wirkt bei der Erstellung der ISSB mit (Velte, 2022, S. 1227), worauf bereits in Teil I/ Abschnitt 6.4.5 näher eingegangen wurde.

Bali Swain und Yang-Wallentin (2020, S. 98) verweisen unter anderen auf den HDI des United Nations Development Programme (UNDP), der als gängiger Index zur Messung des sozialen Entwicklungsstandes von Staaten dient und dabei die Kriterien Lebenserwartung, Bildung und Einkommen der Bevölkerung einbezieht.

Hickel und Kallis (2020, S. 17–18) sind überzeugt, dass sog. Green growth aus zwei Gründen nicht möglich ist. Zum einen gäbe es empirische Evidenz, wonach nachhaltiger Ressourcenverbrauch und Wachstum nicht vereinbar seien. Zum anderen gelte gleiches für die Widersprüchlichkeit zwischen der Reduktion des CO_2-Ausstoßes und des Wachstumsstrebens. Die Autoren fordern die Politik dazu auf, alternative Lösungen zu finden, die vielmehr eine Entkoppelung des Wohlstandsempfindens von ökonomischem Wachstum anstreben. In diesem Sinne seien die SDGs zu überdenken.

Hametner (2022, S. 9–10) hat in seiner auf den SDGs basierenden Studie den sozioökonomischen Entwicklungsstand ins Verhältnis zur Erreichung der ökologischen Ziele europäischer Länder gesetzt, dies unter Nutzung der verfügbaren Auswertungen des Eurostat SDG-Indikatorensets (Eurostat, 2023). Abgesehen von verschwindend wenigen Ländern, die sowohl in den ökologischen als auch in den ökonomischen sowie sozialen Zielen Fortschritte erreichen konnten, weist die überragende Mehrheit der europäischen Länder einen Fortschritt in den ökonomischen sowie sozialen Entwicklungszielen auf, indes zeigen die ökologischen Indikatoren eine Verschlechterung. Demnach hat die Entwicklung in den Bereichen Wohlstand und Wachstum auf Kosten von Natur, Umwelt und Biodiversität stattgefunden. Auch wird die Erkenntnis gewonnen, dass die positiven Entwicklungen zwar intragenerativer Natur sind, jedoch künftige Generationen somit intergenerativ benachteiligen. Der Autor spricht sich gegen Modelle aus, die eine Aufrechnung negativer und positiver Wirkungen vorsehen, wie dies beispielsweise im Modell der Triple-Bottom-Line der Fall ist, da diese die Verschleierung von Zielkonflikten zur Folge haben. Unbeantwortet lässt der Autor, inwiefern sich die Länder in Anbetracht der Zielkonflikte zwischen den sozioökonomischen und den ökologischen Zielen bewusst mehrheitlich für die sozioökonomische Entwicklung entschieden haben, oder ob die Zielkonflikte unbewusst vorherrschten und damit ungesteuert blieben.

Die Messung des Fortschritts in der Umsetzung der SDGs anhand des Eurostat Indikatorensets (Eurostat, 2023) erfolgt zielorientiert. Eine prozessorientierte Auseinandersetzung hätte hingegen den Vorteil der näheren Betrachtung von Entscheidungsalternativen unter konfliktären Parametern. Dies bleibt bei den zielorientierten Fortschrittsmessungen aus. Empfehlenswert ist daher ein prozessorientierter Ansatz, der die Erreichung von Nachhaltigkeitszielen aufgrund der frühzeitigen Identifikation und Steuerung von Interdependenzen begünstigen könnte (Kostetckaia & Hametner, 2022, S. 925).

Kroll (2019, S. 8) sieht insbesondere im technologischen Fortschritt, repräsentiert durch SDG 9, die Möglichkeit der Umwandlung von Zielkonflikten in Synergien.

Im Zusammenhang mit der Umsetzung der SDGs durch teilnehmende Staaten, schlagen Nilsson und Weitz (2019, S. 254) ein umfassendes Rahmenwerk zur Identifikation, Beurteilung sowie zum Umgang mit Zielkonflikten zwischen den SDGs vor, womit integrierte und abgestimmte Entscheidungen bei der Schaffung förderlicher Rahmenbedingungen ermöglicht werden sollen. Vorgeschlagen wird ein dreistufiger, sog. input-process-output-Ansatz. Demnach sollen zunächst die Zielkonflikte identifiziert und verstanden werden. Diese erste Stufe wird als sog. Input-Stufe bezeichnet und betrachtet auch die Schnittstellen zwischen den verschiedenen Ministerien und Entscheidungsgruppen. Anschließend wird die Prozessebene zum Umgang mit Zielkonflikten beleuchtet. Hierbei werden institutionelle Vorgehensweisen, Strukturen und Regeln identifiziert und implementiert, die integrierten Entscheidungsfindungsprozessen zuträglich sind, damit Zielkonflikte auch ausreichend Berücksichtigung finden können. Abschießend erfolgt auf der dritten Stufe in der sog. Output-Perspektive die Bewertung der erwarteten Ergebnisse pro Entscheidungsvariante. Hierbei wird der Maßnahmen-Wirkungs-Zusammenhang bereits vor der Entscheidungsfindung analysiert bzw. transparent gemacht, womit die Wirkungszusammenhänge als Informationspunkte in die Entscheidungsfindung einfließen können.

Wie in Kapitel 8 bereits dargelegt, besteht im spezifischen Kontext der Interdependenzen bei Banken in der Schweiz und in Liechtenstein eine Forschungslücke. Allerdings könnten Erkenntnisse aus den Studien zu den Synergien und Zielkonflikten zwischen den SDGs, insbesondere die entwickelten Methoden zur Identifikation und Steuerung derselben, für Banken in den beiden Ländern dienlich sein.

8.4.3 Interdependenzen in der Nachhaltigkeitsregulierung

Wie in Teil I/ Abschnitt 6.2 aufgezeigt, entsteht eine zunehmend auch für Finanzdienstleistungsunternehmen relevante Regulierung mit dem Ziel der Förderung nachhaltiger Entwicklung in Europa. Das inzwischen gut aufeinander abgestimmte europäische Regulierungspaket (Kiszka, 2023, S. 351) sieht lediglich eine konkrete Bestimmung zur externen Offenlegung von materiellen Zielkonflikten sowie eines Umgangs mit denselben vor, die aus gesetzten Maßnahmen zum Umgang mit Nachhaltigkeitsaspekten resultieren können. Diese Bestimmung findet sich in Abschnitt 3.6 des Anhangs 1 der ESRS und soll sicherstellen, dass Unternehmen nicht nur ihre positiven Beiträge zur Nachhaltigkeit hervorheben, sondern auch transparent über mögliche negative Konsequenzen ihrer Maßnahmen berichten und Strategien zu deren Bewältigung darlegen.

Zwar hat die CSRD den Ansatz der doppelten Materialität im Vergleich zur NFRD weiter gefestigt, jedoch findet sich direkt im Gesetzestext der CSRD kein spezifischer Hinweis auf Interdependenzen zwischen den drei Nachhaltigkeitsdimensionen. Allerdings verweist die CSRD auf die ESRS, in welcher die zuvor erwähnte Offenlegungsbestimmung zu finden ist.

Die doppelte Materialität, die erstmals in der NSRD Erwähnung fand, verweist insbesondere auch auf die Schnittstelle zwischen der Outside-in- und der Inside-out-Perspektive (Europäische Kommission, 2019b, S. 5, 2023a, S. 8, Rn. 38), mit der Maßnahmen-Wirkungs-Zusammenhänge beschrieben werden, die sowohl eine ökologische oder soziale Auswirkung als auch eine finanzielle Wesentlichkeit aufweisen und somit beide Wesentlichkeitsperspektiven zugleich berührt sind. Führen beispielsweise Menschenrechtsverletzungen (Inside-out) zu Strafzahlungen oder zu einem Reputationsschaden, so können daraus Kosten oder Umsatzeinbußen (Outside-in) entstehen, wenngleich diese beiden Wirkungen zeitlich auseinanderfallen können. Vor diesem Hintergrund kommt jedoch die Frage auf, inwiefern der Ansatz der doppelten Materialität tatsächlich der Komplexität von Interdependenzen zwischen den drei Nachhaltigkeitsdimensionen vollumfänglich gerecht werden kann. So kann beispielsweise eine Umstellung auf umweltfreundlichere Produktionsprozesse zu einem Mehrabsatz und damit verbunden zu wirtschaftlichen Erfolgen führen, jedoch in Summe aufgrund des sog. Rebound-Effekts (Sailer, 2022, S. 48) gleichzeitig eine höhere Umweltbelastung hervorrufen. Ebenso kann es zu Zielkonflikten zwischen der ökologischen und der sozialen Nachhaltigkeitsdimension kommen (Kumpan & Misterek, 2023, S. 12), dies zum Beispiel dann, wenn die Bekämpfung von Hunger zu einem erhöhten Einsatz von Pestiziden führt und so die Umwelt und Wasserqualität belastet, was wiederum negative gesundheitliche Auswirkungen nach sich ziehen kann.

Der Ansatz der doppelten Materialität vermag vielschichtige und komplexe Interdependenzen zwischen den drei Nachhaltigkeitsdimensionen nicht erschöpfend zu adressieren. Zudem können interne Abwägungen zu Ausgestaltungsoptionen von Maßnahmen, die eine interne Auseinandersetzung mit Interdependenzen fördern, nicht dem Ansatz der doppelten Materialität unterstellt werden. Die

Bestimmung des Abschnitts 3.6 des Anhangs 1 der ESRS über die Offenlegung materieller Zielkonflikte sowie des Umgangs mit denselben schafft teilweise Abhilfe. Die Erfüllung der hierin definierten externen Offenlegungspflicht setzt jedoch voraus, dass unternehmensintern bereits Transparenz über Interdependenzen hergestellt wurde und idealerweise auch Steuerungsmechanismen für Interdependenzen zum Einsatz kommen.

In der SFDR bleiben Interdependenzen zwischen den drei Nachhaltigkeitsdimensionen gänzlich unerwähnt, wenngleich der Ansatz der doppelten Materialität zur Anwendung gelangt. Banken können gem. Art. 1 und 2 der SFDR und gem. Art. 1 CSRD je nach Größe (Kiszka, 2023, S. 300–302) und ausgeübter Tätigkeit (Kiszka, 2023, S. 318–320) sowohl in den Anwendungsbereich der SFDR als auch in jenen der CSRD fallen, womit das Regelwerk der ESRS zu beachten wäre.

Auf das Regelwerk der EU-Taxonomie-Verordnung ist vor dem Hintergrund von Interdependenzen ein differenzierterer Blick zu werfen. Zwar werden durch die Regelung der sog. significant contribution, gepaart mit dem Ansatz der sog. do no significant harm, Interdependenzen gewürdigt, dies allerdings lediglich innerhalb der ökologischen Nachhaltigkeitsdimension. Die Interdependenzen zwischen den Umweltbelangen und Menschenrechtsbestimmungen werden zusätzlich, jedoch in einer verhältnismäßig schwachen Ausprägung, über die sog. minimum safeguards berücksichtigt. Die Interdependenzen zwischen der ökologischen, der sozialen sowie der ökonomischen Nachhaltigkeitsdimension bleiben darüber hinaus jedoch gegenwärtig unberücksichtigt.

Ein weitreichenderer Einbezug von Interdependenzen zwischen den drei Nachhaltigkeitsdimensionen soll hingegen mit der Erweiterung der EU-Taxonomie-Verordnung um die Sozial-Taxonomie erfolgen. Wie bereits in Teil I/ Abschnitt 6.2.6 ausgeführt, werden im Entwurf zur Sozial-Taxonomie zwei mögliche Ansätze diskutiert, wobei das Modell 2 die Berücksichtigung von Interdependenzen zwischen der sozialen und der ökologischen Nachhaltigkeitsdimension durch eine Überkreuz-Beziehung zwischen der sog. significant contribution-Regelung mit dem sog. do no significant harm-Ansatz sicherstellen soll. Wechselwirkungen zu den Menschenrechten sowie weiteren Aspekten der Governance sollen zudem über die sog. minimum safeguards einfließen. Die ökonomische Nachhaltigkeitsdimension im weiteren Sinn bleibt hingegen im aktuellen Entwurf, der dem ESG-Ansatz folgt, unberücksichtigt. Inwiefern Modell 2 mehrheitsfähig ist, gilt es abzuwarten, wird dieses Modell doch bereits im Entwurf als Extremvariante bezeichnet, da eine zu weitreichende Einstufung von Wirtschaftstätigkeiten als nicht nachhaltig befürchtet wird.

Da die EU-Taxonomie-Verordnung bereits heute mit der CSRD sowie der SFDR verbunden ist, wäre die um soziale sowie Belange der Governance erweiterte Taxonomie für alle Unternehmen von Relevanz, die in den Anwendungskreis der CSRD oder der SFDR fallen.

8.4.4 Interdependenzen in den Berichts- und Kennzahlensystemen des Nachhaltigkeitsmanagements

Zur Berücksichtigung von Interdependenzen im Berichtssystem der ESRS sowie im Entwurf der Sozial-Taxonomie wurde im vorangegangenen Abschnitt bereits detailliert ausgeführt.

Unter den übrigen gängigen Berichtssystemen, die in Teil I/ Abschnitt 6.4 beschrieben wurden, erwähnt einzig der DNK (Rat für nachhaltige Entwicklung, 2020, S. 6) explizit das mögliche Bestehen von Zielkonflikten zwischen den drei Nachhaltigkeitsdimensionen und empfiehlt, diese transparent zu machen. Detaillierte Angaben über die Art der Transparenz oder Beispiele zu Zielkonflikten werden in weiterer Folge jedoch nicht dargelegt. Eine Verpflichtung zur Offenlegung von Zielkonflikten in der DNK-Erklärung kann aus der knappen Erwähnung von Zielkonflikten nicht abgeleitet werden.

Haffar (2018, S. 123) interpretiert das Fehlen konkreter Anforderungen zur Offenlegung von Zielkonflikten in den gängigen Berichtsstandards als fehlende Incentivierung zur Offenlegung. In weiterer Konsequenz sieht die Autorin darin die Ursache der fehlenden prozessorientierten Auseinandersetzung mit Zielkonflikten. Vielmehr würden die Anforderungen der gängigen Berichtsstandards eine rein zielorientierte Analyse begünstigen und damit die Zielkonflikte, mit denen sich das Management im Prozess der Entscheidungsfindung auseinandersetzen sollte, ausblenden.

8.4.5 Interdependenzen in spezifischen Anwendungsbereichen und Sektoren

In diesem Abschnitt wird untersucht, ob mögliche theoretische Ansätze aus anderen Branchen, etwa durch Modifikation und Übertragung, zur Beantwortung der in Abschnitt 7.5 aufgeworfenen Forschungsfragen herangezogen werden können.

Das Nachhaltigkeitsmanagement hat Anwendungsbereiche in verschiedenen Finanzdienstleistungssektoren gefunden. Die europäische Regulierung verlangt von Finanzmarktteilnehmern und Finanzberatern zum einen, Nachhaltigkeitsrisiken in ihr Risikomanagement zu integrieren, zum anderen, ihre Kapitalunterlegung entsprechend risikobasiert sicherzustellen, und schließlich, alle nachhaltigkeitsbezogenen Offenlegungspflichten ggü. Investoren, Kunden und Behörden zu erfüllen (Brühl, 2023, S. 58–59).

Vor diesem Hintergrund treten Begrifflichkeiten, wie Sustainable Finance, Sustainable Banking oder Sustainable Insurance in den Vordergrund und subsumieren unterschiedliche Geschäftsmodelle mit Bezug zu Nachhaltigkeitsaspekten im Finanzdienstleistungssektor (Abdel-Karim & Kollmer, 2022c, S. 11–12; Kiszka, 2023, S. 106–107).

Die bereits in Abschnitt 7.4 aufgezeigte Forschungslücke macht es unabdingbar, neben Forschungsarbeiten im Kontext von Banken und Versicherungen auch Sektoren außerhalb der Finanzdienstleistungsbranche zu betrachten, dies zur Gewinnung von Erkenntnissen, die ggf. für die Erreichung der Forschungsziele vorliegender Arbeit weiterentwickelt werden können. Vor diesem Hintergrund werden im Folgenden auch relevante Forschungsergebnisse im Kontext der Kreislaufwirtschaft, der Sharing Economy sowie des landwirtschaftlichen Sektors erörtert.

8.4.5.1 Banken

Im Rahmen der Betrachtung des Bankensektors im Speziellen vereint der Oberbegriff der Social Finance eine Vielzahl von Ansätzen. Zu nennen sind dabei etwa das sog. Impact Investing, das sog. Social Banking, das sog. Community Banking, Kreditgenossenschaften, Micro-Financing, Peer-to-Peer Finance u. v. m. Diese Ansätze stellen verschiedene Instrumente oder Geschäftsmodelle dar, die einen positiven sozialen Beitrag leisten sollen, dies insbesondere durch die Schaffung eines breiteren Zugangs zu Finanzdienstleistungen im Vergleich zu konventionellen Geschäftsmodellen. Hinter diesen Dienstleistungen können gleichermaßen öffentliche wie auch private Anbieter, for-profit-, wie auch non-profit-Organisationen sowie durch Spenden und Beteiligungskapital finanzierte Organisationen und Unternehmen stehen.

Der Begriff des sog. Sustainable Banking bezieht zusätzlich zu den sozialen Aspekten des sog. Social finance beispielsweise auch die umweltbezogenen Kriterien der sog. Green finance, sowie Aspekte der Governance mit ein (Kiszka, 2023, S. 106–107). Sustainable Investments bezeichnen hingegen nachhaltige Kapitalanlagen unter Berücksichtigung einer oder mehrerer Nachhaltigkeitsdimensionen (Riegler, 2023, S. 15–18).

Hiß et al. (2018, S. 327) untersuchen in ihrer Studie die Legitimationsversuche der angekratzten deutschen Banken in Folge ihrer Beteiligung an der Finanzkrise unter Zuhilfenahme des gesellschaftlichen Leitbilds der Nachhaltigkeit. Die Autoren kommen zu dem Schluss, dass die Deutungsmuster der Legitimationsversuche der Banken dreiteilig sind. Erstens versuchen sich einzelne Banken glaubwürdig von „schlechten" Banken abzugrenzen, indem diese Nachhaltigkeitsprogramme kommunizieren. Zweitens wollen diese Banken Corporate Social Responsibility demonstrieren. Drittens streben die Banken das Auflösen des Widerspruchs zwischen Rendite- und Werteorientierung an. Die Banken versuchen somit, neue Strategien im Kontext der nachhaltigen Entwicklung zu etablieren, die diese im Vergleich zur Vorkrisenzeit moralisch überlegen darstellen sollen. Doch hinterfragen die Autoren letztlich, ob Nachhaltigkeit das tatsächliche Ziel der Banken ist oder lediglich Mittel zum Zweck, nämlich zur Legitimation ihres traditionellen Geschäfts- und Renditestrebens, womit diese die künftige Krisensicherheit des Bankensektors insgesamt in Zweifel ziehen (Hiß et al., 2018, S. 338–339).

Eine Vielzahl an Studien im Bankenumfeld beschäftigen sich mit der Frage, welchen Einfluss ein auf Nachhaltigkeit ausgerichtetes Geschäftsmodell auf die finanziellen Erfolgskennzahlen einer Bank sowie die Effizienz des Bankbetriebs haben, und ob ein Ausgleich des Profitabilitäts-ESG-Nexus im Allgemeinen möglich ist (Krisciukaityte et al., 2023, S. 509–510; Menicucci & Paolucci, 2023, S. 563–564; Nizam et al., 2019, S. 36–37; van Bommel, 2023, S. 2). Andere Forscher betrachten den im Grundsatz gleichen Zusammenhang unter dem Titel Financial Performance-CSR-Nexus (Ngamvilaikorn et al., 2024, S. 5110–5111; Slama Ben & Hamouda Ben, 2024, S. 2–3). Die Studienautoren gelangen vor diesem Hintergrund zu gegensätzlichen Ergebnissen. Auch bleibt die Benennung spezifischer Interdependenzen zwischen den drei Nachhaltigkeitsdimensionen aus. Auf drei der zuvor genannten Studien wird im Folgenden kurz eingegangen, um die unterschiedlichen Ergebnisse darzustellen.

Nizam et al. (2019, S. 35 und S. 49) stellen im Rahmen einer globalen Bankenstudie eine verbesserte finanzielle Unternehmensleistung bei Banken fest, die nachhaltige Finanzprodukte, insbesondere Finanzierungen für ökologische und soziale Nachhaltigkeitsprojekte, anbieten. Der positive Effekt auf die finanziellen Ergebnisse der Bank wird zum einen auf das gesteigerte Interesse durch Investoren an Banken mit einer strategischen Nachhaltigkeitsausrichtung, weiters auf die Effizienzsteigerung in den Bankprozessen, sowie abschließend auf das gesteigerte Qualifikationsniveau des Managements entsprechender Banken, zurückgeführt.

Menicucci und Paolucci (2023, S. 579–580) gelangen mit Bezug auf den italienischen Bankensektor zu differenzierteren Ergebnissen. Die Forschenden stellen fest, dass lediglich ökologische Nachhaltigkeitsmaßnahmen im Bereich des Ressourcenverbrauchs sowie Maßnahmen der Governance im Bereich von Reglementen letztlich zu einer effizienten Überwachung und damit zu positiven wirtschaftlichen Unternehmensleistungen führen. Alle übrigen Nachhaltigkeitsbemühungen, insbesondere das Angebot an nachhaltigen Produkten, hätten keinen oder einen negativen Einfluss auf die finanzielle Nachhaltigkeit von Banken in Italien, was auf die mangelnde Nachfrage durch Bankkunden zurückzuführen sei.

Die Studie von Ngamvilaikorn et al. (2024, S. 5118) mit Bezug auf thailändische Banken stellt die zeitliche Perspektive in den Vordergrund. Während die Einbettung von CSR-Ansätzen in die Strategie der untersuchten Banken zu einem kurzfristigen Rückgang der finanziellen Ergebnisse führt, sinkt gleichzeitig das Kreditrisiko der Banken, womit sich negative finanzielle Effekte aus der Materialisierung von Kreditrisiken langfristig betrachtet reduzieren. Die Studienautoren plädieren dafür, nicht nur die kurzfristigen finanziellen Effekte aus Investitionen in nachhaltige Strategien zu betrachten, sondern vielmehr den langfristigen positiven Effekt aus der Reduktion von Kreditrisiken und damit der Verbesserung der Resilienz dagegenzustellen. Abschließend wird darauf hingewiesen, dass in der Studie lediglich der wirtschaftliche Aspekt insgesamt und Kreditrisiken im Speziellen betrachtet wurden. Weitere umfassendere Analysen seien erforderlich, um weitere Interdependenzen aufzudecken.

Awaworyi Churchill (2019, S. 1330) hat in einer quantitativen Studie die Zielkonflikte zwischen ökonomischer und sozialer Nachhaltigkeit i. Z. m. dem sog. Micro-Financing näher betrachtet. Das Ziel der Studie war eine Analyse, inwiefern das Streben nach ökonomischer Nachhaltigkeit dem sozialen Zweck des Schaffens von Zugang zu Micro-Financing für durch klassische Bankdienstleister benachteiligte Kundengruppen entgegensteht bzw. in einen Zielkonflikt zur sozialen Nachhaltigkeitsdimension mündet (Awaworyi Churchill, 2019, S. 1329–1332). Der Autor gelangt zum Ergebnis, dass zwar ein Zielkonflikt zwischen der ökonomischen Nachhaltigkeit und der Tiefe des Zugangs zu Micro-Financing besteht, jedoch eine positive Interdependenz zwischen dem ökonomischen Nachhaltigkeitsstreben sowie der Breite des Zugangs (Awaworyi Churchill, 2019, S. 1345–1346). Die Tiefe des Zugangs zu Micro-Financing beschreibt dabei die Qualität der Reichweite, somit das Erreichen der Ärmsten, wohingegen die Breite die Anzahl der erreichten Kunden beschreibt. Der Zielkonflikt besteht somit darin, dass ökonomisches Nachhaltigkeitsstreben das Erreichen der Ärmsten im Micro-Financing behindert, da vielmehr der Hebel über die höhere Anzahl der erreichten Kunden mit geringerem Ausfallrisiko gesucht wird.

Ayayi und Wijesiri (2022, S. 1563) stellen in ihrer Untersuchung einen Zielkonflikt zwischen der ökonomischen und der ökologischen Nachhaltigkeitsdimension für Anbieter von Micro-Financing fest. Demnach sind die Anbieter, die gleichzeitig ökologische Ziele verfolgen, aufgrund der höheren Kostenbelastung einem wirtschaftlichen Wettbewerbsnachteil ausgesetzt, was mit der ökologischen

Ausrichtung einhergeht. Die Forschenden schlagen vor, diesen Wettbewerbsnachteilen mit staatlichen Subventionen bzw. Steuervorteilen für ökologische Bemühungen zu begegnen.

Benuzzi et al. (2022, S. 1 und S. 26) untersuchen, welche Priorisierung Retail-Investoren beim Vorhandensein von Zielkonflikten ihren Investitionsentscheidungen zugrunde legen. Die Autoren kommen zu dem Schluss, dass die Priorisierung variiert. Ein Retail-Investor, der hauptsächlich finanzielle Ziele verfolgt, zeigt die Bereitschaft, geringfügig auf Rendite zu verzichten, wenn dafür soziale Nachhaltigkeitsziele unterstützt werden können. Verfolgt ein Retail-Investor hingegen hauptsächlich ökologische Interessen, ist dieser bereit, sowohl die soziale als auch die ökonomische Nachhaltigkeitsdimension der ökologischen Dimension unterzuordnen.

Kiszka und Hastenteufel (2024, S. 19) widmen sich in ihrer Studie den Auswirkungen sowie der Bedeutung des Themas Nachhaltigkeit für Banken. Zusammengefasst ergibt die empirische Studie, dass Nachhaltigkeitsbelange durch die interviewten Experten grundsätzlich als relevant erachtet werden, jedoch der Fokus der Umsetzung überwiegend auf der ökologischen Nachhaltigkeitsdimension lastet. Gleichwohl wird erwähnt, dass mehrere Experten im Vorfeld der Untersuchung auf die Wichtigkeit der Betrachtung aller drei Dimensionen der Nachhaltigkeit sowie möglicher Zielkonflikte zwischen denselben hingewiesen hätten. Auf die angesprochenen Zielkonflikte wird in der Untersuchung jedoch nicht weiter eingegangen, da diese von den Forschungsfragen der Studie nicht umfasst sind (Kiszka & Hastenteufel, 2024, S. 16).

Kiszka (2023, S. 469) untersucht in einer weiteren Studie das Nachhaltigkeitsbewusstsein sowie die Erwartungshaltungen von Bankkunden in Bezug auf nachhaltige Geschäftsmodelle der Banken. Wenngleich die Studienergebnisse insgesamt äußert interessant erscheinen, wird der Aspekt der Interdependenzen zwischen den drei Nachhaltigkeitsdimensionen nicht adressiert. Im Rahmen der Diskussion der empirischen Untersuchungsergebnisse vorliegender Forschungsarbeit wird in Teil III/ Abschnitt 12.1.1 der Arbeit nochmals auf diese Studie Bezug genommen, da einzelne Aspekte zur Untermauerung der empirischen Erkenntnisse von Relevanz sind.

Wie bereits in Abschnitt 7.4 ausgeführt, besteht mit Bezug auf Interdependenzen zwischen den drei Nachhaltigkeitsdimensionen bei Banken eine Forschungslücke. In diesem Abschnitt wurde aufgezeigt, dass sich bislang nur wenige Studien kontextspezifisch mit Interdependenzen im Bankensektor befasst haben, und diese lediglich i. Z. m. speziellen Geschäftsmodellen, wie dem Micro-Financing, standen oder lediglich den wirtschaftlichen Erfolg eines nachhaltigen Geschäftsmodells im Generellen untersucht haben. In der Folge erscheint daher eine nähere Betrachtung der Untersuchungen im Umfeld von Versicherungen i. Z. m. den Forschungsfragen sinnvoll.

8.4.5.2 Versicherungen

Zunächst wird erläutert, weshalb eine nähere Betrachtung von Forschungsarbeiten im Umfeld der Versicherungen einen Nutzen für die Beantwortung der gegenwärtigen Forschungsfragen i. Z. m. Banken stiften können. Banken wie auch Versicherungen gehören zum Kreis der Finanzdienstleistungsunternehmen und sind im Bereich der Regulierung in vielen Punkten vergleichbar strukturiert. Zu nennen ist etwa das Drei-Säulen-Modell, welches sowohl dem sog. Basler Akkord als auch der sog. Solvency II zugrunde liegt. Hierbei behandelt die erste Säule die Mindestkapitalanforderungen, die zweite Säule das Risikomanagementsystem sowie die Überprüfungsverfahren der Aufsichtsbehörden, und die dritte Säule die Offenlegungspflichten (Böffel & Schürger, 2023b, S. 263; Stern, 2020, S. 22). Die Nachhaltigkeitsregulierung konnte für den Finanzdienstleistungssektor über die SFDR sowie größenabhängig auch über die CSRD zusammen mit der EU-Taxonomie-Verordnung sowie den ESRS weitestgehend einheitlich ausgestaltet werden.

Die Unterschiede zwischen den Geschäftsmodellen und Risikoprofilen von Banken ggü. Versicherungsunternehmen ziehen spezifisch auf den jeweiligen Sektor abgestimmte, regulatorische Rahmenwerke sowie Anforderungen nach sich. Bei näherer Analyse werden daher Unterschiede zwischen der Regulierung für Banken ggü. derjenigen für Versicherungen evident (Böffel & Schürger, 2023b, S. 264). Die Unterschiede lassen sich in drei Bereiche untergliedern. Zum einen werden insbesondere Säule eins und zwei bei Banken und Versicherungen nicht nur in den Details unterschiedlich definiert, sondern auch unter Anwendung abweichender Tools adressiert. Zweitens entfalten sich Umweltrisiken bei Banken und Versicherungen in unterschiedlicher Art und Weise. Während Versicherungen die Risiken direkt versichern, wirken sie bei Banken indirekt. Abschließend spielen Banken und Versicherungen sehr unterschiedliche Rollen in der Transformation zu nachhaltiger Entwicklung (Böffel & Schürger, 2023b, S. 267).

Insbesondere der im letzten Absatz angeführte dritte Unterscheidungspunkt ist von besonderer Relevanz. Die Rolle, die den Banken in der Transformation zu nachhaltiger Entwicklung zukommt, liegt basierend auf ihrem Geschäftsmodell und Produktangebot insbesondere in der Lenkung von finanziellen Mitteln in nachhaltige Geschäftsmodelle und Vorhaben. Risikominimierungsgedanken i. Z. m. Nachhaltigkeitsrisiken spielen eine nachgelagerte Rolle, da Banken unmittelbar weniger stark von Umweltrisiken betroffen sind. Versicherungen hingegen müssen ihren Fokus auf die Minimierung ihrer Betroffenheit durch Umweltrisiken legen, da sie von diesen Risiken direkt betroffen sind. Daher müssen diese ihre Umweltrisiken in ihren meist langfristig ausgerichteten Versicherungsprodukten korrekt einschätzen und bepreisen. Dabei soll die Versicherbarkeit solcher Risiken gewahrt bleiben (Böffel & Schürger, 2023b, S. 268–270).

Versicherungen können als Finanzdienstleister die Lenkung des Kapitals in nachhaltige Entwicklung durch ihre Produktgestaltung und Preissetzung sowie durch ihre Anlagestrategien unterstützen. Versicherungen decken Risiken für ihre Versicherungsnehmer ab, wofür sogenanntes Deckungskapital auf den Finanzmärkten (Gaedicke & Willert, 2023, S. 67) angelegt werden muss. Insbesondere auch im Bereich der durch Versicherungen angebotenen Altersvorsorgeprodukte kann der Verfolgung von Nachhaltigkeitszielen im Rahmen der Anlagepolitik eine wesentliche Rolle zukommen (Gaedicke & Willert, 2023, S. 78). Bedeutsam ist zudem die Wirkung von Prämienvergünstigungen in der Sachversicherung, welche zu einer Förderung von nachhaltigem Verhalten bei Konsumenten beitragen kann (Gaedicke & Willert, 2023, S. 78).

Die UNEP FI hat für Versicherungsgesellschaften im Jahr 2012 die sog. Principles for Sustainable Insurance (PSI) (UNEP FI, 2012) veröffentlicht. Die PSI bestehen aus vier Prinzipien, denen sich die unterzeichnenden Versicherungsgesellschaften verpflichten können, wobei diese Prinzipien dem ESG-Ansatz folgen und Transparenz zu diesen Dimensionen einfordern. Interdependenzen zwischen den Nachhaltigkeitsdimensionen werden herbei allerdings nicht adressiert.

Eling (2022, S. 12–14) untersucht, welchen Beitrag Versicherungen in der Schweiz sowie im erweiterten deutschsprachigen Raum zur nachhaltigen Entwicklung entlang der Wertschöpfungskette ihrer Dienstleistungen leisten können. Dabei geht der Autor zwar vom in der Finanzmarktregulierung bekannten ESG-Ansatz aus, ergänzt diesen allerdings durch die Dimensionen Ökonomie und Technologie. Zum einen wird darauf hingewiesen, dass Investitionen in nachhaltige Entwicklung in den Dimensionen Soziales und Ökologie nur mit gesunder Finanzkraft möglich sind (Eling, 2022, S. 49). Zum anderen sieht der Autor im Aspekt der Technologie „ein wichtiges Interaktionselement im Hinblick auf die Erreichung aller Nachhaltigkeitsziele“ (Eling, 2022, S. 43), insbesondere da technologische Innovationen die Erreichung nachhaltiger Ziele fördern sollen. Technologie soll daher explizit als eigene Dimension betrachtet, statt lediglich implizit mitgedacht zu werden (Eling, 2022, S. 55; Fathi, 2019, S. 217). Die Dimension der Governance wird bei der Untersuchung des möglichen Beitrags der Versicherungsindustrie zur nachhaltigen Entwicklung entlang der Wertschöpfungskette ihrer Dienstleistungen zwar zunächst ausgespart, jedoch findet die sog. Good-Governance als Wegbereiter für die übrigen Nachhaltigkeitsdimensionen im Allgemeinen Erwähnung (Eling, 2022, S. 23–24). Das Bestehen von Zielkonflikten wird lediglich im Allgemeinen unter dem Aspekt von Ressourcen-Restriktionen sowie i. Z. m. divergierenden Stakeholderinteressen erwähnt, jedoch im Speziellen nicht weiter analysiert.

Popović et al. (2021, S. 917) bemängeln in ihrem Beitrag über nachhaltigen Konsum am Beispiel von Versicherungsdienstleistungen, dass sich Versicherungen im Vergleich zu Banken betreffend nachhaltiger Geschäftsmodelle deutlich im Rückstand befinden, dies obgleich insbesondere Sachversicherungen als Risikoträger besonders stark vom Klimawandel betroffen seien und dies zukünftig zunehmend sein werden. Die Kritik betrifft einerseits den Mangel an zugänglichen Informationen sowie Angeboten für nachhaltigkeitsinteressierte Kunden. Andererseits wird auf den mangelnden Anreiz für Kunden hingewiesen, nachhaltige Entscheidungen i. Z. m. ihren Versicherungsprodukten zu treffen, da die Versicherungsbedingungen kein nachhaltiges Verhalten fördern. Als Beispiel wird angeführt, dass Reparatur im Gegensatz zum Ersatz bei Schäden durch höhere Entschädigungen forciert werden könnten (Popović et al., 2021, S. 917 und S. 926). Auch wird das nachhaltige Asset Management als Ansatzpunkt thematisiert. Die Autoren plädieren dafür, den Konsumenten von Versicherungsdienstleistungen die Auswahl nachhaltiger Alternativen anhand transparenter Nachhaltigkeitsindikatoren und Bewertungssysteme für Versicherungsgesellschaften zu vereinfachen (Popović et al., 2021, S. 930). Die SFDR sollte indes für mehr Transparenz gesorgt haben.

Von Interesse ist, dass Popović et al. (2021, S. 923) von den sog. ESGÖ-Dimensionen sprechen und dabei die ökonomischen Verpflichtungen der Versicherungsgesellschaften um den ESG-Ansatz erweitern. Zudem wird betont, dass sich das sog. Sustainable Insurance Management sowohl auf die Produkte und Dienstleistungen als auch auf die Unternehmensebene erstrecken müsse und dabei alle Nachhaltigkeitsbereiche abzudecken seien. Interdependenzen zwischen den Nachhaltigkeitsdimensionen werden jedoch an keiner Stelle explizit angesprochen.

8.4.5.3 Kreislaufwirtschaft

Die Kreislaufwirtschaft basiert auf einer Entkoppelung des Wirtschaftswachstums vom Ressourcenverbrauch (Stucki & Wörter, 2021, S. 10). Gelingen soll dies etwa durch die Wiederverwertung, das Recycling oder die Reparatur von Materialien und Waren (Morales et al., 2021, S. 1). Aktivitäten im Bereich der Kreislaufwirtschaft eröffnen das Potenzial, bis zum Jahr 2030 bis zu 23 Milliarden Tonnen

CO_2-Emissionen einzusparen und dabei gleichzeitig ein ökonomisches Wachstum in der Höhe von 3.75 Trillionen Euro zu generieren (Rheinbay et al., 2021, S. 5).

Die Autorinnen Bening et al. (2019, S. 40–41) kritisieren in ihrem Fachartikel, dass Kreislaufwirtschaft noch keiner einheitlichen Definition unterliegt. Die Autorinnen plädieren dafür, alle drei Dimensionen der Nachhaltigkeit in der Messung der Effektivität der Kreislaufwirtschaft zu berücksichtigen. Auch sprechen sich die Autorinnen für die Beachtung des sog. Rebound-Effekts aus, also die Entstehung höherer Nachfrage aufgrund ökologisch positiver Errungenschaften. Zudem seien insbesondere die Zielkonflikte zwischen den drei Nachhaltigkeitsdimensionen zu bewerten.

Die Autorinnen schlagen hierfür konkret vor, neben der materiellen auch die ökologische sowie die ökonomische Zirkularität zu messen. Unter der materiellen Zirkularität verstehen die Autorinnen z. B. die reine Recyclingquote, d. h. die Menge des Rohmaterials, die zirkuliert wird. Die ökologische Zirkularität soll anhand des LCA, also der Ökobilanz über den gesamten Lebenszyklus von Produkten, gemessen werden. Mit der ökonomischen Zirkularität sollen schließlich sowohl der zusätzlich erzielte wirtschaftliche Nutzen als auch die geminderten Kosten gemessen werden. Der Ansatz beinhaltet zwar Kennzahlen für alle beschriebenen Punkte, eine konkrete Benennung der Zielkonflikte blieben die Autorinnen jedoch schuldig (Bening et al., 2019, S. 41).

Ein weiterer Kritikpunkt an diesem Vorschlag zur integrierten, ganzheitlichen Darstellung der Kreislaufwirtschaft besteht darin, dass die Autorinnen trotz ihres eingangs formulierten Anspruchs an eine Berücksichtigung aller drei Dimensionen der Nachhaltigkeit schlussendlich die soziale Nachhaltigkeitsdimension in ihrem Vorschlag aussparen. Diese Limitation sprechen die Autorinnen sodann auch aktiv an und definieren dies zugleich als einen notwendigen nächsten Entwicklungsschritt ihres Ansatzes (Bening et al., 2019, S. 41–42).

8.4.5.4 Sharing Economy

Lyaskovskaya et al. (2021, S. 1 und S. 17) untersuchen ein neues, die Transformation zu nachhaltiger Entwicklung unterstützendes Geschäftsmodell der sog. Sharing Economy, welches den gemeinsamen Zugang zu Ressourcen bzw. Gütern, anstelle von deren Besitz, in den Vordergrund stellt. Das Bestreben der Autoren liegt darin, den Nutzen der Sharing Economy in allen drei Nachhaltigkeitsdimensionen messbar zu machen. Die Forscher bedienen sich hierbei traditioneller makroökonomischer Kennzahlen. Den Nutzen, den die Sharing Economy für die soziale Nachhaltigkeit stiftet, soll in der Korrelation zur

Entwicklung der Arbeitslosenquote dargestellt werden, der Nutzen für die ökologische Dimension soll über die Abfallmenge dargestellt werden, und schließlich soll die ökonomische Wirkung über die Korrelation zwischen der Entwicklung der Sharing Economy und der Veränderung des BIP dargestellt werden. Im Ergebnis wird ein nicht signifikanter Einfluss der Sharing Economy auf die drei Nachhaltigkeitsdimensionen festgestellt. Das Forschungsergebnis entspricht nicht den Einschätzungen der Forscher, welche die Ursache dieser aus ihrer Sicht missverständlichen Ergebnisse in der Unzulänglichkeit traditioneller makroökonomischer Kennzahlen für die Messung nachhaltiger Entwicklung verorten. Mögliche Interdependenzen, die ebenfalls eine Rolle spielen könnten, werden nicht angesprochen.

Heimel und Krams (2021, S. 64–66) kommen zwar zu dem Schluss, dass die Sharing Economy nur marginal positive Effekte in nicht allen Nachhaltigkeitsdimensionen entfaltet, jedoch adressieren sie dabei Zielkonflikte. Denn insbesondere in der sozialen Nachhaltigkeitsdimension werden negative Effekte i. Z. m. den Beschäftigungsbedingungen verortet, die durch die Anbieter von Sharing Economy-Plattformen verfolgt werden, um ökonomische Vorteile zu materialisieren. In der ökologischen Dimension wird zudem der Rebound-Effekt, der zuvor im Kontext der Kreislaufwirtschaft bereits erläutert wurde, negativ angemerkt. Zudem spielt auch negatives Konsumentenverhalten eine Rolle, dass durch die Entkoppelung von Nutzung und Verantwortung für geteiltes Gut entsteht. In Summe kommen die Autoren zu dem Ergebnis, dass die positiven Effekte der Sharing Economy in der ökonomischen Nachhaltigkeitsdimension überwiegen, während in der ökologischen Dimension bereits ein gemischtes Bild zu zeichnen ist. In der sozialen Nachhaltigkeitsdimension hingegen dominieren die negativen Effekte.

8.4.5.5 Landwirtschaftliche Betriebe

Für den landwirtschaftlichen Sektor erfolgt eine Betrachtung der Interdependenzen anhand von spezifischen Tools und Guidelines. Das Sustainability Monitoring and Assessment Routine (SMART)-Farm Tool stellt ein Instrument zur Operationalisierung der Sustainability Assessment of Food and Agriculture Systems (SAFA)-Guidelines dar. Die SAFA-Guidelines wurden im Jahr 2014 durch die Food and Agriculture Organization der Vereinten Nationen (FAO) herausgegeben (Schader et al., 2016, S. 2).

Die SAFA-Guidelines bestehen aus vier Dimensionen, 21 Themen und 58 Sub-Themen, wobei letztlich für jedes Sub-Thema ein klares Nachhaltigkeitsziel beschrieben wird. In Summe wird der Umsetzungsgrad der Sub-Themen anhand von 327 Indikatoren gemessen (Schader et al., 2016, S. 3).

Die SAFA-Guidelines sehen neben den drei Nachhaltigkeitsdimensionen Ökologie, Ökonomie und Soziales eine vierte horizontale Dimension, nämlich die der Governance, vor. Dabei wird eine adäquate Corporate Governance als Voraussetzung für alle Operatoren entlang der Wertschöpfungskette zur Erreichung des Ziels der nachhaltigen Geschäftstätigkeit gesehen (Schader et al., 2016, S. 7).

Diese Betrachtung der Governance als Enabler bzw. Fundament, haben sowohl Franzen (2022, S. 22–23) als auch Eling (2022, S. 23–24), letzterer i. Z. m. Versicherungen, in ähnlicher Form vertreten.

Das SMART-Tool ermöglicht die systematische Analyse der Erreichung der Nachhaltigkeitsziele der SAFA-Guidelines. Zudem werden mittels des SMART-Tools Synergien und Zielkonflikte zwischen Sub-Themen innerhalb einer Dimension sowie zwischen den Dimensionen identifiziert (Schader et al., 2016, S. 2).

Die Autoren Schader et al. (2016, S. 6) haben in einer Studie mit Landwirtschaftsbetrieben aus der Schweiz, Österreich, Deutschland, Kenia, Ghana und Costa Rica mithilfe des SMART-Tools zum einen die Fortschritte in der Umsetzung der Nachhaltigkeitsziele, zum anderen Synergien und Zielkonflikte zwischen Sub-Themen innerhalb einer Nachhaltigkeitsdimension sowie zu Sub-Themen anderer Dimensionen untersucht, wobei zweiteres für vorliegende Arbeit von besonderem Interesse ist. In Verbindung mit der Identifikation von Zielkonflikten und Synergien kommen mathematische Gleichungen zur Anwendung, die in Summe 1769 Wechselwirkungen zwischen Indikatoren und Sub-Themen hervorbringen.

Die Ergebnisse sind in Abbildung 8.2 zusammengefasst. Die Ergebnisse zu den Synergien werden in relativen Größen angegeben, während die Zielkonflikte in absoluten Zahlen ausgedrückt werden, was auf die durch die Forschenden angewendeten Formeln zurückzuführen ist. Im Rahmen der vorliegenden Arbeit soll die unterschiedliche Ergebnisdarstellung nicht weiter irritieren, da methodisch in beiden Fällen das Ausmaß der bestehenden Synergien bzw. Zielkonflikte zwischen den Nachhaltigkeitsdimensionen ermittelt wurde.

Während ein hohes Maß an Synergien innerhalb der Dimension der Governance sowie innerhalb der sozialen Nachhaltigkeitsdimension, als auch zwischen der Dimension der Governance und der sozialen sowie der ökonomischen Dimension identifiziert werden können, fällt die Anzahl an Synergien zwischen der ökonomischen und der sozialen Dimension etwas niedriger aus, wenngleich diese noch immer erwähnenswert ist. Die niedrigste Anzahl an Synergien werden innerhalb der ökologischen Dimension sowie zwischen der ökologischen und der ökonomischen Nachhaltigkeitsdimension verortet (Schader et al., 2016, S. 15).

Das höchste Maß an Zielkonflikten kann insbesondere innerhalb der ökologischen Dimension festgestellt werden. Eine hohe Anzahl an Zielkonflikten ist zudem zwischen der ökonomischen und der ökologischen Dimension zu finden, wohingegen innerhalb der ökonomischen Dimension sowie zwischen der ökonomischen und der sozialen Dimension die Anzahl der Zielkonflikte geringer ausfallen (Schader et al., 2016, S. 16).

(A): Synergies	Governance	Environmental integrity	Economic resilience	Social Well-Being
Governance	86%	59%	73%	78%
Environmental integrity	59%	52%	54%	56%
Economic resilience	73%	54%	69%	69%
Social Well-Being	78%	56%	69%	78%

(B): Trade-offs	Governance	Environmental Integrity	Economic Resilience	Social Well-Being
Governance	0	0	59	0
Environmental Integrity	0	540	276	68
Economic Resilience	59	276	144	115
Social Well-Being	0	68	115	0

schlecht / mittel / gut

Abbildung 8.2 Synergien und Zielkonflikte zwischen den Nachhaltigkeitsdimensionen in landwirtschaftlichen Betrieben. (Quelle: (Schader et al., 2016, S. 15))

Weder innerhalb der Dimension der Governance noch innerhalb der sozialen Nachhaltigkeitsdimension bestehen gem. Abbildung 8.2 Zielkonflikte. Auch scheint die Dimension der Governance keine oder nur sehr marginale Zielkonflikte zu anderen Dimensionen zu entfalten. Im Gegensatz dazu entfaltet die Dimension der Governance jedoch starke Synergien zu den anderen Dimensionen der Nachhaltigkeit. Dies legt nahe, dass eine starke Governance jedenfalls stets förderlich, gegebenenfalls sogar verstärkend auf eine nachhaltige Entwicklung insgesamt wirkt, ohne dabei auf Zielkonflikte Rücksicht nehmen zu müssen, wohingegen die ökonomische Dimension deutliche Zielkonflikte zu jeder der übrigen Dimensionen der Nachhaltigkeit aufweist und in geringerem Maße auch Synergien heben kann. Daher ist es entscheidend, jede Initiative stets differenziert zu betrachteten, insbesondere mit dem Ziel, Synergien bestmöglich zu nutzen und Zielkonflikte weitestgehend zu minimieren bzw. bewusst zu steuern (Schader et al., 2016, S. 16–18).

8.4.5.6 Sonstiges

In seiner Monografie zum nachhaltigen Management prägt Müller-Christ (2020, S. 84–85) insbesondere den Begriff der sog. widersprüchlichen Managementrationalitäten, mit dem er die Zielkonflikte zwischen den drei Nachhaltigkeitsdimensionen im Rahmen von wirtschaftlichen Managemententscheidungen adressiert. Müller-Christ differenziert hierbei zwischen mehreren Ambitionsniveaus des nachhaltigen Managements. Den Ausgangspunkt bildet dabei das herkömmliche Management, welches sich an den Absatzmärkten orientiert und der Existenzsicherung des Unternehmens dient. Es folgt die nächste Stufe der sog. Öko-Effizienz, welche die Optimierung von Materialeinsatz, Technologieeinsatz und Prozessabläufen adressiert. Die nächsthöhere Stufe dient dem Substanzerhalt, um das Verhältnis zwischen Ressourcennachschub und Ressourcenverbrauch ausgeglichen zu halten. Dies kann Abstriche in der Produktivität im Vergleich zu rein wirtschaftlichen Ansätzen bedingen. Die letzte und damit höchste der Stufen adressiert die gelebte Verantwortung des Managements gegenüber Nebenwirkungen aus getroffenen Geschäftsentscheidungen auf den Menschen als auch auf die Natur. In Summe sollen die beiden Ziele der Existenz und der Effizienz unter Berücksichtigung der Interdependenzen zwischen den drei Nachhaltigkeitsdimensionen im Nachhaltigkeitsmanagement verbunden werden (Müller-Christ, 2020, S. 338–342).

Der Autor weist zudem darauf hin, dass ein effizientes Widerspruchsmanagement das Bewusstsein über das Bestehen von Zielkonflikten durch die Entscheidungsträger voraussetzt (Müller-Christ, 2020, S. 226). Die Erhöhung des Informationsniveaus im Entscheidungsprozess unter Berücksichtigung der in der Vergangenheit getroffenen Entscheidungen sowie jener Entscheidungen, die in der Zukunft zu treffen sein werden, unterstützt die Entscheidungsfindung unter Zielkonflikten (Müller-Christ, 2020, S. 247).

Der Autor differenziert dabei zwischen vier Dilemmata der Entscheidungsfindung unter konkurrierenden Zielsetzungen, die einerseits den Wirkungskreis und andererseits die zeitliche Perspektive tangieren. Hierbei werden Entscheidungen im jetzt-für-jetzt, jetzt-für-andere, jetzt-für-dann und jetzt-für-dann-für-andere (Müller-Christ, 2020, S. 387) angesprochen. Damit werden zum einen die Widersprüchlichkeiten zwischen eigenen und externen Interessen, zum anderen zwischen kurzfristigen ggü. langfristigen Betrachtungszeiträumen adressiert. Transparenz über Widersprüchlichkeiten und eingenommene Entscheidungsperspektiven soll im Berichtswesen (Müller-Christ, 2020, S. 393) sowie unter Einsatz des Nachhaltigkeitsmanagements 4.0 (Müller-Christ, 2020, S. 431) nach Müller-Christ erzielt werden.

Das Konzept nimmt eine integrale Sichtweise unter Berücksichtigung aller Perspektiven und Widersprüchlichkeiten ein und plädiert für das höchste Ambitionsniveau des Nachhaltigkeitsmanagements (Müller-Christ, 2020, S. 401–404). Dieses höchste Ambitionsniveau fußt zunächst auf dem herkömmlichen Managementinteresse der Gewinnmaximierung. Ergänzt wird dieses durch die Öko-Effizienz (Müller-Christ, 2020, S. 436–437) mit der jetzt-für-jetzt-Entscheidungslogik, durch den Substanzerhalt mit der jetzt-für-dann-Entscheidungslogik sowie durch die Verantwortungssicht mit der jetzt-für-dann-für-andere-Entscheidungslogik, mit der das Ziel der Reduktion der Nebenwirkungen und der Reflexion der Hauptwirkungen adressiert werden soll. Erst dieses Zusammenspiel der Handlungsprämissen sowie Entscheidungslogiken führt zum höchsten Ambitionsniveau eines nachhaltigen Managements (Müller-Christ, 2020, S. 342).

8.4.6 Zwischenfazit

Abschnitt 8.4 untermauert zum einen die Einigkeit der Forschung über das Bestehen zahlreicher Interdependenzen zwischen den Nachhaltigkeitsdimensionen, worauf im Allgemeinen mit der Entwicklung der integrierten Nachhaltigkeitsmodelle reagiert wurde. Zum anderen wird allerdings in vielen Bereichen, so auch i. Z. m. Banken, das Fehlen kontextspezifischer Forschung evident. Damit verbunden fehlen auch praxisrelevante und erprobte Ansätze zum Umgang mit Interdependenzen zwischen den Nachhaltigkeitsdimensionen.

Insbesondere zu den SDGs werden umfangreiche Studien verfasst, welche sich mit der Identifikation von Synergien und Zielkonflikten zwischen den 17 Zielen sowie ihren 169 Unterzielen, die den drei Nachhaltigkeitsdimensionen zugeordnet werden können, auseinandersetzen. Ebenfalls werden i. Z. m. den SDGs Modelle vorgestellt, anhand derselben die Identifikation von Interdependenzen stattfinden kann. Forschungsrelevant erscheinen vor diesem Hintergrund insbesondre die sog. Seven-Point-Scale-Methode nach Nilsson et al. (2016, S. 321) sowie der Nexus Approach nach Liu et al. (2018, S. 466–467). Beide Ansätze bedingen einen interdisziplinären Diskurs.

In mehreren Studien betonen die Autoren die Wichtigkeit weiterer, insbesondere kontextspezifischer Forschung zu Interdependenzen zwischen den drei Nachhaltigkeitsdimensionen, da Ihrer Ansicht nach mangelndes Wissen um das Bestehen und die Wirkung von Zielkonflikten gegenwärtig zur negativen Beeinträchtigung der Erreichung der SDGs führt. Zudem würden Synergien zu wenig genutzt, um die Zielerreichung der Agenda 2030 der Vereinten Nationen zu begünstigen bzw. zu beschleunigen.

Wesentlich erscheint die Erkenntnis, wonach im Unterschied zu einer ausschließlich zielorientierten Herangehensweise eine prozessorientierte Auseinandersetzung mit der Nachhaltigkeitsstrategie zur frühzeitigen Identifikation von Interdependenzen sowie zur Betrachtung von Entscheidungsalternativen führt. Zwischen der zielorientierten und der prozessorientierten Herangehensweise liegt der Schritt der Operationalisierung der Ziele.

Der Regulator hat Interdependenzen zwischen den Nachhaltigkeitsdimensionen in der Nachhaltigkeitsregulierung für Finanzdienstleister bislang lediglich i. Z. m. materiellen Zielkonflikten im Anhang 1 der ESRS adressiert, die einen integralen Bestandteil der CSRD darstellen. Mit Blick auf künftige Regulierungsvorhaben ist der Entwurf für eine Sozial-Taxonomie zu nennen. Dieser Entwurf enthält einen ersten Ansatz zur Berücksichtigung von Interdependenzen zwischen den ESG-Dimensionen i. Z. m. der Klassifizierung nachhaltiger Tätigkeiten. Jedoch verzögert sich das Ansinnen der Erweiterung der EU-Taxonomie-Verordnung um die Sozial-Taxonomie gegenwärtig noch.

In Anlehnung an die regulatorischen Anforderungen sehen auch die Berichtsysteme nach heutigem Stand keine hinlängliche Berücksichtigung von Interdependenzen zwischen den drei Nachhaltigkeitsdimensionen vor, dies abgesehen von den Offenlegungspflichten zu materiellen Zielkonflikten gem. ESRS. Da die gängigen Berichtssysteme durch Unternehmen nicht nur für die externe Offenlegung herangezogen werden, sondern oftmals auch für das interne Berichtswesen zur Anwendung gelangen, könnte es förderlich sein, diesen Mangel zu beseitigen. Hierbei ist insbesondere darauf zu achten, dass die ökonomische Perspektive besonders viele Interdependenzen zu den übrigen beiden Nachhaltigkeitsdimensionen aufweist und daher das alleinige Abstellen auf den ESG-Ansatz i. d. Z. zu kurz gegriffen wäre.

Mit Blick auf den landwirtschaftlichen Sektor wurde eine Studie (Schader et al., 2016, S. 15–16) erörtert, welche anhand des SMART-Tools konkrete Synergien und Zielkonflikte zwischen den Sub-Themen der SAFA-Guideline innerhalb und zwischen den vier Nachhaltigkeitsdimensionen Ökologie, Ökonomie, Soziales und Governance identifiziert und analysiert hat. Eine weitere kontextspezifische Studie hat Interdependenzen zwischen den drei Nachhaltigkeitsdimensionen Ökologie, Ökonomie und Soziales für die Sharing Economy (Heimel & Krams, 2021, S. 61) zum Gegenstand. In beiden Fällen kommen die Forscher indes zu unterschiedlichen Ergebnissen, da die zugrunde liegenden Produkte, Prozesse und Konsummechanismen voneinander abweichen. Da auch der Bankensektor gänzlich andere Produkte anbietet und abweichenden Mechanismen folgt, ist eine systematische Übertragung der kontextspezifischen Interdependenzen aus der Landwirtschaft und der Sharing Economy auf Banken weder möglich noch sinnvoll.

8.5 Stand der Forschung zu Steuerungsmechanismen für Interdependenzen

Nachdem in Abschnitt 8.4 alle in der Theorie betrachteten, integrierten Nachhaltigkeitsmodelle, Nachhaltigkeitsprogramme, Nachhaltigkeitsregularien, Berichts- und Kennzahlensysteme der Nachhaltigkeit sowie spezifische Anwendungsbereiche im Speziellen nochmals auf die Benennung bzw. Offenlegung von Interdependenzen näher beleuchtet wurden, soll in weiterer Folge die bestehende Literatur im Speziellen auf nützliche Steuerungsmechanismen für Interdependenzen untersucht werden. Hierbei wird auf strategische sowie auf operative Mechanismen eingegangen.

8.5.1 Strategische Mechanismen

Sailer (2022, S. 125) stellt fest, dass zwischen den drei Nachhaltigkeitsdimensionen vielfältige Wechselbeziehungen bestehen, die sich gegenseitig positiv oder negativ beeinflussen können. Folgerichtig wird empfohlen, diese komplexen Netzwerke integriert anstatt jedes Handlungsfeld separat zu behandeln (Sailer, 2022, S. 127). Dabei schlägt der Autor neben der Darstellung der Wechselbeziehungen in sog. Wirkungsnetzen (Sailer, 2022, S. 128) und Erkenntnismatrizen (Sailer, 2022, S. 129) vor, bereits in der Strategiefindung mit einer integrierten SWOT-Analyse zu arbeiten, um Nachhaltigkeitsmaßnahmen auf ihre Stärken, Schwächen, Chancen und Risiken hin zu überprüfen und dabei mögliche Zielkonflikte zu identifizieren (Sailer, 2022, S. 133–134). Sodann folgt die Empfehlung, die Nachhaltigkeitsstrategien unter Beachtung ihrer Wechselwirkungen integriert in der Strategiefindung zu berücksichtigen und auf dieser Basis Entscheidungen zu treffen. Sailer (2022, S. 134 und S. 154) unterscheidet zudem zwischen vier Typen an Nachhaltigkeitsstrategien. Die Compliance wird dabei als übergreifendes Element gesehen. Konsistenz, Effizienz und Suffizienz, die sowohl in einer komplementären als auch konfliktären Beziehung zueinander stehen können, werden integriert und auftretende Zielkonflikte bereits in der Strategiefindungsphase aufgelöst.

Wenngleich die Anwendung des bekannten SWOT-Ansatzes auf Nachhaltigkeitsmaßnahmen durch Sailer (2022, S. 133–134) hauptsächlich anhand von Beispielen außerhalb der Finanzdienstleistungsbranche untermauert wird, kann der Ansatz mit dem Ziel der Schaffung von Transparenz über möglicherweise bestehende Interdependenzen und der Definition des Umgangs mit denselben bereits in der Phase der Strategiefindung auch im Bankensektor zum Einsatz kommen.

S. Zimmermann (2020a, S. 22 und S. 32, 2020b, S. 84) untersucht die Ursache für die heterogene Ausgestaltung von Nachhaltigkeitsstrategien bei Banken in Deutschland und kommt dabei zu dem Schluss, dass unterschiedliche institutionelle Logiken und Aktivierungsmechanismen eine Rolle spielen. Zusammengefasst identifiziert die Forscherin multiple interne sowie externe Einflussfaktoren, die Auswirkungen auf den Grad des Einbezugs von ökologischen und sozialen Zielsetzungen in die Strategie der Bank haben. Bei Privatbanken stellen einerseits Aktivierungsmechanismen, wie Reputationsrisiken bzw. Stakeholderinteressen als externe Einflussfaktoren, und andererseits die Überzeugung des Managements von der Nachhaltigkeitsstrategie als interner Einflussfaktor, wesentliche Elemente dar.

Griese (2020, S. 58) untersucht die Frage, warum „Akteur_innen die institutionelle Logik der Nachhaltigkeit in Banken vorantreiben". Die Forscherin klassifiziert dabei drei Typen von „Akteur_innen": derjenige, für den Nachhaltigkeit die Berufsidentität bildet, der Typ, für den Nachhaltigkeit die Lösung der Sinnkrise im Banking darstellt, sowie derjenige Typ, der Nachhaltigkeit als die Rettung in der Berufskarriere sieht (Griese, 2020, S. 206). In einem weiteren Schritt wird sodann untersucht, welche Wechselwirkungen zwischen diesen Individuen und der Organisation sowie dem Umfeld bestehen (Griese, 2020, S. 224). Die für vorliegende Forschungsarbeit relevanten Wechselwirkungen zwischen den drei Nachhaltigkeitsdimensionen werden nicht explizit adressiert. Implizit wird jedoch ausgeführt, dass die Nachhaltigkeitslogik als „alternativer Gegenentwurf zur bisherigen Form des Bankgeschäfts" die Marktlogik herausfordert (Griese, 2020, S. 245).

8.5.2 Operative Mechanismen

Wie bereits erläutert, verlangt Anhang 1 der ESRS die Offenlegung von materiellen Zielkonflikten sowie den Umgang mit denselben. Welche Steuerungsmechanismen hierbei zum Einsatz kommen könnten, wird allerdings nicht weiter ausgeführt, sondern vielmehr den Experten der anwendenden Unternehmen überlassen.

Kiszka und Hastenteufel (2024, S. 2) halten fest, dass Nachhaltigkeit einen wesentlichen Einfluss auf das Geschäft von Banken ausübt. Die Einflussfelder werden, beginnend bei den Strategiepapieren, über die betrieblichen Abläufe, die Produktbereiche der Einlagen, Kredite und Wertpapiergeschäfte bis hin zum Risikomanagement, den Vergütungssystemen, dem Personalwesen, dem Berichtswesen sowie in der Betriebsökonomie, gesehen. In Rahmen einer empirischen Untersuchung wird daher den folgenden Forschungsfragen nachgegangen (Kiszka & Hastenteufel, 2024, S. 2–3):

- *Welche Bedeutung räumen Banken der Nachhaltigkeit gegenwärtig ein?*
- *Wie wird die nachhaltigkeitsbezogene Regulatorik in der bankbetrieblichen Praxis wahrgenommen?*
- *Welche Auswirkungen werden für die Geschäftsmodelle der Kreditinstitute erwartet?*
- *Welche nachhaltigkeitsbedingten Anpassungen sind innerhalb der Gesamtbanksteuerung notwendig?*
- *Welche Konsequenzen hat die Nachhaltigkeitsthematik für ausgewählte Geschäftsfelder von Kreditinstituten?*

Im Rahmen vorliegender Forschungsarbeit erscheint insbesondere die vierte Forschungsfrage von Relevanz zu sein, wenngleich die Autorinnen hierbei lediglich die nachhaltigkeitsbedingten Anpassungen innerhalb der Gesamtbanksteuerung im Allgemeinen beleuchten, jedoch nicht speziell auf Interdependenzen zwischen den drei Nachhaltigkeitsdimensionen eingehen. Aus dem Ergebnisbericht ist allerdings ersichtlich, dass mehrere der interviewten Experten auf die Relevanz v. a. der Zielkonflikte zwischen den drei Nachhaltigkeitsdimensionen sowie die Notwendigkeit des Einzugs derselben in die Entscheidungsfindungsprozesse hinweisen (Kiszka & Hastenteufel, 2024, S. 19).

Im Ergebnis empfehlen die Autorinnen der Studie allgemeine Steuerungsmechanismen für Nachhaltigkeitsaspekte zur Anwendung im Rahmen der Gesamtbanksteuerung (Kiszka & Hastenteufel, 2024, S. 16):

- *Ausschlusskriterien*
- *Limitsysteme*
- *Rating*
- *Konditionengestaltung*
- *Szenarioanalysen*

- *Sonstiges.*

Zur Steuerung von Interdependenzen im Speziellen kann der Einsatz dieser Mechanismen ggf. auch nützlich sein, worauf im Rahmen der Diskussion in Teil III/ Abschnitt 12.1.3. nochmals zurückgekommen wird.

Nilsson und Weitz (2019, S. 254) stellen ihrerseits fest, dass lediglich eine prozessorientierte im Unterschied zu einer zielorientierten Herangehensweise im Strategiefindungsprozess Zielkonflikte offenzulegen vermag, die in weiterer Folge zu steuern sind, dies etwa durch die Umwandlung in Synergien unter Anwendung geänderter Herangehensweisen. Die geänderten Herangehensweisen werden zunächst ex ante auf ihren Output hin überprüft. Hierfür empfehlen die Forschenden ein konkretes Vorgehen in drei Schritten, wobei diese prozessorientierte Herangehensweise als sog. input-process-output-Ansatz bezeichnet wird. Auf diesen Ansatz wurde bereits in Abschnitt 8.4.2 näher eingegangen, da dieser i. Z. m. den SDGs entwickelt wurde. In diesem Ansatz wird zunächst Transparenz über Zielkonflikte hergestellt, bevor der Umgang mit denselben erarbeitet und vor der Entscheidungsfindung bezüglich des Outputs überprüft wird. Dieser Ansatz könnte auch bei Banken wirkungsvoll zum Einsatz kommen.

Nachhaltigkeitsrisiken werden in das bestehende Risikomanagement von Banken integriert sowie zu den bekannten Risikokategorien zugeordnet, wenngleich i. d. Z. die mangelnde Verfügbarkeit von Daten, der Grad der Unsicherheit über künftige Entwicklungen in der Nachhaltigkeitsregulierung sowie die Vielfältigkeit der Wirkungszusammenhänge in der operativen Umsetzung wesentliche Herausforderungen für Banken darstellen (Kiszka, 2023, S. 119–123).

Bei der Bewertung von Risiken werden sowohl die Eintrittswahrscheinlichkeit als auch das ökonomische Schadensausmaß betrachtet, wobei sowohl Inside-out- als auch Outside-in- Risiken zu berücksichtigen sind. Ersteres ist lediglich insofern von Relevanz, als daraus in Folge von Strafzahlungen oder Reputationsrisiken auch ein ökonomischer Schaden für das Unternehmen entstehen kann (Kiszka, 2023, S. 124–125).

Damit betrachtet das Risikomanagement zwar automatisch Interdependenzen zur ökonomischen Nachhaltigkeitsdimension, jedoch nicht zwingend Interdependenzen zwischen der sozialen und der ökologischen Nachhaltigkeitsdimension. Eine Ausnahme hierzu stellt ein Zielkonflikt zwischen der sozialen und der ökologischen Nachhaltigkeitsdimension mit dem Potenzial dar, in weiterer Folge in einen ökonomischen Schaden für das Unternehmen zu münden, etwa in Form eines Reputationsschadens. Gleichwohl müssen solch komplexe Zusammenhänge zunächst erkannt werden. Die Eingliederung der Nachhaltigkeitsrisiken ins Risikomanagement von Banken ist jedoch kein Garant für die holistische Erfassung von Interdependenzen. Vielmehr bedarf es weiterer Transparenzmechanismen. Ist die Transparenz über Risiken aus Zielkonflikten jedoch erst einmal hergestellt, arbeitet das Risikomanagement mit verschiedenen Strategien zur Risikosteuerung, darunter die Vermeidung, Verminderung, der Transfer oder das Akzeptieren eines Risikos (Kiszka, 2023, S. 437). Im Fall von Risiken aus Zielkonflikten sollte die mögliche Strategie der Umwandlung von Zielkonflikten in Synergien, etwa durch die Anpassung der Herangehensweise, ergänzt werden.

Sailer (2022, S. 167) schlägt hinsichtlich einer Operationalisierung der Strategie eine um Nachhaltigkeitsaspekte erweitere Balanced Scorecard vor, die sog. Sustainability Balanced Scorecard (SBSC). Dabei werden innerhalb der vier Perspektiven der Finanzperspektive, der Kundenperspektive, der Potenzialperspektive sowie der Prozessperspektive die Ziele, Kennzahlen, Vorgaben und Maßnahmen den Dimensionen Ökonomie, Ökologie und Soziales zugeordnet (Sailer, 2022, S. 169). Die SBSC dient sodann als Basis für die operative Planung. Hierbei werden die Ziele und Maßnahmen aus allen drei Dimensionen der Nachhaltigkeit parallel betrachtet sowie einem Diskurs unterzogen, um zum einen Zielkonflikte zwischen denselben aufzudecken, sowie zum anderen die identifizierten Zielkonflikte einer Klärung zuzuführen (Sailer, 2022, S. 170–171).

Als ein weiteres Instrument der Steuerung von Interdependenzen schlägt Sailer (2022, S. 172–173) vor, Kennzahlensysteme, wie beispielsweise den ROI- oder Werttreiberbaum, durch den Ansatz des sog. Sustainable Values zu erweitern. Hierbei werden neben dem ökonomischen Werttreiberbaum ein solcher für die ökologischen sowie die sozialen Ziele mit den entsprechenden Kennzahlen hinzugefügt und letztlich zu einer Spitzenkennzahl, im vorliegenden Fall dem Sustainable Value, aggregiert. Interdependenzen zwischen den einzelnen Werttreibern der ökonomischen, sozialen sowie ökologischen Ziele werden im Werttreiberbaum transparent. Diese Transparenz über die Interdependenzen dient sodann als Basis für die Simulation von alternativen Maßnahmen bzw. Zielen und führt schließlich zur Klärung des Umgangs mit den Interdependenzen.

Der Nachteil solcher Spitzenkennzahlen liegt in der Aufrechnung der Ergebnisse einzelner Nachhaltigkeitsdimensionen durch Verschmelzung in einer Spitzenkennzahl. Die Kritik der Aufrechnung wurde bereits i. Z. m. dem Ansatz der Triple-Bottom-Line erwähnt. Sailer (2022, S. 250–251) empfiehlt daher die detaillierten Messkonzepte bzw. Werttreiber keinesfalls durch die Spitzenkennzahl zu ersetzen, sondern die Spitzenkennzahl lediglich ergänzend hinzuzufügen.

Sailer (2022, S. 238) weist zudem auf die Möglichkeit der Anwendung sog. Impact Measurements bzw. Wirkungsmessungen, hin. Diese enthalten zwar keinen expliziten Steuerungsmechanismus für Interdependenzen, jedoch könnte beispielsweise durch die Ermittlung der unterschiedlichen Kapitalarten, d. h. dem

Naturkapital, dem ökonomischen Kapital, dem Humankapital und dem Sozialkapital, in einem ergänzenden Schritt die Identifikation von Interdependenzen zwischen diesen sowie abschließend die Steuerung über Handlungsalternativen angestrebt werden (Sailer, 2022, S. 248).

8.5.3 Zwischenfazit

In der Theorie sind bereits einige strategische und operative Steuerungsmechanismen im Allgemeinen von Bekanntheit, die zumeist durch Adaption für die Steuerung von Interdependenzen bei Banken zum Einsatz gebracht werden können. Zu nennen sind etwa eine um Nachhaltigkeitsbelange erweitere SWOT-Analyse, weiters prozessorientierte Strategiefindungsprozesse, wie der input-process-output-Ansatz, außerdem die in den Planungsprozess integrierte SBSC sowie um die drei Dimensionen der Nachhaltigkeit erweiterte Werttreiberbäume, die als Basis für die Identifikation von Interdependenzen zwischen den Werttreibern bzw. für die Simulation alternativer Maßnahmen zum Einsatz kommen könnten. Zudem könnten durch die Wirkungsmessung in den unterschiedlichen Kapitalarten Interdependenzen offengelegt und der Umgang mit denselben simuliert werden.

In der Bankenpraxis sind zudem bereits eine Reihe an Steuerungsmechanismen aus der Gesamtbanksteuerung bekannt, wie etwa Limitsysteme und Szenarioanalysen, die ebenfalls zur Steuerung von Interdependenzen herangezogen werden könnten.

Konklusion theoretischer Teil 9

In den nachfolgenden beiden Abschnitten erfolgt die Konklusion und Beantwortung der theoriegeleiteten Fragestellung, um sodann daraus die empiriegeleiteten Fragestellungen abzuleiten.

9.1 Konklusion und Beantwortung der theoriegeleiteten Fragestellungen

Der theoretische Teil der vorliegenden Forschungsarbeit widmete sich zunächst in Kapitel 7 dem Recherchevorgehen hinsichtlich einer Erhebung einschlägiger Literatur, um sodann in Kapitel 8 detaillierte inhaltliche Ausführungen zum aktuellen Forschungsstand im Umfeld der beiden theoriegeleiteten Forschungsfragen (Teil II/ Abschnitt 7.5) zu machen.

Hierzu wurden in Kapitel 8 zunächst einleitende Ausführungen zur Entstehung des Nachhaltigkeitsbegriffs, zu den integrierenden Nachhaltigkeitsmodellen, sowie zu den drei Nachhaltigkeitsdimensionen dargelegt.

Darauf aufbauend sowie unter Berücksichtigung der Informationen aus dem Kontextkapitel (Teil I/ Kapitel 6) wurden die theoretischen Nachhaltigkeitsmodelle, die SDGs als internationale Initiative, die einschlägige Nachhaltigkeitsregulierung, die gängigen Berichtssysteme sowie weitere sektorenspezifische Anwendungsbereiche des Nachhaltigkeitsmanagements nochmals im Detail auf die explizite Adressierung von Interdependenzen zwischen den drei Nachhaltigkeitsdimensionen sowie von Steuerungsmechanismen für dieselben untersucht.

In Kapitel 9 werden im Folgenden zum einen die wesentlichsten Erkenntnisse des theoretischen Teils zusammengefasst und gewürdigt. Zum anderen werden die beiden theoriegeleiteten Forschungsfragen (Teil II/ Abschnitt 7.5) beantwortet.

A. Tschütscher-Alanyurt, *Interdependenzen zwischen den Nachhaltigkeitsdimensionen*, https://doi.org/10.1007/978-3-658-50493-9_9

Zunächst erscheint es vor dem Hintergrund sinnvoll, anhand von Tabelle 9.1 einen zusammenfassenden Überblick zu den betrachteten Nachhaltigkeitsinitiativen, zur Regulierung sowie zu den Berichtssystemen zu geben, und dabei insbesondere die Anwendbarkeit für die Schweiz und Liechtenstein festzustellen. Diese Übersicht legt zudem dar, inwiefern die drei klassischen Nachhaltigkeitsdimensionen im Unterschied zum ESG-Ansatz zur Anwendung kommen, der Ansatz der doppelten Materialität berücksichtigt wird, und schließlich die Beachtung von Interdependenzen zwischen den drei Nachhaltigkeitsdimensionen adressiert wird.

Tabelle 9.1 Übersicht über die Ausgestaltung der wesentlichen Nachhaltigkeitsprogramme, -regulierung und Berichtssysteme. (Quelle: Eigene Darstellung)

Rechtsgrundlage/ Berichtsstandard	Anwendung in		Nachhaltigkeitsperspektiven			doppelte Materialität		Interdependenzen	
	CH	FL	ökologisch	ökonomisch	sozial	outside-in	inside-out	erwähnt	Lösungsansatz
SDGs/Agenda 2030									
UNGC-Prinzipien				Korruptionsbekämpfung					
CSRD				GOV					
SFDR				GOV			PAI		
NFRD (bzw. CH-Anlehnung)				GOV					
EU-Taxonomie-Verordnung				GOV/minimum safeguards	minimum safeguards				*tlw. Berücksichtigung innerhalb der Ökologie*
EU-Sozial-Taxonomie-Verordnung		Entwurf		GOV					*tlw. Berücksichtigung in Modell 2*
EU-Lieferkettengesetz (CSDDD)				GOV					
ESG-Ratings-Verordnung				GOV					
ESRS				GOV					*unzureichender Ansatz (Anhang 1/ Abschnitt 3.6)*
GRI									
DNK									*Erwähnung*
SASB/ISSB				GOV					
SBTi									
TCFD									

Legende: Rechtsgrundlagen; Berichtsstandards — Kriterien erfüllt; Kriterien tlw. erfüllt; Kriterien nicht erfüllt

Die Europäische Union ist gegenwärtig sehr aktiv in der Regulierung von Nachhaltigkeitsbelangen, insbesondere auch in der Bankenregulierung (Kiszka, 2023, S. 35). Als EWR-Mitglied wendet Liechtenstein die EU-Regulierung, die ins EWRA übernommen wird, national an. Indes hinkt die Schweiz hinter der europäischen Nachhaltigkeitsregulierung hinterher, wenngleich diese sich teilweise inhaltlich an dieser ausrichtet. Der Schweizer Bundesrat hat jedoch bereits deutlich gemacht, die Anpassung der nationalen Gesetzgebung der Schweiz auf jene der EU prüfen zu wollen. Schweizer Unternehmen greifen in ihren Nachhaltigkeitsberichten bereits heute auf die gängigen internationalen Berichtsstandards zurück.

Unter besonderer Berücksichtigung des Bankenplatzes Schweiz ist beispielsweise das Gesetz über die Züricher Kantonalbank erwähnenswert, welches bereits im Jahr 1997 in § 2 ZKBG alle drei Dimensionen der Nachhaltigkeit als Teil des Leistungsauftrags adressierte und noch heute daran festhält. Der liechtensteinische Staat hingegen verweist als Mehrheitsaktionär der Liechtensteinischen Landesbank in ihrer Beteiligungsstrategie auf die Notwendigkeit der Berücksichtigung der drei Nachhaltigkeitsdimensionen durch die Organe der Bank. Der Umgang mit Interdependenzen wird hingegen in beiden Fällen nicht adressiert.

Der Gesetzgeber und auch die Herausgeber der gängigen Berichtsstandards zum Nachhaltigkeitscontrolling und der Offenlegung orientieren sich mehrheitlich an den ESG-Dimensionen, mit Ausnahme des GRI-Standards. Indes adressieren die SDGs aus der Agenda 2030 der Vereinten Nationen die drei klassischen Nachhaltigkeitsdimension Ökologie, Ökonomie und Soziales. Der Unterschied liegt in der ökonomischen Nachhaltigkeitsdimension, die insbesondere mit SDG 8 adressiert wird, und gleichzeitig zahlreiche Interdependenzen zu den übrigen SDGs aufweist.

Seit der Einführung der NFRD und in weiterer Folge durch die CSRD wird der Ansatz der doppelten Materialität im Rahmen der Offenlegungspflichten verfolgt. Hierbei repräsentiert die sog. Outside-in-Dimension die finanzielle Materialität und die sog. Inside-out-Dimension die Wesentlichkeit der Auswirkungen der Geschäftstätigkeit auf externe Nachhaltigkeitsfaktoren. Damit erfüllt die Finanzmarktregulierung ihre wesentlichen Aufgaben, nämlich einerseits den Schutz von Investoren und Kunden, sowie andererseits die Sicherung der Stabilität und das Funktionieren des Finanzmarktes (Stern, 2023, S. 114). Dabei will der Regulator weder in die Sphäre der Privatautonomie von Unternehmen noch von Investoren in übertriebener Weise eingegriffen haben. Der Regulator kann zwar durch prudentielle Ansätze die Unterlegung von risikoreichen Geschäften durch Eigenmittel fordern, jedoch nicht in die Wahl des Geschäftsmodells eingreifen (Stern, 2023, S. 114–115). In der Forschung besteht jedoch keine Einigkeit darüber, inwiefern es mit dem aktuellen Regulierungsrahmen tatsächlich gelungen ist, diese sehr schmale Trennlinie zwischen den öffentlichen Interessen und der Privatautonomie stets korrekt zu ziehen (Meyer, 2023, S. 17–18 und S. 21; Stern, 2023, S. 123). Ein weiterer nennenswerter Aspekt der CSRD liegt darin, dass eine integrierte Offenlegung der finanziellen und nicht-finanziellen Berichterstattung erfolgen muss, wenngleich die Integration des Nachhaltigkeitsberichts in den Lagebericht indes nicht automatisch zur Aufdeckung von Interdependenzen führt.

Wie bereits in Kapitel 8 ausgeführt, sieht der Anhang 1/ Abschnitt 3.6 der ESRS zusätzlich zur Offenlegung von materiellen Inside-out-Auswirkungen sowie der Outside-in-Chancen und Risiken auch die Offenlegung von materiellen Zielkonflikten sowie den Umgang mit denselben vor. Dies setzt jedoch voraus, dass Unternehmen zunächst intern Transparenz über Interdependenzen schaffen sowie entsprechende Steuerungsmechanismen zur Anwendung bringen.

Zu beachten gilt auch, dass es beim Vorliegen konkurrierender Interessen und Zielsetzungen zu Interdependenzen kommen kann, die abgewogen werden müssen und mitunter Priorisierungen erforderlich machen. Im Rahmen solcher Abwägungsprozesse können Informationen von Relevanz sein, die Firmengeheimnisse darstellen und nicht zur Preisgabe gegenüber der Öffentlichkeit geeignet sind. Haffar (2018, S. 102 und S. 119) stellte im Rahmen ihrer empirischen Untersuchung fest, dass zwar fast alle befragten Unternehmen angeben, Zielkonflikten ausgesetzt zu sein, jedoch kaum ein Unternehmen diese offenlegt. Als Hauptgründe werden einerseits die negative Wahrnehmung von Zielkonflikten als „bad news" genannt, andererseits jedoch die Tatsache, dass es sich bei Zielkonflikten um Interna der Entscheidungsfindung handelt und keine Incentivierung zur Offenlegung gegeben sei. Gesetzliche Erfordernisse bzw. drohende Sanktionierungen bei Missachtung derselben stellen indes eine Incentivierung dar.

Die Verantwortung zur Findung des korrekten Umgangs mit Interdependenzen obliegt dem Management eines Unternehmens. Dieses muss diese Verantwortung sorgfältig wahrnehmen, da im Falle pflichtwidrigen Verhaltens Haftungsfolgen drohen können. Insbesondere können sich Manager dem Vorwurf des pflichtwidrigen Verhaltens entziehen, wenn sich diese im Zweifel auf die sog. Business Judgement Rule berufen können. Die Voraussetzungen hierfür sind zum einen, die Entscheidungen auf informierter Basis unter Erwägung und Abwägung der Alternativen zu treffen, zum anderen das Treffen der Entscheidungen frei von Interessenskonflikten, und schließlich die Einhaltung des formal korrekten Entscheidungswegs inkl. der nachvollziehbaren Dokumentation desselben (Müller et al., 2014, S. 339).

Lettenbichler (2024, S. 7–8) untersucht den Einfluss von Nachhaltigkeitsaspekten auf die Willensbildung von Organen einer Aktiengesellschaft, insbesondere bei Vorliegen konfliktärer Zielsetzungen. Zwar bezieht sich der Autor mit seinen Ausführungen auf das österreichische Aktiengesetz, jedoch können die Aussagen auch auf eine Liechtensteinische sowie eine Schweizer Aktiengesellschaft übertragen werden. Gem. Art. 182 Abs. 1 PGR muss das Management um die *„Erhaltung des Grundkapitals sowie für die Sicherstellung und den Erfolg des Unternehmens im Rahmen ihrer gesetzlichen Pflichten und der dargebotenen Möglichkeiten besorgt sein"*. Über gesetzliche Bestimmungen hinausgehende Stakeholderinteressen i. Z. m. der sozialen und ökologischen Nachhaltigkeit kann das Management berücksichtigen, sofern solche dem obersten Ziel der ökonomischen Nachhaltigkeit nicht zuwiderlaufen. Auf die sog. Business Judgement Rule gem. Art. 182 Abs. 2 PGR kann sich das Management somit im Rahmen von Entscheidungen unter konfliktären Zielsetzungen lediglich dann berufen, wenn es sich im vorliegenden Zielkonflikt nicht für jene Zielsetzungen entschieden hat, die dem langfristig zu betrachtenden Unternehmenswohl, somit der ökonomischen Nachhaltigkeit des Unternehmens, entgegenlaufen. Es darf folglich der ökologischen und sozialen Nachhaltigkeit nicht in der Art der Vorrang gewährt werden, die dem Unternehmenswohl langfristig schadet (Lettenbichler, 2024, S. 8–10). Zudem müssen für die Möglichkeit der Berufung auf die Business Judgment Rule auch die übrigen, im vorherigen Absatz angeführten Voraussetzungen, erfüllt sein.

Eine simpel anmutende, langfristige Sicherstellung des Unternehmenswohls ist in der Praxis indes nicht gegeben. Nicht immer sind langfristige Wirkungen und Entwicklungen zuverlässig antizipierbar. Werden Maßnahmen zur Unterstützung ökologischer Nachhaltigkeit nicht rechtzeitig gesetzt, können gesetzliche Änderungen zu Strafzahlungen oder zu höheren Umsetzungskosten aufgrund zeitlicher Restriktionen führen. Zudem können oftmals Reaktionen der Gesellschaft bzw. der Kundenzielgruppe nicht korrekt oder rechtzeitig antizipiert werden, wodurch Reputationsschäden entstehen können, die sich auch finanziell nachteilig niederschlagen. Eine weitere Frage ist jene zur Zulässigkeit der Internalisierung von Externalitäten im Rahmen der Betrachtung des langfristigen Unternehmenswohls. Angesichts dieser Unsicherheiten sei erneut auf der Empfehlung von Müller (2014, S. 339) zur sorgfältigen Abwägung von Alternativen, dies auf informierter Basis und frei von fremden Interessen, in einer formal korrekten sowie dokumentierten Art und Weise, hingewiesen. Idealerweise gelingt es, bei der Abwägung von Alternativen Zielkonflikte in Synergien umzuwandeln.

Interdependenzen zwischen den drei Nachhaltigkeitsdimensionen gelten in der Literatur als unbestritten, wenngleich die kontextspezifische Benennung bzw. Beschreibung konkreter Interdependenzen mehrheitlich ausbleibt (Vieweg, 2019, S. 148). Dies gilt auch mit Bezug auf Banken. Damit Interdependenzen jedoch im Rahmen von Entscheidungs- sowie Strategiefindungsprozessen Berücksichtigung finden können und auch die Abwägung von Entscheidungsalternativen erfolgen kann, müssen diese identifiziert und intern transparent gemacht werden. In weiterer Folge bedarf es zudem nützlicher Steuerungsmechanismen für den Umgang mit Interdependenzen. Die einschlägige Literatur bietet einige wenige Transparenz- sowie Steuerungsmechanismen für Interdependenzen im Allgemeinen, jedoch keine kontextspezifischen Lösungen für Banken.

Unbestritten scheint vor allem in der Forschung zu Synergien und Zielkonflikten zwischen den SDGs die Erkenntnis zu sein, dass neben der sozialen und der ökologischen eine Berücksichtigung der ökonomischen Nachhaltigkeitsdimension von großer Relevanz ist, da zahlreiche Zielkonflikte insbesondere zwischen den Zielen der ökonomischen Nachhaltigkeitsdimension und den übrigen SDGs identifiziert wurden. Eine Beschränkung auf den ESG-Ansatz würde daher zu mangelhaften Ergebnissen führen.

In der Forschung zu den Interdependenzen zwischen den 17 SDGs, die den drei Nachhaltigkeitsdimensionen zuordenbar sind, werden einige dienliche Ansätze zur Identifikation von Interdependenzen vorgestellt. Der sog. Nexus Approach (Liu et al., 2018, S. 466–467) sowie die sog. Seven-Point-Scale-Methode (Nilsson et al., 2016, S. 321) könnten in einer modifizierten Form auch zur Identifikation bzw. Bewertung von Interdependenzen zwischen den Nachhaltigkeitsdimensionen bei Banken herangezogen werden. Die Ergebnisse zu konkreten Interdependenzen, die zwischen den SDGs festgestellt wurden, können jedoch nicht auf Banken übertragen werden, da die SDGs ausformulierte Ziele für Staaten darstellen und in dieser Form in der Strategie von Banken nicht zu finden sein werden.

Interessant erscheint ebenfalls das SMART-Tool (Schader et al., 2016, S. 15–16), mit dem die Interdependenzen zwischen den Dimensionen der Ökonomie, der Ökologie, dem Sozialen sowie der Governance im landwirtschaftlichen Umfeld erhoben werden und durch Adaptionen evtl. für Banken nutzbar gemacht werden könnte. Insbesondere die Ziele sowie die Indikatoren für landwirtschaftliche Betriebe müssten durch jene für Banken ersetzt werden, um kontextspezifische Ergebnisse zu konkreten Interdependenzen für Banken in der Schweiz und in Liechtenstein zu erlangen.

Aus dem Vorschlag zur Sozial-Taxonomie erscheint Modell 2 (Platform on Sustainable Finance, 2022, S. 75) geeignet, um Interdependenzen zwischen den drei Nachhaltigkeitsdimensionen zu erfassen. Dies erfolgt über eine Überkreuz-Verknüpfung der ESG-Dimensionen durch die sog. significant contribution-Regelung mit dem sog. do no significant harm-Ansatz sowie ggf. durch eine Ergänzung über die sog. minimum safeguards. Allerdings müsste zudem eine Ergänzung um die ökonomische Nachhaltigkeitsdimensionen erfolgen.

Kontextspezifische Untersuchungen zu Interdependenzen zwischen allen drei Nachhaltigkeitsdimensionen bei Banken in der Schweiz und in Liechtenstein sind somit aufgrund der festgestellten Forschungslücke dringend indiziert. Bisherige Untersuchungen im Bankensektor betrachteten dabei lediglich die Auswirkung einer auf Nachhaltigkeit ausgerichteten Strategie auf den finanziellen Erfolg der Banken mit unterschiedlichen, zum Teil gegenläufigen Resultaten.

Zudem sollte es im Interesse aller Bankmanager liegen, eine institutsspezifische Identifikation von Interdependenzen zwischen den drei Nachhaltigkeitsdimensionen vorzunehmen, denn die Transparenz über die identifizierten Interdependenzen zwischen den drei Nachhaltigkeitsdimensionen bilden die Basis für eine optimale Steuerung derselben durch Entscheidungsträger bei Banken. Mit der aktiven Steuerung von Interdependenzen könnte eine Materialisierung bzw. Nutzung möglicher Synergien und die Vermeidung oder Reduktion möglicher nachteiliger Wirkungen aus Zielkonflikten im Rahmen von Strategie- und Entscheidungsfindungsprozessen verfolgt werden (Beuermann et al., 2020, S. 19; Breu et al., 2021, S. 198).

Müller-Christ (2020, S. 86 und S. 92) sieht als Voraussetzung für einen erfolgreichen Umgang mit Interdependenzen zwischen den drei Nachhaltigkeitsdimensionen die Verabschiedung von der Prämisse, dass diese stets auflösbar sein sollten und zu sog. Win-Win-Konstellationen führen. Situationsabhängig werden seiner Ansicht nach Abstriche bzw. das Setzen von Prioritäten erforderlich werden, somit auch das bewusste Eingehen und Steuern von Zielkonflikten. Zudem folgen weitere Autoren einer ähnliche Argumentation (Beckmann, 2007, S. 68; Dusseldorp, 2017, S. 80; Haffar, 2018, S. 120).

Sailer (2022, S. 47–49) verweist auf die vielseitigen Wechselwirkungen zwischen den Nachhaltigkeitsdimensionen. Er erweitert bekannte Controllinginstrumente, wie die SWOT-Analyse, die (S)BSC, Planungsprozesse sowie den (S)ROI, um die drei klassischen Nachhaltigkeitsdimensionen und schlägt den Einsatz derselben sowohl im strategischen als auch operativen Controlling vor (Sailer, 2022, S. 134–135 und S. 167–170 und 171–173).

Dusseldrop (2017, S. 189 und S. 223–225) erkennt i. Z. m. den substanziellen Nachhaltigkeitsregeln keine Möglichkeit der Abwägung zur Auflösung von Zielkonflikten, sondern plädiert vielmehr für ein Gebot zur Satisfizierung und damit für ein Mindestmaß der Erfüllung der Nachhaltigkeitsregeln. Eine szenarienbasierte Gesamtbeurteilung von Maßnahmen soll die Maximierung der Nachhaltigkeitszielerreichung bei Vorliegen von Zielkonflikten ermöglichen.

Während die gängigen Berichtssysteme und -standards keine umfassende Offenlegung von Interdependenzen kennen, ist de Smet (2023, S. 291) der Überzeugung, dass insbesondere den systemischen Nachhaltigkeitsrisiken im Bankensektor durch die verstärkte Anwendung von Stresstests begegnet werden kann. Solche Stresstests könnten auch ein probates Mittel zur Schaffung einer transparenten Datengrundlage für die Abwägung zwischen Entscheidungsalternativen sein.

Gängige Berichtsstandards, wie zum Beispiel die GRI, schlagen eine Vielzahl von Kennzahlen pro Nachhaltigkeitsdimension vor. Auch die Bankenregulierung hat mit der sog. Green Asset Ratio (GAR) sowie der Banking Book Taxonomy Alignment Ratio (BTAR) branchenspezifische Nachhaltigkeitskennzahlen entwickelt. Jedoch lassen all diese Ansätze die Frage nach der Darstellung von Interdependenzen offen.

Zusammenfassend kann festgehalten werden, dass sich zum einen die Interdependenzen zwischen den drei Nachhaltigkeitsdimensionen bei Banken in der

Schweiz und in Liechtenstein, und zum anderen interne Transparenz- und Steuerungsmechanismen für diese Interdependenzen aus der bestehenden Theorie nicht spezifisch ableiten lassen, jedoch einzelne Ansätze aus angrenzenden Bereichen in angepasster Form übertragbar sein können.

Im Einzelnen können die beiden theoriegeleiteten Forschungsfragen, die in Teil II/ Abschnitt 7.5 der Arbeit formuliert wurden, nunmehr wie folgt beantwortet werden:

TFF1: Welche Erkenntnisse zu Interdependenzen zwischen den drei Nachhaltigkeitsdimensionen, deren Ausprägungen, Wirkungsweisen und Einflussfaktoren lassen sich im Allgemeinen aus der Theorie ableiten?
Insbesondere i. Z. m. den SDGs untersuchen zahlreiche Forschende Interdependenzen zwischen den SDGs und stellen fest, dass diese zwischen allen drei Dimensionen der Nachhaltigkeit auftreten können. Dabei wird sowohl die Ebene der Ziele als auch der Unterziele betrachtet. Unterschieden wird zwischen positiven Interdependenzen bzw. Synergien als auch negativen Interdependenzen bzw. Zielkonflikten.

Kroll et al. (2019, S. 8–10) stellen fest, dass Zielkonflikte zu Synergien und umgekehrt gewandelt werden können, dies beispielsweise durch die Anwendung unterschiedlicher Ausgestaltungsvarianten.

Haffar (2018, S. 21) definiert auf der Macro-Ebene drei wesentliche Ursachen für Zielkonflikte, die auch auf Banken zutreffen. Erstens wird die Performance-Dimension genannt, die Zielkonflikte zwischen den drei Nachhaltigkeitsdimensionen ortet. Zweitens ist die zeitliche Dimension mit dem Spannungsfeld zwischen langfristigen ggü. kurzfristigen Betrachtungszeiträumen aufzuführen. Drittens sind die abweichenden Interessen der verschiedenen Anspruchsgruppen eines Unternehmens zu nennen. Diese Ursachen sind ausreichend generisch, womit diese grundsätzlich auch auf Banken übertragbar sind. Auch Müller-Christ (2020, S. 342) bringt die beiden letzten Punkte in seiner sog. jetzt-für-dann-für-andere-Entscheidungslogik sehr allgemein zum Ausdruck.

Zusammengefasst kann festgehalten werden, dass mangels kontextspezifischer Studien keine konkreten Interdependenzen für Banken aus der Theorie abgeleitet werden können, die alle drei Dimensionen der Nachhaltigkeit berücksichtigen. Allerdings konnte ein interessanter Überblick über Ausprägungen, Wirkungsweisen und Einflussfaktoren von und auf Interdependenzen gewonnen werden. Abbildung 9.1 fasst die Erkenntnisse in einer Grafik zusammen. Diese Übersicht bildet die Basis für die empirische Untersuchung von Interdependenzen zwischen den drei Nachhaltigkeitsdimensionen bei Banken in der Schweiz und in Liechtenstein.

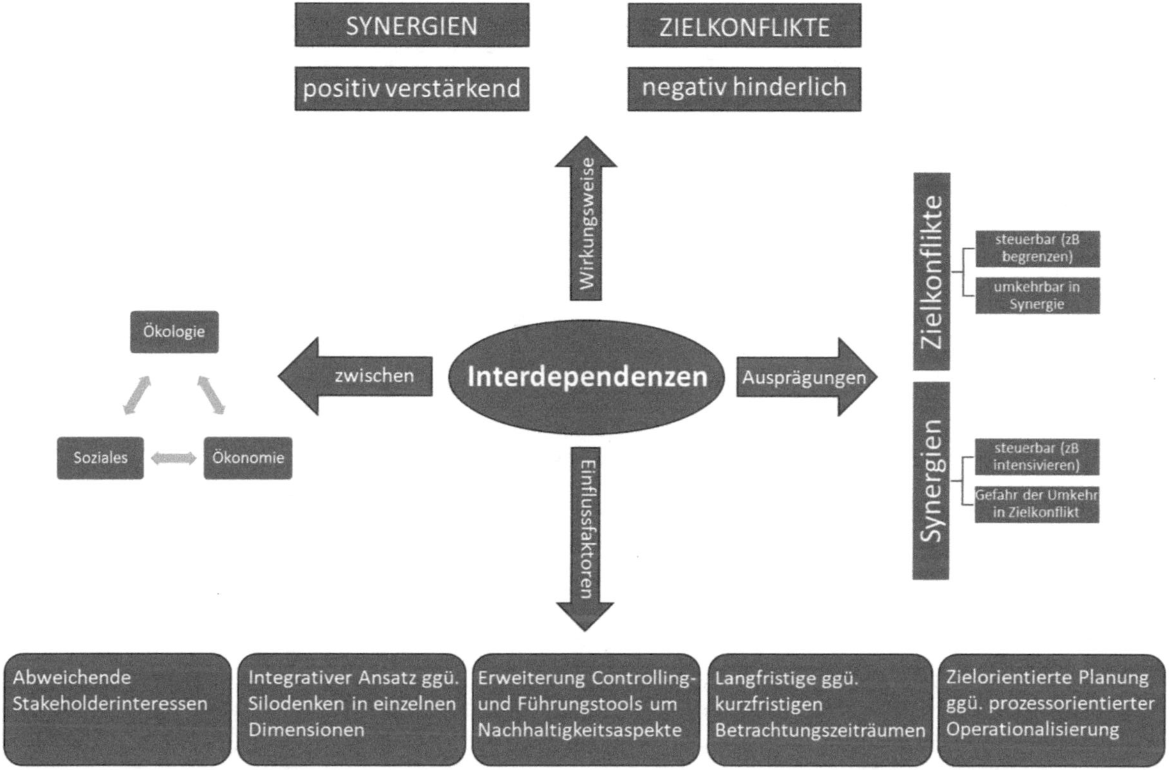

Abbildung 9.1 Systematisierung der Ausprägungen, Wirkungsweisen und Einflussfaktoren von und auf Interdependenzen aus der Theorie. (Quelle: Eigene Darstellung)

TFF2: Welche Transparenz- und Steuerungsmechanismen für Interdependenzen zwischen den drei Nachhaltigkeitsdimensionen kennt die Theorie im Allgemeinen? Anzumerken ist vorweg, dass keine der gängigen Berichtsstandards, die heute sowohl für das externe wie auch das interne Berichtswesen zu Nachhaltigkeitsaspekten herangezogen werden, eine umfassende Darstellung von Interdependenzen berücksichtigt.

Da die zuvor genannten SDGs sich an Staaten richten und daher nicht mit den Zielen oder Maßnahmen bei Banken gleichgesetzt werden können, lassen sich die i. Z. m. den SDGs identifizierten Interdependenzen nicht im Einzelnen auf den Bankensektor übertragen. Jedoch ist es lohnenswert, die entwickelten Instrumente bzw. Methoden zur Identifikation von Zielkonflikten näher zu betrachten. Dabei kann festgestellt werden, dass sowohl die sog. Seven-Point-Scale-Methode als auch der sog. Nexus Approach für die Identifikation der Interdependenzen zwischen den drei Nachhaltigkeitsdimensionen bei Banken dienlich sein können, wobei für beide Instrumente ein interdisziplinärer Diskurs erforderlich ist.

Zudem sind die mittels des sog. SMART-Tools erlangten Ergebnisse im landwirtschaftlichen Kontext nicht direkt auf den Bankensektor übertragbar. Allerdings könnte die Anwendung des Tools zur Identifizierung von Interdependenzen bei Banken nach der Vornahme von umfassenden Anpassungen der Ziele und Indikatoren hilfreich sein.

Den Einsatz der bekannten SWOT-Analyse zur Untersuchung von Nachhaltigkeitsstrategien auf ihre Stärken, Schwächen, Chancen und Risiken sieht Sailer (2022, S. 131–134) als Möglichkeit zur Identifizierung von Interdependenzen.

Sailer (2022, S. 169–171) setzt zudem bei der Darstellung von Interdependenzen im internen Berichtswesen bereits bei der Planung an. Auf Basis einer integrativen SBSC werden ökologische, ökonomische und soziale Ziele für die vier BSC-Perspektiven (Finanz-, Kunden-, Prozess- und Potenzialperspektive) festgesetzt. Sodann werden die Zielkonflikte zwischen den definierten Zielen aufgedeckt und einer Klärung bzw. Priorisierung zugeführt. Dies erfolgt nochmals bei der Definition der Umsetzungsmaßnahmen. Das Ursachen-Wirkungs-Netzwerk gilt es laufend zu überwachen.

Ebenso weisen eine Reihe weiterer Autoren darauf hin, dass Nachhaltigkeitsbelangen nicht ausschließlich mit den altbekannten Kennzahlen begegnet werden kann. Es wird vorgeschlagen, neue Messgrößen bzw. Ansätze, wie beispielsweise den SRoI, die GAR, das Impact-Accounting und weitere, auch qualitative Ansätze in das interne Berichtswesen zu integrieren sowie Unterschiede in den Betrachtungszeiträumen zu überwinden.

Nilsson & Weitz (2019, S. 261) schlagen mit dem sog. input-process-output-Ansatz einen dreistufigen Steuerungsmechanismus für Interdependenzen für den politischen Gesetzgebungsprozess vor. Zunächst wird die Input-Stufe genannt, in der Interdependenzen zu identifizieren sind. Sodann gilt es, im Rahmen der sog. Prozess-Stufe dieselben im Regulierungsprozess bzw. in institutionellen Abläufen zu berücksichtigen, idealerweise mit dem Ziel der Auflösung bzw. Nicht-Entstehung von Zielkonflikten. Abschließend soll auf der sog. Output-Stufe im Rahmen einer ex ante-Analyse vor der Festsetzung neuer Regularien bzw. Prozessabläufe antizipiert werden, mit welchem Ergebnis zu rechnen ist, falls wie geplant vorgegangen wird. Die Forschenden halten fest, dass ein Gelingen dieses input-process-output-Ansatzes von interdisziplinärem Wissen und dem Einnehmen unterschiedlicher Perspektiven wesentlich abhängt. Der allgemeingültige Charakter dieses dreistufen Ansatzes lässt eine Übertragung auf Banken zur Steuerung ihrer Interdependenzen zu, womit eine prozessorientierte Herangehensweise ins Nachhaltigkeitsmanagement integriert würde.

Die ESRS kennt eine Offenlegungspflicht zu materiellen Zielkonflikten sowie zum Umgang mit denselben, was zunächst die interne Transparenz über Zielkonflikte sowie den Einsatz von Steuerungsmechanismen für dieselben bedingt. Die ESRS führt hierzu jedoch nicht näher aus.

Zuletzt könnte die Idee aus dem Bericht der Arbeitsgruppe zur Sozial-Taxonomie, Interdependenzen zwischen den ESG-Dimensionen mittels einer Überkreuz-Verknüpfung der sog. significant contribution-Regelung mit dem sog. do no significant harm-Ansatz und ggf. den sog. minimum safeguards zu identifizieren, in angepasster Form für Banken dienlich sein. Die wesentlichste Anpassung müsste darin bestehen, auf die drei klassischen Nachhaltigkeitsdimensionen abzustellen statt auf die ESG-Dimensionen.

Abgesehen von den erweiterten strategischen sowie operativen Controlling-Ansätzen für die Bewertung bzw. Steuerung von Nachhaltigkeitsbelangen, den dargelegten prozessorientierten Ansätzen sowie den bereits bekannten Instrumenten aus der Gesamtbanksteuerung, wie beispielsweise Limitsystemen, Stresstestings, regulatorischen Kennzahlen und Szenarioanalysen, die teilweise in modifizierter Form zur Identifizierung und Steuerung von Interdependenzen bei Banken eingesetzt werden könnten, lassen sich keine weiteren spezifischen Transparenz- und Steuerungsmechanismen für Interdependenzen bei Banken aus der Theorie ableiten. Abbildung 9.2 fasst die aus der Theorie identifizierten, mehrheitlich nicht bankspezifischen, Transparenz- und Steuerungsmechanismen übersichtlich in einer Grafik zusammen.

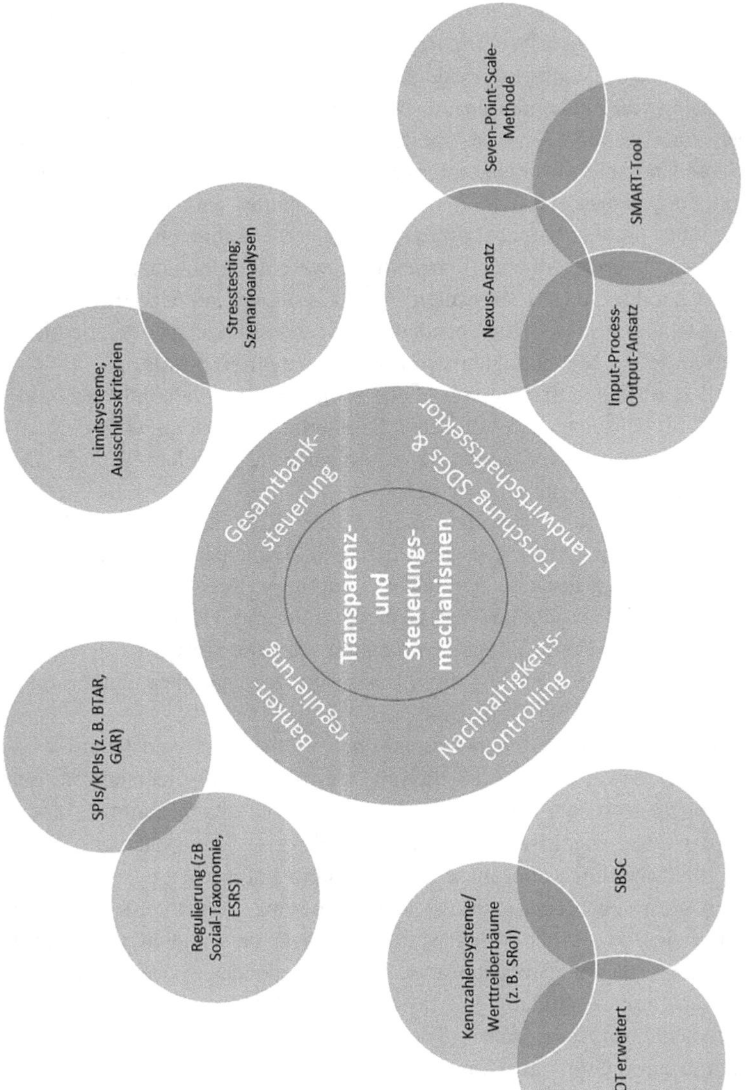

Abbildung 9.2 Systematisierung der Transparenz- und Steuerungsmechanismen für Interdependenzen aus der Theorie. (Quelle: Eigene Darstellung)

9.2 Empiriegeleitete Fragestellungen

In Übereinstimmung mit den zu Beginn der vorliegenden Forschungsarbeit definierten Zielstellungen und erwarteten Ergebnissen, dem unter Berücksichtigung des in Kapitel 8 ausführlich beschriebenen Stand der Forschung sowie den herausgearbeiteten Forschungslücken lassen sich zwei empiriegeleitete Fragestellungen formulieren.

EFF1: Welche Interdependenzen zwischen den drei Nachhaltigkeitsdimensionen sehen Experten kontextspezifisch bei Banken in der Schweiz und in Liechtenstein?

EFF2: Welche internen Transparenz- und Steuerungsmechanismen für Interdependenzen zwischen den drei Nachhaltigkeitsdimensionen bei Banken in der Schweiz und in Liechtenstein erachten Experten für sinnvoll?

Teil III
Empirischer Teil

10 Forschungsdesign

Nachdem in Teil I/ Kapitel 3 der Arbeit auf die Beschreibung der Themenfelder vorliegender Forschungsarbeit sowie deren Forschungs- und Praxisrelevanz eingegangen wurde, hatte Kapitel 4 die Darstellung der Zielsetzungen sowie erwarteten Ergebnisse zum Inhalt. Dabei wurde zwischen den theoriegeleiteten, den empiriegeleiteten sowie den gestaltungsgeleiteten Ergebnissen unterschieden. Zudem wurden notwendige Abgrenzungen vorgenommen.

In Teil II/ Kapitel 7 wurde der Stand der Forschung behandelt und bestehende Forschungslücken festgestellt. In Kapitel 8 wurden die theoretischen Ausführungen vertieft, um darauf aufbauend die theoriegeleiteten Forschungsfragen ihren Antworten zuzuführen, soweit dies nach dem aktuellen Stand der Forschung möglich war.

Basierend auf den identifizierten Forschungslücken sowie den theoriegeleiteten Erkenntnissen sollen nunmehr in Teil III die beiden in Teil II/ Abschnitt 9.2 formulierten empiriegeleiteten Forschungsfragen behandelt werden, um sodann die empiriegeleiteten Erkenntnisse mit den theoriegeleiteten zu diskutieren und schließlich die daraus resultierenden Hauptergebnisse zu präsentieren.

Ergänzende Information Die elektronische Version dieses Kapitels enthält Zusatzmaterial, auf das über folgenden Link zugegriffen werden kann https://doi.org/10.1007/978-3-658-50493-9_10.

A. Tschütscher-Alanyurt, *Interdependenzen zwischen den Nachhaltigkeitsdimensionen*, https://doi.org/10.1007/978-3-658-50493-9_10

10.1 Untersuchungen

Im Zuge einer Behandlung der empiriegeleiteten Fragestellungen wird auf einen qualitativen Forschungsansatz (Helfferich, 2011, S. 21; Kuckartz & Rädiker, 2022, S. 39–42) unter Zuhilfenahme teilstandardisierter, leitfadengestützter Experteninterviews (Gläser & Laudel, 2010, S. 41–42; Helfferich, 2011, S. 36) zurückgegriffen. In der Folge wird der gewählte Forschungsansatz begründet.

Interdependenzen zwischen den drei Nachhaltigkeitsdimensionen wurden insbesondere im Zusammenhang mit den SDGs mehrfach untersucht (Urban & Hametner, 2022, S. 1), jedoch fehlen Untersuchungen sowohl mit spezifischem Branchenbezug zum Bankensektor als auch zur im Rahmen dieser Arbeit betrachteten Region Schweiz/Liechtenstein. Weder die Gesetzgebung noch die gängigen Berichtsstandards sehen gegenwärtig eine umfassende, externe Offenlegung von Interdependenzen zwischen den drei Nachhaltigkeitsdimensionen vor. Wie bereits in Teil II/ Kapitel 8 ausgeführt, verlangen lediglich die ESRS eine Offenlegung der materiellen Zielkonflikte sowie den Umgang mit denselben. Da diese Offenlegungspflicht für jene Institute, die bereits unter den Anwendungsbereich der NFRD fielen, erst für das Geschäftsjahr 2024 schlagend wurde, kann frühestens im Jahr 2025 mit ersten öffentlich zugänglichen Daten für diesen Teilbereich der Interdependenzen gerechnet werden. Somit fehlen aktuell in der Theorie und Praxis öffentlich zugängliche Erkenntnisse darüber, welche Zielkonflikte zwischen den drei Nachhaltigkeitsdimensionen bei Banken in der Schweiz und in Liechtenstein bestehen bzw. wie der Umgang mit möglichen Zielkonflikten erfolgt. Erkenntnisse aus der Praxis i. Z. m. internen Transparenz- und Steuerungsmechanismen für Interdependenzen zwischen den drei Nachhaltigkeitsdimensionen könnten nach derzeitigem Stand vorzugsweise aus dem internen Berichtswesen der Institute gewonnen werden, sofern darin entsprechende Elemente zu finden sind. Eine Prüfung etwaiger Informationen ist jedoch aufgrund der Interna dieser Berichte indes nicht möglich.

Somit verbleibt gegenwärtig lediglich die Option der Nachforschung bei entsprechenden Experten. Eine mögliche Untersuchung in Form von Fallstudien wurde verworfen, nachdem erste informelle Anfragen durch die Forscherin bei mehreren Banken zur Bereitschaft einer Teilnahme an einer solchen Fallstudie entschieden abgelehnt wurden. Neben dem hohen Zeitaufwand wurde als Begründung insbesondere auf die Notwendigkeit der Wahrung von Geschäftsgeheimnissen hingewiesen.

Ziel dieser Forschungsarbeit ist das Verstehen, Beschreiben und Interpretieren bzw. Erklären (Gläser & Laudel, 2010, S. 24–25; Helfferich, 2011, S. 21–24; Hussy et al., 2013, S. 20 und S. 191; Kuckartz & Rädiker, 2022, S. 23–25;

Mayring, 2022, S. 19) der Interdependenzen zwischen den drei Nachhaltigkeitsdimensionen bei Banken in der Schweiz und in Liechtenstein sowie in weiterer Folge das Verstehen und Beschreiben von möglichen Transparenz- und Steuerungsmechanismen für etwaige Interdependenzen.

Da jene, dieser Forschungsarbeit zugrunde liegenden, kontextspezifischen Forschungsfragen in der Literatur noch relativ unbekannt sind, ist gem. Diekmann (2020, S. 33–34) eine explorative Untersuchung von Nöten. Bei dieser Untersuchungsform kommen überwiegend qualitative Methoden, wie Experteninterviews oder unstrukturierte Beobachtungen, zur Anwendung (Gläser & Laudel, 2010, S. 13; Kuckartz & Rädiker, 2022, S. 41).

Der qualitative Ansatz eignet sich somit zur Theoriegenerierung, dies im Gegensatz zum quantitativen Ansatz, der theorietestend eingesetzt wird (Gläser & Laudel, 2010, S. 26). Das Ziel liegt dabei nicht in der numerischen Darstellung dieser Sachverhalte und Zusammenhänge (Helfferich, 2011, S. 29). Die Flexibilität des qualitativen Vorgehens sowie Offenheit für Neues (Gläser & Laudel, 2010, S. 30–32) sollen neue Theoriebildungen begünstigen (Sedlmeier & Renkewitz, 2013, S. 860). Hunziker (2017, S. 99) spricht i. Z. m. dem qualitativen Ansatz davon, „Neuland erforschend" vorzugehen. Zusammengefasst wird ein qualitatives Vorgehen häufig gewählt, wenn ein Forschungsgebiet noch kaum untersucht wurde (Brosius et al., 2012, S. 4). Zur Gewinnung neuer Erkenntnisse (Mayer, 2013, S. 23–25) mit Bezug auf die spezifischen Forschungsfragen bzw. das vorliegende Erkenntnisinteresse erscheint das qualitative Vorgehen folglich geeignet.

10.2 Methodisches Vorgehen und Methodenauswahl

In diesem Abschnitt wird zur gewählten Erhebungs- und Analysemethode ausgeführt sowie die Methodenauswahl begründet.

10.2.1 Erhebungsmethode

Im Sinne eines explorativen Vorgehens zur qualitativen Primärdatenerhebung werden 15 teilstandardisierte, leitfadengestützte Experteninterviews (Gläser & Laudel, 2010, S. 42–43) durchgeführt. Diese wurden teils physisch (10 von 15) und teils virtuell (5 von 15) abgehalten. Der Interviewleitfaden wird zunächst gestützt auf den theoretischen Erkenntnissen sowie den empiriegeleiteten Forschungsfragen konzipiert (Helfferich, 2011, S. 180–181), im Zuge eines Pre-Tests

(Brosius et al., 2012, S. 125; Gläser & Laudel, 2010, S. 107) auf Verständlichkeit, Praktikabilität sowie Zweckmäßigkeit überprüft, darauf basierend in einigen Punkten überarbeitet bzw. präzisiert und schließlich zur Durchführung der Experteninterviews herangezogen.

Die Untersuchung erfolgt nahe am Gegenstand (Helfferich, 2011, S. 170 und S. 177; Mayring, 2022, S. 120), worauf sowohl bei der Expertenauswahl als auch beim Ort der Durchführung der Interviews Bedacht genommen wird. Analog zum theoretischen Teil der Arbeit spielen auch im empirischen Teil die Forschungsfragen eine zentrale Rolle (Kuckartz & Rädiker, 2022, S. 29). Im Rahmen der Experteninterviews werden sowohl die Interdependenzen zwischen den drei Nachhaltigkeitsdimensionen bei Banken in der Schweiz und in Liechtenstein als auch die Transparenz- und Steuerungsmechanismen für Interdependenzen empirisch untersucht, und somit im Rahmen jedes Experteninterviews jeweils Daten zur Beantwortung beider Forschungsfragen erhoben.

10.2.2 Begründung der leitfadengestützten, teilstandardisierten Interviews

Den Experten soll in einem offenen Verfahren im Rahmen leitfadengestützter, teilstandardisierter Interviews (Helfferich, 2011, S. 36) und zugleich problemzentriert (Mayring, 2016, S. 67–70) die Möglichkeit gegeben werden, in eigenen Worten (Kuckartz & Rädiker, 2022, S. 49) ihre persönlichen Einschätzungen und Erfahrungen zu möglichen Interdependenzen zwischen den drei Nachhaltigkeitsdimensionen bei Banken sowie zu möglichen internen Transparenz- und Steuerungsmechanismen für diese Interdependenzen zu äußern. Bogner und Menz (2009a, S. 8) sehen den Vorteil eines Experteninterviews in der *„Abkürzung aufwändiger Erhebungsprozesse“*, dies insbesondere *„wenn die Experten als „Kristallisationspunkte“ praktischen Insiderwissens betrachtet und stellvertretend für eine Vielzahl zu befragender Akteure interviewt werden“*.

Gläser und Laudel (2010, S. 12) erklären, dass Experten die Quelle von Spezialwissen darstellen und Experteninterviews als Methode zur Erschliessung dieses Spezialwissens eingesetzt werden. Die Autoren empfehlen im Speziellen die Durchführung von Einzelinterviews, um das Wissen der Experten effektiv in Erfahrung bringen zu können. Zudem sollen die Interviews teilstandardisiert sein, da der Wissensstand der Experten im Vorfeld eine unbekannte Kenngröße darstellt. Auch sollen die Interviews leitfadengestützt geführt werden, um sicherzustellen, dass alle relevanten Aspekte der Forschungsfragen in der begrenzt zur

Verfügung stehenden Zeit abgedeckt werden können (Gläser & Laudel, 2010, S. 43).

Der Untersuchungsgegenstand wird dabei anhand der qualitativen Methode kontextspezifisch, somit bezogen auf Banken in der Schweiz und in Liechtenstein, und unter Einbezug der vollen Komplexität des Umfelds, erörtert (Hussy et al., 2013, S. 191; Mayring, 2022, S. 19). Mayer (2013, S. 57) spricht i. d. Z. von der „Alltagsnähe" und Kvale (1995, S. 428) von einer Gewährleistung der „ökologischen Validität" der Daten.

Leitfadengestützte, teilstandardisierte Interviews eignen sich zudem als Erhebungsmethode zur Erörterung der vorliegenden Forschungsfragen, da diese einerseits Flexibilität bezüglich Reihenfolge der gestellten Fragen im Interviewverlauf und der Wahl der Begrifflichkeiten, angepasst an die Gewohnheiten der Probanden, bieten, jedoch andererseits aufgrund ihrer Teilstandardisierung die Vergleichbarkeit der Antworten verschiedener Probanden auf die gleichen Fragenkomplexe gewährleisten (Helfferich, 2011, S. 179–181; Hussy et al., 2013, S. 225).

Die Antworten auf die beiden theoriegeleiteten Fragestellungen sowie die darauf basierenden empiriegeleiteten Forschungsfragen bilden die Grundlage zur Konzeption des Interviewleitfadens für die Experteninterviews (Hussy et al., 2013, S. 227; Kuckartz & Rädiker, 2022, S. 51; Mayer, 2013, S. 43–46).

10.2.3 Analysemethode

Nach der wörtlichen Transkription (Kuckartz & Rädiker, 2022, S. 42 und S. 197–201; Mayring, 2016, S. 89–91, 2022, S. 56) der audiotechnisch aufgezeichneten Experteninterviews folgt die Auswertung der Daten. Dabei wird auf die Methode der qualitativen Inhaltsanalyse in Anlehnung an Kuckartz (Kuckartz & Rädiker, 2022, S. 129–132) zurückgegriffen. Im Speziellen wird aufgrund der Art der Forschungsfragen sowie des damit verbundenen Erkenntnisinteresses die inhaltlich strukturierende qualitative Inhaltsanalyse (Kuckartz & Rädiker, 2022, S. 129–130) gewählt. Im Rahmen dieser wird ein sieben-phasiger Ablauf gewählt, in dessen Zentrum stets die Forschungsfragen stehen (Kuckartz & Rädiker, 2022, S. 132).

10.2.4 Begründung zur qualitativen Inhaltsanalyse nach Kuckartz

Die qualitative Inhaltsanalyse erlaubt eine systematische bzw. strukturierte, datenreduzierende und gleichzeitig vergleichende Analyse (Gläser & Laudel, 2010, S. 46; Hussy et al., 2013, S. 256; Kuckartz & Rädiker, 2022, S. 111–112; Mayring, 2016, S. 114–115) der im Rahmen der leitfadengestützten, teilstandardisierten Experteninterviews gewonnenen Daten (Gläser & Laudel, 2010, S. 47) über die Interdependenzen zwischen den drei Nachhaltigkeitsdimensionen bei Banken in der Schweiz und in Liechtenstein sowie über Transparenz- und Steuerungsmechanismen für Interdependenzen.

In der inhaltlich strukturierenden, qualitativen Inhaltsanalyse in Anlehnung an Kuckartz bilden die Forschungsfragen, die insbesondere die Exploration von Interdependenzen sowie von Transparenz- und Steuerungsmechanismen zum Ziel haben, stets den Mittelpunkt des Analysevorgangs. Dabei wird vor und nach jeder der sieben Phasen auf die zentralen Forschungsfragen zurückgekommen (Kuckartz & Rädiker, 2022, S. 132).

Im Unterschied zur qualitativen Inhaltsanalyse nach Mayring (2022, S. 61) besticht jene nach Kuckartz zum einen durch die detaillierte Beschreibung des strukturierten Vorgehens (Kuckartz & Rädiker, 2022, S. 113) im Rahmen des 7-Phasen-Ablaufs der inhaltlich strukturierenden qualitativen Inhaltsanalyse, sowie zum anderen durch die integrierte Anwendung der deduktiv-induktiven Kategorienbildung innerhalb dieses Ablaufs (Kuckartz & Rädiker, 2022, S. 102–103). Insbesondere die im ersten Schritt deduktiv entwickelten Hauptkategorien (Kuckartz & Rädiker, 2022, S. 133–134) und in weiterer Folge die induktiv gebildeten Subkategorien (Kuckartz & Rädiker, 2022, S. 138) ermöglichen die optimale Berücksichtigung sowohl der theoretischen als auch der empirischen Erkenntnisse, dies unter Einbezug des Interviewleitfadens sowie des gesamten Interviewmaterials.

Vergleichbar mit der quantitativen Inhaltsanalyse stellt auch die qualitative Inhaltsanalyse ein System von Kategorien in den Fokus der Gesamtanalyse, welche sich anhand von Gütekriterien überprüfen lassen (Kuckartz & Rädiker, 2022, S. 54–55; Mayring, 2022, S. 29 und S. 48).

Im Zuge der empirischen Arbeit wird ein optimaler Ausgleich zwischen der Strukturiertheit der qualitativen Inhaltsanalyse und der Flexibilität derselben angestrebt, um einerseits die konkrete Ausrichtung der Inhaltsanalyse auf die beiden gegenständlichen Forschungsfragen und andererseits die Regelgeleitetheit zu gewährleisten (Kuckartz & Rädiker, 2022, S. 113–114). Dies gelingt insbesondere auch im zwar regelgeleiteten, aber im Kern interpretativen Schritt der Zuordnung von Textstellen aus den Interviewtranskripten zu den Kategorien (Mayring, 2022, S. 126).

Der Kritik an den mittels des qualitativen Ansatzes erlangten Ergebnissen, etwa der Subjektivität der Messungen oder des Repräsentationsproblems (Kuckartz & Rädiker, 2022, S. 31–32; Sedlmeier & Renkewitz, 2013, S. 866–867), wird mit der konsequenten Anwendung der in Abschnitt 12.2 dargelegten Gütekriterien (Kuckartz & Rädiker, 2022, S. 234–236) entgegengewirkt.

10.3 Operationalisierung

Im Anschluss an die Ausführungen zu den gewählten Methoden der Datenerhebung und -auswertung wird in der Folge auf die Operationalisierung der empirischen Untersuchung eingegangen.

10.3.1 Erstellung des Interviewleitfadens

Die Erkenntnisse aus der Literaturanalyse dienen neben den auf dieser Basis beantworteten theoriegeleiteten Forschungsfragen, den verbleibenden Forschungslücken sowie den daraus resultierenden, empiriegeleiteten Fragestellungen, als Aufsatzpunkt für die Entwicklung des Interviewleitfadens für die Experteninterviews (Gläser & Laudel, 2010, S. 64 und S. 115; Mayer, 2013, S. 43).

Der Einstiegsteil des Interviewleitfadens besteht aus der Begrüßung, Danksagung für die Teilnahme am Interview, der Vorstellung der eigenen Person sowie des Forschungsvorhabens. Es folgt eine kurze Beschreibung des geplanten Interviewverlaufs. Anschließend wird die Einwilligung zur Datenverarbeitung eingeholt, es werden die datenschutzrelevanten Informationen ausgetauscht sowie die Anonymität der Daten zugesichert (Helfferich, 2011, S. 190–191).

Der Hauptteil des Interviews gliedert sich, wie in Tabelle 10.1 ersichtlich, in mehrere Fragenkomplexe, wobei jeder Fragenkomplex jeweils einer Forschungsfrage zugeordnet werden kann.

Für die Interviewsituation wird zusätzlich ein Interviewraster (Anlage G), basierend auf dem Interviewleitfaden (Anlage G) sowie den Themenkomplexen (Tabelle 9.1) erstellt. Bevor die Interviewfragen gestellt werden, erfolgt die Stellung einer ersten, bewusst offen formulierten Frage, welche jedem Experten in einheitlicher Weise gestellt wird, und deren Erfahrungen mit Kontroversen beim Umstieg einer Bank von einem konventionellen Geschäftsmodell auf ein

Tabelle 10.1 Fragenkomplexe des teilstandardisierten Interviewleitfadens. (Quelle: Eigene Darstellung)

Interdependenzen zwischen den drei Nachhaltigkeitsdimensionen		**Interne Transparenz- und Steuerungsmechanismen**	
Unternehmens-interne Prozesse.	Interdependenzen in der Nachhaltigkeits- bzw. Unternehmens-strategie zwischen den drei Dimensionen.	Ausgestaltung interner Transparenz-mechanismen zur Identifikation und Darstellung von Interdependenzen zwischen den Nachhaltigkeits-dimensionen in der Nachhaltigkeits- bzw. Unternehmens-strategie.	Ausgestaltung interner Steuerungsmechanismen für Interdependenzen in der Nachhaltigkeits- bzw. Unternehmensstrategie.
	Interdependenzen im betrieblichen Nachhaltigkeits-management.	Aufzeigen von Transparenz-mechanismen für Interdependenzen im betrieblichen Nachhaltigkeits-management.	Darstellung von Steuerungs-mechanismen für Inter-dependenzen im betrieblichen Nachhaltigkeits-management.
Spar-, Anlage- und Vorsorgeprodukte.	Interdependenzen bei Spar- und Anlageprodukten (Depot A „Bank" & Depot B „Kunden").	Aufzeigen von Transparenz-mechanismen für Interdependenzen in den verschiedenen Produktkategorien.	Darstellung von Steuerungsmechanismen für Interdependenzen in den verschiedenen Produktkategorien.
	Interdependenzen bei Vorsorgeprodukten (Pensionskasse intern und externe Vorsorgeprodukte).		
Kredit- und Finanzierungs-produkte.	Interdependenzen im Kreditgeschäft (Privat- und Unternehmens-kredite).		
	Interdependenzen bei Hypotheken und Baukrediten sowie allen übrigen Kreditprodukten.		

zu Forschungsfrage 1: Interdependenzen

zu Forschungsfrage 2: Transparenz- und Steuerungsmechanismen an Nachhaltigkeitskriterien ausgerichtetes Geschäftsmodell hervorbringen soll. Dabei werden die Experten in der Benennung von Kontroversen bestärkt, die sowohl das operative als auch das strategische Management in besonderer Weise beschäftigen. Diese erste Einstiegsfrage wird möglichst offen formuliert, um einen Erzählfluss der Experten anzustoßen. Im Anschluss wird anhand des Interviewrasters sichergestellt, dass das Ziel der Beantwortung der empiriegeleiteten Fragestellungen nicht aus den Augen verloren wird. Fragenkomplexe, die durch den ersten Erzählfluss nicht abgedeckt werden, können so systematisch anhand von Steuerungsfragen adressiert werden. Ebenfalls werden im Verlauf der Experteninterviews präzisierende Nachfragen sowie Aufrechterhaltungsfragen eingesetzt (Gläser & Laudel, 2010, S. 125 und S. 127–130; Helfferich, 2011, S. 180–181).

Die letzte Frage der Interviews soll die Experten abschließend dazu einladen, Themen i. Z. m. dem Forschungsvorhaben anzusprechen, die im Interviewverlauf noch keine Erwähnung fanden, jedoch aus deren Sicht von Relevanz sind bzw. sein könnten (Helfferich, 2011, S. 181). Analog zur Einstiegsfrage kommt auch die Abschlussfrage in jedem Interview in gleicher Form zum Einsatz.

Im Verlauf des Hauptteils des Experteninterviews regt die Initialfrage die Experten somit zunächst zum Erzählen an, bevor durch die Forscherin präzisierend und steuernd auf verschiedene Teilaspekte der Forschungsfragen eingegangen wird, um abschließend nochmals offen unerwähnt gebliebene, jedoch nach Meinung der Interviewten wichtige Aspekte zu erfragen (Gläser & Laudel, 2010, S. 145).

Der Schlussteil sieht einen erneuten Dank gegenüber den Interviewten für deren Bereitschaft zur Teilnahme an den Interviews vor.

Die Konzeption des Interviews ermöglicht die Begrenzung der Interviewdauer auf 60 Minuten, wobei mit einer Reserve von ungefähr 10 Minuten geplant wird, um das flexible Eingehen auf neue bzw. unerwartete Aspekte zu ermöglichen.

Nach der ersten Erstellung des Interviewleitfadens sowie -rasters wird ein Pre-Test mit einem Experten außerhalb des letztlich berücksichtigten Expertenkreises, jedoch denselben Auswahlkriterien folgend, durchgeführt (Gläser & Laudel, 2010, S. 150).

Auf Basis der Erkenntnisse des Pre-Tests werden der Interviewleitfaden und das – raster insbesondere mit Bezug auf Verständlichkeit, Praktikabilität sowie Zweckmäßigkeit in einzelnen Punkten überarbeitet und optimiert. Zudem werden im Rahmen des Pre-Tests einerseits die Ermöglichung der Offenheit im Sinne der Unvoreingenommenheit und Flexibilität im Interviewprozess, sowie andererseits die spätere Vergleichbarkeit der Ergebnisse aufgrund der Teilstandardisierung und Regelgeleitetheit überprüft (Hunziker, 2017, S. 100; Mayer, 2013, S. 45–46).

10.3.2 Kriterien-basiertes Sampling

Im Anschluss an die Erstellung des Interviewleitfadens werden die Kriterien für das Sampling definiert. Die Interviewpartner sollen die folgenden, im Vorfeld definierten Kriterien (Flick, 2021, S. 167) aufweisen:

- Führungsverantwortliche Personen oder Fachkräfte bei Banken in der Schweiz und in Liechtenstein, die für das Nachhaltigkeitsmanagement oder -berichtswesen verantwortlich zeichnen;
- Fachkundige Personen zum Thema Nachhaltigkeitsmanagement oder -berichtswesen bei Interessensverbänden für Banken, Aufsichtsbehörden oder anderen Institutionen, die sich mit den Themen Nachhaltigkeitsregulierung und Offenlegung im Bankenumfeld in der Schweiz und in Liechtenstein beschäftigen;
- Fachpersonen bei Dienstleistungspartnern von Banken in der Schweiz und in Liechtenstein für die Themen Nachhaltigkeitsmanagement und -berichtswesen.

Die zur Anwendung kommenden Hauptauswahlkriterien sind somit wie folgt:

- Branchenwissen zur Bankenindustrie in der Schweiz und in Liechtenstein; sowie
- Fachwissen zum Thema Nachhaltigkeitsmanagement, -controlling und -berichtswesen.

Das Branchenwissen zur Bankenindustrie in den Ländern Schweiz und Liechtenstein ist erforderlich, da rechtliche und (volks-)wirtschaftliche Rahmenbedingungen regional stark divergieren können. Diese Rahmenbedingungen können einen Einfluss auf die Ausgestaltung des Produktangebots von Banken haben. Historisch gewachsene Strukturen und kulturelle Wertehaltungen haben ebenso das Potenzial, einen Einfluss auf die Geschäftstätigkeit von Banken zu entfalten (FMA AT, 2018, S. 9 & S. 27).

Das fachspezifische Wissen zum Nachhaltigkeitsmanagement, gepaart mit praktischer Erfahrung in dieser Fachdisziplin, bilden eine wesentliche Voraussetzung dafür, die drei Dimensionen der Nachhaltigkeit in ihren Ausprägungen und Facetten zumindest solitär betrachtet bereits durchdrungen zu haben und damit in der Lage zu sein, Interdependenzen zwischen den drei Nachhaltigkeitsdimensionen abzuleiten bzw. zu erkennen, dies im Kontext der Geschäftstätigkeit einer Bank in der Schweiz und in Liechtenstein. In weiterer Folge müssen die Fachexperten in der Lage sein, ausgehend von bestehenden und evtl. bereits in ihrer

Organisation angewendeten Konzepten des Nachhaltigkeitscontrollings oder der -berichterstattung, auf mögliche Transparenz- und Steuerungsmechanismen für Interdependenzen zwischen den drei Nachhaltigkeitsdimensionen zu schließen.

10.3.3 Planung der Interviewtermine

Die Ansprache der in Frage kommenden Experten für die 15 Interviews erfolgt per E-Mail (Anlage Z) oder telefonisch. Neben der Formulierung des Anliegens, die Experten für Interviews gewinnen zu wollen, werden bereits erste Informationen zu Inhalt und Ziel des Forschungsvorhaben bekannt gegeben, um den angesprochenen Personen die Möglichkeit zu gewähren, eine ggf. geeignetere Person aus ihrer Organisation als Ansprechperson vorzuschlagen. In denjenigen Fällen, in denen die Forscherin und die Experten in der Vergangenheit nicht bereits Bekanntschaft gemacht haben, wird ein Lebenslauf der Forscherin bereitgestellt.

Der Zeitaufwand für das Gespräch wird, basierend auf dem Interviewleitfaden sowie der Erfahrung aus dem Pre-Test, mit 60 Minuten angegeben.

Als Ort der Durchführung wird jeweils der Geschäftssitz der Experten vorgeschlagen, um die Nähe zum Gegenstand zu gewährleisten.

Jeweils eine Woche vor den geplanten Interviews wird ein Handzettel zum Umgang mit den gewonnenen Daten (Anlage W) sowie eine Einwilligungserklärung zur Erhebung und Verarbeitung personenbezogener Daten für Forschungszwecke (Anlage X) versendet, dies verbunden mit der Bitte, die Einwilligungserklärung spätestens zum Interviewtermin unterzeichnet zu retournieren.

10.3.4 Planung der Transkription und der Auswertung

Mit dem Ziel der Förderung der intensiven Auseinandersetzung mit dem Interviewmaterial im Rahmen der initiierenden Textarbeit führt die Forscherin die Transkriptionsarbeiten selbst durch. Hierfür wird zunächst das Transkriptionstool f4x Spracherkennung eingesetzt, um eine erste wörtliche Transkription auf Basis der Original-Audiodatei zu generieren. Das System folgt den Transkriptionsregeln (Anlage B) nach Kuckartz und Rädiker (2022, S. 199–203). Im Anschluss wird dieses erste Transkript vollumfänglich durch die Forscherin qualitätsgesichert. Hierbei wird die Übereinstimmung zwischen den Audioaufzeichnungen und den automatisiert generierten Versionen der Transkriptionen

Wort für Wort überprüft und an den erforderlichen Stellen überarbeitet. Im Zuge der Überprüfung bzw. Qualitätssicherung der Transkripte wird ebenfalls die Anonymisierung des gesamten Interviewmaterials als Teil der Datenvorbereitung (Gläser & Laudel, 2010, S. 193–195; Kuckartz & Rädiker, 2022, S. 204), vorgenommen. Die Buchstabenfolge „xxx" in den Transkripten repräsentiert anonymisierte Textstellen.

Ausschlaggebend für die Wahl des Transkriptionstools war, dass das Tool f4x Spracherkennung DSGVO-konform arbeitet. Die Audio-Dateien werden bereits verschlüsselt an einen Server in Deutschland übermittelt und nach der Transkription auf den Servern des Diensteanbieters unwiderruflich gelöscht. Der Anbieter verfügt nach eigenen Angaben über eine IT-Sicherheitszertifizierung nach ISO-27001 (dr. dresing & pehl GmbH, 2024).

Die Transkriptionssoftware differenziert die Redeabschnitte automatisch nach Gesprächsparteien, wobei die Interviewerin stets mit P1 und die Experten mit P2 bezeichnet wurden. Für jeden Sprechbeitrag wird ein eigener Absatz erstellt. Die Zeitstempel werden jeweils am Ende jedes Absatzes angebracht. Diese sollen in weiterer Folge sowohl die Qualitätssicherung der Transkripte als auch das regelmäßige Zurückgreifen auf die Originalaussagen der Interviewten während der späteren Auswertungsarbeiten erleichtern. Redepausen ab drei Sekunden werden automatisiert mit drei Punkten in runden Klammern dargestellt. Lediglich einzelne Aussagen im Dialekt werden durch die Forscherin, abweichend vom gesprochenen Wort, leicht geglättet bzw. an das Schriftdeutsch angenähert.

Der Methode der inhaltlich strukturierenden qualitativen Inhaltsanalyse in Anlehnung an Kuckartz folgend wird die Auswertung der Daten anhand des in Abbildung 10.1 dargestellten Ablaufs in 7 Phasen durchgeführt. Hierbei wird zunächst die initiierende Textarbeit vorgenommen, gefolgt von der deduktiven Entwicklung der Hauptkategorien, der Codierung der Daten mit den Hauptkategorien, der induktiven Bildung der Subkategorien, der Codierung der Daten mit den Subkategorien, der Analyse der codierten Daten sowie abschließend der Verschriftlichung der Ergebnisse sowie der Dokumentation des Vorgehens (Kuckartz & Rädiker, 2022, S. 132).

Zum Zweck der regelgeleiteten und dokumentierten Durchführung der qualitativen Inhaltsanalyse in Anlehnung an Kuckartz wird auf die Softwarelösung MAXQDA (Kuckartz & Rädiker, 2020) zurückgegriffen. Diese Softwarelösung wird häufig für eine qualitative Inhaltsanalyse eingesetzt und wurde von Kuckartz entwickelt, womit die Umsetzung der gewählten Methodik systemunterstützt auf korrekte sowie in effizienter Weise gewährleistet werden kann.

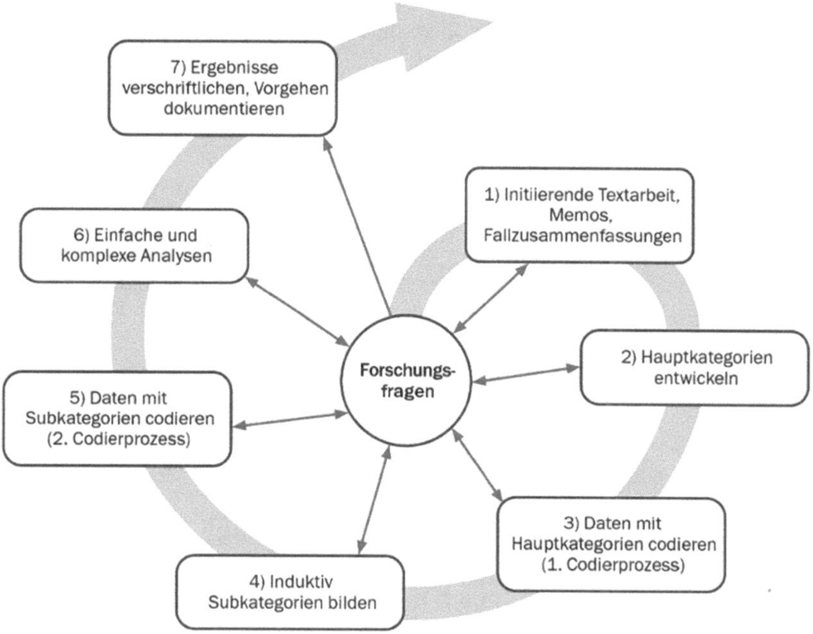

Abbildung 10.1 Ablauf der inhaltlich strukturierenden qualitative Inhaltsanalyse nach Kuckartz. (Quelle: Kuckartz & Rädiker (2022, S. 132))

Zu Beginn der Inhaltsanalyse erfolgt der Import aller 15 Interviewtranskripte in das System MAXQDA (Kuckartz & Rädiker, 2022, S. 207). Anschließend kann die initiale Textarbeit, die bereits mit der durch die Forscherin persönlich geführten Experteninterviews sowie der Qualitätssicherung der mittels Spracherkennungssoftware erstellten Transkripte begonnen hat, mit der Erstellung von Fallzusammenfassungen je Experteninterview in MAXQDA fortgesetzt werden, welche die wichtigsten Eckpunkte sowie Inhalte der Interviews (Kuckartz & Rädiker, 2022, S. 124–128), resümieren (Anlage C).

Darauf folgend werden die deduktiven Hauptkategorien, basierend auf dem Interviewleitfaden und der Theorie, entwickelt (Kuckartz & Rädiker, 2022, S. 72). Anschließend erfolgt im ersten Codierprozess, die Codierung der Daten mit den Hauptkategorien (Kuckartz & Rädiker, 2022, S. 133–134).

Der nächste Schritt umfasst die induktive Entwicklung von Subkategorien am Material (Kuckartz & Rädiker, 2022, S. 82–83). Dabei kommen nach und nach neue induktiv gebildete Subkategorien hinzu oder Textstellen werden unter bereits definierte Subkategorien subsumiert, wodurch es auch zur Bildung von Sub-Subkategorien kommen kann, sofern eine weitere Ausdifferenzierung als nützlich für die spätere Analyse erscheint (Kuckartz & Rädiker, 2022, S. 91).

Schlussendlich werden Interpretationen und Analysen zum Zweck der Beantwortung der empiriegeleiteten Forschungsfragen vorgenommen (Kuckartz & Rädiker, 2022, S. 147–150), die Ergebnisse schriftlich festgehalten sowie die Vorgehensweise ausführlich dokumentiert (Kuckartz & Rädiker, 2022, S. 154–156).

Im Fall des finalen Kategoriensystems handelt es sich um ein hierarchisches Kategoriensystem (Kuckartz & Rädiker, 2022, S. 61–62). Die induktive Kategorienbildung erfolgt direkt am Material ohne die Erstellung zuvor fokussierender Zusammenfassungen (Kuckartz & Rädiker, 2022, S. 93).

Für jede deduktiv gebildete Hauptkategorie als auch für jede induktiv gebildete Subkategorie werden sog. Code-Memos in MAXQDA hinterlegt (Anlage F), die hilfreiche Codierungsanweisungen sowie Abgrenzungen enthalten. Ankerbeispiele untermauern die formulierten Regelungen (Kuckartz & Rädiker, 2022, S. 215).

Alle zuvor beschriebenen Festlegungen werden in einem Kategorienhandbuch (Anlage E) sowie einem Leitfaden zur Codierung (Anlage D) dokumentiert (Kuckartz & Rädiker, 2022, S. 65–67).

10.4 Vorgehen und Ablauf

In den folgenden Abschnitten wird der konkrete Ablauf der empirischen Untersuchung dargelegt. Dabei wird aufgezeigt, wie die Arbeitsschritte tatsächlich stattgefunden haben und an welchen Stellen Abweichungen gegenüber dem ursprünglich geplanten und in Abschnitt 10.3 beschriebenen Ablauf aufgetreten sind.

10.4.1 Sampling

Die an den teilstandardisierten, leitfadengestützten Experteninterviews teilnehmenden Experten können anhand von Tabelle 10.2 in drei Teilgruppen zusammengefasst werden, wobei alle Experten die vorgängig in Abschnitt 10.3.2 definierten Kriterien erfüllen. Dabei stellt jeder einzelne Experte eine eigenständige Analyseeinheit dar.

Mit der Auswahl der Experten aus den drei Teilbereichen wurde das Ziel verfolgt, ein möglichst breit gefächertes Expertenwissen zu gewährleisten. Das Expertenwissen sollte technisches Wissen abdecken, womit das eigentliche Fachwissen zum Nachhaltigkeitsmanagement gemeint ist. Prozesswissen, welches aus der praktischen Tätigkeit in diesem Fachgebiet gezogen wird, sollte zudem vorhanden sein. Abschließend bedarf es an Deutungswissen, um eine subjektive Sichtweise bzw. Relevanzsysteme entwickeln zu können (Bogner & Menz, 2009b, S. 70–71).

Alle interviewten Experten konnten sowohl umfassende Erfahrung im Nachhaltigkeitsmanagement bei Banken als auch regionales Wissen zum Schweizer und Liechtensteiner Bankenplatz vorweisen, womit die in Abschnitt 10.3.2 definierten Kriterien erfüllt sind. Im Fall der für das Nachhaltigkeitsmanagement zuständigen Bankmanager beruhen sowohl ihre Branchenerfahrung als auch ihr regionales Know-how auf ihrer operativen Tätigkeit bei Banken mit Sitz in der Schweiz oder in Liechtenstein. Die Experten aus Aufsichtsbehörden und Interessenverbänden bringen ihre Erkenntnisse durch ihre Tätigkeit in der Regulierung oder Interessenvertretung von Banken in der betrachteten Region ein und verfügen daher einerseits über einen unmittelbaren Zugang zu den einzelnen Banken und andererseits über Kenntnisse zu regulatorischen und institutionellen Rahmenbedingungen.

Vertreter aus Beratungsunternehmen und IT-Dienstleister wiederum wurden aufgrund ihrer aktiven Rolle in konkreten Nachhaltigkeitsprojekten mit Banken aus der Region ausgewählt – entweder durch ihre beratende Unterstützung oder durch die Entwicklung und Implementierung von IT-Lösungen beispielsweise für die Offenlegung von Nachhaltigkeitsbelangen.

Die Experten betrachteten die Fragestellungen jeweils aus der gleichen Perspektive. Daher kann von einer homogenen Gesamtgruppe gesprochen werden. Unabhängig davon, ob die Experten als Bankmanager oder als Beratungs- und Dienstleistungsprovider für Banken auftraten, nahmen diese stets die Sicht einer Bank i. Z. m. den Fragestellungen ein. Die Sättigung war innerhalb dieser homogenen Gruppe somit nach 12 Interviews erreicht. Dies zeigte sich, als die letzten Interviews ausschließlich bereits bekannte Muster und Themen bestätigten, ohne zusätzliche Erkenntnisse zu liefern (Hussy et al., 2013, S. 196). Diese Anzahl an Interviews bis zur Erreichung der theoretischen Sättigung deckt sich mit den Erfahrungen anderer Forschender (Guest et al., 2006, S. 79). Ungeachtet dessen wurden in Summe 15 Interviews geführt und ausgewertet.

Die in Tabelle 10.2 vorgenommene Gruppierung dient ausschließlich der Übersichtlichkeit und der Einordnung der interviewten Experten. Dabei stellt, wie bereits erwähnt, jeder einzelne Experte eine eigenständige Analyseeinheit dar.

Wie aus Tabelle 10.2 ersichtlich, lag der Schwerpunkt auf der Expertengruppe der Nachhaltigkeitsmanager von Banken, gefolgt von Experten, die bei Aufsichtsbehörden, Interessensverbänden oder anderen Institutionen mit Relevanz für Banken tätig sind. Unter den Verbänden war auch ein Verband vertreten, der explizit auf Nachhaltigkeitsbelange im Finanzdienstleistungssektor spezialisiert ist. Jene Interviewten, die Banken in Nachhaltigkeitsbelangen beratend unterstützen bzw. IT-Lösungen für diese anbieten, stellten die drittstärkste Expertengruppe dar. Sowohl die Beratungsunternehmen als auch der IT-Lösungsanbieter firmieren zwar in der Schweiz, sind jedoch auch für Banken in Liechtenstein tätig. In Summe sind mehr Experten aus der Schweiz als solche aus Liechtenstein im Sampling vertreten, was angesichts der Größenunterschiede zwischen den beiden Finanzplätzen angemessen erscheint.

Tabelle 10.2 Sampling – Fallauswahl für die Datenerhebung. (Quelle: Eigene Darstellung)

Expertengruppe	**Anzahl Schweiz**	**Anzahl Liechtenstein**	**Summe absolut/relativ**
Nachhaltigkeitsmanagement in Banken	5	3	**8 (53 %)**
Aufsichtsbehörden, Interessensverbände und andere Institutionen mit Relevanz für Banken	2	2	**4 (27 %)**
Unternehmensberater und IT-Lösungsanbieter für Banken	3 (auch in Liechtenstein tätig)	0	**3 (20 %)**
Summe	**10 (67 %)**	**5 (33 %)**	**15 (100 %)**

10.4.2 Überprüfung des Interviewleitfadens und Ablauf der Interviews

Der Interviewleitfaden wurde plangemäß einem Pre-Test unterzogen. Der Pre-Test erfolgte am 21.12.2023 aufgrund organisatorischer Einschränkungen an einem öffentlichen Ort.

Die Erkenntnisse aus dem Pre-Test ergaben, dass die Einstiegsfrage für das Interview wesentlich offener formuliert werden muss, um einen ersten Erzählimpuls zu fördern, der idealerweise bereits viele Teilaspekte des Bankbetriebs sowie der Bankprodukte i. Z. m. den Forschungsfragen abdeckt, dies insbesondere der Wesentlichkeitseinschätzung der Experten folgend. Zudem wurde das Erfordernis zu einer allgemeingültigeren Wahl einiger Begrifflichkeiten aufgedeckt. Für den Abschluss des Interviews wurde zudem eine offene Frage zu evtl. noch nicht abgedeckten, jedoch erwähnenswerten Aspekten ergänzt.

Der Interviewleitfaden wurde entsprechend den Erkenntnissen aus dem Pre-Test angepasst. Der Pre-Test qualifizierte sich aufgrund der daraus resultierenden Anpassungen des Interviewleitfadens nicht für die finale Auswertung. Zudem war der Ort der Durchführung der Qualität einer Audioaufzeichnung nicht zuträglich.

Die Durchführung der Interviews erfolgte am Arbeitsort der Interviewten zum Zweck der Gewährleistung der Nähe zum Gegenstand und konnte größtenteils plangemäß umgesetzt werden. Bereits im Rahmen der Planung der Interviewtermine haben jedoch fünf der Experten zurückgemeldet, ein virtuelles Gespräch zu bevorzugen, da deren Homeoffice-Arbeitsplatz bzw. virtuelle Gesprächssituationen ebenfalls als übliches und damit vertrautes Arbeitsumfeld erachtet wurden (Gläser & Laudel, 2010, S. 114–115).

Ebenso konnte die Kollektion der DSGVO-Einwilligungserklärungen im Vorfeld zu den Interviews überwiegend plangemäß erfolgen. Während 12 der Interviewten der Bitte nachgekommen sind, die Einwilligung im Vorfeld des Interviews schriftlich zu erklären, erteilten die verbleibenden drei die Einwilligung mündlich, dies jeweils zu Beginn der audiotechnischen Aufzeichnungen der Interviews, womit die Transkription der Einwilligungen sichergestellt werden konnten (Gläser & Laudel, 2010, S. 157–158).

Die Mehrzahl der Experten haben zudem darum gebeten, die Interviewfragen im Vorfeld zum Experteninterview zu erhalten. Da es sich jedoch lediglich um einen Interviewleitfaden handelte, hat die Forscherin in Abwägung der Bewahrung der Flexibilität bei gleichzeitiger Förderung des Wohlbefindens der Experten entschieden, einen groben Überblick über die Inhalte und Ziele des Forschungsvorhabens zur Verfügung zu stellen (Anlage Y), jedoch nicht den Interviewleitfaden selbst (Gläser & Laudel, 2010, S. 114–115; Helfferich, 2011, S. 176–177).

Waren einzelne Interviewte im Vorfeld zum Interview somit bezüglich der Inhalte des Gesprächs noch unsicher, so konnten vorgängig per E-Mail bereitgestellte Informationen zu den Inhalten sowie Zielen des Forschungsvorhabens das Wohlbefinden der Interviewten in der Interviewsituation erfolgreich steigern. In zwei Fällen wurde vorgängig zum Interview ein Telefonat gewünscht, um festzustellen, welche Kenntnisse und Erfahrungen die interviewten Personen haben müssen, um sodann die richtige Person aus der Organisation als Ansprechperson nennen zu können.

Die Interviews fanden in einer entspannten und vertrauensvollen Atmosphäre statt. Der Zeitrahmen von ca. 60 Minuten konnte in allen Interviews eingehalten werden, mit Ausnahme des erstgeführten Interviews, bei dem es zu einer geringfügigen Überschreitung um fünf Minuten kam. In diesem Fall war es der Wunsch des Interviewpartners, mit dem Gespräch weiter zu verfahren, da dieser noch wichtige Informationen anzubringen vermochte und sich ohnedies mehr Zeit genommen hatte. Fünf der 15 Interviews wurden virtuell über das Tool Microsoft Teams geführt, eines der 10 physisch geführten Interviews fand aus logistischen Gründen im Büro der Forscherin statt, während alle übrigen physisch geführten Interviews am Arbeitsort der Interviewten erfolgten. In allen Fällen fanden sich die Interviewten in einem gewohnten Arbeitsumfeld wieder und erachteten dieses daher als vertraut.

Zwei Experten haben auf eigene Initiative kurzfristig jeweils eine zweite Person zum Interview beigezogen, die nicht nur inhaltliches Interesse zum Thema des Nachhaltigkeitsmanagements zeigten, sondern auch den Ablauf eines Experteninterviews kennenlernen wollten. In einem Fall handelte es sich um eine junge Mitarbeiterin, die sich geringfügig in das Gespräch eingebracht hat. Im zweiten Fall nahm ein studentischer Mitarbeiter teil, der lediglich zugehört, sich jedoch an dem Gespräch nicht beteiligt hat. Die Gesprächsführung wurde durch die Teilnahme der zusätzlichen Personen jedoch nicht beeinträchtigt (Gläser & Laudel, 2010, S. 168–169).

Die offen formulierte Einstiegsfrage regte erwartungsgemäß zu einem offenen Erzählfluss an. Sich an diesem ersten Erzählfluss orientierend stellte die Interviewende sodann situationsabhängig Präzisierungs- sowie Steuerungsfragen. Damit konnte sichergestellt werden, dass alle wesentlichen Fragenkomplexe des Interviewleitfadens, wenngleich in unterschiedlicher Reihenfolge, vollständig abgedeckt werden konnten. Während Aussagen der Experten zu Zielkonflikten und Transparenzmechanismen oftmals bereits in der ersten Hälfte des Interviews getätigt wurden, mussten vermehrt Präzisierungs- und Steuerungsfragen zu Synergien und Steuerungsmechanismen gestellt werden. Auch die Abschlussfrage kam in allen Interviews zum Einsatz, wenngleich diese unterschiedlich intensiv genutzt wurde, um unerwähnt gebliebene Punkte vorzubringen.

Die Vergleichbarkeit der Interviewergebnisse war damit im Wesentlichen gewährleistet. Abschließend kann festgehalten werden, dass sich der Interviewleitfaden, sowohl mit Blick auf die Förderung der Offenheit, die Verwertbarkeit der Resultate als auch die Vergleichbarkeit als äußerst funktional herausstellte. Die Erkenntnisse des Pre-Tests sowie die darauf basierenden Anpassungen des Interviewleitfadens hatten wesentlich dazu beigetragen.

10.4.3 Transkription und Auswertung

Auch die Auswahl der Transkriptionssoftware sowie die Entscheidung, die Transkriptionstätigkeit nicht extern unterstützen zu lassen, haben sich als förderlich für die darauffolgenden Arbeitsschritte der qualitativen Inhaltsanalyse erwiesen. Durch die Eigenleistung der Forscherin in diesen Arbeitsschritten konnte bereits zu einem frühen Zeitpunkt eine intensive Auseinandersetzung mit dem Material im Sinne der initiierenden Textarbeit erfolgen. Zur Förderung der Qualität der durch eine Spracherkennungssoftware erstellten Erstentwürfe der Transkriptionen erwies sich das Führen fast aller Interviews in hochdeutscher Sprache als dienlich. Lediglich das erstgeführte Interview erfolgte seitens des Experten im Schweizer Dialekt. Erwartungsgemäß gelangte die Transkriptionssoftware mit Spracherkennungsfunktionalität in diesem Fall an ihre Grenzen, weshalb die Transkription dieses einen Interviews aufgrund des sehr hohen Überarbeitungsbedarfs praktisch einer vollständig manuell erstellten Transkription sehr nahekam. Abgesehen vom erstgeführten Interview belief sich der Überarbeitungsbedarf der übrigen Transkripte im Mittel auf circa 30 % der Textstellen.

Alle 15 Experteninterviews konnten somit weitestgehend plangemäß durchgeführt werden. Die Transkripte (Anlagen H bis V) bildeten sodann die Datenbasis bzw. das Material für die qualitativen Inhaltsanalyse in Anlehnung an Kuckartz. Zum Zweck der übersichtlichen und vor allem regelgeleiteten Vorgehensweise kam die Softwarelösung MAXQDA zum Einsatz, wie bereits in Abschnitt 10.3.4 ausgeführt. Dabei wurden Teile der initialen Textarbeit in Form der Fallzusammenfassungen, der Aufbau des Kategoriensystems, die Codierprozesse, Teile der analytischen Auswertungen sowie die Dokumentation durch die Systemfunktionalität von MAXQDA in praktikabler Form unterstützt. Auf den Einsatz von KI-Funktionalitäten des Systems wurde dabei gänzlich verzichtet.

Nach einer deduktiven Entwicklung der Hauptkategorien sowie der Codierung der Daten zu denselben erfolgte im Rahmen der Inhaltsanalyse in einem zweiten, vollständigen Codierungsprozess die Feincodierung der zuvor den deduktiv gebildeten Hauptkategorien zugeordneten Abschnitte. Dabei wurden induktive Subkategorien gebildet und die entsprechenden Abschnitte mit diesen Subkategorien codiert (Kuckartz & Rädiker, 2022, S. 142–143).

Bei der darauffolgenden Revision des Kategoriensystems wurde insbesondere darauf geachtet, dass die Kategorien in einer engen Beziehung zu den Forschungsfragen stehen, die Kategorien erschöpfend, trennscharf sowie wohlformuliert sind, zusammengenommen eine logische Gestalt bilden, Ober- und Unterkategorien in einem nachvollziehbaren Bezug zueinanderstehen und zuletzt alle Kategorien verständlich und nachvollziehbar sind (Kuckartz & Rädiker, 2022, S. 63–65). Die Überprüfung führte teilweise zu einer Verdichtung bzw. Zusammenlegung einzelner Subkategorien sowie zu verständlicheren Kategorienbezeichnungen.

Daraufhin legte die Forscherin die Codierarbeiten für drei Wochen ruhend, bevor eine sog. Intracoder-Überprüfung vorgenommen wurde (Kuckartz & Rädiker, 2020, S. 48). Diese Überprüfung stellte den dritten Codierprozess dar und resultierte in geringfügigen Anpassungen der Zuordnungen von Textstellen zu Subkategorien. Zudem wurden vier Subkategorien fusioniert.

Zusätzlich wurde beurteilt, ob das Abstraktionsniveau vernünftig gewählt wurde. Zwar ist eine vorgängige Festlegung des Abstraktionsniveaus für die Subkategorien nicht notwendig, jedoch wurde an dieser Stelle im Vorgriff auf die spätere Überprüfung der Gütekriterien die Anwendung eines ähnlichen Levels der Abstraktion (Kuckartz & Rädiker, 2022, S. 114) sichergestellt.

Trotz vorgenommener Intracoder-Überprüfung wollte die Forscherin nicht auf eine externe Validierung der Codierungsarbeit verzichten. Aus dem Grund erfolgte ein vierter Codierungsprozess zum Zweck der Überprüfung der Intercoder-Übereinstimmung (Kuckartz & Rädiker, 2022, S. 239) durch eine zweite Person. Dabei wurde nicht die Bildung des Kategoriensystems, sondern vielmehr dessen Anwendung überprüft (Kuckartz & Rädiker, 2022, S. 239). Im Sinne einer „konsensuellen und diskursiven Überprüfung der Intercoder-Übereinstimmung" (Kuckartz & Rädiker, 2022, S. 114) wurden alle Zuordnungen, bei denen keine Übereinstimmung zwischen den Codierern vorlag, zunächst identifiziert und anschließend zwischen beiden codierenden Personen intensiv diskutiert. Dabei wurden Argumente ausgetauscht, bis in allen Fällen ein Konsens gefunden war. Bei Bedarf wurden entsprechende Korrekturen der Codierungen durch die Forscherin vorgenommen. Diese besonders aufwendige Vorgehensweise wurde der Variante der Berechnung eines sog. Übereinstimmungskoeffizienten aus Qualitätsgründen vorgezogen (Kuckartz & Rädiker, 2022, S. 243–245).

Wie in den Abbildungen 10.2 und 10.3 dargestellt, orientieren sich die deduktiv gebildeten Hauptkategorien an den Forschungsfragen sowie der Theorie. Die erste Forschungsfrage zur Betrachtung der Interdependenzen zwischen den drei Nachhaltigkeitsdimensionen wurde dabei in zwei Hauptkategorien untergliedert. Das Interesse bestand in der getrennten Erhebung von Zielkonflikten und Synergien. Aus der zweiten Forschungsfrage zur internen Transparenz und Steuerung von Interdependenzen ergaben sich, wie aus Abbildung 10.3 hervorgeht, zwei weitere deduktive Hauptkategorien, bekanntermaßen einerseits die internen Transparenzmechanismen und andererseits die internen Steuerungsmechanismen für die zuvor identifizierten Interdependenzen. Die Definition aller, den Hauptkategorien nachgelagerten Subkategorien, erfolgte induktiv und folglich direkt aus dem Material. Die Subkategorien ab der zweiten Ebene, die in den Abbildungen 10.2 und 10.3 als Sub-Subkategorien bezeichnet werden, dienten einer weiteren Untergliederung hinsichtlich einer Erleichterung der späteren Analysen der Ergebnisse, sofern eine solche weitere Ausdifferenzierung sinnvoll erschien.

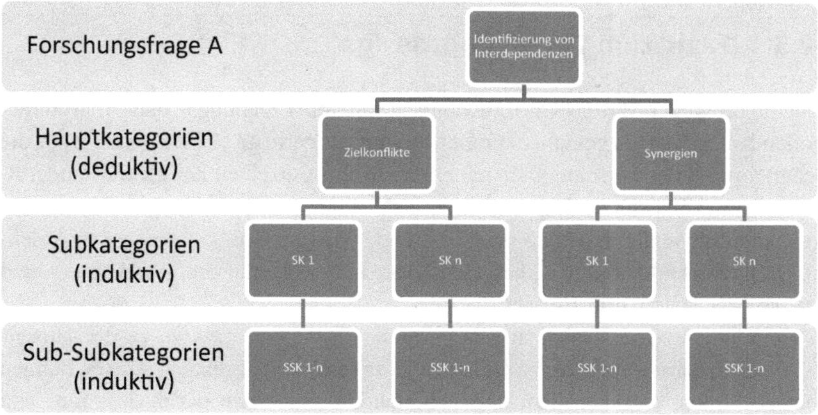

Abbildung 10.2 Struktureller Aufbau des Kategoriensystems zur Forschungsfrage A. (Quelle: Eigene Darstellung)

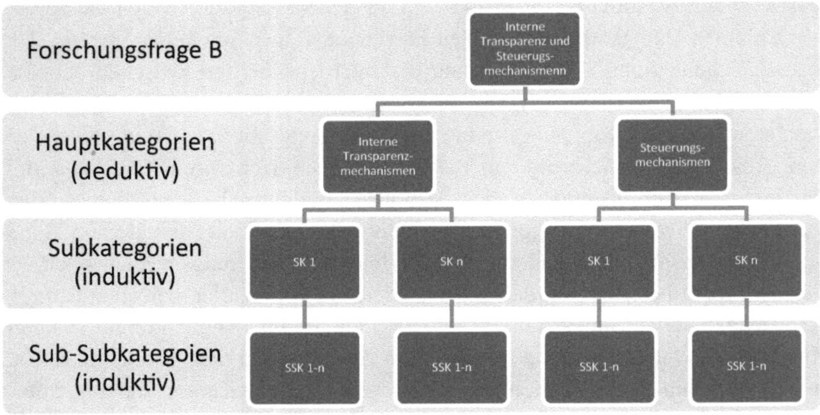

Abbildung 10.3 Struktureller Aufbau des Kategoriensystems zur Forschungsfrage B. (Quelle: Eigene Darstellung)

10.5 Fazit zum Forschungsdesign

Die für die gegenwärtige Untersuchung gewählten Erhebungs- und Analysemethoden haben sich als geeignet zur Gewinnung zielgerichteter Erkenntnisse für die Beantwortung der Forschungsfragen erwiesen. Im Einzelnen kamen teilstandardisierte, leitfadengestützte Experteninterviews (Flick, 2021, S. 215) zur Erhebung von Daten sowie die inhaltlich strukturierende qualitative Inhaltsanalyse in Anlehnung an Kuckartz und Rädiker (2022, S. 129–130) für die Auswertung und Analyse der Daten zum Einsatz.

Konkludierend lässt sich an dieser Stelle festhalten, dass es in der Umsetzung der empirischen Untersuchungen lediglich zu marginalen Abweichungen vom geplanten Vorgehen kam. Diese bestanden zum einen darin, dass fünf von 15 Experteninterviews nicht physisch, sondern auf Wunsch der Interviewpartner virtuell stattfanden. Weiters wurde ein Interview in Schweizer Dialekt statt in hochdeutscher Sprache geführt. In zwei Fällen erschien jeweils eine weitere Person zum Experteninterview, und schließlich dauerte eines der Interviews 65 statt 60 Minuten. In letzterem Fall erfolgte auf Initiative des Experten zudem eine spontane Führung durch die öffentlich zugänglichen Bereiche der Bank, dies im Vorfeld des eigentlichen Interviews, womit der gesamte Interviewtermin 90 Minuten in Anspruch nahm.

Keine dieser Abweichungen führte zu einer Beeinträchtigung der gewählten Methodik bzw. ihrer regelgeleiteten Umsetzung, noch zu einem Qualitätsverlust, wie im Abschnitt 12.2 noch darzulegen sein wird.

Ergebnisse 11

Nach der ausführlichen Darlegung des Forschungsdesigns in Kapitel 10 werden in weiterer Folge die Auswertungsergebnisse der empirischen Untersuchung umfassend aufgezeigt und analysiert.

11.1 Auswertung der Ergebnisse

Die Auswertung der durch die Forschende selbst im Zuge von teilstandardisierten, leitfadengestützten Experteninterviews gewonnen Daten erfolgte mittels einer inhaltlich strukturierenden, qualitativen Inhaltsanalyse in Anlehnung an Kuckartz. Im Zuge dessen kam das 7-Phasen Modell zur Anwendung (Kuckartz & Rädiker, 2022, S. 132), zu welchem bereits in Abschnitt 10.3.4 detailliert ausgeführt wurde.

In weiterer Folge werden die Auswertungsergebnisse aufgezeigt. In Summe wurden unter der Hauptkategorie der Zielkonflikte acht Subkategorien und unter den übrigen drei Hauptkategorien jeweils sieben Subkategorien induktiv gebildet. Damit enthält das finale Kategoriensystem neben vier Hauptkategorien insgesamt 29 Subkategorien. In Abschnitt 11.2.1 wird auf das Kategoriensystem bis zur ersten Subkategorienebene detailliert einzugehen sein. Die Sub-Subkategorien werden in weiterer Folge in den Abschnitten 11.2.3 bis 11.2.6 behandelt.

Nach Abschluss aller Prozesse zur Codierung folgten einfache und komplexe Analysen (Kuckartz & Rädiker, 2022, S. 147), teilweise unter Zuhilfenahme

---

Ergänzende Information Die elektronische Version dieses Kapitels enthält Zusatzmaterial, auf das über folgenden Link zugegriffen werden kann https://doi.org/10.1007/978-3-658-50493-9_11.

A. Tschütscher-Alanyurt, *Interdependenzen zwischen den Nachhaltigkeitsdimensionen*, https://doi.org/10.1007/978-3-658-50493-9_11

von Funktionalitäten der Software MAXQDA. Die Ergebnisse dieser Analysen werden in Abschnitt 11.2.2 dargestellt.

Alle im Abschnitt 11.2 dargelegten Ergebnisse bilden den Ausgangspunkt für die in Abschnitt 12.1 verschriftlichte Diskussion und Interpretation der aus der empirischen Untersuchung gewonnenen Erkenntnisse.

11.2 Darlegung der Ergebnisse

Nachdem im letzten Abschnitt die Vorgehensweise bei der Auswertung der Ergebnisse beschrieben sowie die angewendeten Tools und Verfahren genannt wurden, sollen nunmehr die gewonnenen Erkenntnisse in Tabellen und Abbildungen dargestellt und kommentiert werden.

11.2.1 Kategoriensystem

Im vorliegenden Abschnitt wird auf das verwendete Kategoriensystem eingegangen. Tabelle 11.1 enthält das finale Kategoriensystem aus Haupt- und Subkategorien bis zur ersten Subkategorienebene. Dem Kategoriensystem liegt ein hierarchischer Aufbau zugrunde. Dieses besteht aus insgesamt vier Haupt- und 29 Subkategorien, wobei die Art der Kategorien thematische und analytische Kategorien darstellen (Kuckartz & Rädiker, 2022, S. 56). Die Kategoriendefinitionen für alle Haupt- und Subkategorien können der Anlage F entnommen werden.

11.2.2 Strukturelle Analysen

Nachfolgend werden die strukturellen Analysen eingehend thematisiert. Aus Abbildung 11.1 geht hervor, dass die Experten in der Diskussion über Interdependenzen zwischen den Nachhaltigkeitsdimensionen deutlich umfassender über Zielkonflikte und interne Transparenzmechanismen berichten. Im Unterschied dazu werden Synergien und Steuerungsmechanismen zurückhaltend adressiert.

Bei näherer Betrachtung der Codierungen auf Ebene der Subkategorien lassen sich zudem unterschiedliche thematische Schwerpunkte feststellen, mit denen die Experten i. Z. m. Interdependenzen sowie den dazugehörigen internen Transparenz- und Steuerungsmechanismen in Berührung gekommen sind. Aus den Abbildungen 11.2–11.5 lassen sich die thematischen Schwerpunkte der

Tabelle 11.1 Finales Kategoriensystem. (Quelle: Eigene Darstellung)

Hauptkategorien	Subkategorien
Zielkonflikte zwischen den Nachhaltigkeits-dimensionen.	Vernachlässigung soziale Nachhaltigkeits-dimension.
	Makroökonomische bzw. politische Faktoren.
	Pflichten von Kantonal- und Regionalbanken.
	Regulierung als Handlungsmaßstab.
	Mitarbeitende, Management by Objectives (MBO) und Arbeitgeberattraktivität.
	Dominanz ökonomische Nachhaltigkeits-dimension.
	Wissensstand, Überzeugung, Stakeholder-interessen.
	Abweichungen in den Betrachtungs-zeiträumen.
Synergien zwischen den Nachhaltigkeits-dimensionen.	Ökonomische Nachhaltigkeit als Finanzierer und Motivator.
	Verständnis und Überzeugung durch Nachhaltigkeitsschulungen.
	Gesellschaftlicher Erwartungsdruck als Treiber.
	Langfristige Betrachtungszeiträume.
	Regulierung als Wegweiser.
	Humankapital, MBOs und Arbeitgeberattraktivität.
	Blended Finance als Synergiepfad.
Interne Transparenzmechanismen für Interdependenzen.	Interdisziplinärer Diskurs und Datenzugang.
	Operationalisierung der Nachhaltigkeits-strategie.
	Integrative und holistische Betrachtung.
	Integrierte und transparente Überprüfung der MBO-Systeme.
	Branchen- bzw. Industrieerfahrungswerte.
	Langfristige & kongruente Betrachtungs- und Bewertungszeiträume.
	Art und Diversität der Bewertung.
Steuerungsmechanismen für Interdependenzen.	Definition von Limitsystemen.
	Definition von Ausschlusskriterien.
	Unterteilung in No Go-, Transformation- und Compliant-Fälle.
	Festhalten von Priorisierungen in Guidelines und Policies.
	Optimierung der Ausgewogenheit zwischen den Dimensionen.
	Festlegung von Priorisierungen in Strategiepapieren.
	Exception to Policy (ETP) bei Abweichungen von Priorisierungsvorgaben.

Zielkonflikte Transparenzmechanismen
Synergien Steuerungsmechanismen

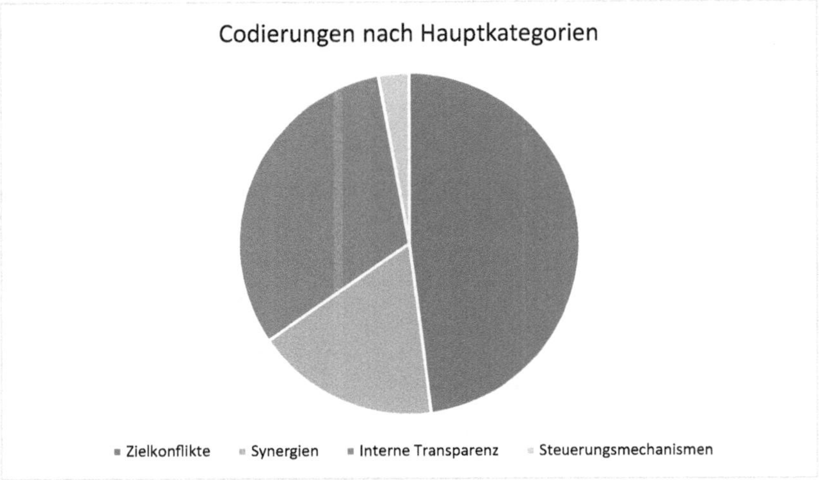

Abbildung 11.1 Expertenfokus nach Hauptkategorien. (Quelle: Eigene Darstellung)

Experten auf Ebene der Subkategorien innerhalb der codierten Fälle ableiten (Kuckartz & Rädiker, 2022, S. 117).

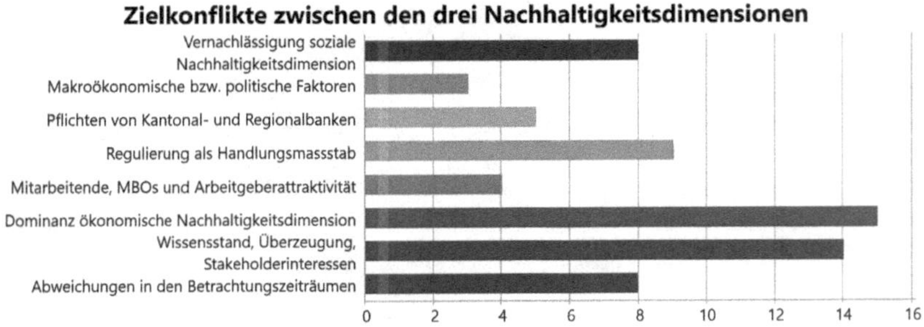

Abbildung 11.2 Thematische Schwerpunkte in der Hauptkategorie Zielkonflikte. (Quelle: MAXQDA)

Alle interviewten Experten berichten über Erfahrungen mit Zielkonflikten zwischen den Nachhaltigkeitsdimensionen bei Banken, wobei insbesondere die Dominanz der ökonomischen Nachhaltigkeitsdimension regelmäßig als Ursache für Zielkonflikte genannt wird, wie in Abbildung 11.2 ersichtlich.

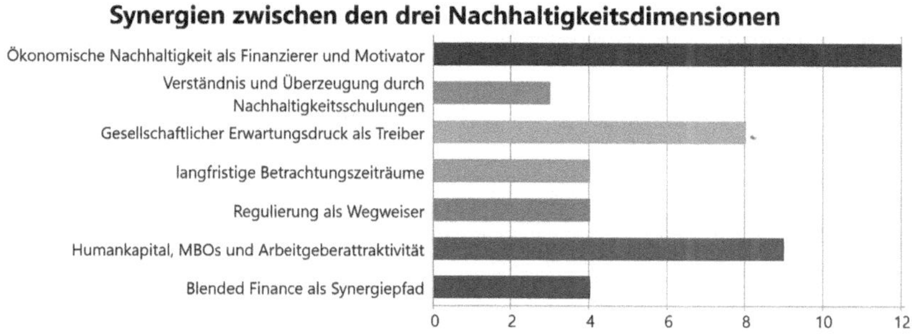

Abbildung 11.3 Thematische Schwerpunkte in der Hauptkategorie Synergien. (Quelle: MAXQDA)

Synergien werden einhellig als positive Interdependenz zwischen den Nachhaltigkeitsdimensionen anerkannt und regelmäßig durch die Experten in ihrer täglichen Arbeit i. Z. m. dem Nachhaltigkeitsmanagement beobachtet. Basierend auf den Erfahrungen der Experten wird insbesondere die synergetische Wirkung der ökonomischen Stärke einer Bank als Finanzierer für die ökologische und soziale Nachhaltigkeit gesehen, wie aus Abbildung 11.3 hervorgeht.

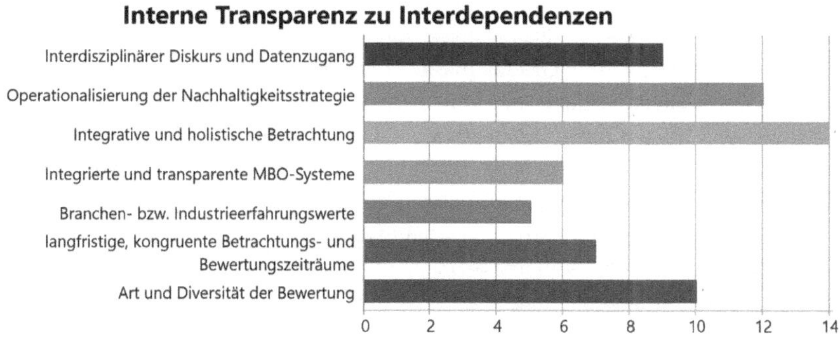

Abbildung 11.4 Schwerpunkte in der Hauptkategorie Transparenzmechanismen. (Quelle: MAXQDA)

Die interne Transparenz über Interdependenzen betreffend sind die Experten insbesondere davon überzeugt, dass eine integrative und holistische Betrachtungsweise des Nachhaltigkeitsbegriffs hierfür unabdingbar ist, wie Abbildung 11.4

veranschaulicht. Jedoch wird gleichzeitig in der Operationalisierung der Nachhaltigkeitsstrategie eine große Herausforderung gesehen, die nach Ansicht der Experten ihrerseits eine Grundlage für die Identifikation von und Transparenz über Interdependenzen darstellt.

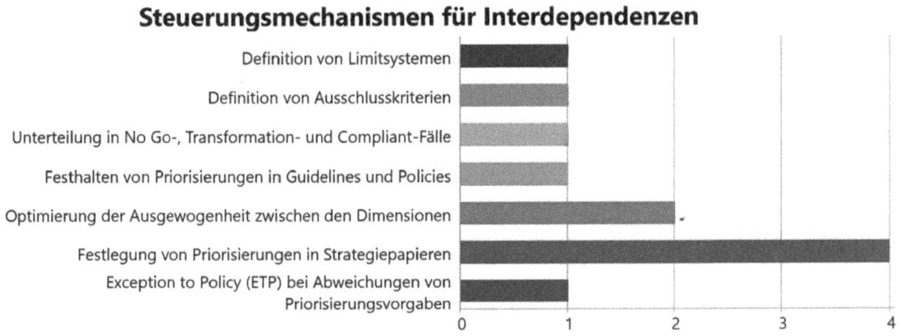

Abbildung 11.5 Schwerpunkte in der Hauptkategorie Steuerungsmechanismen. (Quelle: MAXQDA)

Letztendlich wird aus Abbildung 11.5 deutlich, dass zum Zeitpunkt der Interviews eine Auseinandersetzung mit Steuerungsmechanismen für Interdependenzen durch die Experten noch nicht intensiv stattgefunden hat.

Tendenziell haben sich diese Auswertungsergebnisse bereits im Laufe des Interviewprozesses in ihrer Grundstruktur abgezeichnet, da die Experten grundsätzlich eher zu Zielkonflikten und Transparenzmechanismen berichteten als über Synergien und Steuerungsmechanismen zwischen den drei Nachhaltigkeitsdimensionen. Dies ist auch in den Abbildungen 11.1 und 11.6 sowie in den Tabellen 11.1 und 11.2 ersichtlich. Der Grund könnte darin liegen, dass die Experten in der Umsetzung der Nachhaltigkeitsstrategie oftmals auf Zielkonflikte zurückzuführende Probleme stoßen, wodurch diese Zielkonflikte auch in deren Bewusstsein gerückt werden. Synergien verursachen gemäß der Interviewergebnisse keine Umsetzungshindernisse, vielmehr profitieren Unternehmen von diesen oftmals unbemerkt. Synergien entstehen jedoch nicht immer ohne unternehmerisches Zutun, sondern bedingen oftmals eine bewusste Steuerung bzw. die Abwägung von Handlungsoptionen, um Zielkonflikte in Synergien zu verwandeln. Vor diesem Hintergrund könnte die Problematik der Nennung von Synergien durch die Experten auf eine zu wenig intensive bzw. bewusste Auseinandersetzung mit Steuerungsmechanismen sowie mit unterschiedlichen

Handlungsoptionen zurückzuführen sein. Mangelndes Bewusstsein über Möglichkeiten, Zielkonflikte in Synergien umzuwandeln, könnte zudem verpasste Chancen bedingen. Dieser Begründungsversuch kann bislang allerdings nicht durch die Forschung untermauert werden. Somit sind die Aussagen dieses Absatzes lediglich als Hypothesen anzusehen, die allenfalls im Rahmen einer gesonderten Forschungsarbeit einer Überprüfung unterzogen werden könnten.

Die explizite und bewusste Auseinandersetzung insbesondere mit Steuerungsmechanismen für Interdependenzen zwischen den Nachhaltigkeitsdimensionen, teilweise jedoch auch mit Transparenzmechanismen, hat durch die Nachhaltigkeitsexperten nach eigenen Angaben noch kaum stattgefunden. Aus diesem Grund bewegt sich die Diskussion zu diesen beiden Hauptkategorien mehrheitlich im Bereich wünschenswerter bzw. geplanter Ansätze anstatt zu bereits im Einsatz befindlichen bzw. erprobten Lösungen. Die Experten äußern mangels Erfahrung mit einer entsprechenden praktischen Umsetzung zum Zeitpunkt der Interviews somit oftmals ihre Gedanken darüber, wie solche internen Transparenz- und Steuerungsmechanismen möglicherweise ausgestaltet sein könnten. Daher überrascht es in weiterer Konsequenz auch nicht, dass insbesondere mögliche Steuerungsmechanismen auffallend zurückhaltend genannt werden, wenngleich die vorgebrachten Ansätze praktikabel und damit wertvoll für die Forschung und Praxis erscheinen.

Vor diesem Hintergrund ist jedoch die Feststellung anhand Tabelle 11.2 bedeutsam, dass alle 15 Experten Zielkonflikte, Synergien als auch Transparenzmechanismen nennen, während lediglich ein Teil der Experten auf mögliche Steuerungsmechanismen für Interdependenzen eingehen. Hierbei ist anzumerken, dass an der Qualität bzw. Zusammensetzung des Expertenkreises aufgrund der sehr guten Abdeckung der verschiedenen Teilaspekte der Forschungsfragen nicht gezweifelt wird.

Tabelle 11.2 Codierungen in Hauptkategorien pro Fall. (Quelle: Eigene Darstellung)

	B01	B02	B03	B04	B05	B06	B07	B08	B09	B10	B11	B12	B13	B14	B15
Zielkonflikte	x	x	x	x	x	x	x	x	x	x	x	x	x	x	x
Synergien	x	x	x	x	x	x	x	x	x	x	x	x	x	x	x
Transparenz	x	x	x	x	x	x	x	x	x	x	x	x	x	x	x
Steuerung	x				x					x	x	x	x		x

Zielkonflikte
Transparenzmechanismen
Synergien
Steuerungsmechanismen

Für die Analyse sehr bedeutsame Aussagen lassen sich auch aus der gemeinsamen Betrachtung von Tabelle 11.3 und Abbildung 11.6 ableiten, welche ein Dokumenten-Vergleichsdiagramm mit standardisierten Dokumentenlängen aus MAXQDA darstellt (Kuckartz & Rädiker, 2020, S. 102–103). Erkennbar wird, dass die Experten tendenziell in der ersten Interviewhälfte, welche durch offene Fragestellungen zur Anregung des Erzählflusses gekennzeichnet ist und die Interviewten ihre Schwerpunkte innerhalb des vorgegebenen Rahmens selbst setzen können, mehrheitlich auf Zielkonflikte und Transparenzmechanismen zu sprechen kommen und diese beiden Hauptkategorien bis zum Ende des Interviews auch immer wieder adressieren. Erst in der zweiten Hälfte der Interviews, die mehrheitlich von Präzisierungs- und Steuerungsfragen geprägt ist, um eine möglichst umfängliche Abdeckung der sich aus den Forschungsfragen ergebenden Hauptkategorien zu gewährleisten, kommt es zu vermehrten Codierungen der Synergien und Steuerungsmechanismen. Die Schwerpunktsetzung in den beiden Interviewhälften wird durch die Darstellung unterschiedlich großer „X“ in Tabelle 11.3 dargestellt.

Tabelle 11.3 Codierungen in Hauptkategorien im Interviewverlauf. (Quelle: Eigene Darstellung)

Hauptkategorien	1. Hälfte des Interviews	2. Hälfte des Interviews
Zielkonflikte	X	x
Synergien	x	X
Transparenzmechanismen	X	x
Steuerungsmechanismen	x	X

Zielkonflikte Synergien Transparenzmechanismen Steuerungsmechanismen

Wie aus Tabelle 11.4 ersichtlich, ergibt ein Gruppenvergleich (Kuckartz & Rädiker, 2020, S. 91–94) i. Z. m. der Betrachtung der Relevanz, Tiefe und Klarheit der Antworten pro Expertengruppe ein leichtes Gefälle der Gruppe der Unternehmensberater und IT-Anbieter im Unterschied zu den übrigen beiden Expertengruppen. Daraus lässt sich eine gewisse Zurückhaltung bei der Involvierung von externen Beratern im Umgang mit Interdependenzen durch Banken

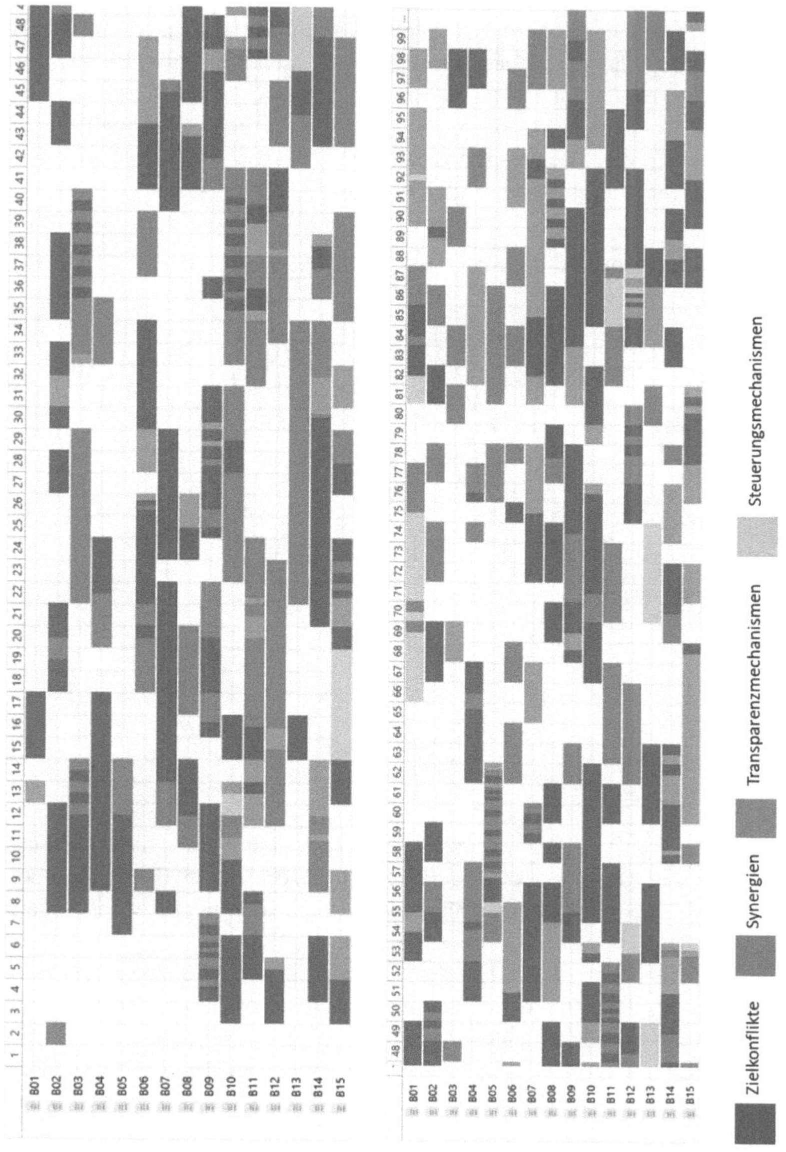

Abbildung 11.6 Dokumenten-Vergleichsdiagramm mit standardisierter Dokumentenlänge. Zur besseren Lesbarkeit in zwei Teile gegliedert. (Quelle: MAXQDA)

ableiten. Den Interviewten dieser Gruppe scheint es an Prozesswissen zu mangeln, während ihnen technisches Wissen und Deutungswissen (Bogner & Menz, 2009b, S. 70–71) nicht abgesprochen werden können. Interessensverbände und Aufsichtsbehörden scheinen hingegen im ähnlichen Maße vertieften Einblick in gegenständliche Fragestellungen zu haben wie die Nachhaltigkeitsmanager in Banken.

Erwähnenswerte geschlechterspezifische bzw. regionale Auffälligkeiten können im Rahmen weiterer Gruppenvergleiche nicht festgestellt werden.

Tabelle 11.4 Datenqualität und Tiefe der Daten pro Expertengruppe. (Quelle: Eigene Darstellung)

Expertengruppe	Zusammensetzung der Fälle	Datenqualität/ Tiefe
Nachhaltigkeitsmanager in Banken	8	○ ○ ●
Aufsichtsbehörden, Interessensverbände, andere Institutionen	4	○ ○ ●
Unternehmensberater und IT-Lösungsanbieter	3	○ ○ ●
Summe	15	

● schlecht
○ mittel
● gut

Nachdem Abschnitt 11.2.2 einerseits der kategorienbasierten Analyse entlang der Hauptkategorien sowie den strukturellen Aspekten der Fälle gewidmet war, sollen in weiterer Folge die inhaltlichen Aspekte aufgezeigt bzw. analysiert werden.

Dabei wird neben den Subkategorien auch auf die Sub-Subkategorien eingegangen, die im Fall der ersten beiden Hauptkategorien der Zielkonflikte und Synergien die konkret genannten kontextspezifischen Interdependenzen zwischen den drei Nachhaltigkeitsdimensionen bei Banken in der Schweiz und in Liechtenstein differenziert wiedergeben, und somit zur Beantwortung der ersten Forschungsfrage wesentlich beitragen.

Im Fall der Transparenzmechanismen werden Subkategorien durch die Entwicklung von Sub-Subkategorien aufgefächert, sofern dies zum Zweck des Aufzeigens der unterschiedlichen Aspekte in der Analyse angezeigt ist, andernfalls wird darauf verzichtet.

Hinsichtlich der Steuerungsmechanismen erscheint eine Untergliederung in Sub-Subkategorien in keinem Fall sinnvoll. Alle relevanten Aspekte können durch die Subkategorien in einem ausreichenden Detaillierungsgrad dargestellt werden.

11.2.3 Ergebnisse zu Zielkonflikten zwischen den Nachhaltigkeitsdimensionen

In weiterer Folge wird auf die acht Unterkategorien der Hauptkategorie der Zielkonflikte zwischen den drei Nachhaltigkeitsdimensionen eingegangen und die Ergebnisse anhand von Abbildung 11.7 dargestellt. Erwähnenswert ist vor diesem Hintergrund, dass neben den sieben allgemeingültigen Subkategorien, die auf alle

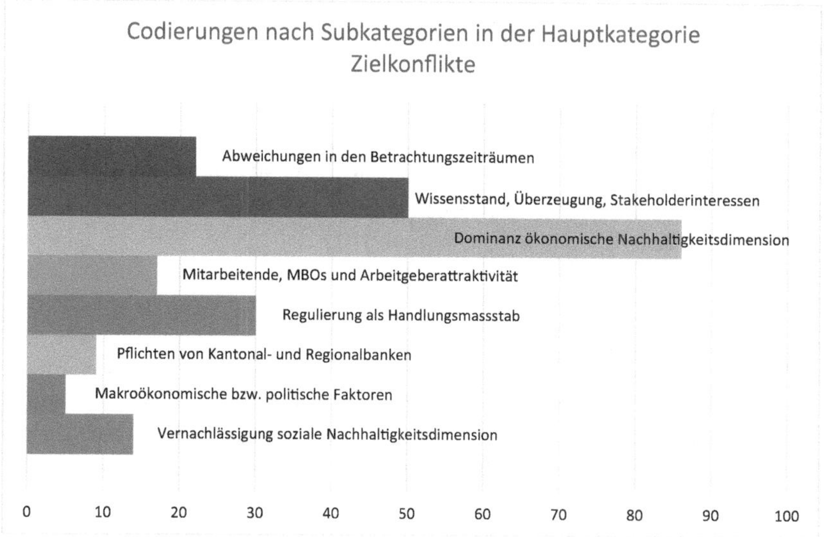

Abbildung 11.7 Überblick über die Codierungen nach Subkategorie in der Hauptkategorie der Zielkonflikte. (Quelle: Eigene Darstellung)

Banken in der Schweiz und in Liechtenstein anwendbar sein können, eine Subkategorie kontextspezifisch Zielkonflikte für Kantonal- und Regionalbanken dieser beiden Länder adressiert.

11.2.3.1 Dominanz ökonomische Nachhaltigkeitsdimension

Ein besonderer Schwerpunkt wird durch die Experten auf die Zielkonflikte gelegt, welche sich insbesondere aus der Dominanz der ökonomischen Nachhaltigkeitsdimension und somit der Priorisierung der ökonomischen Nachhaltigkeit ggü. der ökologischen sowie der sozialen Nachhaltigkeitsdimension im Rahmen von Entscheidungsprozessen ergeben. Zu dieser Subkategorie werden eine Reihe verschiedener Aspekte subsumiert, auf die in weiterer Folge eingegangen wird. Tabelle 11.5 gibt zunächst einen Überblick über die genannten Aspekte.

Zunächst wird der Zielkonflikt zwischen den Wachstums- bzw. Wirtschaftlichkeitszielen zu den übrigen Nachhaltigkeitszielen einer Bank betont. Beispielhaft werden Aussagen getätigt, wonach Nachhaltigkeitsziele lediglich unter der Voraussetzung umgesetzt würden, dass diese auch Wachstumsziele unterstützen (Interview mit B07, 08.02.2024, Pos. 10; Interview mit B09, 15.01.2024, Pos. 4). Ein weiteres Beispiel beschreibt die Gefahr der Abwanderung von Kunden zur Konkurrenz, verursacht durch die Einführung von Nachhaltigkeitskriterien für Hypotheken, da nicht alle Kunden ESG-Kriterien in ihren Bau- bzw. Sanierungsprojekten berücksichtigen können oder wollen (Interview mit B10, 10.01.2024, Pos. 38). Ebenso sind einzelne Experten der Ansicht, dass grüne Hypotheken eine geringere Zinsmarge für die Bank nach sich ziehen können, dies insbesondere, wenn sie zu vorteilhafteren Konditionen im Vergleich zu konventionellen Hypotheken ausgegeben werden, jedoch gleichzeitig einen höheren Beratungsaufwand nach sich ziehen (Interview mit B10, 10.01.2024, Pos. 28 und 30). Zudem wird die Gefahr der sozialen Benachteiligung einzelner Kunden durch Ausschluss konventioneller Hypotheken aus dem Produktportfolio von Banken gesehen (Interview mit B02, 29.02.2024, Pos. 34).

Dem Angebot von ESG-Anlageprodukten wird in einigen Fällen der Zweck der ausschließlichen Verfolgung von Marketing- bzw. Kommunikationsstrategien unterstellt, insbesondere bei Angeboten nachhaltiger ESG-Anlagen neben einer überwiegenden Zahl konventioneller Produkte, sofern dabei ein verschwindend geringer Teil der Assets in die nachhaltigen Produkte investiert sind. Auf der anderen Seite wird eingestanden, dass auch wirtschaftliche Vorteile bei ESG-Anlageprodukten für die Bank bestehen, da mit diesen Produkten höhere Gebühren vereinnahmt werden können, obgleich oftmals die Performance schlechter ausfällt als bei konventionellen Anlagen, womit der Kunde in zweierlei

Tabelle 11.5 Ebenen der Subkategorie „Dominanz ökonomische Nachhaltigkeitsdimension". (Quelle: Eigene Darstellung)

Subkategorie	Sub-Subkategorie	Ggf. Erläuterungen
Dominanz ökonomische Nachhaltigkeitsdimension.	Wachstum bzw. Wirtschaftlichkeit vs. Nachhaltigkeit.	Nachhaltigkeitsziele werden lediglich dann verfolgt, wenn diese wirtschaftlichen Erfolg versprechen.
		Nachhaltigkeitskriterien für Hypotheken begünstigen die Abwanderung von Kunden zur Konkurrenz.
		Grüne Hypotheken zu vorteilhaften Konditionen resultieren in geringeren Margen für die Bank, dies bei erhöhtem Zeitaufwand für die Beratung. Ggf. kommt es zu sozialem Ausschluss von Kunden.
	ESG-Anlagen weisen geringe Bedeutung auf.	Keine Anwendung von ESG-Kriterien für eigene Anlagen, entweder mangels Verfügbarkeit oder aufgrund nachteiliger Performanceerwartungen.
		Negative Marktwahrnehmung zu Renditechancen nachhaltiger Anlagen behindern den Erfolg derselben.
		ESG-Anlagen sollen lediglich Marketingeffekte entfalten.
		ESG-Anlagen werden lediglich angeboten, um höhere Gebühreneinnahmen zu generieren.

(Fortsetzung)

Tabelle 11.5 (Fortsetzung)

Subkategorie	Sub-Subkategorie	Ggf. Erläuterungen
	Kunden fragen nachhaltige Produkte nur nach, wenn diese wirtschaftlich vorteilhaft bzw. leistbar sind.	
	Zielkonflikte zur Ökonomie führen zu langen Transitionsphasen.	Kunden sollen nicht in Folge zu schneller Transformation der Konkurrenz überlassen werden.
	Nachhaltigkeit verbraucht personelle Ressourcen und erhöht damit die Kostenbasis.	
	Dividendenerwartungen der Investoren behindern Investitionen in Nachhaltigkeit.	
	ESG-Kriterien im KYC-Prozess werden aus ökonomischen Beweggründen nicht angesetzt.	Nachhaltigkeitskriterien i. Z. m. der Mittelherkunft der Kundengelder.
	Ökologische Geschäftsmodelle sind oftmals bei Start-ups zu finden und bedingen ein höheres Risikoprofil.	
	Regionale CO_2-Kompensationsprojekte sind teurer, jedoch besser überwachbar als ausländische Projekte.	

Hinsicht negativ belastet wird und in weiterer Folge abwandern könnte (Interview mit B09, 15.01.2024, Pos. 18; Interview mit B12, 01.02.2024, Pos. 14). Die negative Marktwahrnehmung zu Renditechancen bei ESG-Anlagen i. V. z. konventionellen Produkten hemmt den Erfolg der ESG-Produkte insgesamt, dies vor allen auch i. Z. m. den eigenen Anlageentscheidungen der Banken (Interview mit B02, 29.02.2024, Pos. 16; Interview mit B07, 08.02.2024, Pos. 12; Interview mit B14, 18.01.2024, Pos. 4). Damit gehen in weiterer Folge Verluste der Glaubwürdigkeit einher, wenngleich der Grund für die Investition der eigenen Anlagen der Bank in konventionelle Anlagen auch im begrenzten Angebot von sog. Green Bonds gesehen wird (Interview mit B02, 29.02.2024, Pos. 38).

Einen entscheidenden Zielkonflikt sehen die Experten auch in der Priorisierung der ökonomischen Interessen seitens des Kunden. Zwar könne man das grundsätzliche Interesse von Kunden an nachhaltigen Produkten erkennen, allerdings vornehmlich dann, wenn sich Renditechancen und Kostenbelastungen vergleichbar oder besser als bei konventionellen Produkten darstellten (Interview mit B01, 21.03.2024, Pos. 4; Interview mit B06, 26.01.2024, Pos. 10; Interview mit B07, 08.02.2024, Pos. 12).

Anstelle einer schnellen und konsequenten Umstellung auf ein nachhaltiges Geschäftsmodell wird einer möglichst langen Transitionsphase bzw. einer längeren Phase des Parallelbetriebs traditioneller und nachhaltiger Produkte der Vorzug gegeben (Interview mit B08, 07.02.2024, Pos. 12; Interview mit B10, 10.01.2024, Pos. 2). Die Experten geben an, dass Banken i. d. Z. weder sog. First Mover noch sog. Fast Mover sein möchten, da diese insbesondere die Abwanderung von Bestandskunden zur Konkurrenz und damit ökonomische Einbußen befürchten. Auch wird als Nachteil gesehen, dass potenzielle Neukunden, die konventionelle Produkte nachfragen, der Konkurrenz überlassen werden und damit die eigene Kundenzielgruppe dezimiert wird. Das Glaubwürdigkeitsdilemma aus dem Parallelbetrieb von nachhaltigen und konventionellen Produkten, womit auch die Erschließung von an nachhaltigen Produkten interessierten Kundengruppen gefährdet wird, erachten die Experten jedoch als gering (Interview mit B08, 07.02.2024, Pos. 20; Interview mit B09, 15.01.2024, Pos. 24).

Ein Zielkonflikt zur ökonomischen Nachhaltigkeitsdimension ergibt sich zudem aus der Tatsache, dass effektives Nachhaltigkeitsmanagement personelle Ressourcen beansprucht. Werden zusätzliche Planstellen geschaffen, verursacht dies zunächst eine Erhöhung der Kostenbasis. Die daraus resultierenden ökonomischen Vorteile, die meist in der Zukunft liegen, können oftmals nicht zuverlässig antizipiert werden. Schafft die Bank allerdings keine zusätzlichen personellen Ressourcen, so werden die bestehenden Ressourcen mit zusätzlichen Aufgaben belastet. Dies kann dazu führen, dass entweder die Nachhaltigkeitsziele mangels verfügbarer Zeit nicht weiterverfolgt werden können oder etwa Front-Mitarbeitende nicht ausreichend Zeit für ihre Kunden haben, obgleich ESG-Produkte beratungsintensiv sind. Die Zielerreichung wird in jedem Fall gefährdet (Interview mit B10, 10.01.2024, Pos. 20; Interview mit B14, 18.01.2024, Pos. 28).

Investitionen in Nachhaltigkeitsbelange belasten, zumindest kurzfristig betrachtet, das Ergebnis einer Bank und können so in einem Zielkonflikt zu den

Dividendenerwartungen der Investoren stehen (Interview mit B14, 18.01.2024, Pos. 18; Interview mit B15, 10.01.2024, Pos. 2).

Als besonders plakatives Beispiel für einen Zielkonflikt zur ökonomischen Nachhaltigkeitsdimension wird die Tatsache genannt, dass ESG-Kriterien in sog. know-your-customer-Prozesse (KYC-Prozesse) der Banken noch keinen Einzug gefunden haben (Interview mit B09, 15.01.2024, Pos. 22; Interview mit B10, 10.01.2024, Pos. 44). Der Begriff der KYC ist im Bankensektor aus der Sorgfaltspflichtregulierung bekannt und beschreibt die Pflicht einer Bank zur strengen Durchleuchtung von Kunden und Mitteln zur Verhinderung von Geldwäsche und Terrorismusfinanzierung. Erfüllt die Bank ihre Sorgfaltspflichten i. d. Z. nicht, kann es zu empfindlichen finanziellen und rechtlichen Folgen für die Bank kommen. Auch können den verantwortlichen Managern persönliche Folgen drohen. Nachhaltigkeitskriterien hingegen müssen durch Banken auf die Mittelherkunft der Kunden nicht angewendet werden. Ob die künftige Regulierung i. d. Z. Veränderungen bringen wird, gilt es abzuwarten. Die CSDDD kennt bereits Sorgfaltspflichten i. Z. m. Nachhaltigkeitskriterien in der Aktivitätenkette, wie in Teil I/ Abschnitt 6.2.4 ausgeführt wurde, jedoch bleiben Finanzinstitute mit Bezug auf ihre sog. Downstream-Aktivitäten vorerst verschont.

Nachhaltige Anlagen betreffend wird vorgebracht, dass es sich bei Unternehmen, die neuartige, rein nachhaltige Geschäftsmodelle betreiben, oftmals um Start-ups handelt, die noch keinen langjährigen, positiven track-record vorweisen können und damit als risikoreiche Investitionsobjekte anzusehen seien. Je höher das Risiko, desto höher müssten die Renditechancen ausfallen, um das Interesse der Kunden bzw. Banken wecken zu können (Interview mit B09, 15.01.2024, Pos. 8).

Eine Kompensation von CO_2-Emissionen stellt heute ein wesentliches Element von Nachhaltigkeitsstrategien von Banken dar, insbesondere zur Erreichung eines Netto-Null-Ziels. Vor diesem Hintergrund wird insbesondere auf den Zielkonflikt hingewiesen, dass internationale Kompensationsprojekte oftmals um das 10- bis 20-fache günstiger sind als regionale Projekte in der Schweiz und in Liechtenstein, gleichwohl aber die Effektivität der regionalen Projekte besser überwachbar und zudem mit der regionalen Ausrichtung einiger Banken besser vereinbar wären (Interview mit B15, 10.01.2024, Pos. 8).

11.2.3.2 Wissensstand, Überzeugung, Stakeholderinteressen

Die Subkategorie „mangelndes Wissen, fehlende Überzeugung und abweichende Stakeholderinteressen“ hat bei den interviewten Experten eine hohe Bedeutung i.

Z. m. Zielkonflikten aufgezeigt, da diese mitunter als ursächlich für die Entstehung von Zielkonflikten angesehen wird. Tabelle 11.6 gibt einen Überblick über die Subkategorie.

Tabelle 11.6 Ebenen der Subkategorie „Wissensstand, Überzeugung, Stakeholderinteressen". (Quelle: Eigene Darstellung)

Subkategorie	Sub-Subkategorie	Ggf. Erläuterungen
Wissensstand, Überzeugung, Stakeholderinteressen.	Mangelnde Überzeugung von und mangelndes Verständnis zu Nachhaltigkeitsbelangen beim Management sowie den Investoren.	
	Mangelndes Wissen des Top-Managements, womit eine effektive Operationalisierung der Nachhaltigkeitsziele nicht von Erfolg geprägt ist.	Interdependenzen werden nicht erkannt und das Wissen um die Umwandlung von Zielkonflikten in Synergien fehlt weitestgehend.
	Dem Top-Management liegen Informationen oftmals nicht im erforderlichen Detaillierungsgrad vor, um Interdependenzen erkennen zu können.	
	Der Wissensstand des Managements beschränkt sich lediglich auf traditionelle quantitative Messgrößen.	
	Mangelnde Überzeugung von und mangelndes Verständnis zu ESG-Produkten bei den Front-Mitarbeitenden.	
	Fehlende Überzeugung bei Mitarbeitenden.	Mangelnder Einbezug aller Organisationseinheiten und Ebenen ins Nachhaltigkeitsmanagement.
	Konfliktäre Stakeholderinteressen.	

Zunächst sind sich einige Experten einig darüber, dass mangelnde Überzeugung von und fehlendes Wissen zu Nachhaltigkeitsbelangen im Management sowie bei den Investoren einer vertieften Auseinandersetzung mit dem Thema im Wege stehen und damit Zielkonflikte unentdeckt bleiben können (Interview mit B11, 08.02.2024, Pos. 4; Interview mit B12, 01.02.2024, Pos. 16).

Den mangelnden Wissensstand im Top Management ordnen die Experten etwa der Tatsache zu, dass viele Banken ein Netto-Null-Ziel im Rahmen ihrer Nachhaltigkeitsstrategie kommunizieren, ohne die Konsequenzen für ihr Geschäftsmodell insgesamt zu antizipieren. Insbesondere die mangelnde Operationalisierung verhindert nach Meinung einiger Experten hierbei das Erkennen von Zielkonflikten zwischen den Zielen der Geschäfts- und Nachhaltigkeitsstrategie (Interview mit B02, 29.02.2024, Pos. 8).

Gerade auf der Ebene des Top-Managements, somit auf der Geschäftsleitungs- und Verwaltungsratsstufe, sind Informationen zudem oftmals nicht in einem zulänglichen Detaillierungsgrad verfügbar, wodurch die Identifikation von Zielkonflikten erschwert und damit die Gefahr der Materialisierung derselben gefördert wird. Das Top-Management benötigt ausreichend Informationen, um Zielkonflikte erkennen, auflösen bzw. steuern zu können (Interview mit B02, 29.02.2024, Pos. 26 und 28; Interview mit B14, 18.01.2024, Pos. 8).

Zudem ist das Management nach wie vor hauptsächlich auf die konventionellen, traditionellen quantitativen Kennzahlen fokussiert (Interview mit B14, 18.01.2024, Pos. 14). Die neuen quantitativen Kennzahlen und qualitativen Bewertungsmethoden des Nachhaltigkeitsmanagements sind jedoch noch weitestgehend unbekannt. Beispielhaft nennen die Experten die CO_2-Bilanzierung, das Impact Accounting, Key Sustainability Indicators (KSIs), die GAR sowie Ansätze wie die Sustainability Balanced Scorecard (SBSC) oder die SWOT-Analyse unter Einbezug von Nachhaltigkeitsbelangen (Interview mit B10, 10.01.2024, Pos. 10; Interview mit B13, 17.01.2024, Pos. 14).

Insbesondere im Fall von Front-Mitarbeitenden wird deren persönliche Überzeugung von Nachhaltigkeitsprodukten als wesentlich angesehen, um die notwendige fachliche Auseinandersetzung mit dem Thema zu begünstigen und damit den Erfolg in der Interaktion mit dem Kunden zu gewährleisten. Ein nicht von nachhaltigen Produkten überzeugter oder ihre Spezifika nicht ausreichend verstehender Front-Mitarbeitender kann diese auch nicht erfolgreich in der Beratung vertreten. Zudem entsteht ein persönlicher Zielkonflikt, wenn die Überzeugung zum Thema Nachhaltigkeit grundsätzlich fehlt (Interview mit B02, 29.02.2024, Pos. 22; Interview mit B06, 26.01.2024, Pos. 10; Interview mit B14, 18.01.2024, Pos. 8).

Auch die fehlende Überzeugung bzw. Einsicht der Mitarbeitenden anderer Fachbereiche darüber, dass auch kleine Organisationen bzw. Organisationseinheiten einen wertvollen Beitrag zu bzw. Wirkung im Nachhaltigkeitsmanagement leisten können, kann hinderlich sein (Interview mit B11, 08.02.2024, Pos. 26).

Daher ist es erforderlich, alle Organisationseinheiten auf dem Weg zu einem nachhaltigen Geschäftsmodell und zur Erreichung der Ziele mitzunehmen (Interview mit B07, 08.02.2024, Pos. 14).

Konfliktäre Stakeholderinteressen werden ebenfalls als Quelle von Zielkonflikten gesehen, die den Erfolg des Nachhaltigkeitsmanagements in Banken gefährden können. Als Stakeholdergruppen werden vor dem Hintergrund insbesondere Kunden, Mitarbeitende, das Management, der Regulator, die Aufsichtsbehörden sowie Investoren bezeichnet, die mitunter konträre Interessen verfolgen können (Interview mit B01, 21.03.2024, Pos. 8; Interview mit B08, 07.02.2024, Pos. 24).

11.2.3.3 Regulierung als Maßstab

Zielkonflikte können nach Ansicht der Experten insbesondere dann auftreten, wenn Banken ihre Nachhaltigkeitsbemühungen ausschließlich auf bereits in Kraft getretene gesetzliche Bestimmungen reduzieren. Die resultierenden Zielkonflikte können unterschiedlich ausgeprägt sein, wie in Tabelle 11.7 ersichtlich.

Zum einen orientieren sich einige Banken i. Z. m. ihren Nachhaltigkeitsbemühungen ausschließlich an der Regulierung, um Investitionen zu vermeiden, die aus falscher Antizipation künftiger Regulierung ggf. abgeschrieben werden müssen. Zum anderen sollen durch die ausschließliche Befolgung der Regulierung i. Z. m. Nachhaltigkeitsbelangen mögliche Folgen aus der Verletzung der sog. Fiduciary Duty vermieden werden. Die Experten erachten es als große Herausforderung, ein zwischen den drei Nachhaltigkeitsdimensionen ausgewogenes Nachhaltigkeitsmanagement auszugestalten, insbesondere da nach wie vor Teilbereiche kaum bis gar nicht reguliert sind. Gleichzeitig unterliegt die Nachhaltigkeitsregulierung aktuell einer sehr hohen Dynamik. Die Bezeichnung der sog. Moving Target beschreibt dieses Phänomen sehr gut. Bestehende Unsicherheiten erschweren zudem proaktives Handeln (Interview mit B04, 21.02.2024, Pos. 6).

Die Regulierung deckt im Bereich der Ökologie heute hauptsächlich den Teilbereich der Reduktion von Treibhausgasemissionen ab, wohingegen die Wahrung bzw. Förderung der Biodiversität nur langsam in den Fokus rückt. Alle übrigen Bereiche der Ökologie sind noch weitestgehend unreguliert. In der sozialen Nachhaltigkeitsdimension wiegt die fehlende Regulierung stärker als in der ökologischen. Deshalb orientieren sich Banken mehrheitlich an den altbekannten und damit vertrauten ökonomischen Mechanismen, wodurch Zielkonflikte zwischen den Nachhaltigkeitsdimensionen begünstigt werden können (Interview mit B02, 29.02.2024, Pos. 6; Interview mit B08, 07.02.2024, Pos. 16).

Tabelle 11.7 Ebenen der Subkategorie „Regulierung als Maßstab“. (Quelle: Eigene Darstellung)

Subkategorie	Sub-Subkategorie	Ggf. weitere Erläuterungen
Regulierung als Maßstab.	Unsicherheiten aufgrund fehlender Regulierung in den Dimensionen Ökologie und Soziales, dies im Spannungsfeld zu den gesetzlichen Pflichten für Manager profitorientierter Unternehmen.	Fiduciary Duty und die Gefahr von Fehlinvestitionen.
	Regulierung deckt lediglich Teilaspekte der Nachhaltigkeit ab, wodurch Banken einen eingeschränkten Blick auf Nachhaltigkeitsaspekte einnehmen.	In der ökologischen Dimension hauptsächlich die Reduktion von CO_2-Emissionen. Nach und nach kommt die Wahrung bzw. Förderung der Biodiversität hinzu. In der sozialen Dimension hauptsächlich Arbeitnehmerbelange und Menschenrechte.
	Persönliche Überzeugung bzw. Moral vs. Erfüllung klarer Vorgaben und Erwartungen.	Mehrfach wurde hierbei das Thema der Frauenquote genannt.
	Übererfüllung der regulatorischen Vorgaben kann die Konkurrenz begünstigen.	Insb. wenn Wettbewerber derweil ihre ökonomischen Ziele optimieren.
	Zielkonflikte entstehen, wenn der Regulator nachhaltige Produktangebote verlangt, welche die Kunden nicht nachfragen.	

Während die Regulierung ein geregeltes System darstellt, an dem sich Unternehmen ungeachtet der Überzeugung ihrer Entscheidungsträger zu orientieren haben, baut die Selbstregulierung auf Eigeninitiative, mit der eine starke Prägung durch persönliche Moralvorstellungen und Überzeugungen der handelnden Personen einhergeht. Beispielhaft wird mehrfach das Thema der Frauenquote auf Managementebene genannt, welches im Rahmen der Selbstregulierung im Unterschied zu regulatorischen Vorgaben unterschiedliche Wirkungen entfalten kann, ungeachtet der gesellschaftlichen Erwartungshaltung, der mit kommunikativen Maßnahmen begegnet wird (Interview mit B03, 31.01.2024, Pos. 10; Interview mit B15, 10.01.2024, Pos. 54).

Einige Banken würden Nachhaltigkeitsmaßnahmen lediglich im regulierten Ausmaß umsetzen, da andernfalls ein Verlust von Marktvorteilen bzw. Kunden und somit ökonomische Vorteile für die Wettbewerber befürchtet werden (Interview mit B02, 29.02.2024, Pos. 24; Interview mit B07, 08.02.2024, Pos. 12; Interview mit B12, 01.02.2024, Pos. 24).

Kritisiert wird zudem der Zielkonflikt, dass der Regulator, der oftmals nach Meinung der Experten nicht ausreichend marktorientiertes Wissen mitbringt, nachhaltige Produktangebote von Banken verlange, welche durch Kunden in der Form jedoch nicht nachfragt würden (Interview mit B10, 10.01.2024, Pos. 16).

11.2.3.4 Abweichungen in den Betrachtungszeiträumen

Eine wesentliche Ursache für die Entstehung von Zielkonflikten wird in der Betrachtung unterschiedlicher Zeiträume, insbesondere für Maßnahmen-Wirkungs-Zusammenhänge, gesehen. Viele konventionelle Erfolgsgrößen sowie regulatorische Berichtszyklen sind auf eine kurzfristige Perspektive von einem Jahr ausgelegt. Oftmals orientieren sich daher auch Incentivierungssysteme, Ratings und Erwartungen der Investoren an kurzfristigen Betrachtungszeiträumen. Tabelle 11.8 gibt einen Überblick über die verschiedenen Aspekte dieser Subkategorie.

In diesem Zusammenhang wird argumentiert, dass eine kurzfristige Perspektive oftmals eingenommen wird, da der langfristige Impact aus Nachhaltigkeitsmaßnahmen sowie die langfristigen Risiken aus mangelnder Nachhaltigkeitsorientierung bzw. zukünftiger Nachhaltigkeitsregulierung sehr schwierig messbar und antizipierbar sind (Interview mit B09, 15.01.2024, Pos. 8 und 12; Interview mit B14, 18.01.2024, Pos. 8).

Dies führt zudem zu einer problematischen Einschätzung zu möglichen Risiken aus der Fiduciary Duty. Das Management muss stets mit unsicheren Prognosen zukünftig erwarteter Entwicklungen argumentieren, wenn dieses einen kurzfristigen Verzicht von Profit beabsichtigt, um langfristen Nutzen zu stiften bzw. mögliche, in der Zukunft liegende Risiken abzuwenden (Interview mit B09, 15.01.2024, Pos. 4).

Auch ist der kurzfristige Erfolg konventioneller Produkte besser antizipierbar als mögliche langfristige Kosten, z. B. aus allfälliger, in der Zukunft liegender, nachhaltigkeitsorientierter Steuerregulierung bzw. sonstiger Sanktionierungsmechanismen (Interview mit B14, 18.01.2024, Pos. 8).

Tabelle 11.8 Ebenen der Subkategorie „Abweichungen in den Berichtszeiträumen". (Quelle: Eigene Darstellung)

Subkategorie	Sub-Subkategorie	Ggf. weitere Erläuterungen
Abweichungen in den Betrachtungszeiträumen.	Langfristige Risiken, Impact und Entwicklung der Regulierung sind nur schwer zu antizipieren. Hingegen können kurzfristige Wirkungen verlässlich gemessen werden.	Die Fiduciary Duty und Business Judgment Rule sind für das Management von Unternehmen beachtlich.
		Unterschiedliche Ergebnisse in der Beurteilung von Interdependenzen je nach Länge des Betrachtungszeitraums, wobei kurzfristige Wirkungen leichter zu erfassen sind.
		Für ESG-Anlageprodukte ist ein langfristiger track-record oftmals noch nicht verfügbar.
	Erkaufen der Zielerreichung von Nachhaltigkeitszielen, z. B. durch CO_2-Kompensationsgeschäfte, schafft kurzfristigen Erfolg, jedoch keinen nachhaltigen Impact; Kompensationskosten fallen jedes Jahr erneut an, während die Umweltbelastung anhält.	

(Fortsetzung)

Tabelle 11.8 (Fortsetzung)

Subkategorie	Sub-Subkategorie	Ggf. weitere Erläuterungen
	Marketing i. Z. m. Nachhaltigkeit schafft kurzfristigen Wert im Unterschied zu nachhaltigem Impact, der sich zeitversetzt einstellt bzw. messen lässt.	
	Vermeidung von Investitionen in Nachhaltigkeit spart kurzfristig Geld. Weitervermarktung konventioneller Produkte bringt kurzfristige Erträge. Langfristig können höhere Kosten und ggf. auch Strafzahlungen resultieren.	

Zielkonflikte können zudem daraus entstehen, dass ESG-Anlagen möglicherweise zwar kurzfristig eine schlechtere Performance aufweisen, jedoch langfristig eine gleiche oder gar bessere Performance als konventionelle Anlageprodukte erzielen könnten. Gegenwärtig sind im Bereich der ESG-Anlagen lediglich wenige langfristige track-records verfügbar (Interview mit B02, 29.02.2024, Pos. 20; Interview mit B06, 26.01.2024, Pos. 10).

Investitionen in Nachhaltigkeitsmaßnahmen verursachen kurzfristig Kosten und wirken sich daher negativ auf den Erfolg der Bank aus. Langfristig werden damit allerdings Schäden abgewendet, Impact generiert oder künftige Ertragsquellen erschlossen. Wird nun eine Kosten-Nutzen-Betrachtung über einen kurzfristigen Zeitraum vorgenommen, könnte ein Zielkonflikt evident werden, wohingegen eine langfristige Kosten-Nutzen-Betrachtung Synergien zum Vorschein brächte (Interview mit B05, 11.01.2024, Pos. 16; Interview mit B12, 01.02.2024, Pos. 12).

Nicht nur Marketing zu Nachhaltigkeitsbelangen kann kurzfristigen Wert schaffen (Interview mit B12, 01.02.2024, Pos. 14). Auch kann die Kompensation von CO_2-Emissionen kurzfristige Erfolgsmeldungen im Nachhaltigkeitsmanagement ermöglichen, woraus jedoch langfristig betrachtet kein verlässlicher Impact resultiert. Ausgaben für Kompensationsprojekte müssen zudem Jahr für Jahr erneut aufgebracht werden. Wird hingegen in Impact investiert, entstehen kurzfristig zwar möglicherweise höhere Kosten als für Kompensationsprojekte, jedoch führen diese Investitionen langfristig zu positivem Impact sowie zur Vermeidung von weiteren Kosten und Schäden (Interview mit B02, 29.02.2024, Pos. 26).

11.2.3.5 Mitarbeitende, MBOs und Arbeitgeberattraktivität

Diese Subkategorie fasst Zielkonflikte zusammen, welche im Zusammenhang mit Mobilität von Mitarbeitenden, MBOs und der Arbeitgeberattraktivität stehen. Zunächst sehen viele Experten hauptsächlich synergetische Effekte zwischen Arbeitnehmerbelangen und Nachhaltigkeitsmaßnahmen. Im Verlauf einiger Interviews kristallisiert sich jedoch auch ein gewisses Potenzial für Zielkonflikte heraus, wie in Tabelle 11.9 ersichtlich. Auf die Synergien i. d. Z. wird in Abschnitt 11.2.4.2 eingegangen.

Gerade in der Ausgestaltung der MBOs innerhalb einer Organisation werden Zielkonflikte zwischen den MBO-Zielen einzelner Mitarbeitender verortet. MBOs bilden ein Anreizsystem, das oftmals mit finanziellen Vorteilen, wie Bonuszahlungen, verbunden ist. Beispielhaft wird von Fällen berichtet, in denen Front-Mitarbeitende ausschließlich kurzfristige Wachstumsziele in ihren MBOs vorfinden, wohingegen Nachhaltigkeitsmanager lediglich zur Erreichung eines langfristigen Netto-Null-Ziels incentiviert werden. Beide Ziele leiten sich isoliert betrachtet von der nicht integrierten Geschäfts- bzw. Nachhaltigkeitsstrategie des Unternehmens ab und stehen in einem Zielkonflikt zueinander. Die Front-Mitarbeitenden sind in weiterer Folge nicht bereit, zusammen mit dem Nachhaltigkeitsmanager ESG-Kriterien für ihre Tätigkeiten festzulegen, da dies die Erreichung ihrer Wachstumsziele erschweren könnte. Mangels Kooperationswilligkeit der Front-Mitarbeitenden ist es dem Nachhaltigkeitsmanager nicht möglich, seine Zielvereinbarung zu erfüllen (Interview mit B15, 10.01.2024, Pos. 14).

Allerdings wird es auch kritisch gesehen, Front-Mitarbeitenden Nachhaltigkeitsziele aufzuerlegen, insbesondere da diese in einem Zielkonflikt mit den Kundenpräferenzen stehen können. Aufgrund der Vorgaben der europäischen MiFID II-Regulierung und des Schweizer Finanzdienstleistungsgesetzes (FIDLEG) sind Kundenpräferenzen zu respektieren (Interview mit B10, 10.01.2024, Pos. 24).

Ein weiteres Beispiel betrifft die Performanceziele von Portfoliomanagern. Zum einen soll die Performance der Portfolios auf gleichem Niveau gehalten werden wie im Vorjahr, damals noch unter konventionellen Vorgaben. Zum anderen sollen nunmehr neue ESG-Kriterien sowie Ausschlusslisten beachtet werden. Zweiteres schränkt das Anlageuniversum ein und führt dazu, dass die Portfoliomanager die Performanceziele nicht stabil halten können und damit finanzielle Einbußen in ihrer variablen Vergütung erleiden. Dies führt zu Abwanderungen zur Konkurrenz und geht schließlich mit ökonomischen Nachteilen für eine Bank einher (Interview mit B15, 10.01.2024, Pos. 46).

Tabelle 11.9 Ebenen der Subkategorie „Mitarbeitende, MBOs und Arbeitgeberattraktivität“. (Quelle: Eigene Darstellung)

Subkategorie	Sub-Subkategorie	Weitere Untergliederung
Mitarbeitende, MBOs und Arbeitgeberattraktivität.	MBOs.	Kundenpräferenzen nach MiFID II vs. MBO-Ziele der Front-Mitarbeitenden.
		Portfoliomanager mit Performancezielen vs. ESG-Vorgaben.
		Widersprüchliche MBO-Ziele in der Belegschaft.
		MBO-Ziele als Treiber für Mitarbeitende können Zielkonflikte verstärken, wenn diese unentdeckt blieben.
	Mobilität.	Bankgeschäfte als Vertrauensbusiness vs. Videokonferenzen statt Flugreisen.
		CO_2-Reduktionsmaßnahmen vs. Pendlerverkehr in ländlichen Gegenden.
		Zugreisen statt Individualreisen vs. Bequemlichkeit.
	Kosten-Nutzen-Betrachtung zu New Work-Ansätzen, Gleichstellung und Diversität.	
	Megatrend Nachhaltigkeit vs. Arbeitsplatzverluste.	
	Homeofficepflicht vs. soziales Wohlbefinden.	

Zusammengefasst betonen die Experten, dass MBO-Ziele ein effektives Anreizsystem darstellen. Eben aus diesem Grund ist die integrative Betrachtung aller MBO-Ziele von enormer Wichtigkeit, um die Verstärkung von Zielkonflikten durch finanzielle Anreize zu vermeiden (Interview mit B02, 29.02.2024, Pos. 26).

Mit Bezug auf die Mobilität der Mitarbeitenden sehen Experten die Einschränkungen von Geschäftsreisen per Flugzeug bzw. im Wege des Individualverkehrs zugunsten von Zugreisen in einem Zielkonflikt zur Bequemlichkeit, wodurch die Motivation zur Durchführung von Geschäftsreisen eingeschränkt werden kann (Interview mit B01, 21.03.2024, Pos. 8). Dies kann mit ökonomischen Nachteilen einhergehen, da das Banking ein Vertrauens- bzw. Beziehungsgeschäft darstellt und von persönlichen Begegnungen profitiert. Die gleichen Bedenken werden i. Z. m. der Bevorzugung von Videokonferenzen im Gegensatz zu persönlichen Treffen geäußert (Interview mit B10, 10.01.2024, Pos. 10). Die Interviewten berichten zudem von einem Zielkonflikt, welche durch gebührenpflichtige Parkplätze am Standort der Bank entsteht, um einen Anreiz für Mitarbeitende zu schaffen, vom Individualverkehr zur Bewältigung des Arbeitsweges abzusehen. Da jedoch der Ausbaustandard des öffentlichen Verkehrs insbesondere in ländlichen Regionen bzw. in Grenzregionen wie Liechtenstein als unzureichend angesehen werden kann, jedoch die Banken stark von sog. Grenzgängern als Arbeitskräfte aus dem benachbarten Ausland abhängig sind, können solche Maßnahmen nachteilig auf die Arbeitgeberattraktivität wirken und schließlich zur Abwanderung der Mitarbeitenden zur Konkurrenz führen (Interview mit B04, 21.02.2024, Pos. 28; Interview mit B06, 26.01.2024, Pos. 10 und 16).

Ein weiterer Zielkonflikt ergibt sich aus den Kosten, die durch New Work-Ansätze sowie die Förderung von Gleichstellung und Diversität verursacht werden (Interview mit B02, 29.02.2024, Pos. 26). Im Abschnitt 11.2.4.2 wird darauf eingegangen, dass die Experten diesen Aspekten allerdings mehrheitlich Synergien zusprachen, da ihrer Meinung nach der langfristige Nutzen überwiegt. Jene Experten, die hierin jedoch einen Zielkonflikt orten, erachten den Nutzen als nicht ausreichend verlässlich quantifizierbar und damit als nicht belastbar (Interview mit B11, 08.02.2024, Pos. 6).

Bedenken werden zudem i. Z. m. dem Megatrend der Nachhaltigkeit im Generellen geäußert, da analog zur Digitalisierung Megatrends zu Arbeitsplatzverlusten führen würden. Der Megatrend der Nachhaltigkeit wird mit Verzicht, reduziertem Konsum, erhöhten Kosten sowie geringerer Profitabilität in Verbindung gebracht (Interview mit B13, 17.01.2024, Pos. 24).

In den Fällen, in denen die Möglichkeit der Homeoffice-Arbeit primär aus dem Grund der Reduktion von Bürokosten angeboten wird, und daher als Pflicht anstelle einer Option ausgestaltet ist, sehen die Experten eine mögliche soziale und finanzielle Belastung der Mitarbeitenden. Dies ist regelmäßig dann der Fall, wenn Mitarbeitenden privat nicht ausreichend Raum zur Verfügung steht oder die sozialen Kontakte am Arbeitsplatz eine wichtige Rolle für die psychische Gesundheit spielen. Es entsteht somit ein Zielkonflikt zwischen der ökonomischen und der sozialen Nachhaltigkeitsdimension (Interview mit B02, 29.02.2024, Pos. 42).

11.2.3.6 Vernachlässigung soziale Nachhaltigkeitsdimension

Das Dilemma in der Vernachlässigung der sozialen Nachhaltigkeitsdimension wird sowohl auf den kontroversen gesellschaftlichen Diskurs als auch auf die fehlende Regulierung zurückgeführt. Naturgemäß treten Zielkonflikte auf, wenn eine Nachhaltigkeitsdimension weitestgehend unbeachtet bleibt. Die Ursache der Vernachlässigung der sozialen Nachhaltigkeitsdimension wird auf das Hindernis zurückgeführt, gesellschaftlichen Konsens über soziale Fragestellungen zu erzielen (Interview mit B08, 07.02.2024, Pos. 28), was wiederum ursächlich für eine fehlende Regulierung ist (Interview mit B01, 21.03.2024, Pos. 4). Fehlt ein gewisses Maß an Regulierung, bleibt auch die Offenlegung und damit der Zugang zu verlässlichen Daten aus, auf Basis derselben eine effektive Steuerung stattfinden könnte (Interview mit B05, 11.01.2024, Pos. 2). Tabelle 11.10 gibt einen Überblick über die verschiedenen Aspekte dieser Subkategorie.

Ein wesentlicher Zielkonflikt im Zusammenhang mit der sozialen Nachhaltigkeitsdimension wird in der Bevormundung der Kunden bzw. in der Beschränkung des breiten Zugangs zu Finanzdienstleistungen gesehen. Werden zum Beispiel ökologische Nachhaltigkeitskriterien für Produkte, wie Hypothekarkredite, durch die Bank vorgegeben, wird der Kunde in seinen Bauentscheidungen bevormundet oder dem Kunden bleibt der Zugang zu einer Hypothek gänzlich verwehrt (Interview mit B08, 07.02.2024, Pos. 18 und 22).

Oftmals würden auch Zielkonflikte innerhalb der ökologischen Nachhaltigkeitsdimension übersehen, dies zum Beispiel bei der Finanzierung von Windkraftanlagen, die zur Gefährdung von Vögeln führen können. Diese nicht erkannten Zielkonflikte können zu sozialen Widerständen gegen die finanzierende Bank und in weitere Folge zu Reputationsschäden für dieselbe führen. Ein weiteres Beispiel wird i. Z. m. der Finanzierung von Staudämmen genannt. Hierbei würden oftmals die Zielkonflikte zur sozialen Nachhaltigkeitsdimension übersehen, die in der zwangsweisen Umsiedelung von Bewohnern der betroffenen Region führen und ebenfalls in Reputationsschäden für die finanzierende Bank münden können (Interview mit B12, 01.02.2024, Pos. 8).

Ein komplexeres Beispiel demonstriert ebenfalls einen Zielkonflikt, der oftmals zu spät wahrgenommen wird, da die soziale Nachhaltigkeitsdimension zunächst übersehen wird. Finanziert eine Bank etwa die durch institutionelle Investoren initiierte energetische Sanierung eines Sozialbaus, so wird zunächst wahrgenommen, dass ein ökologisch sinnvolles Projekt finanziert wird, das zudem

Tabelle 11.10 Ebenen der Subkategorie „Vernachlässigung soziale Nachhaltigkeitsdimension". (Quelle: Eigene Darstellung)

Subkategorie	Sub-Subkategorie	Ggf. weitere Untergliederung
Vernachlässigung soziale Nachhaltigkeitsdimension.	Bevormundung von Kunden.	Z. B. durch ESG-Kriterien für die Vergabe von Hypotheken.
	Beschränkung des Zugangs zu Finanzdienstleistungen für Kunden.	Z. B. ESG-Kriterien für die Vergabe von Krediten an KMU-Betriebe.
	Zielkonflikte innerhalb bzw. zwischen Dimensionen, die zu sozialer Spaltung, Polarisierung und sozialem Widerstand führen können.	Z. B. Windenergie vs. Vogelschutz.
	Zielkonflikte zwischen den Dimensionen Ökologie und Soziales, insbesondere i. Z. m. sozial schwächeren Bevölkerungsgruppen.	Zielkonflikte aus der Finanzierung von z. B. Staudämmen und der damit verbundenen Zwangsumsiedelung von Menschen. Zudem Zielkonflikte die aus der ökologischen Sanierung von Sozialwohnungen entstehen mit anschließender Erhöhung des Mietzinses.

langfristig betrachtet zu tieferen Energiekosten für die Mieter des Sozialbaus führen soll. Übersehen wird jedoch, dass kurz- bis mittelfristig die Kosten für die Mieter steigen, da die getätigten Investitionen aus Sicht der institutionellen Investoren kompensiert werden müssen. Da es sich bei Mietern eines Sozialbaus mehrheitlich um sozial schwächere Personengruppen handelt, kann ein Auszug aus finanziellen Gründen erforderlich werden, womit einzelne Mieter nie in den Genuss der Vorteile der energetischen Sanierung kommen werden, sondern vielmehr einen persönlichen Schaden erleiden. Auch in diesem Beispiel können Reputationsschäden für die Bank schlagend werden (Interview mit B10, 10.01.2024, Pos. 4).

11.2.3.7 Pflichten von Kantonal- und Regionalbanken

Die vorliegende Forschungsarbeit wurde regional auf die Schweiz und auf Liechtenstein eingegrenzt. In der Schweiz kommen den Kantonal- und Regionalbanken eine wichtige Bedeutung zu. In Liechtenstein gilt dies gleichermaßen für die Liechtensteinische Landesbank. Nachfolgende Tabelle 11.11 gibt einen Überblick über die verschiedenen Aspekte dieser Subkategorie.

Zu dieser Subkategorie werden Zielkonflikte subsumiert, die i. Z. m. Kantonal-, Regional- und Landesbanken stehen.

Zielkonflikte können zwischen dem Auftrag von Regionalbanken, die wirtschaftliche Entwicklung der Region zu fördern bzw. dem gesetzlichen Auftrag der Kantonalbanken bzw. Landesbanken zur Versorgung der Bürger, der Wirtschaftstreibenden und der Institutionen des Kantons bzw. Landes mit Bankprodukten und -dienstleistungen, und andererseits den Nachhaltigkeitszielen der Bank entstehen. Beispielsweise könnte das Knüpfen von Kreditvergaben an ESG-Kriterien dem gesetzlichen Auftrag zuwiderlaufen (Interview mit B02, 29.02.2024, Pos. 24; Interview mit B04, 21.02.2024, Pos. 6; Interview mit B10, 10.01.2024, Pos. 36; Interview mit B15, 10.01.2024, Pos. 2).

Darüber hinaus haben die Kantone bzw. Länder Dividendenerwartungen gegenüber den Kantonalbanken, die womöglich in einem Zielkonflikt zu Investitionen in Nachhaltigkeitsmaßnahmen stehen können. Auch können Nachhaltigkeitsbemühungen zu Arbeitsplatzverlusten führen, was gesellschaftspolitisch ein sensibles Thema darstellt und in weiterer Folge zu einem Reputationsschaden führen bzw. mit politischem Druck einhergehen kann (Interview mit B04, 21.02.2024, Pos. 19).

Weiters birgt die parteipolitische Ausrichtung eines Kantons bzw. Landes, die sich von einer Legislaturperiode zur anderen verändern kann, das Risiko eines Zielkonflikts zur idealerweise langfristig ausgerichteten Nachhaltigkeitsstrategie der Kantonalbank (Interview mit B04, 21.02.2024, Pos. 6 und 19).

Tabelle 11.11 Ebenen der Subkategorie „Pflichten von Kantonal- und Regionalbanken“. (Quelle: Eigene Darstellung)

Subkategorie	Sub-Subkategorie	Ggf. weitere Untergliederung
Pflichten von Kantonal- und Regionalbanken.	Regionalbanken haben in erster Linie den Auftrag, die wirtschaftliche Entwicklung einer Region zu fördern.	Damit wird eine Priorisierung der Ökonomie ggü. den übrigen Dimensionen vorgegeben.
	Dividendenerwartungen des Kantons oder des Landes als Eigner.	
	Arbeitsplatzverluste als politisch sensibles Thema, insbesondere in Wahlkampfzeiten.	
	Auswirkungen der parteipolitischen Ausrichtung einer Kantons- oder Landesregierung auf die Nachhaltigkeitsagenda einer Bank.	Abhängig von Legislaturperioden und Wahlerfolgen der unterschiedlichen Parteien und ihrer Wahlprogramme.

11.2.3.8 Makroökonomische bzw. politische Faktoren

In folgender Tabelle 11.12 werden die verschiedenen Aspekte der Subkategorie „Makroökonomische bzw. politische Faktoren“ gelistet, auf die anschießend detailliert eingegangen wird.

Sowohl makroökonomische Herausforderungen in einem Land als auch geopolitische Situationen können eine Prioritätensetzung erforderlich machen, die einen Zielkonflikt zwischen Nachhaltigkeitsdimensionen fördern oder verstärken. Zudem kann es zu kurzfristigen Änderungen von Prioritäten kommen, womit eine langfristig ausgerichtete Strategie ggf. einem kurzfristigen Kurswechsel zu unterwerfen ist (Interview mit B08, 07.02.2024, Pos. 28).

Tabelle 11.12 Ebenen der Subkategorie „Makroökonomische bzw. politische Faktoren". (Quelle: Eigene Darstellung)

Subkategorie	Sub-Subkategorie	Ggf. weitere Erläuterungen
Makroökonomische bzw. politische Faktoren.	Makroökonomische und geopolitische Themen beeinflussen die Priorisierung von Nachhaltigkeitsdimensionen.	Z. B. Fokussierung des Gesetzgebers vornehmlich auf die Reduktion von CO_2-Emissionen mit entsprechenden Sanktionierungs- und Lenkungsmaßnahmen.
	Makroökonomische und geopolitische Themen beeinflussen die Wahrnehmung zu Nachhaltigkeit und Zielkonflikten.	Z. B. Waffenindustrie in Kriegszeiten.
	Makroökonomische Ziele bzw. Zwänge vs. Nachhaltigkeitsziele.	Z. B. Altersvorsorge und Gesundheitswesen unter Druck.
	Förderung des Individualismus vs. Gemeinwohldenken.	Kann durch Staatsform beeinflusst sein.

Gleichzeitig bergen makroökonomische und politische Vorgänge auch das Potenzial, die Wahrnehmung darüber was gesellschaftlich als ökologisch, ökonomisch oder sozial nachhaltig betrachtet wird zu beeinflussen bzw. zu verändern. Als Beispiel wird hierzu genannt, dass die Rüstungsindustrie bis vor Kurzem regelmäßig auf Ausschlusslisten stand, um der sozialen Nachhaltigkeitsdimension gerecht zu werden, jedoch nunmehr aufgrund der geopolitischen Lage in Europa und im Nahen Osten sowie der damit einhergehenden Notwendigkeit der Stärkung der Rüstungsindustrie in Europa, Investitionen in dieselbe als akzeptiert bzw. erforderlich gelten (Interview mit B08, 07.02.2024, Pos. 4). Als weiteres Beispiel werden die staatlichen Fördermaßnahmen für Elektroautos vorgebracht, wenngleich die Technologie, vor dem Hintergrund des heutigen Wissensstandes betrachtet mit ökologischen wie auch sozialen Bedenken verbunden ist (Interview mit B08, 07.02.2024, Pos. 26).

Erwartet wird zudem, dass auch die aus der Problematik der Finanzierung der Altersvorsorge und des Gesundheitswesens entstehenden makroökonomischen Herausforderungen künftig Einfluss auf die Wahrnehmung von Nachhaltigkeitsthemen bzw. die Ausgestaltung der Regulierung haben werden, dies ungeachtet möglicher Zielkonflikte (Interview mit B08, 07.02.2024, Pos. 26).

Experten weisen auch darauf hin, dass Demokratie als Staatsform i. V. m. der Wohlstandsgesellschaft in der Schweiz und in Liechtenstein stärker den Individualismus als das Gemeinwohldenken fördern. Folglich werden ökonomische Ziele meist den ökologischen und sozialen Nachhaltigkeitszielen vorgezogen, da Maßnahmen in den beiden letztgenannten Dimensionen zunächst dem Gemeinwohl statt dem Individuum zugutekommen. Entscheidungsträger bei Banken richten ihr Handeln entsprechend an den Interessen eines Individuums aus (Interview mit B08, 07.02.2024, Pos. 26 und 30).

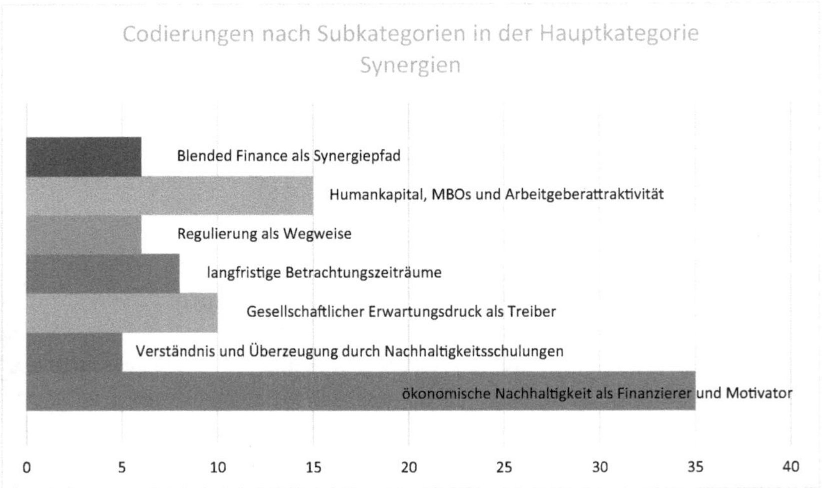

Abbildung 11.8 Überblick über Codierungen nach Subkategorien in der Hauptkategorie der Synergien. (Quelle: Eigene Darstellung)

11.2.4 Ergebnisse zu Synergien zwischen den Nachhaltigkeitsdimensionen

In den folgenden Abschnitten werden die Ergebnisse in der Hauptkategorie der Synergien zwischen den Nachhaltigkeitsdimensionen detailliert erläutert. Diese Hauptkategorie lässt sich anhand von Abbildung 11.8 in sieben Subkategorien untergliedern. Nennenswert ist insbesondere die Wahrnehmung der Rolle der öffentlichen Hand, dies nicht nur als Regulator bzw. Eigner von Kantonal- oder Landesbanken, sondern vielmehr als Partner in sog. Blended Finance-Projekten, wodurch die Auflösung einiger Zielkonflikte erzielt werden soll.

11.2.4.1 Ökonomische Nachhaltigkeit als Finanzierer und Motivator

Nachdem die Subkategorie „Dominanz der ökonomischen Nachhaltigkeit" bereits in der Hauptkategorie der Zielkonflikte eingehend erörtert wurde, erscheint unter der Hauptkategorie der Synergien das Pendant „ökonomische Nachhaltigkeit als Finanzierer und Motivator". Tabelle 11.13 gibt einen Überblick über die verschiedenen Aspekte dieser Subkategorie.

Die Experten sehen in der Dominanz der ökonomischen Nachhaltigkeit einen synergetischen Nutzen, insbesondere vor dem Hintergrund der Finanzierung von Maßnahmen zur Förderung der ökologischen und sozialen Nachhaltigkeit durch ökonomischen Erfolg (Interview mit B03, 31.01.2024, Pos. 8; Interview mit B14, 18.01.2024, Pos. 6; Interview mit B15, 10.01.2024, Pos. 2).

Oftmals werden Nachhaltigkeitsschwerpunkte lediglich für Marketing- und Kommunikationszwecke ohne eine Gewinnerzielungsabsicht oder Impact-Absicht gesetzt. Dennoch kann dadurch unmittelbarer Wert für die Bank geschaffen bzw. können neue Geschäftschancen erschlossen werden, die inskünftig ökonomische Vorteile bringen und hieraus Synergien entstehen können. Diese hinzugewonnene, ökonomische Stärke motiviert das Management zum einen dazu, Nachhaltigkeit als Geschäftschance wahrzunehmen, zum anderen können die erzielten Profite zumindest teilweise in die Generierung von Impact investiert werden. Zur Vermeidung von Reputationsschäden sowie Glaubwürdigkeitsverlusten gerät eine Bank zudem aufgrund ihrer Kommunikations- und Marketingaktivitäten zu Nachhaltigkeitsbelangen unweigerlich in den Zugzwang zur Setzung wirksamer Aktivitäten, um weiterhin Ergebnisse aus denselben präsentieren zu können (Interview mit B01, 21.03.2024, Pos. 8; Interview mit B08, 07.02.2024, Pos. 10; Interview mit B09, 15.01.2024, Pos. 18; Interview mit B11, 08.02.2024, Pos. 8). Neue Geschäftschancen werden insbesondere in der Erschließung neuer Kundengruppen sowie der Erweiterung des Produktangebots durch nachhaltige Produkte

Tabelle 11.13 Ebenen der Subkategorie „Ökonomische Nachhaltigkeit als Finanzierer und Motivator". (Quelle: Eigene Darstellung)

Subkategorie	Sub-Subkategorie	Ggf. weitere Erläuterungen
Ökonomische Nachhaltigkeit als Finanzierer und Motivator.	Ökonomische Nachhaltigkeit finanziert die ökologische und soziale Nachhaltigkeit.	
	Nachhaltigkeit (nur) für Marketing- und Kommunikationszwecke schafft Werte und führt in weiterer Folge zu Geschäftschancen.	
	Nachhaltige Geschäftsausrichtung ermöglicht die Erschließung neuer Kundengruppen.	
	Eigenanlagen in ESG-Produkte führen zu mehr Glaubwürdigkeit.	
	Eigenanlagen haben den Vorteil, dass damit keine kurzfristigen Renditeziele verbunden sind, sondern vielmehr der Substanzerhalt im Vordergrund steht. Daher bietet sich die Investition von Eigenanlagen in ESG-Produkte an und schafft gleichzeitig Glaubwürdigkeit im Beratungsprozess.	
	Frühzeitige Transformation zu einem nachhaltigen Geschäftsmodell hilft Kosten zu reduzieren.	

gesehen (Interview mit B10, 10.01.2024, Pos. 2 und 16; Interview mit B14, 18.01.2024, Pos. 6; Interview mit B15, 10.01.2024, Pos. 46).

Synergien zwischen den Nachhaltigkeitsdimensionen werden auch darin verortet, dass durch die Investition der Eigenanlagen in ESG-Produkte und der damit verbundenen Steigerung der Glaubwürdigkeit die Erfolgschancen in der Vermarktung der ESG-Produkte der Bank ggü. ihren Kunden zunehmen (Interview mit B01, 21.03.2024, Pos. 4; Interview mit B14, 18.01.2024, Pos. 24).

Eine weitere Synergie i. Z. m. den Eigenanlagen der Bank wird durch einen Experten darin gesehen, dass bei den Eigenanlagen oftmals nicht das Ziel kurzfristiger Profitabilität, sondern vielmehr der langfristige, stabile Substanzerhalt verfolgt wird, wofür ESG-Produkte grundsätzlich als geeignet betrachtet werden (Interview mit B09, 15.01.2024, Pos. 22).

Die Experten sind zudem der Überzeugung, durch die frühzeitige Umsetzung von Nachhaltigkeitsmaßnahmen langfristig Kosten einzusparen, wodurch eine

Synergie zwischen der ökonomischen, der ökologischen und der sozialen Nachhaltigkeitsdimension entsteht (Interview mit B11, 08.02.2024, Pos. 12; Interview mit B14, 18.01.2024, Pos. 6; Interview mit B15, 10.01.2024, Pos. 56).

11.2.4.2 Humankapital, MBOs und Arbeitgeberattraktivität

Im Verlauf der empirischen Untersuchung war früh zu erkennen, dass die Experten im Rahmen der Reflexion zu Synergien zwischen den drei Nachhaltigkeitsdimensionen regelmäßig Maßnahmen zur Stärkung der Arbeitgeberattraktivität einbeziehen. Tabelle 11.14 gibt einen Überblick über die i. d. Z. genannten Aspekte.

Vor dem Hintergrund dieser Subkategorie gilt die herrschende Meinung, dass auf Nachhaltigkeit ausgerichtete Geschäftsmodellen Vorteile bei der Attraktion und beim Halten von Talenten zugesprochen werden können. Die potenziellen neuen und bereits bestehenden Mitarbeitenden können sich mit einem nachhaltigen Geschäftsmodell besser identifizieren als mit konventionellen Geschäftsmodellen, da die heute bedeutsame Frage nach der Sinnhaftigkeit (Purpose) der Arbeit zufriedenstellend beantwortet werden kann. Durch die transparente Kommunikation über die nachhaltige Ausrichtung des Geschäftsmodells werden zudem jene Mitarbeitende angezogen, die diese Werte auch teilen und damit glaubwürdig nach außen und innen vertreten können. Damit verbessern sich auch die Chancen zur Generierung von Erträgen mit nachhaltigen Produkten (Interview mit B07, 08.02.2024, Pos. 14; Interview mit B14, 18.01.2024, Pos. 6).

Investitionen in New Work-Ansätze sowie die Ermöglichung von Homeoffice-Arbeit helfen dabei, Diversität, Inklusion, sozialen Austausch und Arbeitnehmergesundheit in jedem Alter zu fördern, gleichzeitig Büroflächen und damit Kosten zu sparen sowie die Umwelt zu schonen. Synergien werden somit zwischen allen drei Dimensionen der Nachhaltigkeit erkannt (Interview mit B04, 21.02.2024, Pos. 24; Interview mit B15, 10.01.2024, Pos. 28).

Einige Experten stellen zudem fest, dass Angebote i. Z. m. New Work-Ansätzen durch Mitarbeitende teilweise als Kompensation für ein geringeres Lohnniveau ggü. der Konkurrenz gewertet werden, sofern die Lohnunterschiede nicht wesentlich ausfallen (Interview mit B15, 10.01.2024, Pos. 38).

Darüber hinaus sind integrierte im Gegensatz zu widersprüchlichen Zielvereinbarungen in MBOs förderlich bei der Hebung von Synergien und einer zeitnahen Verwirklichung von Nachhaltigkeitszielen (Interview mit B11, 08.02.2024, Pos. 14).

Durch intensive Aus- und Weiterbildungsinitiativen werden zwar kurzfristig Kosten generiert, jedoch gleichzeitig die Steigerung des Humankapitals erreicht, woraus gleichermaßen positive ökonomische und soziale Effekte

Tabelle 11.14 Ebenen der Subkategorie „Humankapital, MBOs und Arbeitgeberattraktivität". (Quelle: Eigene Darstellung)

Subkategorie	Sub-Subkategorie	Ggf. weitere Erläuterungen
Humankapital, MBOs und Arbeitgeberattraktivität.	Auf Nachhaltigkeit ausgerichtete Geschäftsmodelle fördern die Gewinnung und Haltung talentierter Mitarbeiter.	Mitarbeitende können sich besser mit nachhaltigen Geschäftsmodellen und Produkten identifizieren.
	New Work-Ansätze inkl. Homeoffice-Arbeitsmöglichkeiten, Inklusion und Diversität fördern neben der Dimension der Ökonomie auch die der Ökologie und des Sozialen.	Humankapital, Arbeitgeberattraktivität und Wohlbefinden der Arbeitnehmenden werden gestärkt und gleichzeitig die Umwelt geschont. Damit bestehen Synergien zwischen allen drei Nachhaltigkeitsdimensionen.
	New Work-Angebote werden teilweise als Kompensation für Lohnforderungen akzeptiert.	
	Integrierte und abgestimmte MBO-Ziele innerhalb einer Organisation schaffen Synergien.	
	Aus- und Weiterbildungsinvestitionen fördern die Qualifikation von Mitarbeitenden, steigern damit das Humankapital und wirken gegen den Fachkräftemangel; Dadurch entstehen Synergien zwischen den Dimensionen Ökonomie und Soziales.	Z. B. sog. 50-Plus-Programme.
	Investitionen in die Gesundheit von Mitarbeitenden fördern Synergien zwischen den Dimensionen Ökonomie und Soziales.	Weniger Arbeitsausfälle sowie das längere Halten von älteren Mitarbeitenden in Beschäftigung wirken dem Fachkräftemangel entgegen.

resultieren. Mit Blick auf Synergien zwischen der sozialen und ökonomischen Nachhaltigkeitsdimension werden mehrfach Investitionen in sog. 50-Plus-Weiterbildungsprogramme erwähnt, die einerseits den Arbeitskräftemangel mildern sollen, indem ältere Arbeitnehmende laufend auf dem Gebiet neuer Technologien und disruptiver Innovationen befähigt werden, und andererseits die

Attraktivität dieser Arbeitnehmergruppe für den Arbeitsmarkt gestärkt wird. Ähnliches gilt für Investitionen in die Gesundheit von Mitarbeitenden (Interview mit B04, 21.02.2024, Pos. 24; Interview mit B06, 26.01.2024, Pos. 16).

11.2.4.3 Gesellschaftlicher Erwartungsdruck als Treiber

Tabelle 11.15 fasst die verschiedenen Aspekte der Subkategorie „Gesellschaftlicher Erwartungsdruck als Treiber“ zusammen. Insbesondere dann, wenn der Regulator i. Z. m. Nachhaltigkeit auf Selbstregulierung bzw. Eigeninitiative von

Tabelle 11.15 Ebenen der Subkategorie „Gesellschaftlicher Erwartungsdruck als Treiber“. (Quelle: Eigene Darstellung)

Subkategorie	Sub-Subkategorie	Ggf. weitere Erläuterungen
Gesellschaftlicher Erwartungsdruck als Treiber.	Der Regulator setzt teilweise auf Selbstregulierung bzw. Eigeninitiative der Marktteilnehmer, die allerdings in solchen Fällen meist lediglich auf Druck aus der Gesellschaft aktiv werden.	
	Gesellschaftliche Kontrolle wirkt gegen Greenwashing.	
	Insbesondere auch im Kampf gegen Social-Washing hilft gesellschaftliche Kontrolle.	
	Dialog mit der Gesellschaft des Zielmarktes kann eine Identifikation von Synergien zwischen den Nachhaltigkeitsdimensionen begünstigen.	Diese Kommunikationsmaßnahme kann gleichzeitig für Vermarktungszwecke eingesetzt werden und damit Geschäftschancen eröffnen.

Banken setzt, wird dem gesellschaftlichen Druck eine wichtige und synergetische Rolle zugeschrieben. Gleiches gilt für die Wirkung gesellschaftlichen Drucks im Kampf gegen sog. Greenwashing bzw. Social-Washing. Gesellschaftliche Erwartungshaltungen spielen somit auch eine wichtige Rolle bei der Umsetzung sozialer Nachhaltigkeitsmaßnahmen, dies sowohl i. Z. m. Arbeitnehmerbelangen als auch bei der Achtung von Menschenrechten (Interview mit B01, 21.03.2024, Pos. 16; Interview mit B12, 01.02.2024, Pos. 14).

Diese Subkategorie birgt das Potenzial, Synergien zwischen allen drei Dimensionen der Nachhaltigkeit zu heben. Aus diesem Grund soll der Dialog mit der Gesellschaft des Zielmarktes der Bank, insbesondere mit bestehenden und potenziellen Kunden, laufend gepflegt werden um auf diese Weise deren Erwartungen in die Nachhaltigkeitsstrategie einfließen lassen zu können. Dieser Dialog kann gleichzeitig als zielgerichtete Kommunikationsmaßnahme zur Vermarktung der nachhaltigen Produkte und Dienstleistungen genutzt werden (Interview mit B08, 07.02.2024, Pos 14; Interview mit B09, 15.01.2024, Pos. 8).

11.2.4.4 Langfristige Betrachtungszeiträume

Während in Abschnitt 11.2.3.4 die Abweichungen in den Betrachtungszeiträumen als Zielkonflikt gesehen werden, attestieren die Experten der Betrachtung der unterschiedlichen Aspekte der Nachhaltigkeit über einen einheitlichen, langfristigen Zeitraum die Wirkung, Zielkonflikte aufzulösen bzw. in Synergien umzukehren. Tabelle 11.16 gibt einen Überblick über die Aspekte dieser Subkategorie.

Insbesondere die Quantifizierung von Kosten-Wirkungs-Zusammenhängen unter Betrachtung gleich langer Zeiträume für alle Aspekte einer Maßnahme sind bedeutsam, um Synergien zwischen den Dimensionen der Ökonomie, der Ökologie und dem Sozialen offenlegen zu können. Idealerweise ist zudem der Planungszeitraum für die Erreichung der Nachhaltigkeitsziele mit der Ressourcenplanung gleichzuschalten (Interview mit B05, 11.01.2024, Pos. 16 und 18).

Nach Meinung der Experten wird sich in der langfristigen Betrachtung die Performance von nachhaltigen Anlageportfolios ebenso gut wie oder besser als diejenige von konventionellen Portfolios entwickeln, da die Risiken konventioneller Anlagen langfristig betrachtet zunehmen werden (Interview mit B06, 26.01.2024, Pos. 10).

Tabelle 11.16 Ebenen der Subkategorie „Langfristige Betrachtungszeiträume“. (Quelle: Eigene Darstellung)

Subkategorie	Sub-Subkategorie	Ggf. weitere Erläuterungen
Langfristige Betrachtungszeiträume.	Kosten-Wirkungs-Zusammenhänge über gleich lange Zeiträume betrachten.	Die Entscheidung soll für die Betrachtung langfristiger Zeiträume ausfallen, da Wirkung (Impact) oftmals langfristig erzielt wird, während die Kosten für Nachhaltigkeitsmaßnahmen unmittelbar anfallen.
	Performance von ESG-Anlageprodukten sollte langfristig betrachtet werden, bevor ein Vergleich zu konventionellen Produkten gezogen wird.	
	Erstreckung der Transitionsphase zu einem nachhaltigen Geschäftsmodell kann helfen, Kunden zu halten und in der Transition langfristig mitzunehmen bzw. nachteilige Transitionseffekte zu glätten.	Damit entstehen Synergien zur Ökonomie und die Vermeidung von Greenwashing und Social-Washing kann gelingen.
	Definition von langfristigen strategischen Zielen mit Ausrichtung auf kontinuierliche Wertschöpfung sowie Impact statt auf kurzfristige, rein ökonomische Erfolge.	Oftmals in familiengeführten Unternehmen der Fall; gleichzeitig wird die langfristig ausgerichtete Incentivierung des Managements empfohlen.

Langfristige Transitionspläne erlauben zudem eine schrittweise Umstellung auf ein nachhaltiges Geschäftsmodell, wodurch ein besserer Ausgleich zwischen den drei Nachhaltigkeitsdimensionen ermöglicht wird. Während einer solchen Phase können Bestandskunden und Mitarbeitende mitgenommen, und sowohl die Überzeugung als auch das Wissen kontinuierlich aufgebaut werden. Der Druck zur schnellen Erfolgserzielung in der Umsetzung von Nachhaltigkeitszielen entfällt, wodurch Greenwashing vermieden, und stattdessen in langfristigen Impact investiert werden kann. Vor diesem Hintergrund erscheint jedoch von Bedeutung zu sein, dass der zeitliche Fahrplan stets transparent ist und Teilerfolge ersichtlich werden (Interview mit B06, 26.01.2024, Pos. 14 und 16).

Insbesondere bei Banken mit einer langfristig definierten Strategie mit kontinuierlich stabiler Wertschöpfung, bspw. bei familiengeführten Instituten, spielen kurzfristige Profite zulasten langfristiger Nachhaltigkeit eine geringe bis keine Rolle. Aus diesem Grund entfallen Zielkonflikte, die aus unterschiedlichen Betrachtungszeiträumen entstehen, sodass in der langfristigen Betrachtung Synergien ihre positive Wirkung entfalten können. Die Incentivierung des Managements soll sich idealerweise auch an dieser langfristig definierten Strategie ausrichten (Interview mit B14, 18.01.2024, Pos. 18).

11.2.4.5 Regulierung als Wegweiser

Der Synergiepfad zur Regulierung als Weiser wird im Rahmen dieses Abschnitts erörtert und in Tabelle 11.17 übersichtlich dargestellt.

Tabelle 11.17 Ebenen der Subkategorie „Regulierung als Wegweiser". (Quelle: Eigene Darstellung)

Subkategorie	Sub-Subkategorie	Ggf. weitere Erläuterungen
Regulierung als Wegweiser.	Klarheit schaffen.	Klarheit insbesondere zu kontrovers diskutierten Sachverhalten.
	Gleich lange Spieße (sog. Level Playing Fields) für Marktteilnehmer.	
	Rechtssicherheit für das Management.	Fiduciary Duty.
	Veraltete Denkmuster sollen schneller aufgebrochen werden.	Beschleunigung von Transformation durch den Aufbruch alter Denkmuster.

Zu den Synergien ist die Subkategorie zur „Regulierung als Wegweiser" zugehörig, die als Gegenpol zu der Subkategorie „Regulierung als Handlungsmaßstab" bei den Zielkonflikten betrachtet werden kann.

Wie aus Tabelle 11.16 hervorgeht, wird der Regulierung von Nachhaltigkeitsbelangen der Vorteil zugeschrieben, Klarheit über schwer fassbare bzw. kontrovers diskutierte Sachverhalte zu schaffen. Zudem würden gleiche Wettbewerbsbedingungen für alle Marktteilnehmer, in der europäischen Regulierung als sog. Level Playing Fields bezeichnet, sichergestellt, und insbesondere auch Rechtssicherheit für Manager sowie Unternehmen geboten, da zukünftige Entwicklungen in diesem dynamischen Regulierungsfeld schwer abschätzbar sind. Angesichts dieser zahlreichen positiven Zuschreibungen zur Nachhaltigkeitsregulierung konnten die Experten dahingehend verstanden werden, als dass in diesem Bereich zusätzliche Regulierung durchaus geschätzt würde, da Regulierung insbesondere für das Management Zielkonflikte in Synergien umzukehren vermag. Eine Regulierung kann zudem alte Denkmuster und veraltete Systemstrukturen schneller aufbrechen und Transformation beschleunigen (Interview mit B02, 29.02.2024, Pos. 44 und 50; Interview mit B14, 18.01.2024, Pos. 10 und 20).

11.2.4.6 Blended Finance als Synergiepfad

Tabelle 11.18 bietet einen Überblick über die sog. Blended Finance als Synergiepfad.

Wie in Abschnitt 11.2.3.1 dargestellt, sehen die Experten wesentliche Zielkonflikte i. Z. m. ökologischen und sozialen Nachhaltigkeitsmaßnahmen zur ökonomischen Nachhaltigkeitsdimension, da Banken als sog. for-profit-Organisationen traditionell die ökonomische Nachhaltigkeitsdimension als vorrangiges Ziel ihrer Geschäftstätigkeit betrachten. Staaten hingegen haben Aufgaben zu erfüllen, welche nicht typischerweise durch eine Vorrangstellung der ökonomischen Nachhaltigkeit gekennzeichnet sind. Durch das Zusammenbringen dieser beiden Zielausrichtungen sehen Experten die Möglichkeit, Zielkonflikte in Synergien umzuwandeln (Interview mit B10, 10.01.2024, Pos. 46).

Im energetischen Sozialwohnbau verfolgt ein Staat beispielsweise nicht die gleichen ökonomischen Ziele wie ein institutioneller Investor, womit einer Bank die Finanzierung solcher Projekte in einem sog. Blended Finance Case ohne finanzielle Einbußen bzw. dem Eingehen von Reputationsrisiken, die aus der sozialen Nachhaltigkeitsdimension aufgrund steigender Mietkosten resultieren könnten, ermöglicht wird (Interview mit B07, 08.02.2024, Pos. 12).

Als weiteres Beispiel wird vorgebracht, dass ein politischer Vorstoß für eine Photovoltaikpflicht kombiniert mit einer Blended Finance-Lösung zwischen dem Staat und Banken, in der die Zinsmarge durch den Staat übernommen wird und die Kunden dadurch entlastet werden, politisch bessere Erfolgschancen hätten. Die sog. Fiduciary Duty würde einen Verzicht auf die Zinsmarge durch eine

Tabelle 11.18 Ebenen der Subkategorie „Blended Finance als Synergiepfad". (Quelle: Eigene Darstellung)

Subkategorie	Sub-Subkategorie	Ggf. weitere Erläuterungen
Blended Finance als Synergiepfad.	Zusammenbringen von Interessen eines Staates mit jenen einer Bank, um Synergien zwischen Nachhaltigkeitsdimensionen zu heben.	Öffentliches Interesse an breitem Zugang zu Finanzdienstleistungen, Risikoausgleich und Profitstreben werden zusammengebracht und durch verschiedene Akteure geschultert.
	Der Ausgleich in der ökonomischen Nachhaltigkeitsdimension für Banken durch den Staat kann neue Geschäftsfelder im Nachhaltigkeitsmanagement eröffnen.	Über verschiedene Instrumente, wie z. B. Risikoübernahme, Garantiegewährung, finanzielle Beteiligung etc., kann der Staat die Nachhaltigkeitsstrategie als Blended Finance-Partner einer Bank unterstützen und dabei gleichzeitig eigene Ziele verwirklichen.

Bank im Alleingang kaum erlauben, müssen Banken doch ihre Risiken finanziell unterlegen bzw. ausgleichen. Somit profitieren alle Beteiligten, darunter der Staat, die Bürger, die Kunden der Bank, die Bank selbst sowie die Wirtschaftstreibenden, von den positiven Wirkungen in der ökonomischen, der ökologischen und sozialen Nachhaltigkeitsdimension. Alternativ könnte im Fall von Kantonal- oder Landesbanken auch die Rücknahme der Dividendenerwartungen die reduzierte Zinsmarge kompensieren. Auch die Übernahme oder Absicherung von Ausfallrisiken durch den Staat kann förderlich sein, die Zinsmargen zu reduzieren (Interview mit B06, 26.01.2024, Pos. 18; Interview mit B10, 10.01.2024, Pos. 46).

11.2.4.7 Verständnis und Überzeugung durch Nachhaltigkeitsschulungen

Nachfolgende Tabelle 11.19 gibt einen Überblick über die verschiedenen Aspekte der Subkategorie „Verständnis und Überzeugung durch Nachhaltigkeitsschulungen“, auf die in weiterer Folge eingegangen wird.

Tabelle 11.19 Ebenen der Subkategorie „Verständnis und Überzeugung durch Nachhaltigkeitsschulungen“. (Quelle: Eigene Darstellung)

Subkategorie	Sub-Subkategorie	Ggf. weitere Erläuterungen
Verständnis und Überzeugung durch Nachhaltigkeitsschulungen.	Fachwissen über komplexe und vielschichtige Wechselbeziehungen zwischen den Nachhaltigkeitsdimensionen ist für ein erfolgreiches Nachhaltigkeitsmanagement unabdingbar.	Fachwissen, z. B. zur Umwandlung von Zielkonflikten in Synergien bzw. zum Erkennen von Synergiepfaden.
	Nachhaltigkeitsschulungen stärken die Überzeugung und das Verständnis zu Nachhaltigkeitsbelangen und beugen Greenwashing vor.	Nachhaltigkeitsschulungen können beispielsweise Front-Mitarbeiter auf die Beratung von Kunden zu ESG-Produkten vorbereiten.
	Verständnis ist bei der Mitnahme aller Organisationseinheiten in der Transformationsphase förderlich.	

Nachhaltigkeitsmanagement verlangt Fachwissen, um komplexe Zusammenhänge in Form von Interdependenzen erkennen und verstehen zu können. Dadurch wird das Management zudem befähigt, mögliche Synergiepfade zu erkennen und zu beschreiten (Interview mit B12, 01.02.2024, Pos. 2).

Nachhaltigkeitsschulungen, die zwar einen gewissen personellen und finanziellen Mitteleinsatz beanspruchen, fördern jedoch gleichzeitig das Verständnis und die Überzeugung der Belegschaft. Interdependenzen können so besser erkannt, Zielkonflikte gesteuert und Synergieeffekte gehoben werden. Front-Mitarbeitende können folglich mit einem verbessertem Verständnis die nachhaltigen Produkte erfolgreicher und glaubhafter vermarkten (Interview mit B14, 18.01.2024, Pos. 8 und 16).

Der Aufbau von Know-how schafft folglich die Basis sowohl für die Definition einer wirkungsvollen Nachhaltigkeitsstrategie als auch für ihre erfolgreiche Umsetzung. Ebenso wird der Gefahr des sog. Greenwashings und den damit verbundenen Risiken vorgebeugt. Im Ergebnis entstehen positive Wirkungen in allen drei Dimensionen der Nachhaltigkeit (Interview mit B14, 18.01.2024, Pos. 32; Interview mit B15, 10.01.2024, Pos. 46).

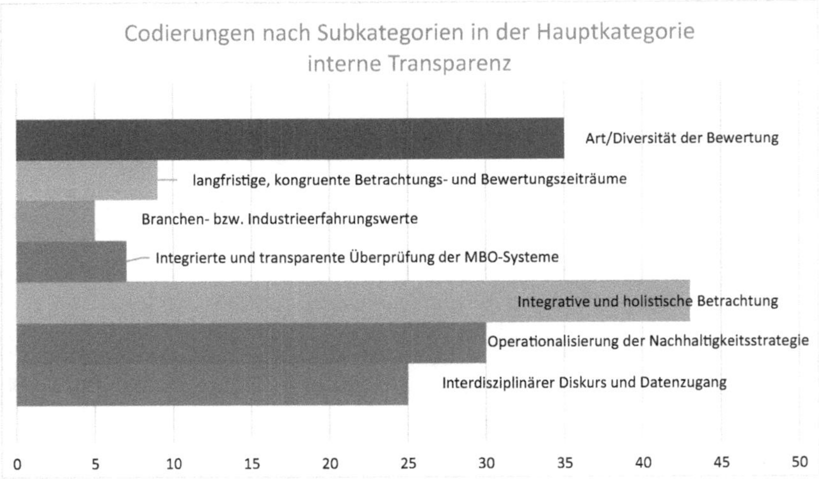

Abbildung 11.9 Überblick über die Codierungen nach Subkategorien in der Hauptkategorie der internen Transparenz. (Quelle: Eigene Darstellung)

11.2.5 Ergebnisse zu internen Transparenzmechanismen für Interdependenzen

Im Rahmen dieses Abschnittes werden die Ergebnisse aus der Untersuchung der internen Transparenzmechanismen eingehend erörtert. Vor dem Hintergrund der Hauptkategorie der internen Transparenzmechanismen für Interdependenzen werden sieben Subkategorien induktiv entwickelt, wie in Abbildung 11.9 dargestellt. Nennenswert ist in diesem Zusammenhang der Wunsch einiger Experten nach Unterstützung durch die Wissenschaft bzw. durch Interessensverbände in der Form branchenspezifischer Orientierungshilfen zu Interdependenzen.

11.2.5.1 Integrative und holistische Betrachtung

In nachfolgenden Ausführungen werden die Ergebnisse zu der Untersuchung der Subkategorie „Integrative und holistische Betrachtung“ in Verbindung mit Transparenzmechanismen thematisiert.

Tabelle 11.20 gibt einen Überblick über alle Aspekte der Subkategorie „Integrative und holistische Betrachtung“, zu denen in der Folge ausgeführt wird. Transparenz über das Bestehen von Interdependenzen zwischen den drei Nachhaltigkeitsdimensionen kann nur dann entstehen, wenn jede geplante Maßnahme stets auf ihre Wirkung in jeder der drei Nachhaltigkeitsdimensionen überprüft wird und die identifizierten Interdependenzen intern transparent gemacht werden (Interview mit B02, 29.02.2024, Pos. 36; Interview mit B03, 31.01.2024, Pos. 8; Interview mit B05, 11.01.2024, Pos. 2; Interview mit B10, 10.01.2024, Pos. 2).

Während finanzielle bzw. ökonomische Ziele im Rahmen der Unternehmensstrategie festgelegt werden, finden ökologische und soziale Ziele oftmals Einzug in eine separate Nachhaltigkeitsstrategie. Als Folge können Interdependenzen zwischen der ökonomischen zur ökologischen und sozialen Nachhaltigkeitsdimension mitunter nicht erkannt werden. Aus diesem Grund empfehlen die Experten die Integration der Nachhaltigkeitsstrategie in die Unternehmensstrategie, sowie in weiterer Folge eine Operationalisierung der integrativ definierten Strategie. Hierbei wird beispielsweise die gemeinsame Planung von Maßnahmen zur Reduktion von CO_2-Emissionen mit solchen für Wachstumsbestrebungen genannt (Interview mit B04, 21.02.2024, Pos. 17; Interview mit B08, 07.02.2024, Pos. 4; Interview mit B13, 17.01.2024, Pos. 12; Interview mit B14, 18.01.2024, Pos. 6).

Tabelle 11.20 Ebenen der Subkategorie „Integrative und holistische Betrachtung". Quelle: eigene Darstellung

Subkategorie	Sub-Subkategorie	Ggf. weitere Erläuterungen
Integrative und holistische Betrachtung.	Integrative Erstellung der Unternehmens- und Nachhaltigkeitsstrategie.	
	Berücksichtigung aller drei Dimensionen der Nachhaltigkeit innerhalb aller Bereiche und Instrumente.	
	Integration der internen Nachhaltigkeitsberichterstattung in die internen Finanzberichte.	
	Integration der Nachhaltigkeitsrisiken ins bestehende Risikomanagement.	
	Holistische Betrachtung aller Bereiche der Balance Sheet.	Einbezug aller Produktbereiche.

Gleiches gilt für die Integration der internen Nachhaltigkeitsberichterstattung in die interne Finanzberichterstattung, um die Umsetzung der integrierten strategischen sowie operationalisierten Ziele unter Betrachtung der Auswirkungen auf alle drei Dimensionen der Nachhaltigkeit zu überwachen, und Interdependenzen laufend aufdecken bzw. steuern zu können. Sobald Interdependenzen transparent sind, kann über diese zum Zweck der Steuerung diskutiert werden. Aus der Diskussion wird in weiterer Folge hervorgehen, inwiefern ein Eingreifen in Form einer Kurskorrektur erforderlich, möglich bzw. erwünscht ist. Letzteres wird im Fall von Zielkonflikten wahrscheinlicher sein als beim Vorliegen von erstrebenswerten Synergien (Interview mit B08, 07.02.2024, Pos. 24; Interview mit B14, 18.01.2024, Pos. 22).

Einige Experten erachten die holistische Betrachtung aller drei Nachhaltigkeitsdimensionen bereits durch die Integration der Nachhaltigkeitsrisiken ins bestehende quantitative und qualitative Risikomanagement als erfüllt, denn durch die Analyse von Eintrittswahrscheinlichkeit und Schadenspotenzial pro Nachhaltigkeitsrisiko und für jede Risikokategorie findet automatisch eine integrierte Betrachtung von ESG-Risiken mit den traditionellen Risikokategorien sowie eine ökonomische Bewertung derselben statt (Interview mit B06, 26.01.2024, Pos. 26; Interview mit B12, 01.02.2024, Pos. 4).

Eine holistische Betrachtung aller Bereiche der Balance Sheet soll zudem verhindern, dass Interdependenzen durch die Vernachlässigung einzelner Positionen, beispielsweise eigene Anlagen, übersehen werden. Eine aufgrund der Kompetenzteilung fehlende zentrale Betrachtung aller Bereiche der Balance Sheet kann die Transparenz über Interdependenzen ebenfalls behindern (Interview mit B02, 29.02.2024, Pos. 2 und 40). Als Beispiel werden hierbei etwa Lombardkredite genannt, bei denen die zugrunde liegenden Wertpapiere womöglich keine ESG-Kriterien erfüllen müssen (Interview mit B10, 10.01.2024, Pos. 16), ebenso wie das fehlende Ansetzen von ESG-Kriterien im KYC-Prozess (Interview mit B10, 10.01.2024, Pos. 44), wie bereits unter Abschnitt 11.2.3.1 erwähnt.

11.2.5.2 Art und Diversität der Bewertung

Im Rahmen dieses Abschnitts erfolgt eine Darstellung und Erläuterung der Ergebnisse der Untersuchung der Transparenzmechanismen für die Subkategorie „Art und Diversität der Bewertung".

Wie in Tabelle 11.21 ersichtlich, sind einige Experten der Meinung, dass Transparenz über Interdependenzen zwischen den drei Nachhaltigkeitsdimensionen durch die Nutzung altbekannter Controllinginstrumente nach einer Erweiterung dieser um Nachhaltigkeitsaspekte sichergestellt werden kann. Die Darstellung und Überprüfung von Nachhaltigkeitsmaßnahmen in Form von Business Cases, die Anwendung etablierter Planungsmethoden, Plan-Ist-Abweichungsanalysen, Kosten-Nutzen-Analysen sowie Risikobewertungen schaffen die nötige Transparenz über Interdependenzen, sofern alle Dimensionen der Nachhaltigkeit betrachtet werden. Die Verwendung von dem Management bekannten Begrifflichkeiten und Methoden ist für das Verständnis zu denselben und für einen effektiven Einsatz derselben unabdingbar (Interview mit B03, 31.01.2024, Pos. 8; Interview mit B04, 21.02.2024, Pos. 26; Interview mit B10, 10.01.2024, Pos. 12).

Zudem wird vorgebracht, dass erst durch die Quantifizierung von positiven und negativen Externalitäten die Interdependenzen bzw. Wirkungszusammenhänge ganzheitlich sichtbar werden, wobei der Quantifizierungsbedarf von der Materialität des Sachverhalts bzw. des Investitionsvolumens abhängig zu machen

Tabelle 11.21 Ebenen der Subkategorie „Art und Diversität der Bewertung“. (Quelle: Eigene Darstellung)

Subkategorie	Sub-Subkategorie	Ggf. weitere Erläuterungen
Art und Diversität der Bewertung.	Traditionelle Controllinginstrumente sollten um Nachhaltigkeitsaspekte erweitert werden.	Erweiterung um Instrumente, wie z. B. SBSC, SWOT.
	Neue Messsysteme der Nachhaltigkeit sollen zum Einsatz kommen.	Messsysteme, wie z. B. CO_2-Accounting, Impact-Accounting, GAR, etc.
	Quantifizierung von Externalitäten bzw. Internalisierung von Externalitäten.	
	Ergänzung fehlender Möglichkeiten der Quantifizierung durch qualitative Berichtsinhalte.	

ist (Interview mit B11, 08.02.2024, Pos. 22). Eine Quantifizierung von Externalitäten (Interview mit B09, 15.01.2024, Pos. 8) bedingt jedoch die Anwendung neuer Ansätze, beispielsweise des CO_2- oder Impact-Accountings. Auch sollte anerkannt werden, dass neue Kennzahlen in altbekannte Systeme Einzug finden müssen und mitunter andere zeitliche Perspektiven zu betrachten sind. Genannt werden vor diesem Hintergrund beispielsweise auch die Erweiterung der SWOT-Analyse um Nachhaltigkeitsaspekte, oder die SBSC als Erweiterung der klassischen BSC. Erwähnt wird zudem die GAR, die über die Regulierung Einzug in die Gesamtbanksteuerung gefunden hat (Interview mit B04, 21.02.2024, Pos. 12; Interview mit B09, 15.01.2024, Pos. 4 und 24).

Falls quantitative Daten nicht oder nicht in hinlänglicher Form bzw. Qualität zur Verfügung stehen, muss ergänzend auf qualitativ beschreibende Berichtsinhalte zurückgegriffen werden, um die Transparenz über sowie das Verständnis zu Interdependenzen sicherzustellen bzw. zu schärfen (Interview mit B12, 01.02.2024, Pos. 10; Interview mit B13, 17.01.2024, Pos. 10).

11.2.5.3 Operationalisierung der Nachhaltigkeitsstrategie

In der Vergangenheit wurden Interdependenzen zwischen den drei Nachhaltigkeitsdimensionen oftmals nicht erkannt. Nach Meinung der Experten liegt dies darin begründet, dass strategische Nachhaltigkeitsziele definiert wurden, ohne eine Operationalisierung dieser vorzunehmen (Interview mit B02, 29.02.2024, Pos. 8). Tabelle 11.22 gibt in Folgendem einen Überblick zu dieser Subkategorie.

Tabelle 11.22 Ebenen der Subkategorie „Operationalisierung der Nachhaltigkeitsstrategie". (Quelle: Eigene Darstellung)

Subkategorie	Sub-Subkategorie	Ggf. weitere Erläuterungen
Operationalisierung der Nachhaltigkeitsstrategie	Operationalisierung durch konkrete Umsetzungspläne.	Prozessbetrachtung statt einer reinen Zielbetrachtung.
	Planung ökologischer Ziele und Maßnahmen zusammen mit den Wachstumszielen und unter Berücksichtigung von veränderten Annahmekriterien.	Integrierte Betrachtung z. B. Absenkungspfad mit Wachstumspfad.
	Planung von Nachhaltigkeitszielen sowie Wachstumszielen zusammen mit dem Ressourceneinsatz.	Beispielsweise der Ressourceneinsatz für CO_2-Kompensation oder erforderliche Mittel zur Tätigung von Investitionen zur Erzielung von Impact.

Eine detaillierte Betrachtung der Umsetzungsmaßnahmen und Transitionspläne unter Anwendung langfristiger Betrachtungszeiträume kann Interdependenzen zum Vorschein bringen. Vor diesem Hintergrund wird oftmals das Beispiel des Netto-Null-Ziels genannt. Wenn Banken in der Vergangenheit das Netto-Null-Ziel zur Reduktion von CO_2-Emissionen bis 2040 visierten, waren die praktischen Umsetzungspläne noch nicht bekannt. Das Management wusste noch nicht, welche Wirkungszusammenhänge betrachtet werden müssen, sodass Interdependenzen zunächst unentdeckt blieben. Die Operationalisierung der Strategie in Form von konkreten Umsetzungsmaßnahmen kann indes Abhilfe schaffen (Interview mit B06, 26.01.2024, Pos. 8; Interview mit B10, 10.01.2024, Pos. 8).

Zudem besteht die Empfehlung, Transparenz über Interdependenzen durch die Planung ökologischer Maßnahmen, zusammen mit den erforderlichen Veränderungen in den Wachstumszielen bzw. Annahmekriterien, zu gewinnen. Gleiches gilt für die integrierte Betrachtung von Nachhaltigkeitszielen mit dem erforderlichen Ressourceneinsatz, beispielsweise für CO_2-Kompensationsgeschäfte oder Investitionen in soziale Nachhaltigkeit. Ebenso können die Kosten für CO_2-Kompensationsgeschäfte mehrerer Jahre den Investitionen für echten Impact bzw. veränderten Wachstumszielen gegenübergestellt werden (Interview mit B06, 26.01.2024, Pos. 32; Interview mit B09, 15.01.2024, Pos. 24; Interview mit B10, 10.01.2024, Pos. 8; Interview mit B12, 01.02.2024, Pos. 6; Interview mit B15, 10.01.2024, Pos. 26).

11.2.5.4 Interdisziplinärer Diskus und Datenzugang

Verschiedene Fachdisziplinen werden durch die drei Dimensionen der Nachhaltigkeit berührt, womit das Identifizieren von Interdependenzen auch entsprechendes Know-how aus all diesen Disziplinen bedingt. Tabelle 11.23 gibt einen Überblick über die verschiedenen Aspekte dieser Subkategorie.

Ein interdisziplinärer Diskurs zwischen Experten, etwa innerhalb eines interdisziplinären Expertenkomitees, wird als eine der wichtigsten Instrumente zur Schaffung interner Transparenz über Interdependenzen angesehen. Zu diesem Zweck ist es erforderlich, einen breiten internen Datenzugang, etwa auf interne Berichte bzw. Strategiepapiere, zu gewähren. In die Zuständigkeit dieses Expertenkomitees könnte auch die Behandlung von sowie die Entscheidung über den Umgang mit Zielkonflikten im laufenden operativen Geschäft fallen (Interview mit B01, 21.03.2024, Pos. 10; Interview mit B02, 29.02.2024, Pos. 34; Interview mit B06, 26.01.2024, Pos. 22; Interview mit B09, 15.01.2024, Pos. 12; Interview mit B11, 08.02.2024, Pos. 12; Interview mit B12, 01.02.2024, Pos. 12).

Tabelle 11.23 Ebenen der Subkategorie „Interdisziplinärer Diskurs und Datenzugang". (Quelle: Eigene Darstellung)

Subkategorie	Sub-Subkategorie	Ggf. weitere Erläuterungen
Interdisziplinärer Diskurs und Datenzugang.	Diskurs in interdisziplinären Expertengruppen über Interdependenzen.	Dieser Diskurs bedingt einen breiten Datenzugang.
	Einrichtung eines interdisziplinären Expertenkomitees für die laufende Behandlung von Interdependenzen.	
	Interne Transparenz über Hindernisse in der Umsetzung der Nachhaltigkeitsziele.	Ursächlich für die Hindernisse könnten unerkannte Zielkonflikte sein.
	Diskussion zu Interdependenzen im Rahmen von Nachhaltigkeitsschulungen.	Schulungen zur Förderung von Transparenz und Verständnis.
	360-Grad-Feedback aller Stakeholdergruppen zur Nachhaltigkeitsstrategie.	Feedback kann Transparenz über Interdependenzen fördern.
	Interne Transparenz über Zielkonflikte in Verbindung mit dem Aufzeigen von Handlungsoptionen schaffen.	Das Ziel besteht in einem Ingangsetzen von Verhandlungen zu Optionen, um dadurch evtl. Zielkonflikte in Synergien umzukehren.

Als hilfreich wird zudem die Transparenz über Schwierigkeiten und Hürden in der Umsetzung von Nachhaltigkeitsmaßnahmen erachtet, da die Ursache derselben im Bestehen von unerkannten Zielkonflikten liegen könnte (Interview mit B14, 18.01.2024, Pos. 26; Interview mit B15, 10.01.2024, Pos. 36).

Überdies wird eine Ansprache und Analyse von institutsspezifischen Interdependenzen im Rahmen von Nachhaltigkeitsschulungen vorgeschlagen. Ebenso wird der Nutzen des Einholens eines 360-Grad-Feedbacks zur Wahrnehmung der Nachhaltigkeitsstrategie der Bank durch verschiedene Stakeholdergruppen betont. Dies könne einen wesentlichen Beitrag zur Transparenz über Zielkonflikte leisten sowie Überzeugung bzw. Akzeptanz schaffen (Interview mit B11, 08.02.2024, Pos. 20; Interview mit B14, 18.01.2024, Pos. 16).

Zielkonflikte sollten unternehmensintern stets unter Aufzeigen von Handlungsoptionen transparent gemacht werden, um dadurch Diskussionen sowie Verhandlungen zu den Optionen in Gang zu setzen und möglicherweise einen Weg zur Umwandlung von Zielkonflikten in Synergien zu identifizieren (Interview mit B12, 01.02.2024, Pos. 6).

11.2.5.5 Langfristige, kongruente Betrachtungs- und Bewertungszeiträume

Die Thematik der abweichenden Betrachtungszeiträume wurde bereits im Rahmen der Diskussion über Zielkonflikte aufgezeigt. Im Rahmen der Synergien wird nunmehr der Nutzen aus der einheitlichen Betrachtung unterschiedlicher Aspekte über langfristige Zeiträume vorgebracht. In logischer Konsequenz wird durch die Experten die Anwendung langfristiger Betrachtungs- und Bewertungszeiträume als nützlicher Transparenzmechanismus für Interdependenzen angesehen, um die Wirkung möglicher, kurzfristiger Kostenbelastung oder durch Nachhaltigkeitsmaßnahmen hervorgerufene Profitabilitätseinbußen dem langfristigen Nutzen aus der Schaffung neuer Geschäftschancen oder der Generierung von Impact gegenüberzustellen. Nur durch diese kongruente Betrachtung über langfristige Zeiträume können Business Cases sinnvoll dargestellt werden (Interview mit B09, 15.01.2024, Pos. 4; Interview mit B11, 08.02.2024, Pos. 12).

In diesem Zusammenhang kann transparent werden, dass mit einem hohen Kosteneinsatz für bspw. CO_2-Kompensationsgeschäfte in kurzer Zeit das Ziel der Klimaneutralität erreicht werden konnte, langfristig jedoch trotz hoher wiederkehrender Kostenbelastungen kein verlässlicher Impact nachweisbar ist. Ein langfristig ausgelegter Business Case über CO_2-Reduktionsmaßnahmen könnte alternative Vorgehensweisen als favorisierten Handlungsweg nahelegen und damit vermeintlich schnelle Lösungen verdrängen (Interview mit B02, 29.02.2024, Pos. 26; Interview mit B05, 11.01.2024, Pos. 16 und 18). Ähnliches gilt für die langfristige Betrachtung der Performance von nachhaltigen ggü. konventionellen Anlageportfolios, weiters für langfristige Planungs- bzw. Strategiezyklen sowie für Risikoszenarien (Interview mit B06, 26.01.2024, Pos. 10).

11.2.5.6 Integrierte und transparente Überprüfung der MBO-Systeme

MBOs sollen Mitarbeitende motivieren, bestimmte Ziele zu erreichen und dafür beispielsweise mit variablen Bonuszahlungen honoriert zu werden. Dabei kann es allerdings für die Erreichung der übergeordneten Unternehmens- und Nachhaltigkeitsziele hinderlich sein, wenn MBO-Ziele einzelner Mitarbeitender zueinander in einem Zielkonflikt stehen. Daher schlagen Experten vor, MBO-Ziele integriert zu definieren und auf Interdependenzen hin zu überprüfen, welche schließlich transparent zu machen sind (Interview mit B07, 08.02.2024, Pos. 15). Werden beispielsweise den Front-Mitarbeitenden für die Erfüllung von Wachstumszielen mit konventionellen Produkten hohe Bonuszahlungen in Aussicht gestellt, wohingegen keine Incentivierung für die Erfüllung der Wachstumsziele mit den nachhaltigen Produktalternativen der Bank bzw. kein Malus-System für die Verfehlung dieser Ziele vorgesehen ist, da Nachhaltigkeitsaspekte ausschließlich in die MBOs der Nachhaltigkeitsmanager Einzug gehalten haben, werden evidente Zielkonflikte zum Scheitern der langfristigen Nachhaltigkeitsstrategie der Bank führen. Damit können in weiterer Folge auch negative ökonomische Effekte resultieren (Interview mit B12, 01.02.2024, Pos. 6).

Im Zusammenhang mit den MBOs identifizierte Interdependenzen können ggf. auch Zielkonflikte aufdecken, welche sich bereits in der Phase der Strategiesetzung oder der Operationalisierung manifestiert hatten, jedoch unerkannt blieben. Beispielhaft könnte dies der Fall sein, wenn Wachstumsziele nicht in Abstimmung mit dem zur Erreichung des Netto-Null-Ziels erforderlichen CO_2-Absenkungspfads geplant wurden (Interview mit B15, 10.01.2024, Pos. 14).

11.2.5.7 Branchen- und Industrieerfahrungswerte

Im Verlauf der Experteninterviews wird teils angemerkt, dass Interdependenzen kontextspezifisch zu betrachten seien. Hilfreich wäre nach Meinung der Experten daher ein Aufzeigen von häufigen Interdependenzen für die Finanzdienstleistungsbranche und dort im Speziellen für Banken, an denen sich das Management im Zuge der institutsspezifischen Überprüfung orientieren kann. Eine solche Orientierungshilfe kann indes nur einen ersten Anhaltspunkt bieten. Eine institutsspezifische Prüfung ist indes unerlässlich (Interview mit B06, 26.01.2024, Pos. 22; Interview mit B15, 10.01.2024, Pos. 16).

Eine entsprechende Orientierungshilfe bilden die Erkenntnisse aus den Abschnitten 11.2.3 und 11.2.4, die gleichzeitig zur Beantwortung der ersten Forschungsfrage führen. Darauf wird in den Abschnitten 12.1.2 sowie 12.3 zurückgekommen.

11.2.6 Ergebnisse zu Steuerungsmechanismen für Interdependenzen

Das Vorhanden sein von Interdependenzen zwischen den drei Nachhaltigkeitsdimensionen steht für die Experten außer Frage und wurde durch die Ausführungen in den Hauptkategorien der Zielkonflikte und Synergien eindrücklich aufgezeigt. Wege, möglichst umfassende Transparenz über diese Interdependenzen zu schaffen, sehen die Interviewpartner in verschiedenen Herangehensweisen und Instrumenten, die zu Codierungen in der dritten Hauptkategorie geführt haben. Im Unterschied zu den vorangegangenen Hauptkategorien nennen lediglich einige der Experten ergänzend auch mögliche Steuerungsmechanismen zum Zweck der effektiven Steuerung der transparent gewordenen Interdependenzen, wobei diese bei den Banken mehrheitlich noch nicht zur Anwendung kommen.

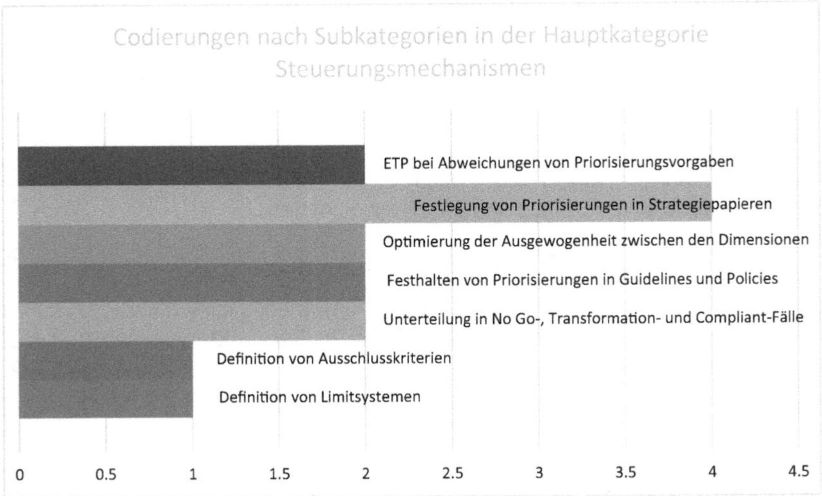

Abbildung 11.10 Überblick über die Codierungen nach Subkategorien in der Hauptkategorie der Steuerungsmechanismen. (Quelle: Eigene Darstellung)

Die in der vierten Hauptkategorie der „Steuerungsmechanismen für Interdependenzen" induktiv gebildeten Subkategorien werden in Abbildung 11.10 dargestellt. Im Anschluss wird näher zu den einzelnen Subkategorien ausgeführt. Die Bildung von Sub-Subkategorien war nicht indiziert.

11.2.6.1 Festlegung von Priorisierungen in Strategiepapieren

Interdependenzen und damit auch Zielkonflikte zwischen den drei Nachhaltigkeitsdimensionen können regelmäßig entstehen und werden idealerweise bereits im Strategiefindungsprozess identifiziert. Aus diesem Grund sollte auch bereits in dieser Phase festgelegt und festgehalten werden, welche Priorisierungsvorgaben zwischen den Nachhaltigkeitsdimensionen in weiterer Folge, somit während des Strategiezyklus, einzuhalten sind. Damit wird zum einen verhindert, dass auf operativer Ebene eine eigene Priorisierung erfolgen muss, oder innerhalb der Bank gar abweichende Stoßrichtungen verfolgt werden. Mit einer frühzeitigen und transparenten Festlegung wird eine wirkungsvolle Kommunikation gefördert, Widersprüchlichkeiten vorgebeugt und damit Glaubwürdigkeit gefördert. Allen Stakeholdern kann transparent aufgezeigt werden, welcher Nachhaltigkeitsdimension und in welchem Ausmaß bei Vorliegen bestimmter Zielkonflikte der Vorrang vor den anderen Dimensionen gegeben wird (Interview mit B05, 11.01.2024, Pos. 14; Interview mit B10, 10.01.2024, Pos. 2; Interview mit B13, 17.01.2024, Pos. 20).

11.2.6.2 Festlegung von Priorisierungen in Guidelines und Policies

Eine ähnliche Wirkung lässt sich mit der Festlegung von Priorisierungen zwischen den Nachhaltigkeitsdimensionen in Governance-Dokumenten erzielen. Typischerweise werden zu diesem Zweck sogenannte Guidelines oder Policies erlassen bzw. bestehende Dokumente um entsprechende Nachhaltigkeitsbestimmungen ergänzt. Gültigkeit entfalten diese für die gesamte Belegschaft, womit ein effektiver Steuerungsmechanismus einhergeht (Interview mit B01, 21.03.2024, Pos. 10).

11.2.6.3 Exception to Policy bei Abweichungen von Priorisierungsvorgaben

Ein Vorteil der Definition von Priorisierungen in Reglementen liegt darin begründet, dass Abweichungen folglich als sog. Exception to Policy (ETP), bzw. als sog. ETP-Geschäfte, gelten. Diese sind stets transparent zu machen und durch jenes Gremium zu bewilligen, in dessen Zuständigkeit der Erlass des betreffenden Reglements fällt, von dem abgewichen werden soll. Damit gilt die

Effektivität dieses Steuerungsmechanismus als untermauert, dies unter Beibehaltung von Möglichkeiten, flexibel und gleichzeitig kontrolliert auf sich ergebende Notwendigkeiten zu reagieren (Interview mit B15, 10.01.2024, Pos. 12).

Der Begriff der ETP-Geschäfte ist im Bankensektor bereits aus dem Umfeld der Hypothekarkredite bekannt, wie dies aus Art. 21r der Liechtensteinischen Bankenverordnung (BankV) i. V. m. Anhang 5 BankV ersichtlich ist. Soll bei der Vergabe einer Hypothek von den intern festgelegten Vergaberegelungen abgewichen werden, so ist dieses Geschäft als ETP zu klassifizieren und nachvollziehbar zu dokumentieren. Damit soll die laufende Überwachung und Steuerung der damit einhergehenden Risiken unterstützt werden (Interview mit B15, 10.01.2024, Pos. 30).

11.2.6.4 Optimierung der Ausgewogenheit zwischen den Dimensionen

Einzelne Experten sehen die Herausforderung der Steuerung von Interdependenzen darin, quantitative Ansätze zu entwickeln bzw. zur Anwendung zu bringen, die im Ergebnis zu einem Optimum in der Ausgewogenheit der Berücksichtigung aller drei Dimensionen der Nachhaltigkeit führen. Idealerweise wird dieses Optimum bereits im Strategieprozess angestrebt. Ein entsprechendes quantitatives Modell ist keinem Interviewpartner aus seiner Berufspraxis bekannt (Interview mit B12, 01.02.2024, Pos. 14).

11.2.6.5 Unterteilung in No Go-, Transformation- und Compliant-Fälle

Im Zuge der Interviews brachte eine Expertin vor, dass es insbesondere während der Transformation von einem traditionellen zu einem auf Nachhaltigkeit ausgerichteten Geschäftsmodell einer differenzierten Steuerung von Zielkonflikten bedürfe. Dabei sollen Geschäfte, denen Zielkonflikte innewohnen, in die drei Kategorien No Go-, Transformation- und Compliant-Cases eingeteilt werden. No Go-Cases stellen demnach rote Linien dar und dürfen nicht weiterverfolgt werden. Transformationsfälle sind Geschäfte, die während einer vorgegebenen Transformationsphase erlaubt sind, dies trotz des Vorliegens von Zielkonflikten. Das Ziel hierbei ist es, Kunden auf dem Weg zu nachhaltigeren Produkten schrittweise mitzunehmen. Compliant-Fälle entsprechen bereits der langfristigen Nachhaltigkeitsstrategie und bedürfen keiner gesonderten Betrachtung unter dem Aspekt der Interdependenzen. Diese Differenzierung ermöglicht dem Management die Konzentration auf jene Zielkonflikte, die es im Laufe der Transformationsphase schrittweise aufzulösen gilt. Durch eine Transparenzgewinnung mithilfe dieses dreigliedrigen Modells soll die Steuerung der Interdependenzen erleichtert werden (Interview mit B01, 21.03.2024, Pos. 10 und 12).

11.2.6.6 Definition von Ausschlusskriterien

Andere Experten sehen die Notwendigkeit in einer Definition klarer Ausschlusskriterien für bestimmte Zielkonflikte, wobei diese institutsspezifisch festzulegen seien. Der Umgang mit verbleibenden Fällen von Zielkonflikten müsse entsprechen den Priorisierungsvorgaben des Managements erfolgen. Es wird somit davon ausgegangen, dass einzelne Zielkonflikte auch nach einer Transformationsphase und trotz der Anwendung von Ausschlusskriterien bestehen bleiben und ein Plan zum Umgang mit diesen fortwährend erforderlich bleibt (Interview mit B11, 08.02.2024, Pos. 22). Im Bereich der Sustainable Finance stellt der Einsatz von Ausschlusskriterien bereits heute gängige Praxis dar (Abdel-Karim & Rebernik, 2022, S. 54).

11.2.6.7 Definition von Limitsystemen

Abschließend bringen die Experteninterviews hervor, mithilfe von Limitsystemen gewisse Ausprägungen von Zielkonflikten zu beschränken, worin zugleich der Steuerungsmechanismus liegt. Als Beispiel wurde hierbei der Zielkonflikt von Ökonomie zu Ökologie genannt, der aus der Wahl von regionalen CO_2-Kompensationsprojekten in der Schweiz entsteht, die oftmals ein Vielfaches teurer sind als solche im fernen Ausland, jedoch der erzielte Impact der regionalen Projekte besser überwacht werden kann. Im beschriebenen Beispiel hat die strategische Führungsebene ein Limitsystem beschlossen, welches die maximalen Kosten pro Tonne CO_2-Kompensation vorgibt, wobei bis zu diesem Limit regionale Kompensationsprojekte internationalen vorzuziehen sind (Interview mit B15, 10.01.2024, Pos. 8).

Auch die Methodik der Limitsysteme ist im Bankensektor bereits aus dem Risikomanagement bekannt, wie aus Anhang 4 und 5 der BankV ersichtlich ist. Ein wirkungsvolles Limitsystem soll i. d. Z. der effektiven Steuerung des Risikoappetits dienen.

12 Diskussion, Interpretation und Konklusion

Nachdem in Kapitel 11 die Ergebnisse der empirischen Untersuchung ausgewertet und dargelegt wurden, sollen in diesem Abschnitt die Ergebnisse der empirischen Untersuchung nunmehr unter Einbezug der Theorie diskutiert und interpretiert werden. Darauffolgend werden die Gütekriterien überprüft und methodische Abgrenzungen vorgenommen, bevor schließlich die in Teil II/ Abschnitt 9. 2 formulierten, empiriegeleiteten Fragestellungen ihren Antworten zuzuführen sind. Mit den gestaltungsgeleiteten Fragestellungen in Abschnitt 12.4 wird anschließend auf Teil IV, den Gestaltungsteil der Forschungsarbeit, übergeleitet.

12.1 Diskussion und Interpretation der Ergebnisse

Die aus der empirischen Untersuchung gewonnenen Erkenntnisse werden in weiterer Folge nicht nur systematisiert, sondern zudem unter Einbezug der theoretischen Erkenntnisse aus Teil II diskutiert, um Gemeinsamkeiten und Unterschiede zwischen der Empirie und der Theorie herauszuarbeiten.

Im Zuge dessen sollen insbesondere unterschiedliche Blickwinkel eingenommen werden, um einen differenzierten Zugang zur Behandlung eingangs formulierter Problemstellungen (Teil I/ Kapitel 2), der empiriegeleiteten Zielstellungen (Teil I/ Abschnitt 4.1.3) sowie zur Erarbeitung der erwarteten Ergebnisse und Erkenntnisse aus der Empirie (Teil I/ Abschnitt 4.2.3) zuzulassen. Sowohl während der Erhebungs- als auch der Analysephase der Daten ist eine laufende

Ergänzende Information Die elektronische Version dieses Kapitels enthält Zusatzmaterial, auf das über folgenden Link zugegriffen werden kann https://doi.org/10.1007/978-3-658-50493-9_12.

A. Tschütscher-Alanyurt, *Interdependenzen zwischen den Nachhaltigkeitsdimensionen*, https://doi.org/10.1007/978-3-658-50493-9_12

Rückbesinnung auf diese Festlegungen erfolgt, um die definierten Fragestellungen und Zielsetzungen nicht aus den Augen zu verlieren.

12.1.1 Interdependenzen – Eine Frage des Blickwinkels

Wie bereits im Abschnitt 11.1 dargelegt, wurden aus der ersten Fragestellung zwei deduktive Hauptkategorien definiert, die ihrerseits die Grundlage für die induktiv aus dem Material entwickelten Subkategorien bildeten. Dadurch entstand eine Differenzierung der Interdependenzen in Zielkonflikte und Synergien, wie dies auch aus der Theorie bekannt ist. Untersucht wurden hierzu in Teil II der vorliegenden Arbeit u. a. Publikationen von Trane et al. (2023, S. 27), Nilsson et al. (2016, S. 321), Liu et al. (2018, S. 466), Hickel (2019, S. 873–874), Borchardt et al. (2019, S. 5).

In der Theorie liegen insbesondere i. Z. m. den für Staaten konzipierten SDGs umfassende Forschungsergebnisse zu Zielkonflikten und Synergien zwischen den 17 Zielen und ihren 169 Unterzielen für eine nachhaltige Entwicklung vor, die in Teil II/ Abschnitt 8.4.2 der vorliegenden Arbeit analysiert wurden. Der explizite Hinweis der Vereinten Nationen, wonach Interdependenzen zwischen den SDGs bestehen und den Umsetzungserfolg entscheidend beeinflussen können, hat die Sensibilisierung für eine hemmende Wirkung von Zielkonflikten auf der einen Seite und eine förderliche Wirkung von Synergien auf der anderen Seite ins Bewusstsein gerückt und zu weiteren Forschungsprojekten i. Z. m. Interdependenzen motiviert.

Urban & Hametner (2022, S. 22) stellen in ihrer Studie die höchste Anzahl an Interdependenzen zu SDG 8 (ökonomisches Wachstum) fest. Damit wird das Ergebnis der vorliegenden empirischen Untersuchung gestützt, die eine Dominanz der ökonomischen Nachhaltigkeitsdimension als am häufigsten genannte Ursache für Zielkonflikte zutage bringt. Gleichzeitig werden Synergien zwischen SDG 8 (ökonomisches Wachstum) und SDG 2 (Bekämpfung von Hunger) aufgezeigt (Urban & Hametner, 2022, S. 22), womit die Ergebnisse der vorliegenden empirischen Untersuchung i. Z. m. der ökonomischen Nachhaltigkeit als Finanzierer und Motivator gestützt werden.

Jedoch muss festgehalten werden, dass die identifizierten Interdependenzen i. Z. m. den SDGs im Einzelnen nicht auf Banken übertragbar sind, da kontextspezifisch im Bankensektor andere Ziele und Indikatoren einzubeziehen sind, als dies bei Staaten der Fall ist.

Das in den vergangenen Absätzen Aufgeführte gilt gleichermaßen für Untersuchungen im landwirtschaftlichen Sektor, aus welchen die Ergebnisse die meisten Interdependenzen innerhalb der ökologischen Nachhaltigkeitsdimension aufzeigen, was angesichts des naturnahen Tätigkeitsbereichs nicht weiter verwunderlich ist. Im Einzelnen beziehen sich diese Interdependenzen innerhalb der ökologischen Dimension auf landwirtschaftliche Produkte und Prozesse. Interdependenzen zur Ökonomie repräsentieren die zweitstärkste Gruppe (Schader et al., 2016, S. 15).

Nilsson et al. (2018, S. 1499–1500) stellen fest, dass Einflussfaktoren auf Interdependenzen aus der sektorspezifischen und der geografischen Betrachtung, aus der zeitlichen Dimension sowie aus dem Governance-Rahmenwerk resultieren.

In vorliegender Studie wird die sektorspezifische sowie die geografische Spezifikation bereits in der Formulierung der Forschungsfragen vorgenommen. Die abweichenden Betrachtungszeiträume werden als ein Wirkmechanismus für Interdependenzen sowohl in der Kategorie der Zielkonflikte als auch der Synergien identifiziert. Zudem lassen sich die Kategorien der „Regulierung als Handlungsmaßstab oder auch als Wegweiser", die „makroökonomischen und politischen Einflussfaktoren" sowie die „Pflichten der Kantonal- und Regionalbanken", den Autoren Nilsson et al. (2018, S. 1492) folgend, dem Governance-Rahmenwerk zuordnen. Instrumente der Governance werden zudem unter den Steuerungsmechanismen für Interdependenzen genannt, wie in Abschnitt 12.1.3 vertieft zu diskutieren sein wird.

Flammer et al. (2024, S. 14–16) zeigen die Relevanz von Blended Finance-Projekten auf, die mehrheitlich in Form von Krediten ausgestaltet, und zusammen mit Banken zur Unterstützung von SDG 8 (ökonomisches Wachstum) und SDG 9 (Industrie, Innovation und Infrastruktur) eingesetzt werden. Die SDGs 8 und 9 werden durch die Autoren der ökonomischen Nachhaltigkeitsdimension zugeordnet. Da Maßnahmen zur Förderung der Ökologie und des Sozialen negative Auswirkungen auf SDG 8 (Förderung ökonomischen Wachstums) sowie SDG 9 (Förderung von Industrie, Innovation und Infrastruktur) entfalten können, und damit aus ökonomischen Gründen bzw. aufgrund des nicht tragbaren Risikopotentials ohne Blended Finance-Lösungen behindert werden können wird in der Auflösung dieses Zielkonflikts die positive synergetische Wirkung des Instruments der sog. Blended Finance verortet.

Lettenbichler (2024, S. 7–10) hält fest, dass bei Bestehen eines Zielkonflikts zwischen den drei Nachhaltigkeitsdimensionen der ökonomischen Nachhaltigkeitsdimension stets der Vorrang zu geben ist, da dem Management die Verantwortung der langfristigen Sicherung des Unternehmenserfolgs, somit die sog. Fiduciary Duty zukommt.

Kiszka und Hastenteufel (2024, S. 16) haben eine empirische Untersuchung zur Einschätzung der Auswirkungen der Nachhaltigkeitsregulierung auf die Bankenpraxis durchgeführt, wobei auch die Auswirkungen auf die Gesamtbanksteuerung, darunter die Steuerung über Ausschlusskriterien, Limitsysteme, Ratings, Konditionengestaltung, Szenarioanalysen und Sonstiges, näher betrachtet wird. Dabei wird lediglich die Gesamtbanksteuerung unter Einbezug von Nachhaltigkeitsbelangen im Allgemeinen, jedoch nicht die Steuerung von Interdependenzen im Speziellen adressiert. Die empirischen Ergebnisse zeigen, dass in der Praxis insbesondere die Betroffenheit von Banken durch Transitionsrisiken im Fokus steht (Kiszka & Hastenteufel, 2024, S. 26).

Gleichzeitig sprechen sich die Experten mehrheitlich gegen Verschärfungen durch Ausschlusskriterien (Kiszka & Hastenteufel, 2024, S. 27) sowie Limitsysteme aus, da Kunden nicht verwiesen, sondern vielmehr in ihren Transformationsbemühungen begleitet werden sollen. So soll insbesondere ein Bestandsschutz gewährleistet werden und nachhaltigkeitsbezogene Auflagen ggf. ausschließlich auf Neugeschäfte anwendbar sein (Kiszka & Hastenteufel, 2024, S. 28). Während in der Studie der Autoren die Steuerung von Nachhaltigkeit über Kostenaufschläge für konventionelle Produkte abgelehnt werden, da dies zur Abwanderung von Kunden führen würde, erachten andere dieses Instrument als hilfreich zur Auflösung von Geschäftsbeziehungen zu risikoreichen Kunden und damit zur Neuallokation von Risikokapital (Kiszka & Hastenteufel, 2024, S. 29).

Anreizsysteme für Kunden in Form von geringeren Kostenbelastungen für nachhaltige Produkte lehnen die Experten aufgrund der ohnedies angespannten Margensituation ab bzw. erachten derartige Anreizsysteme vielmehr als Aufgabe der Politik (Kiszka & Hastenteufel, 2024, S. 30). Als Herausforderungen bei der Abbildung der Nachhaltigkeitsrisiken werden zum einen das fehlende Know-how und zum anderen die fehlenden langfristigen Datenreihen gesehen, weshalb ersatzweise mit qualitativen Informationen gearbeitet würde (Kiszka & Hastenteufel, 2024, S. 30). Vergütungssysteme werden als nützliches internes Anreizsystem zur Förderung der Nachhaltigkeitsstrategie angesehen (Kiszka & Hastenteufel, 2024, S. 31). Obgleich es bei den hier adressierten Steuerungsmechanismen nicht im Speziellen um die Steuerung von Interdependenzen geht, können diese teilweise auch i. d. Z. zum Einsatz kommen, wie in Abbildung 12.3 noch darzustellen sein wird.

Müller-Christ (2020, S. 85) zeigt auf, dass der Regulierung und dem damit einhergehenden Zwang die Wirkung innewohnt, „widersprüchliche Managementrationalitäten" aufzulösen und somit Zielkonflikte in Synergien zu verwandeln. In ähnlicher Weise sehen die Experten vorliegender Studie die Regulierung als Wegweiser und damit hilfreich im Unterschied zu den Unsicherheiten, die sich aus der Selbstregulierung ergeben können. Hilbert (2024, S. 97) ist der Meinung, dass Gesetze „die Leitplanken unternehmerischen Handelns" bilden, womit dem Staat als Gesetzgeber eine „besondere Wirkmacht" zukommt.

Kiszka (2023, S. 478–480) beleuchtet in zwei quantitativen Untersuchung in den Jahren 2019/2020 und 2020/2021 die Sicht des Bankkunden auf das Thema Nachhaltigkeit. Zusammenfassend kann hiernach festgestellt werden, dass die befragten Kunden den Klimaschutzbeitrag der Banken zuletzt mit 66 % wesentlich geringer einschätzen als dies mit 96 % bei Industrieunternehmen der Fall war, gleichwohl dieser Wert ggü. der ersten Untersuchung signifikant gestiegen ist (Kiszka, 2023, S. 493–495). Gleichzeitig erachten Bankkunden die Nachhaltigkeitsaspekte bei Geldanlagen als zweitrangig hinter ihren persönlichen finanziellen Zielen der finanziellen Sicherheit, Rentabilität und Liquidität (Kiszka, 2023, S. 512). Insbesondere jüngere und höher gebildete Bankkunden zeigen erhöhtes Interesse an nachhaltigen Geldanlagen (Kiszka, 2023, S. 517–519), verbunden mit einer erhöhten Erwartungshaltung, aktiv auf nachhaltige Produktlösungen durch Banken angesprochen bzw. im Allgemeinen zu Nachhaltigkeitsbelangen informiert zu werden (Kiszka, 2023, S. 526 und S. 531). Die Ergebnisse der Autorin untermauern somit die Erkenntnisse der Untersuchung vorliegender Arbeit in den nachfolgenden Punkten: ökonomische Präferenzen der Bankkunden, Ertragschancen aus der Erschließung neuer, insbesondere jüngerer Kundenzielgruppen, sowie dem Bedarf des Wissensaufbaus insbesondere der Front-Mitarbeitenden. Kashi und Shah (2023, S. 21) bestätigen diese Erkenntnis ebenfalls auf Basis ihrer Literaturanalysen zu Publikationen im Bereich der Sustainable Finance.

Waschbusch et al. (2021, S. 75–76) sehen in der Nachhaltigkeitsberichterstattung von Banken zwar das Risiko des Greenwashings, jedoch gleichzeitig auch die Chance zur Stärkung von Investoren- und Kundenbeziehungen und einer Verbesserung des Arbeitgeberimages. Die Autoren adressieren zudem in Verbindung mit den höheren Kosten und ggf. Risiken im Vergleich zu konventionellen Anlageoptionen die Gefahr der Bevormundung von Kunden im Rahmen der Anlageberatung mit Bezug auf nachhaltige Produktangebote (Waschbusch et al., 2021, S. 86–87). Zielkonflikte werden lediglich im Allgemeinen zwischen der ökonomischen und der ökologischen Nachhaltigkeitsdimension angesprochen, wobei die Auflösung derselben über Zielhierarchien erfolgen soll (Waschbusch et al., 2021, S. 98–99).

Zur Steuerung von Nachhaltigkeitsrisiken werden Instrumente, wie die Definition von Limiten und Ausschlusskriterien, sowie das Stresstesting erwähnt (Waschbusch et al., 2021, S. 128–129 und S. 143). Im Personalwesen sehen die Autoren die Notwendigkeit fachlicher sowie bewusstseinsbildender Weiterbildungsmaßnahmen im Bereich des Nachhaltigkeitsmanagements (Waschbusch et al., 2021, S. 133). Zudem wird empfohlen, neben Gleichstellung, Vielfalt und Diversität als Teilbereiche der sozialen Nachhaltigkeitsdimension auch sog. New Work-Ansätze, Homeoffice-Möglichkeiten und die Förderung der Work-Life-Balance, nicht außer Acht zu lassen. Das Ziel dieser Maßnahmen sei die Förderung der Mitarbeiterzufriedenheit und -bindung (Waschbusch et al., 2021, S. 135–136). Im Kerngeschäft von Banken wird neben der Möglichkeit des Angebots von nachhaltigen Krediten zu vergünstigten Konditionen (Waschbusch et al., 2021, S. 148) auch die Ausgestaltung nachhaltiger Geldanlagen aufgezeigt. Insbesondere beim Vergleich der Performance nachhaltiger zu konventionellen Anlageprodukten wird die Wichtigkeit der langfristigen Betrachtung des Rendite-Risiko-Profils betont (Waschbusch et al., 2021, S. 161).

Hecker (2016, S. 178) bestätigt, dass die Vernachlässigung der sozialen Nachhaltigkeitsdimension zu Ungleichgewichten führen kann, die den Nachhaltigkeitszielen insgesamt unzuträglich sind. Er sieht den Regulator in der Pflicht, auch Mindeststandards der sozialen Nachhaltigkeit in die Finanzmarktregulierung aufzunehmen, damit der ungleichen Einkommens- Vermögens- und Chancenverteilung als Ursache für Interdependenzen entgegengewirkt werden kann.

Auch Leuchters (2023, S. 11) plädiert für die Erweiterung der ökologischen Taxonomie um die soziale Dimension, um einer Vernachlässigung der sozialen Nachhaltigkeitsdimension und den damit einhergehenden Zielkonflikten entgegenzuwirken. Diese Erkenntnisse werden anhand der Subkategorie der Vernachlässigung der sozialen Nachhaltigkeitsdimension untermauert, die als Ergebnis innerhalb der Kategorie der Zielkonflikte aus der vorliegenden empirischen Untersuchung hervorgeht.

Borchardt et al. (2019, S. 19 und S. 29) haben mehrfach auf die Problematik des fehlenden Wissens um Interdependenzen i. Z. m. den SDGs hingewiesen und für einen intensiveren Austausch zwischen Experten und der Schaffung von kontextspezifisch ausgestalteten Wissensdatenbanken plädiert. Das unterstreicht die aus den Nennungen der Experten entwickelten Subkategorien „Verständnis und Überzeugung durch Schulungen", „Interdisziplinärer Diskurs" sowie „Branchen- und Industrieerfahrungswerte".

Haffar (2018, S. 21) betrachtet Zielkonflikte aus widersprüchlichen Stakeholderinteressen als wesentlich in Bezug auf ihre hinderliche Wirkung bei der Umsetzung von Nachhaltigkeitsstrategien. Somit gilt auch die Kategorie „Wissensstand, Überzeugung und abweichende Stakeholderinteressen" als bestätigt.

Mödritscher & Wall (2021, S. 73–74 und S. 78) zeigen zunächst die Bedeutung der Verankerung von Nachhaltigkeitszielen in Anreizsystemen, wie MBOs, auf und ergänzen in weiterer Folge, dass die drei Dimensionen der Nachhaltigkeit eine gewisse Komplexität der Zielfunktionen mit sich bringen und daher die Definition von MBO-Zielen in Zielkonflikte und Synergien münden können. Aus diesem Grund sei eine *„Koordination der Ziele der einzelnen Bereiche notwendig, insbesondere im Sinne der Steuerung der Neben-, Fern- und Rückwirkungen von Aktivitäten in einzelnen Bereichen auf andere Bereiche" (Mödritscher & Wall, 2021, S. 78).*

In zahlreichen Publikationen werden CO_2-Kompensationsprojekte auf ihre Wirksamkeit hin untersucht, welche diesen Projekten jedoch in einem besorgniserregenden Masse abgesprochen wird. Zum einen wird resümiert, dass eine wesentlich umfassendere Governance und Überwachung der Kompensationsprojekte erforderlich wären, um die Erfüllung der Kompensationsversprechen zu gewährleisten, was allerdings mit hohen Kosten verbunden ist. Zum anderen wird klargestellt, dass die Wirksamkeit von Kompensationsmaßnahmen nicht oder nicht in dem Masse mit wissenschaftlicher Evidenz belegt werden können, wie dies für die Effektivität von CO_2-Reduktionsmaßnahmen der Fall ist. Das Erzielen von Impact ggü. schnellen und günstigeren Lösungen unter Zuhilfenahme nicht effektiv überwachbarer Kompensationsprojekte im fernen Ausland stehen in einem Zielkonflikt zueinander (Kaupa, 2024, S. 18–21; Probst et al., 2023, S. 22–23).

In der Theorie konnten keinerlei umfassende sektorspezifische Untersuchungen zu Zielkonflikten und Synergien bei Banken ausfindig gemacht werden. Vor diesem Hintergrund wurde unter Anwendung eines qualitativen Ansatzes das Interesse verfolgt, neue Erkenntnisse zu sektorspezifischen Interdependenzen bei Banken in der Schweiz und in Liechtenstein zu gewinnen. Wie die Ergebnisse der Studie zeigen, ist dies gelungen und das gewählte Forschungsdesign kann als geeignet angesehen werden. Die in den Abschnitten 11.2.3 sowie 11.2.4 dargelegten, gewonnenen Erkenntnisse gilt es, im Rahmen weiterer qualitativer und quantitativer Studien einerseits auf ihre Vollständigkeit und Wesentlichkeit hin, andererseits auf ihre Übertragbarkeit auf Banken in anderen geografischen Regionen hin zu überprüfen.

Die Relevanz der identifizierten Zielkonflikte und Synergien lässt sich jedoch bereits anhand der bestehenden Forschung in weiten Teilen untermauern, wie in den letzten Absätzen aufgezeigt werden konnte. Dies gilt zumindest für die Ebene der Haupt- und Subkategorien. Einzelne Zielkonflikte und Synergien, die aus der vorliegenden empirischen Untersuchung hervorgegangen sind, konnten zwar aus der einschlägigen Fachliteratur abgeleitet werden, jedoch mussten die Einzelaspekte mangels umfassender Studien aus unterschiedlichen Quellen zusammengetragen und um sektorspezifische Aspekte ergänzt werden.

Die darunterliegende Ebene der Sub-Subkategorien ist hingegen in einem stärkeren Ausmaß kontextspezifisch zu verstehen und konnte aufgrund der in Teil II/ Abschnitt 7.4 dargelegten Forschungslücke nicht durch bestehende Literatur untermauert werden. Etwa können Erkenntnisse zu Interdependenzen aus Studien im Landwirtschaftssektor oder der Sharing Economy nicht im Einzelnen auf Banken übertragen werden, da den verschiedenen Sektoren mitunter differenzierte Produkte und Prozesse zugrunde liegen.

Unter der Einnahme unterschiedlicher Perspektiven führen vertiefende Analysen zu den Ergebnissen aus der empirischen Untersuchung zum Versuch einer Systematisierung der Ergebnisse. Betrachtet man die Ergebnisse der empirischen Untersuchung in den Subkategorien der Zielkonflikte und Synergien näher, so kann festgestellt werden, dass die Auslegung einer Interdependenz als Zielkonflikt oder als Synergie oftmals vom Blickwinkel des Betrachters bzw. dessen Herangehensweise in der Ausgestaltung der Nachhaltigkeitsmaßnahmen abhängig ist. Wie aus Abbildung 12.1 ersichtlich, können thematische Paare aus den Subkategorien der Hauptkategorien in Form von Zielkonflikten und Synergien gebildet werden. Diese Möglichkeit der Bildung von thematischen Paarungen hat sich im Laufe der intensiven Auseinandersetzung mit dem Material herauskristallisiert und verdient besondere Beachtung, denn hieraus ergibt sich die Chance, Zielkonflikte ggf. in Synergien umzuwandeln, indem einerseits eine andere Perspektive eingenommen bzw. andererseits eine alternative Maßnahmenausgestaltung gewählt wird.

Eine vertiefte Auseinandersetzung mit der Forschung i. Z. m. den SDGs hat bereits aufgezeigt, dass gewisse Zielkonflikte in Synergien umgewandelt werden können. Kroll et al. (2019, S. 8) haben etwa die Veränderung von Zielkonflikten und Synergien zwischen den SDGs und ihren Unterzielen im Zeitverlauf untersucht und dadurch die Möglichkeit der erfolgreichen Umkehr von Zielkonflikten in Synergien nachweisen können. Diese Änderung ist allerdings auch in umgekehrter Form von einer Synergie zu einem Zielkonflikt möglich, wenn nicht effizient gesteuert wird bzw. Know-how fehlt.

Indes wird es nicht möglich sein, jeden Zielkonflikt aufzulösen, wie Müller-Christ (2020, S. 86 und S. 92) bereits festgestellt hat. So werden in gewissen Situationen Zielkonflikte bewusst eingegangen werden. Vor diesem Hintergrund ist bedeutsam, dass Interdependenzen transparent gemacht und damit zumindest überwachbar bzw. bestenfalls steuerbar werden. Auf die im Rahmen der empirischen Untersuchung identifizierten Transparenz- und Steuerungsmechanismen wird in den beiden folgenden Abschnitten zum Zwecke ihrer Systematisierung näher eingegangen. Zunächst sollen jedoch die im Rahmen der vorliegenden Forschungsarbeit identifizierten Zielkonflikte und Synergien bei Banken in der Schweiz und in Liechtenstein in Verbindung zueinander gesetzt werden, indem eine Gruppierung zu thematischen Paaren vorgenommen wird, wie in Abbildung 12.1 ersichtlich.

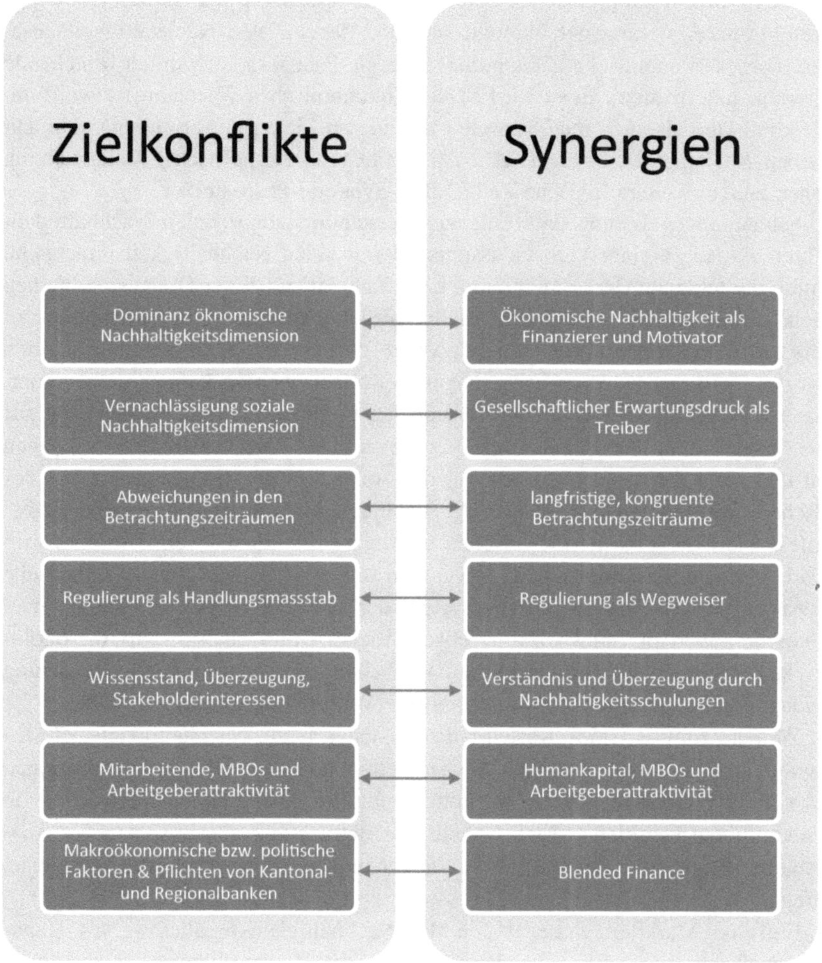

Abbildung 12.1 Thematische Paare aus Zielkonflikten und Synergien. (Quelle: Eigene Darstellung)

In weiterer Folge werden die in Abbildung 12.1 dargestellten Zielkonflikt-Synergie-Paare diskutiert.

Zum einen sehen einzelne Experten einen Zielkonflikt in der Dominanz der ökonomischen Nachhaltigkeitsdimension, da hierdurch eine Benachteiligung der ökologischen sowie der sozialen Nachhaltigkeitsdimension resultieren kann. Zum anderen wird im ökonomischen Erfolg die Voraussetzung der Verfügbarkeit von Mitteln zur Förderung der ökologischen und der sozialen Nachhaltigkeit gesehen. Dieses ökonomische Zielkonflikt-Synergie-Paar lässt sich durch bestehende Literatur untermauern. Etwa wird SDG 8 (ökonomisches Wachstum) sowohl mit Zielkonflikten als auch mit Synergien zu anderen Zielen in Verbindung gebracht (Urban & Hametner, 2022, S. 22). Aus vorliegender empirischer Untersuchung gehen zudem weitere logische Zielkonflikt-Synergie-Paare hervor.

Fehlende Regulierung und fehlendes Verständnis zur sozialen Nachhaltigkeit führen aktuell zu einer Vernachlässigung der sozialen Nachhaltigkeitsdimension. Durch die fehlende Berücksichtigung bzw. Sichtbarkeit dieser Dimension bleiben Zielkonflikte oftmals unerkannt. Gesellschaftlicher Erwartungsdruck kann besonders beim Vorliegen solcher Lücken positive Wirkung entfalten, indem Synergien aus der Erfüllung externer Erwartungen gewonnen werden können. S. Zimmermann (2020b, S. 84) teilt die institutionellen Logiken, die eine Auswirkung auf die Ausgestaltung der Nachhaltigkeitsstrategie einer Bank haben, in vier Ebenen ein und sieht darin die Heterogenität des Ausmaßes des Einbezugs von ökologischen und sozialen Aspekten in die Nachhaltigkeitsstrategie begründet. Dabei differenziert die Forscherin zwischen dem sog. individual level, dem sog. firm level, dem sog. community level sowie dem sog. field level. Der gesellschaftliche Erwartungsdruck kann in diesem System der Ebene der sog. community level zugeordnet werden. Indes wirkt gesellschaftlicher Druck auch i. Z. m. der ökologischen Nachhaltigkeitsdimension auf Wirtschaft und Politik, wie die Bewegung Fridays for Future eindrücklich gezeigt hat (Wehrden et al., 2019, S. 308).

Werden zum Beispiel Kosten-Nutzen-Analysen zu Nachhaltigkeitsmaßnahmen unter Anwendung unterschiedlicher Betrachtungszeiträume für die einzelnen Aspekte der Analyse erstellt, so können falsche Aussagen resultieren, die in Zielkonflikten resultieren. Eine einheitliche Betrachtung aller Aspekte der Analyse über langfristige Zeiträume kann hingegen positive synergetische Wirkungen offenbaren.

Einzelne Marktteilnehmer sehen die Nachhaltigkeitsregulierung als Handlungsmaßstab an, z. B. zur Vermeidung von Zielkonflikten zur ökonomischen Nachhaltigkeitsdimension, indem sie Geschäftschancen im konventionellen Bereich nicht durch frühzeitige oder zu umfassende Transformation zu einem nachhaltigen Geschäftsmodell der Konkurrenz überlassen. Dies kann als Notwendigkeit für weitere Regulierung gedeutet werden, insbesondere um ein sog. level playing field zu schaffen. Hierbei bestätigt sich die in der Theorie bereits aufgedeckte Tatsache, dass Regulierung Zielkonflikte in Synergien umzukehren vermag (Kiszka & Hastenteufel, 2024, S. 24; Müller-Christ, 2020, S. 85). Treffend formuliert Hutzschenreuter (2020, S. 6) diesen Aspekt wie folgt:

> *„Eine Lösung der Konflikte für die Zielsysteme von Unternehmen, hervorgerufen durch Inkongruenz zwischen Einzelwirtschafts- und Gesellschaftsebene kann hinreichend nicht in Appellen, sondern nur in Regulierungen, zum Beispiel im Steuer-, Wettbewerbs-, Kapitalmarkt-, Gesellschafts-, Arbeitsmarkt-, Mitbestimmungs- und Verbraucherschutzrecht, liegen, durch die die Suche nach Lösungen in den Unternehmen im Sinne einer Harmonie von Nachhaltigkeit und Unternehmensinteresse priorisiert wird. Unternehmen brauchen somit durch einheitliche Regeln für alle den Schutz vor Wettbewerbern, die sich auf Kosten einer Nichtnachhaltigkeit ökonomische Vorteile verschaffen." (Hutzschenreuter, 2020, S. 6)*

S. Zimmermann (2020b, S. 84) ordnet die Regulierung als Einflussfaktor der Ebene des sog. field level zu, womit das Ausmaß des Einbezugs von Nachhaltigkeitsbelangen in die Strategie bestimmt wird.

Ein Verlangen der Marktteilnehmer nach gleichen Wettbewerbsbedingen (level playing fields) kann durch Regulierung erzielt werden. Folglich könnte i. Z. m. Nachhaltigkeitsbelangen im Finanzdienstleistungssektor stärker auf Regulierung als auf Selbstregulierung bzw. Eigeninitiative gesetzt werden, um Synergien zu schaffen.

Wird die Erkenntnis gewonnen, dass mangelnder Wissensstand zu Nachhaltigkeit, fehlende Überzeugung sowie widersprüchliche Stakeholderinteressen zu Zielkonflikten im Nachhaltigkeitsmanagement führen, spricht dies für eine Gewinnung von Synergien durch Investitionen in den internen Wissensaufbau und die Überzeugungsarbeit. Eine Art Nachhaltigkeitsverfechter im Top-Management von Unternehmen sowie die nachhaltigkeitsbezogenen Erwartungshaltungen von Investoren ordnet S. Zimmermann (2020b, S. 84) der Ebene des sog. individual level und des sog. firm level zu.

Investitionen in Mitarbeitende und Arbeitgeberattraktivität, etwa durch die Förderung von Diversität oder von New Work-Ansätzen sowie Maßnahmen zur Steuerung der Mobilität, resultieren oftmals in Zielkonflikten zwischen der ökonomischen, der sozialen und der ökologischen Nachhaltigkeitsdimension. Auch können Zielkonflikte zwischen den MBO-Zielen verschiedener Mitarbeitender einer Organisation bestehen, die eine erfolgreiche Umsetzung der Nachhaltigkeitsstrategie hemmen. Wird jedoch eine andere Perspektive eingenommen bzw. werden alternative Handlungsoptionen gewählt, führt dies zur Steigerung des Humankapitals, der Arbeitgeberattraktivität sowie zur integrierten Ausgestaltung von MBO-Systemen, und damit zu positiven synergetischen Effekten auf die Umsetzung der Nachhaltigkeitsstrategie.

Makroökonomische und politische Faktoren nehmen Einfluss auf die Geschäftstätigkeit der Banken und können zu Zielkonflikten zwischen den drei Nachhaltigkeitsdimensionen führen. In verstärkter Form gilt dies aufgrund der Eigentümerstruktur bzw. des regionalen Versorgungsauftrags für Kantonal- Regional- und Landesbanken. Ein möglicher Ansatz zur Umkehr einzelner Zielkonflikte in Synergien wird in einer themen- bzw. projektbezogenen Zusammenarbeit der öffentlichen Hand mit der Bank gesehen. Eine solche Kooperation zwischen dem öffentlichen und dem privaten Sektor ist unter dem Begriff der sog. Blended Finance bekannt (Flammer et al., 2024, S. 1).

Im Zusammenhang mit den thematischen Paaren stellt sich unweigerlich die Frage, inwiefern die interviewten Experten im Rahmen vorliegender Untersuchung jeweils beide Perspektiven eingenommen haben, oder sich vielmehr lediglich einer der Perspektiven bewusst waren. Zum Zweck der Beantwortung dieser Frage bietet sich eine Analyse von gemeinsamen Codierungen der Subkategorien in den Dokumenten an. Hierzu kann festgestellt werden, dass lediglich in wenigen Fällen ein Experte oder eine Expertin eine thematische Interdependenz sowohl aus dem Blickwinkel eines Zielkonflikt als auch einer Synergie betrachtet hat, wie Tabelle 12.1 verdeutlicht. Vielmehr haben die Interviewten jeweils nur eine der beiden Perspektiven innerhalb eines thematischen Paares eingenommen. Lediglich im Fall des Zielkonflikt-Synergie-Paares der Dominanz der ökonomischen Nachhaltigkeitsdimension in Verbindung mit der Ökonomie als Finanzierer ist hingegen regelmäßig eine gemeinsame Codierung in einzelnen Dokumenten festzustellen, wie in Tabelle 12.1 anhand der roten Umrandung ersichtlich. Dies äußert sich insbesondere dahingehend, als dass die Interviewten die Dominanz der ökonomischen Nachhaltigkeitsdimension als Ursache möglicher Zielkonflikte feststellen, jedoch gleichzeitig die Notwendigkeit des wirtschaftlichen Erfolgs für die Finanzierung von Nachhaltigkeitsmaßnahmen in den übrigen beiden Dimensionen unterstreichen und damit den Zielkonflikt rechtfertigen.

Tabelle 12.1 Gemeinsame Codierungen von Kategorien in den Dokumenten. (Quelle: Eigene Darstellung)

14 gemeinsame Codierungen in Dokumenten	
Dominanz ökonomische Nachhaltigkeitsdimension	Wissensstand, Überzeugung, Stakeholderinteressen
Dominanz ökonomische Nachhaltigkeitsdimension	Integrative und holistische Betrachtung
13 gemeinsame Codierungen in Dokumenten	
Dominanz ökonomische Nachhaltigkeitsdimension	Operationalisierung der Nachhaltigkeitsstrategie
Wissensstand, Überzeugung, Stakeholderinteressen	Integrative und holistische Betrachtung
Integrative und holistische Betrachtung	Operationalisierung der Nachhaltigkeitsstrategie
12 gemeinsame Codierungen in Dokumenten	
Dominanz ökonomische Nachhaltigkeitsdimension	Regulierung als Handlungsmaßstab
Dominanz ökonomische Nachhaltigkeitsdimension	Ökonomische Nachhaltigkeit als Finanzierer und Motivator
Wissensstand, Überzeugung, Stakeholderinteressen	Ökonomische Nachhaltigkeit als Finanzierer und Motivator
Wissensstand, Überzeugung, Stakeholderinteressen	Operationalisierung der Nachhaltigkeitsstrategie

(Fortsetzung)

Tabelle 12.1 (Fortsetzung)

Regulierung als Handlungsmaßstab	Integrative und holistische Betrachtung
11 gemeinsame Codierungen in Dokumenten	
Wissensstand, Überzeugung, Stakeholderinteressen	Regulierung als Handlungsmaßstab
Dominanz ökonomische Nachhaltigkeitsdimension	Art und Diversität der Bewertung
Wissensstand, Überzeugung, Stakeholderinteressen	Art und Diversität der Bewertung
Regulierung als Handlungsmaßstab	Operationalisierung der Nachhaltigkeitsstrategie
Ökonomische Nachhaltigkeit als Finanzierer und Motivator	Integrative und holistische Betrachtung
10 gemeinsame Codierungen in Dokumenten	
Dominanz ökonomische Nachhaltigkeitsdimension	Vernachlässigung soziale Nachhaltigkeitsdimension
Ökonomische Nachhaltigkeit als Finanzierer und Motivator	Operationalisierung der Nachhaltigkeitsstrategie
Operationalisierung der Nachhaltigkeitsstrategie	Art und Diversität der Bewertung
Art und Diversität der Bewertung	Integrative und holistische Betrachtung

Zielkonflikte Transparenzmechanismen

Synergien

In weiterer Folge werden die in Tabelle 12.1 dargestellten gemeinsamen Codierungen losgelöst von den thematischen Paaren diskutiert. Um die Übersichtlichkeit zu wahren, beschränkt sich die nachfolgende Analyse auf jene Fälle, in denen zwei Subkategorien in mindestens 10 von 15 Dokumenten gemeinsam codiert wurden. Die codierten Paare aus Tabelle 12.1 sind explizit nicht mit den in Abbildung 12.1 dargestellten thematischen Paaren zu verwechseln.

Zunächst sollen die gemeinsam codierten Paare aus Zielkonflikten und Transparenzmechanismen näher betrachtet werden. Die Paarung aus der Subkategorie der „Dominanz der ökonomischen Nachhaltigkeitsdimension“ mit der „Integrativen und holistischen Betrachtung“ macht deutlich, dass der genannte Transparenzmechanismus nach Meinung der Experten eine Voraussetzung für die stärkere Integration der ökologischen sowie der sozialen Nachhaltigkeitsdimension bildet. Ebenso wird die Dominanz der ökonomischen Nachhaltigkeitsdimension oftmals zusammen mit der Operationalisierung der Nachhaltigkeitsstrategie genannt, worin ein Instrument gesehen wird, Transparenz über die notwendigen Umsetzungsschritte zu gewinnen, dadurch Interdependenzen zu erkennen und in weiterer Folge ökologische und soziale Nachhaltigkeitsziele effizienter verfolgen zu können.

Das Paar aus „Dominanz der Ökonomie“ und „Art und Diversität der Bewertung“ kann in ähnlicher Weise interpretiert werden. Für die Bewertung der ökonomischen Nachhaltigkeit stehen die etablierten traditionellen Kennzahlen zur Verfügung. Für die Bewertung der ökologischen und der sozialen Nachhaltigkeit hat sich das Management mit neuen Bewertungsmethoden auseinanderzusetzen, welche sodann in das interne Berichtswesen aufzunehmen sind. Dies erfordert hingegen Wissen, womit die Paarung aus „Wissensstand“ mit „Art und Diversität der Bewertung“ von Bedeutung sind. Die Paarung aus „Wissensstand, Überzeugung und Stakeholderinteressen“ und der „integrativen und holistischen Betrachtung“ soll das Spannungsfeld zwischen mangelndem Wissen und Überzeugung i. Z. m. dem Nachhaltigkeitsmanagement und der Umsetzung einer integrativen und holistischen Betrachtung, etwa im internen Berichtswesen, aufzeigen. Ähnliches gilt für die Paarung aus „Wissensstand“ und „Operationalisierung“, da Operationalisierung eine entsprechende Wissensbasis voraussetzt. Die zwei verbleibenden Paare aus Zielkonflikten und Transparenzmechanismen indizieren, dass eine überprüfbar umzusetzende „Regulierung“ unweigerlich zu einer „Operationalisierung“ sowie einer „integrativen Betrachtung“ führt, wie dies etwa bei der Integration der Nachhaltigkeitsrisiken in das Risikomanagement der Fall ist.

Unter den gemeinsam codierten Paaren befinden sich auch solche aus zwei Zielkonflikten bestehend. Angesichts der umfangreichen Codierungen zu Zielkonflikten leuchtet dieses Resultat bereits aus statistischen Gründen ein. Erwähnenswert erscheint vor diesem Hintergrund insbesondere die oftmals genannte Paarung aus „Dominanz der ökonomischen Nachhaltigkeitsdimension“ mit der „Vernachlässigung der sozialen Nachhaltigkeitsdimension“, da auch die Regulierung die soziale Nachhaltigkeitsdimension vernachlässigt und damit Unsicherheit in der Praxis hervorruft. Der Antrieb für die Ökonomie entsteht aus der Tatsache, dass es sich bei Banken um sog. for-profit-Organisationen handelt. Die Ökologie wird durch die Regulierung intensiv getrieben. Die soziale Nachhaltigkeitsdimension fristet hingegen noch ein Schattendasein, wodurch Zielkonflikte zu dieser Dimension unerkannt bleiben bzw. begünstigt werden könnten.

Die gemeinsam genannten Transparenzmechanismen können ebenfalls mit den umfangreichen Codierungen zu den betroffenen Subkategorien erklärt werden.

Betrachtet man genannte Paare aus Zielkonflikten und Synergien, sticht insbesondere das Paar der „Dominanz der Ökonomie“ und der „Ökonomie als Finanzierer“ ins Auge, welches gleichzeitig auch thematisch in Abbildung 12.1 ein Paar bildet. Lediglich i. Z. m. diesem thematischen Paar nehmen die meisten Experten beide Perspektiven gleichzeitig ein. Die Paarung aus „Wissensstand und Überzeugung“ mit der „Ökonomie als Finanzierer“ zeigt auf, dass zwar ökonomischer Erfolg die Mittel für Investitionen in die Ökologie und in Soziales überhaupt erst erwirtschaftet, jedoch braucht es auch die Überzeugung der Entscheidungsträger, um Investitionen in Nachhaltigkeit als strategisches Ziel zu erwägen.

Schließlich ergeben sich gemeinsam codierte Paare aus Synergien und Transparenzmechanismen, wie bspw. „Ökonomie als Finanzierer“ jeweils mit der „Operationalisierung“ sowie der “integrativen und holistischen Betrachtung”. Da es sich bei diesen Subkategorien um Schwerpunktthemen der Experten im Zuge der Interviews handelt, ist darin die Begründung für dieser Paarkonstellationen zu suchen.

Die zuvor dargelegten Interpretationen zu den gemeinsam codierten Subkategorien stellen lediglich Hypothesen dar und können gegenwärtig nicht wissenschaftlich untermauert werden, da diese zunächst im Rahmen einer gesonderten empirischen Untersuchung hinterfragt werden müssten.

12.1.2 Transparenzmechanismen – Ein Versuch der Systematisierung

Im Rahmen dieses Abschnitts werden die Ergebnisse der Analyse der Transparenzmechanismen diskutiert. In Anknüpfung an die Bemerkung im vorherigen Abschnitt zur Umwandlung von Zielkonflikten in Synergien wird vorausgesetzt, dass Interdependenzen zunächst transparent werden müssen. Daher erscheint es in weiterer Folge sinnvoll, auf die im Rahmen der empirischen Untersuchung erhobenen Transparenzmechanismen überzuleiten und eine Systematisierung anzustreben.

In Summe können aus den Experteninterviews sieben Transparenzmechanismen auf der ersten Subkategorienebene identifiziert werden. Drei der sieben Möglichkeiten zur Schaffung interner Transparenz lassen sich, wie in Abbildung 12.2 ersichtlich, thematisch jeweils einem Zielkonflikt-Synergie-Paar zuordnen. Um diese Erkenntnis zu untermauern, werden gemeinsame Codierungen von Zielkonflikt-Synergie-Paaren mit Transparenzmechanismen ausgewertet und in Tabelle 12.1 übersichtlich dargestellt.

Die Schaffung von Transparenz durch eine integrierte und holistische Betrachtung bedingt, dass keine der drei Nachhaltigkeitsdimensionen gänzlich vernachlässigt werden darf. Folglich kann dieser Transparenzmechanismus dem Zielkonflikt-Synergie-Paar der „Vernachlässigung der sozialen Nachhaltigkeitsdimension" i. V. m. dem „gesellschaftlichen Erwartungsdruck" zugeordnet werden, während der Transparenzmechanismus der langfristigen und kongruenten Betrachtungs- und Bewertungszeiträume zu dem Zielkonflikt-Synergie-Paar i. Z. m. den Betrachtungszeiträumen passt.

Zudem kann die integrierte und transparente Überprüfung von MBO-Systemen als Transparenzmechanismus dem Zielkonflikt-Synergie-Paar i. Z. m. der Führung und Incentivierung über MBOs zugeordnet werden.

Tabelle 12.2 Gemeinsame Codierung des Trios Zielkonflikt-Synergie-Transparenzmechanismus. (Quelle: Eigene Darstellung)

	Zielkonflikt	Synergie	Transparenzmechanismus
1	Vernachlässigung soziale Nachhaltigkeitsdimension.	Gesellschaftlicher Erwartungsdruck als Treiber.	Integrierte und holistische Betrachtung.
2	Abweichungen in den Betrachtungszeiträumen.	Langfristige Betrachtungszeiträume.	Langfristige, kongruente Betrachtungs- und Bewertungszeiträume.
3	Mitarbeitende, MBOs und Arbeitgeberattraktivität.	Humankapital, MBOs und Arbeitgeberattraktivität.	Integrierte Überprüfung der MBO-Systeme.

Die in Tabelle 12.2 dargestellten und in Verbindung stehenden Subkategorien aus den drei Hauptkategorien der Zielkonflikte, Synergien und Transparenzmechanismen wurden äußerst selten gemeinsam genannt, wie dies auch schon bei der entsprechenden Betrachtung der Zielkonflikt-Synergie-Paare ersichtlich war und in Abschnitt 12.1.1 dargelegt wurde. Dieser Umstand untermauert die Erkenntnis, dass die systematische Auseinandersetzung mit Interdependenzen zusammen mit Transparenzmechanismen für dieselben in der Praxis noch ausbaufähig ist.

Mit dem Ansinnen, die systematische Auseinandersetzung mit Interdependenzen sowie dem Umgang mit denselben in der Praxis zu unterstützen, wird in Abbildung 12.3 zunächst der Versuch der Systematisierung der im Rahmen der empirischen Untersuchung identifizierten Transparenzmechanismen unternommen.

Insgesamt besteht das Systematisierungsschema aus den vier folgenden Gruppen von Transparenzmechanismen: die zur umfassenden Identifizierung der Interdependenzen gegebenen „Voraussetzungen“, die im Rahmen der Schaffung von Transparenz zum Einsatz kommenden „Instrumente und Methoden“, auf die im Rahmen der institutsspezifischen Identifikation von Interdependenzen zurückgegriffenen „Orientierungshilfen“, und die bspw. zur integrierten Überprüfung

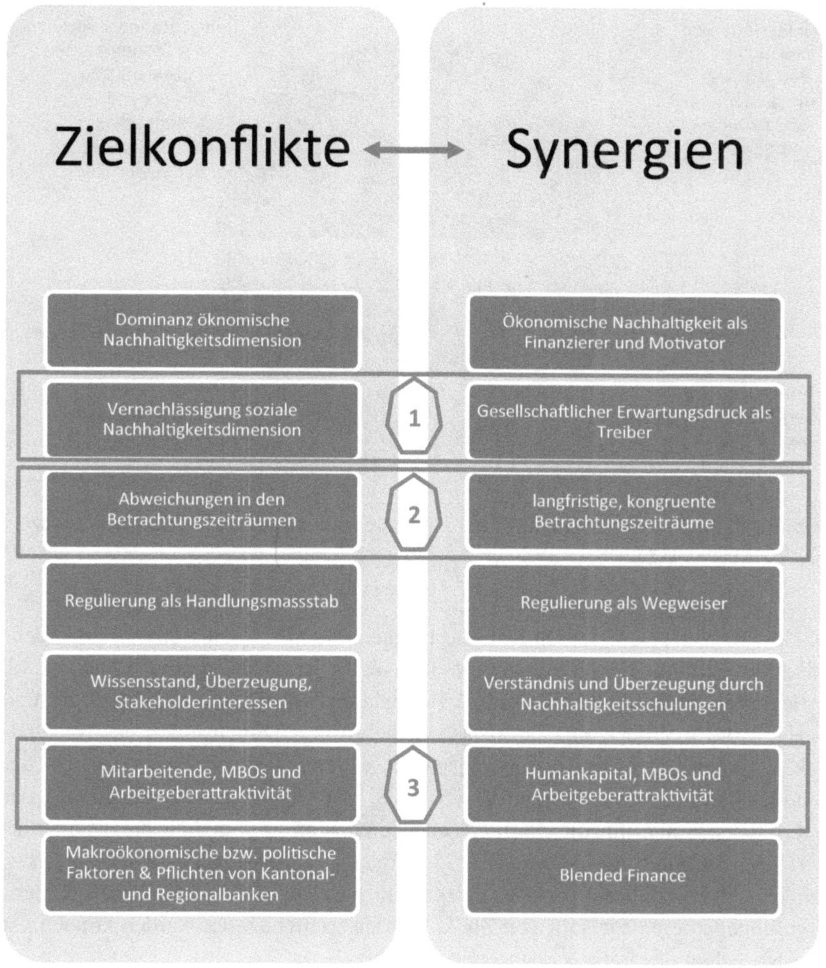

Abbildung 12.2 Zuweisung von Möglichkeiten zur Schaffung interner Transparenz zu Zielkonflikt-Synergie-Paaren. (Quelle: Eigene Darstellung)

der MBO-Systeme herangezogenen „problemorientierten Ansätze". In der letztgenannten Gruppe kann institutsspezifisch bzw. situationsabhängig eine beliebige Erweiterung stattfinden.

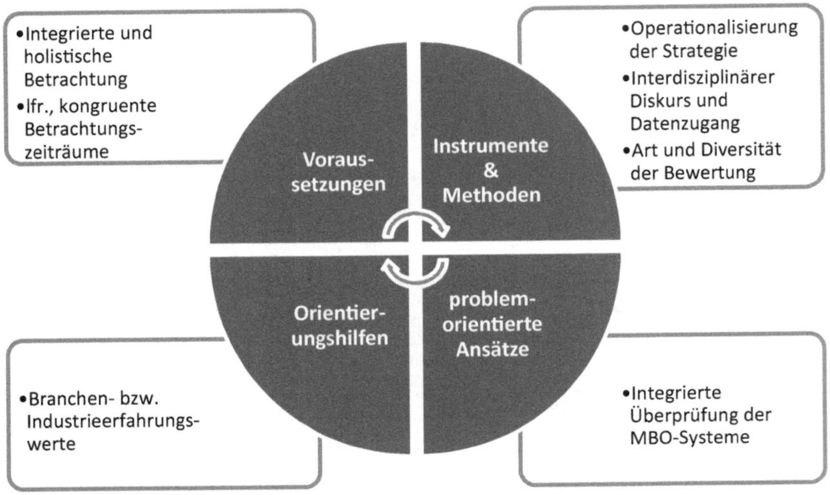

Abbildung 12.3 Systematisierung der Transparenzmechanismen für Interdependenzen. (Quelle: Eigene Angaben)

Dass die integrierte und holistische Betrachtung als „Voraussetzung“ zur Identifikation von Interdependenzen gilt, ist vor diesem Hintergrund einleuchtend, da lediglich durch eine gemeinsame Betrachtung von Ökonomie, Ökologie und Soziales die Interdependenzen zwischen diesen drei Dimensionen der Nachhaltigkeit zutage treten und damit transparent werden. Das zeigt sich auch in der Untersuchung durch Schader et al. (2016, S. 15), in der sich die Ergänzung der ESG-Dimensionen um die ökonomische Dimension als nützlich herauskristallisiert hat. Da durch die Autoren zur Governance-Dimension keine Zielkonflikte, sondern ausschließlich Synergien festgestellt wurden, zur ökonomischen Dimension hingegen eine Vielzahl von Zielkonflikten nachgewiesen werden können, ist dem Vorgehen der Forschenden recht zu geben.

Die integrierte und holistische Betrachtung beinhaltet zudem die Integration der Nachhaltigkeitsberichterstattung in die Finanzberichterstattung, die durch die EU aufgegriffen und in der CSRD umgesetzt wird. Diesem Vorbild sollte auch in der internen Berichterstattung gefolgt werden.

Daneben ist auch die Integration der Nachhaltigkeitsstrategie in die Unternehmensstrategie als sinnvoll zur Identifikation von Interdependenzen anzusehen. Die Ansätze von Hilbert (2019, S. 538–539) und Sailer (2022, S. 167–168) zur Aufnahme von Nachhaltigkeitsbelangen in die SWOT-Analyse bzw. die Balanced

Scorecard, einer Identifizierung der Zielkonflikte bereits in der Strategiesetzung und in weiterer Folge auch einer Berücksichtigung in der Maßnahmenplanung, wurden bereits in Teil I/ Abschnitt 6.4.8 ausgeführt.

Ergänzt wird die Gruppe der Voraussetzungen zur Schaffung von Transparenz durch den allgemeingültigen Ansatz der langfristigen und kongruenten Betrachtungszeiträume. Im Theorieteil der Arbeit wurde bereits auf die Ergebnisse von Haffar (2018, S. 21) i. d. Z. eingegangen. Die Forscherin hat in den kurzfristigen Betrachtungsdimensionen eine der Hauptursachen für Zielkonflikte ausgemacht.

In die Gruppe der „Instrumente und Methoden" zur Schaffung von Transparenz über Interdependenzen fallen zum einen die Operationalisierung der integrierten Unternehmens- und Nachhaltigkeitsstrategie, zum anderen der interdisziplinäre Diskurs, sowie abschließend die Art und Diversität der Bewertung. Hilbert (2024, S. 124) sieht in der Integration von Nachhaltigkeitsaspekten in bekannte Controllinginstrumente bzw. den Controlling-Regelkreis die Erreichung der Operationalisierung und ergänzt, dass insbesondere in familiengeführten KMUs Nachhaltigkeit ein Teil der „unternehmerischen DNA" sei (Hilbert, 2024, S. 95).

In der Theorie können konkrete Methoden, wie der sog. Nexus-Approach (Liu et al., 2018, S. 466–467) sowie die sog. Seven-Point-Scale-Methode (Nilsson et al., 2016, S. 321) i. Z. m. den SDGs ausfindig gemacht werden. Zudem kann kontextspezifisch für die Landwirtschaft das sog. SMART-Tool genannt werden (Schader et al., 2016, S. 15–16). Diese Ansätze und Tools vereinen Elemente der Operationalisierung und des interdisziplinären Diskurses, sind jedoch lediglich unter Vornahme von Modifikationen auf bankenspezifische Interdependenzen übertragbar. Wie bereits ausgeführt, wird in der Operationalisierung von Zielen der Unterschied zwischen der zielorientierten gegenüber der prozessorientierten Herangehensweise gesehen (Nilsson & Weitz, 2019, S. 254). Festzuhalten ist, dass diese in anderen Branchen verwendeten Instrumente den interviewten Experten nicht bekannt waren bzw. durch diese nicht erwähnt wurden.

Zur Notwendigkeit der Erweiterung der Art und Diversität der Bewertung im Rahmen des Nachhaltigkeitsmanagements finden sich ebenfalls einige Anhaltspunkte in der Theorie. Ausgeführt wurde dazu bereits in Teil I/ Abschnitt 6.4.8. Vor diesem Hintergrund wurden neue Bewertungsmethoden und Kenngrößen i. Z. m. Nachhaltigkeitsbelangen thematisiert, welche bereits bekannte traditionelle Bewertungsmethoden um alle drei Dimensionen der Nachhaltigkeit ergänzen und die Interdependenzen zwischen denselben abbilden sollen. Hervorzuheben ist auch der Art. 449a CRR, in dem die GAR sowie die BTAR festgeschrieben sind. Sailer (2022, S. 239–242) stellt zudem die Kennzahl SRoI sowie um die Nachhaltigkeitsdimensionen erweitere Werttreiberbäume vor. Nennenswert ist ebenfalls der Ansatz der Internalisierung von Externalitäten zum Zweck der Herstellung von Kostenwahrheit, dies unter Berücksichtigung von ökologischen und sozialen Effekten (Hülsdünker & Hoffart, 2021, S. 625).

Branchen- bzw. Industrieerfahrungswerte sollen als „Orientierungshilfe" für die Identifikation institutsspezifischer Interdependenzen und damit für die Schaffung von Transparenz über Interdependenzen dienen. Die Bedeutung der kontextspezifischen Untersuchung von Interdependenzen wird in der Theorie unter anderen durch Urban & Hametner (2022, S. 2–3) thematisiert, um entsprechende Orientierungshilfe bieten zu können. Die vorliegende Forschungsarbeit hat durch die kontextspezifische empirische Untersuchung der Zielkonflikte und Synergien eine Orientierungshilfe für Banken in der Schweiz und in Liechtenstein hervorgebracht, wie den Ergebnissen aus den Abschnitten 11.2.3 und 11.2.4 entnommen werden kann.

Zwar könnte die integrierte und transparente Überprüfung von MBO-Systemen ebenso der Gruppe der „Instrumente und Methoden" zugeordnet werden, jedoch muss den Banken zugestanden werden, von der Führung durch Zielvereinbarungen Abstand zu nehmen und stattdessen alternative Methoden der Führung bzw. abweichende Anreizsysteme zu präferieren, weshalb i. d. Z die Zuordnung zu den „problemorientierten Ansätzen" gewählt wurde. Weitere problemorientierte Ansätze können indes institutsspezifisch hinzugenommen bzw. ergänzt werden.

In der Literatur wurden bis dato kontextspezifische Transparenzmechanismen für Interdependenzen bei Banken nicht thematisiert. Neben den in den Abschnitten 11.2.3 und 11.2.4 dargestellten Zielkonflikten und Synergien, die als branchenspezifische Orientierungshilfe dienen können, sollen die in diesem Abschnitt dargelegten Transparenzmechanismen den Banken dabei helfen, Transparenz über ihre institutsspezifischen Interdependenzen zu schaffen.

Während die „Voraussetzungen", wie beispielsweise eine integrierte und holistische Betrachtung, stets erfüllt sein müssen, um Transparenz über die Interdependenzen zu gewinnen, können Ansätze aus den übrigen drei Gruppen einzeln oder in Kombination zur Anwendung kommen. Eine kombinierte Anwendung von Ansätzen aus verschiedenen Gruppen, lässt eine verstärkende synergetische Wirkung auf die erzielte Transparenz vermuten.

Inwiefern die im Rahmen der vorliegenden Forschungsarbeit identifizierten Transparenzmechanismen hinlänglich effektiv sind, um institutsspezifisch Transparenz über Interdependenzen herzustellen, gilt es in weiteren Forschungsarbeiten näher zu untersuchen.

12.1.3 Steuerungsmechanismen – Ein Versuch der Systematisierung

In Folge der Identifizierung von Interdependenzen wird auf Basis dieser Erkenntnisse überprüft, inwiefern bspw. durch die Entscheidung für alternative Maßnahmen Zielkonflikte in Synergien umgewandelt werden können. Die verbleibenden Zielkonflikte gilt es in weiterer Folge effektiv zu steuern. Zu diesem Zweck können die sieben im Rahmen der empirischen Untersuchung erhobenen Steuerungsmechanismen zum Einsatz kommen. Diese wurden auf Basis der Erkenntnisse aus der Theorie um einen achten Steuerungsmechanismus ergänzt.

Wie bereits i. Z. m. den Transparenzmechanismen bietet sich ebenso eine Systematisierung der Steuerungsmechanismen für Interdependenzen an, um deren Einsatz in der Praxis zu fördern bzw. zu erleichtern. Bei näherer Betrachtung der genannten Steuerungsmechanismen lässt sich eine Einteilung in drei Gruppen vornehmen. Zum einen wird die Möglichkeit der Steuerung von Interdependenzen über „Governance-Mechanismen" gesehen, weiters bieten sich „qualitative Mechanismen" an, und schließlich kann auf „quantitative Mechanismen" zur Steuerung von Interdependenzen zurückgegriffen werden, wobei weder eine Rangordnung vorgegeben noch der parallele Einsatz mehrerer Mechanismen ausgeschlossen wird. Abbildung 12.4 veranschaulicht die Systematisierung der Steuerungsmechanismen.

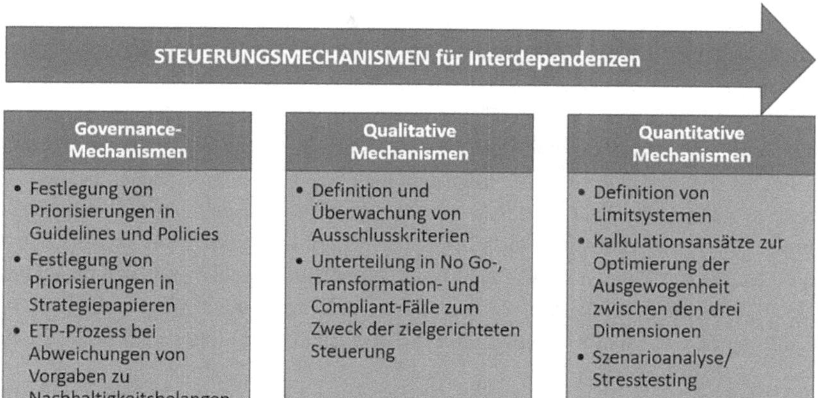

Abbildung 12.4 Systematisierung der Steuerungsmechanismen für Interdependenzen. (Quelle: Eigene Darstellung)

Festlegungen zu Nachhaltigkeitsbelangen in Guidelines und Policies sowie in Strategiepapieren werden der Gruppe der „Governance-Mechanismen" zugeordnet, wobei Abweichungen von diesen Vorgaben stets durch das statutarisch zuständige Organ der Bank im Rahmen des ETP-Prozesses freizugeben und zu überwachen sind.

Im einzelnen festzulegende Ausschlusskriterien sowie die Unterteilung in No Go-, Transformation- und Compliant-Cases werden unter den „qualitativen Steuerungsmechanismen" subsumiert.

Die „quantitativen Steuerungsmechanismen" beinhalten hingegen Limitsysteme sowie Kalkulationsansätze zur Optimierung der Ausgewogenheit zwischen den drei Dimensionen. Ergänzt wird diese Gruppe der „quantitativen Mechanismen" auf Basis der theoretischen Erkenntnisse um die Instrumente Szenarioanalyse und Stresstesting.

Smet (2023, S. 291) hat i. Z. m. quantitativen Steuerungsmechanismen auf die Möglichkeit des Stresstestings hingewiesen, mithilfe dessen datenbasierte Abwägungen zwischen Handlungsalternativen erfolgen sollen. Obgleich das Instrument des Stresstesting den europäischen Banken aus der Regulierung bekannt ist und insbesondere im Risikomanagement zum Einsatz kommt, wurde dieses Instrument durch die Experten i. Z. m. der Steuerung von Interdependenzen nicht erwähnt.

Der Reiz der in Abbildung 12.4 dargestellten Systematisierung der Steuerungsmechanismen liegt in einer bedarfsorientierten, institutsspezifischen Möglichkeit der beliebigen Kombination unterschiedlicher Elemente aus den drei Gruppen. Dabei können Governance-Mechanismen, etwa durch die ergänzende Definition qualitativer Ausschlusskriterien sowie quantitativer Limitsysteme, in ihrer Wirkung verstärkt werden.

Offen bleibt indes die Frage, inwiefern die im Rahmen der vorliegenden Untersuchung identifizierten Steuerungsmechanismen effektiv, vollständig und ausreichend spezifisch sind, um Interdependenzen zu steuern. Dieser Frage gilt es im Rahmen separater Untersuchungen allenfalls auf den Grund zu gehen. Limitierend ist festzuhalten, dass die interviewten Experten zwar die hier aufgezeigten Steuerungsmechanismen als möglicherweise geeignet erwähnt haben, jedoch diese in der Praxis i. Z. m. Interdependenzen mehrheitlich noch nicht einsetzen. Damit können Aussagen über deren Effektivität nicht getätigt werden.

12.1.4 Fazit und Relevanz der gewonnenen Erkenntnisse

Wie in Teil II/ Abschnitt 9.1 dieser Arbeit ausführlich dargelegt und in Abbildung 9.1 visualisiert, werden Interdependenzen zwischen den drei Nachhaltigkeitsdimensionen in der bestehenden Forschung häufig nur im Allgemeinen behandelt (Haffar, 2018, S. 21; Müller-Christ, 2020, S. 342). Die in der Theorie bereits identifizierten allgemeinen Ausprägungen, Wirkungszusammenhänge und Einflussfaktoren von Interdependenzen (Beuermann et al., 2020, S. 19; Breu et al., 2021, S. 198) konnten im Rahmen dieser Arbeit grundsätzlich bestätigt und im spezifischen Kontext des Bankensektors weiter präzisiert werden.

Während umfassende, kontextspezifische Untersuchungen insbesondere i. Z. m. den SDGs (Trane et al., 2023, S. 27) sowie im landwirtschaftlichen Sektor (Schader et al., 2016, S. 15) vorliegen, wurden derartige Analysen kontextspezifisch für Banken in der Schweiz und in Liechtenstein bislang nicht durchgeführt. Mit vorliegender Arbeit wird diese Forschungslücke geschlossen. Dabei ist zu berücksichtigen, dass sich kontextspezifische Zielkonflikte und Synergien naturgemäß branchenbezogen unterscheiden müssen, da die jeweiligen Zielsetzungen und regulatorischen Rahmenbedingungen variieren und somit auch die theoretisch abgeleiteten Interdependenzen nicht uneingeschränkt auf andere Sektoren übertragbar sind (Urban & Hametner, 2022, S. 2).

Die in Abbildung 12.1 dargelegten kontextspezifischen Zielkonflikte und Synergien dienen einerseits als Orientierungshilfe zur Identifizierung institutsspezifischer Interdependenzen und zeigen andererseits Möglichkeiten zur Transformation einzelner Zielkonflikte in Synergien auf. Ergänzend hierzu werden in Abbildung 12.3 weitere kontextspezifische Transparenzmechanismen vorgestellt.

Die gewonnene Transparenz über Zielkonflikte ermöglicht es Banken, die identifizierten Interdependenzen gezielt und effektiv zu steuern (Sailer, 2022, S. 171–173). In der bestehenden Literatur lassen sich kontextspezifische Steuerungsmechanismen insbesondere im Hinblick auf Interdependenzen zwischen den SDGs (Liu et al., 2018, S. 466–467; Nilsson et al., 2016, S. 321), im landwirtschaftlichen Sektor (Schader et al., 2016, S. 15–16) sowie im politischen Gesetzgebungsprozess (Nilsson & Weitz, 2019, S. 261) nachweisen. Zwar finden sich in der Literatur bereits Hinweise auf verschiedene Instrumente der Gesamtbanksteuerung (Kiszka & Hastenteufel, 2024, S. 16; Smet, 2023, S. 291), diese werden jedoch bislang nicht im Zusammenhang mit der gezielten Steuerung von Interdependenzen zwischen den Nachhaltigkeitsdimensionen betrachtet. Die bislang bestehende Forschungslücke hinsichtlich kontextspezifischer Steuerungsmechanismen für den Umgang mit Interdependenzen im Bankensektor der

Schweiz und Liechtensteins wird durch die in Abbildung 12.4 aufgezeigten internen Steuerungsmechanismen geschlossen.

Die Relevanz der gewonnenen Erkenntnisse liegt somit für die Forschung somit im Beitrag zur Schließung der identifizierten Forschungslücke und für die Praxis in der Vermeidung potentieller Kosten und Risiken, die aus intransparenten oder unzureichend gesteuerten Interdependenzen resultieren.

12.2 Gütekriterien und methodische Abgrenzung

Im Rahmen dieses Abschnitts erfolgt eine Erläuterung der Gütekriterien sowie der methodischen Abgrenzung dieser Forschungsarbeit. In der Forschung sind die allgemeinen Gütekriterien der Objektivität, der Reliabilität und der Validität bekannt, wobei in der qualitativen Forschung Anpassungen erforderlich werden (Hussy et al. 2013, S. 277). Mayring (2016, S. 144–148) hat aus diesem Grund die sechs folgenden allgemeinen Gütekriterien der qualitativen Forschung benannt: die Verfahrensdokumentation, die argumentative Interpretation, die Regelgeleitetheit, die Nähe zum Gegenstand, die kommunikative Validierung sowie die Triangulation.

Kuckartz & Rädiker (2022, S. 236) unterscheiden in der qualitativen Forschung zwischen der internen und der externen Studiengüte. Die interne Studiengüte wird auf ihre Zuverlässigkeit, Verlässlichkeit, Auditierbarkeit bzw. Prüfbarkeit, Regelgeleitetheit, intersubjektive Nachvollziehbarkeit sowie Glaubwürdigkeit hin überprüft. Die externe Studiengüte hingegen wird durch die Übertragbarkeit und Verallgemeinerbarkeit der Studienergebnisse gewährleistet, wobei das allgemeine Design der Studie entscheidend ist. Insgesamt stellt die interne Studiengüte eine Vorbedingung für die externe Studiengüte dar.

Zum Zweck der Überprüfung der internen Studiengüte stellen Kuckartz & Rädiker (2022, S. 237–238) zwei Checklisten zur Verfügung, die eine entsprechende Beurteilung anhand der Antworten auf die in den Tabellen 12.3 und 12.4 gelisteten Fragen ermöglichen soll. Die erste Liste überprüft dabei die interne Studiengüte i. Z. m. der Datenerfassung und Transkription, während die zweite Liste sich der qualitativen Inhaltsanalyse im engeren Sinn widmet.

Tabelle 12.3 Checkliste zur Überprüfung der internen Studiengüte i. Z. m. der Datenerfassung und Transkription. (Quelle: Kuckartz & Rädiker (2022, S. 237))

Überprüfung interne Studiengüte: Datenerfassung und Transkription	
Wurden die Daten fixiert, z. B. im Rahmen von Interviews in Form von Audio- oder Videoaufnahmen?	Es wurden Audioaufnahmen erstellt.
Wurde eine interviewbegleitende Dokumentation (Postskriptum) erstellt, in welcher die Interviewsituation und Besonderheiten festgehalten wurden? Wann wurde das Postskriptum erstellt?	Die interviewbegleitende Dokumentation erfolgte handschriftlich in Form von Notizen während sowie direkt im Anschluss an die Interviews. Besonderheiten wurden zu einem späteren Zeitpunkt in die Fallzusammenfassungen integriert.
Wurde eine vollständige Transkription des Interviews vorgenommen?	Alle Interviews wurden wörtlich und vollständig transkribiert.
Wurden Transkriptionsregeln benutzt und werden diese offengelegt?	Zur Anwendung kamen die Transkriptionsregeln in Anlehnung an Kuckartz & Rädiker (2022, S. 200–201), wie in Abschnitt 10.3.4 erwähnt und in Anlage B dokumentiert.
Wie sah der Transkriptionsprozess konkret aus?	Der konkrete Transkriptionsprozess wird in Abschnitt 10.4.3 detailliert beschrieben.
Wer hat transkribiert? Die Forscherin selbst?	Die Forscherin hat als Teil der initiierenden Textarbeit transkribiert.
Wurde eine Transkriptionssoftware benutzt?	Die f4x-Spracherkennungssoftware kam zum Einsatz, wobei die Forscherin zusätzlich eine Wort-für-Wort Qualitätssicherung aller mittels Software erstellten Transkripte durchgeführt hat.
Wurden die Daten anonymisiert? In welcher Weise?	Die Daten wurden im Anschluss an die Transkription anonymisiert, indem Namensnennungen von Personen und Instituten durch die Buchstabenfolge „xxx" ersetzt wurden. Zudem kamen als Dateinamen für die Transkripte Pseudonyme zur Anwendung.
Ist das synchrone Arbeiten mit Audioaufnahme und Transkription möglich?	Das synchrone Arbeiten mit Audioaufnahme und Transkription war möglich, da nach jedem Absatz Zeitstempel gesetzt wurden. Aus Datenschutzgründen wurden die Audiodateien allerdings nach Fertigstellung der Dissertationsschrift unwiderruflich gelöscht.

(Fortsetzung)

Tabelle 12.3 (Fortsetzung)

Überprüfung interne Studiengüte: Datenerfassung und Transkription	
Wurden die Transkriptionsregeln eingehalten und entspricht die verschriftlichte Fassung dem Gesagten?	Die in Abschnitt 10.3.4 offengelegten Transkriptionsregeln wurden eingehalten. Die verschriftlichte Fassung entspricht, vorbehaltlich leichter Glättungen, dem Gesagten.

Tabelle 12.4 Checkliste zur Überprüfung der internen Studiengüte i. Z. m. der qualitativen Inhaltsanalyse im engeren Sinne. (Quelle: Kuckartz & Rädiker (2022, S. 237–238))

Überprüfung interne Studiengüte: qualitative Inhaltsanalyse im engeren Sinn	
Ist die gewählte inhaltsanalytische Methode der Fragestellung angemessen?	Die qualitative Inhaltsanalyse in Anlehnung an Kuckartz hat sich als angemessene Methode i. Z. m. den explorativen Fragestellungen der vorliegenden Forschungsarbeit erwiesen. Insbesondere die Kombination aus deduktiver und induktiver Kategorienbildung sowie das gute Gleichgewicht zwischen Strukturiertheit und Offenheit erwiesen sich als dienlich.
Wird die Wahl der Methode begründet? Wenn ja, wie?	Die Wahl der Methode wird in Abschnitt 10.2.4 ausführlich begründet.
Wurde die jeweilige Methode in sich richtig angewendet?	Die Methode wurde richtig angewendet und in Abschnitt 10.3.4 sowie 10.4.3 ausführlich beschrieben.
Wurde die Inhaltsanalyse computergestützt durchgeführt?	Die Inhaltsanalyse wurde unter Zuhilfenahme der Software MAXQDA durchgeführt und dokumentiert.
Wurden das Material oder Teile desselben durch mehrere Codierende unabhängig voneinander bearbeitet?	Wie in Abschnitt 10.3.4 beschrieben, hat sich die Forscherin für eine „konsensuelle und diskursive Überprüfung der Intercoder-Übereinstimmung“ (Kuckartz & Rädiker, 2022, S. 114) für das gesamte Material entschieden.

(Fortsetzung)

Tabelle 12.4 (Fortsetzung)

Überprüfung interne Studiengüte: qualitative Inhaltsanalyse im engeren Sinn	
Wie wurde die Übereinstimmung der Codierenden ermittelt? Welches Vorgehen wurde bei Nicht-Übereinstimmung gewählt?	Zunächst wurden die Abweichungen in der Anwendung des Kategoriensystems zwischen den zwei Codierenden identifiziert. Anschließend wurden die abweichenden Fälle so lange diskutiert, bis ein Konsens gefunden werden konnte. Die Codierung wurde bei Bedarf entsprechend angepasst.
Ist das Kategoriensystem in sich konsistent?	Das final resultierende Kategoriensystem ist in sich konsistent.
Sind die Kategorien und Subkategorien gut ausgearbeitet?	Das hierarchische Kategoriensystem, bestehend aus Haupt- sowie Subkategorien, ist gut ausgearbeitet. Zu jeder der Haupt- und Subkategorien bestehen Kategoriendefinitionen in Form von Memos, die in Anlage F ersichtlich sind. Ergänzend besteht weiters ein Kategorienhandbuch (Anlage E) sowie ein Leitfaden zur Codierung (Anlage D).
Wie präzise und ausführlich sind die Kategoriendefinitionen?	Die Memos zu jeder deduktiv gebildeten Hauptkategorie enthalten die Beschreibung der Kategorie, ein Selektionskriterium sowie ein Abstraktionsniveau. Die Memos der induktiv gebildeten Subkategorien der ersten Ebene enthalten neben der Beschreibung der Kategorieninhalte auch Angaben zur Anwendung und Abgrenzung sowie Ankerbeispiele.
Gibt es konkrete Beispiele (Zitate) als Illustration für die Bedeutung der Kategorien?	Jede Subkategorie enthält im Memo entsprechende Ankerbeispiele.
Wurden alle erhobenen Daten bei der qualitativen Inhaltsanalyse berücksichtigt?	Alle erhobenen Daten, somit alle Transkripte der 15 Experteninterviews inkl. Notizen, wurden berücksichtigt.
Wie oft wurde das Material bis zur endgültigen Codierung durchlaufen?	Insgesamt wurden vier vollständige Codierungsprozesse vorgenommen.
Ist die Auditierbarkeit bzw. Prüfbarkeit, d. h. unter anderem die Nachvollziehbarkeit der Codierungen, gegeben?	Die Nachvollziehbarkeit der Codierungen ist anhand der MAXQDA-Dokumentationsdateien gegeben. Alle Daten wurden archiviert.

(Fortsetzung)

Tabelle 12.4 (Fortsetzung)

Überprüfung interne Studiengüte: qualitative Inhaltsanalyse im engeren Sinn	
Wurden auch abweichende Fälle berücksichtigt? Wird auf Ausnahmefälle und Extremfälle hingewiesen und wurden diese analysiert?	Es wurden weder Ausnahmefälle noch Extremfälle identifiziert.
Wurden im Verlauf der Inhaltsanalyse Memos geschrieben? Wann? Wie sehen beispielhafte Memos aus?	Memos wurden zu Beginn der Inhaltsanalyse in Form von Fallzusammenfassungen (Anlage C) zu jedem Dokument erstellt, wobei die Notizen zu den Interviews sowie Gedanken aus der initiierenden Textarbeit festgehalten wurden. Weitere Memos wurden zu allen Haupt- und Subkategorien erstellt, wie zuvor bereits ausgeführt wurde.
Wurde mit Originalzitaten gearbeitet und nach welchen Kriterien wurden diese ausgewählt? Wurden nur Techniken selektiver Plausibilisierung angewendet oder wurde auch auf Gegenbeispiele und Widersprüche hingewiesen?	Originalzitate wurden vor allem als Ankerbeispiele herangezogen. Gegenbeispiele wurden genutzt, um die Abgrenzung zu anderen Kategorien sicherzustellen. Zudem wurden Interdependenzen in Zielkonflikte und Synergien unterteilt, wobei hierin vielmehr unterschiedliche Perspektiven bzw. Blickwinkel als Widersprüche zu verorten sind.
Sind die gezogenen Schlussfolgerungen jeweils in den Daten begründet?	Alle Schlussfolgerungen werden nachvollziehbar anhand von Auswertungen aus dem Material untermauert und mit Erkenntnissen aus der Theorie diskutiert.
Was wurde wie und in welcher Form dokumentiert und archiviert?	Mithilfe der MAXQDA-Funktion „Daten archivieren" wurden sowohl das Kategoriensystem als auch alle Memos sowie die verfügbaren statistischen Daten archiviert. Weiters wurden die Dokumente und die darin ersichtlichen Codierungen dokumentiert und archiviert. Zudem sind viele Informationen sowie Daten in der Dissertationsschrift selbst dokumentiert.

Im Zusammenhang mit der externen Studiengüte soll in der qualitativen Forschung insbesondere der Übertragbarkeit vor der Verallgemeinerbarkeit der Vorrang gegeben werden, da in der qualitativen Forschung in der Regel mit relativ kleinen Stichproben gearbeitet wird und dieser Umstand einer Verallgemeinerbarkeit entgegenstehen kann (Kuckartz & Rädiker, 2022, S. 251–254). Die Übertragbarkeit wird zum einen durch ein einheitliches Abstraktionsniveau auf Ebene der deduktiv gebildeten Hauptkategorien sichergestellt und im Kategorienhandbuch sowie im Leitfaden zur Codierung festgehalten. Zudem sollen gemäß Kuckartz & Rädiker (2022, S. 254) im Ergebnisbericht dedizierte Schritte zur Überprüfung der Übertragbarkeit der Studienergebnisse auf externe Kontexte vorgenommen werden. Die Forscherin führt diesbezüglich in Teil IV/ Kapitel 13 aus, dass die Ergebnisse zumindest auf alle Banken in der Schweiz und in Liechtenstein sowie mehrheitlich auch auf Banken im europäischen Ausland übertragbar sind, da europäische Banken über weite Strecken ähnlichen Marktgegebenheiten sowie regulatorischen Rahmenbedingungen ausgesetzt sind. Eine Ausnahme bilden die Erkenntnisse, die im Speziellen zu Kantonal- und Regionalbanken gewonnen werden konnten. Diese sind hauptsächlich innerhalb der Schweiz und Liechtensteins auf Kantonal-, Landes- und Regionalbanken übertragbar, da sie eigenen Gesetzmäßigkeiten oder speziellen nationalen Gesetzgebungen unterliegen.

Der hier gewählte qualitative Forschungsansatz diente einer Gewinnung neuer Erkenntnisse in einem noch wenig erforschten Gebiet. Die Überprüfung der Gütekriterien führt zu einem positiven Ergebnis. Die hervorgegangenen umfangreichen Ergebnisse und Systematisierungen bestätigen zudem die Geeignetheit des gewählten Forschungsdesigns zur Beantwortung der eingangs gestellten Forschungsfragen. Auf den gewonnenen Erkenntnissen aufbauend lassen sich für weitere Forschungsarbeiten weiterführende Fragen bzw. Hypothesen ableiten, die es zu bestätigen oder zu falsifizieren gilt. Darauf wird in Teil V/ Kapitel 18 näher einzugehen sein.

12.3 Konklusion und Beantwortung der empiriegeleiteten Fragestellungen

Teil III der vorliegenden Forschungsarbeit dokumentiert die durchgeführte empirische Untersuchung sowie die erlangten Erkenntnisse aus derselben. Nachdem zunächst in Kapitel 10 das Forschungsdesign beschrieben und in Kapitel 11 die Ergebnisse der empirischen Untersuchung ausführlich dargelegt wurden, werden in diesem Kapitel 12 die Ergebnisse diskutiert und interpretiert.

Zusammenfassend kann festgehalten werden, dass sich das Forschungsdesign, bestehend aus teilstandardisierten, leitfadengestützten Experteninterviews als Erhebungsmethode sowie der inhaltlich strukturierenden qualitativen Inhaltsanalyse in Anlehnung an Kuckartz als Analysemethode, als zielführend und damit geeignet zur Beantwortung der Forschungsfragen (Teil II/ Abschnitt 9.2) erwiesen hat.

Die qualitative Inhaltsanalyse der 15 durchgeführten und transkribierten Experteninterviews hat im Ergebnis zu drei Systematisierungen geführt.

Zum einen konnten, wie in Abschnitt 12.1.1 beschrieben, Interdependenzen zwischen den drei Nachhaltigkeitsdimensionen bei Banken in der Schweiz und in Liechtenstein identifiziert werden, die sich in Abhängigkeit vom Blickwinkel des Betrachters bzw. der Ausgestaltung der zugrunde liegenden Maßnahme in Zielkonflikte und Synergien unterteilen liessen und schließlich in einen Kontext zueinander gesetzt werden konnten. Im Ergebnis konnten die in Abbildung 12.1 dargestellten Zielkonflikt-Synergie-Paare auf Subkategorienebene gebildet werden, die jedoch nur selten zusammen in einem Dokument codiert wurden. Dieser Umstand kann darauf hinweisen, dass die Möglichkeiten der Umwandlung von Zielkonflikten in Synergien durch die Prüfung und Anwendung von Handlungsoptionen unter den Experten noch ungenügend bekannt sind. Eine Ausnahme hierzu bildete lediglich das Zielkonflikt-Synergie-Paar i. Z. m. der „Vorrangstellung der ökonomischen Nachhaltigkeit“, welches regelmäßig gemeinsam codiert wurde, wie aus Tabelle 12.1 hervorgeht. Die Experten brachten zudem äußerst selten ein Trio aus Zielkonflikten, Synergien und Transparenzmechanismen in Verbindung, wie Tabelle 12.2 aufzeigt. Diese Ergebnisse legen den Schluss nahe, dass eine systematische Auseinandersetzung mit Interdependenzen zwischen den drei Nachhaltigkeitsdimension sowie den dazugehörigen Transparenz- und Steuerungsmechanismen in der Praxis noch deutlich verstärkt werden kann.

Zum anderen resultierten zwei weitere Systematisierung aus der Untergliederung der Ergebnisse der zweiten Forschungsfrage in zwei Hauptkategorien. Hierbei konnten neben einer Reihe von internen Transparenzmechanismen ebenfalls mehrere interne Steuerungsmechanismen eruiert und in weiterer Folge einer Systematisierung zugeführt werden.

Die Systematisierung der internen Transparenzmechanismen ermöglicht, wie in Abschnitt 12.1.2 dargestellt, eine Einteilung der Transparenzmechanismen in die Voraussetzungen, die Methoden und Instrumente, die Orientierungshilfen sowie problemorientierte Ansätze. Die Transparenzmechanismen sollen der institutsspezifischen Identifikation von Interdependenzen sowie der Erzielung der internen Transparenz über Interdependenzen zwischen den drei Nachhaltigkeitsdimensionen dienen.

Schliesslich resultierte eine dritte Systematisierung i. Z. m. den Steuerungsmechanismen, wie in Abschnitt 12.1.3 dargestellt wurde. Dabei konnten die identifizierten Steuerungsmechanismen in die drei folgenden Gruppen untergliedert werden: die Steuerungsmechanismen der Governance, qualitative Steuerungsmechanismen, sowie quantitative Steuerungsmechanismen.

Eine ausführliche Diskussion der empirischen Ergebnisse mit den theoretischen Erkenntnissen erlaubt im Wesentlichen acht Schlussfolgerungen. In Tabelle 12.5 wird zu jeder dieser Schlussfolgerungen im Einzelnen der Bezug zu den Ergebnissen aus der empirischen Untersuchung aufgezeigt.

Tabelle 12.5 Schlussfolgerungen aus der Diskussion von Empirie mit Theorie. (Quelle: Eigene Darstellung)

Schlussfolgerungen aus der Diskussion von empirisch gewonnenen Erkenntnissen mit der Theorie	Bezug zu den Ergebnissen der empirischen Untersuchung
Bleiben Interdependenzen unerkannt, kann die Erreichung von Nachhaltigkeitszielen trotz umfangreicher Maßnahmen gehemmt werden, dies insbesondere bei Vorliegen von Zielkonflikten zwischen den drei Nachhaltigkeitsdimensionen. Ungenutzte Synergien stellen hingegen verpasste Chancen in den Nachhaltigkeitsbemühungen dar.	Branchenspezifische Identifikation von Interdependenzen sowie Transparenzmechanismen und damit die Beantwortung der ersten Forschungsfrage. Diese Ergebnisse stellen eine branchenspezifische Orientierungshilfe für die institutsspezifische Identifikation von Interdependenzen dar.
Das Nachhaltigkeitsmanagement stellt ein interdisziplinäres Feld dar. Um Interdependenzen zwischen den Nachhaltigkeitsdimensionen aufzudecken, muss sich erweiterter und integrierter Instrumente sowie Methoden bedient werden.	Transparenzmechanismen: Gruppe der „Instrumente und Methoden".
Durch einen Perspektivenwechsel bzw. Anpassungen in der Maßnahmenausgestaltung können Zielkonflikte in Synergien umgewandelt werden, womit die Erreichung von Nachhaltigkeitszielen begünstigt wird.	Branchenspezifische Bildung von Zielkonflikt-Synergie-Paaren auf Ebene der Subkategorien.
Eine Ergänzung bzw. Erweiterung traditioneller Instrumente und Methoden, insbesondere zum Zweck der Schaffung von Transparenz zu und der Steuerung von Interdependenzen zwischen den Nachhaltigkeitsdimensionen, ist für ein erfolgreiches Nachhaltigkeitsmanagement unabdingbar.	Transparenzmechanismen: Gruppe der „Instrumente und Methoden" sowie Steuerungsmechanismen.

(Fortsetzung)

Tabelle 12.5 (Fortsetzung)

Schlussfolgerungen aus der Diskussion von empirisch gewonnenen Erkenntnissen mit der Theorie	Bezug zu den Ergebnissen der empirischen Untersuchung
Konkrete Interdependenzen lassen sich im Einzelnen lediglich teilweise zwischen Branchen übertragen, womit eine sektorspezifische Betrachtung erfolgen muss, die als Basis für institutsspezifische Prüfungen dient. Institutsspezifisch bzw. situationsabhängig können zudem problemorientierte Ansätze herangezogen werden.	Transparenzmechanismen: Gruppe der „branchenspezifischen Orientierungshilfen" und Gruppe der „problemorientierten Ansätze"
Integrative und holistische Betrachtungsweisen sowie langfristige, kongruente Betrachtungszeiträume stellen Voraussetzungen für die Schaffung von Transparenz zu Interdependenzen zwischen den drei Nachhaltigkeitsdimensionen dar und damit in weiterer Folge auch für die effektive Steuerung derselben.	Transparenzmechanismen: Gruppe der „Voraussetzungen".
Nicht alle Zielkonflikte können aufgelöst werden. Eine effektive Steuerung der verbleibenden Zielkonflikte ist erforderlich.	Steuerungsmechanismen.
Steuerungsmechanismen für Zielkonflikte kommen in der Bankenpraxis noch kaum zur Anwendung. Hierzu braucht es einerseits weiterführende kontextspezifische Forschung und andererseits Bewusstseinsbildung für die Praxis.	Steuerungsmechanismen und Forschungsausblick, unter Berücksichtigung der Grenzen vorliegender Forschungsarbeit.

Nachfolgend werden die in Teil II/ Abschnitt 9.2 formulierten empiriegeleiteten Fragestellungen beantwortet.

EFF1: Welche Interdependenzen zwischen den drei Nachhaltigkeitsdimensionen sehen Experten kontextspezifisch bei Banken in der Schweiz und in Liechtenstein?
In Summe werden auf der Ebene der Sub-Subkategorien eine Vielzahl kontextspezifischer Interdependenzen für Banken in der Schweiz und in Liechtenstein identifiziert, die sich in 15 Subkategorien zusammenfassen lassen. Diese 15 Subkategorien können ihrerseits entweder der Hauptkategorie der Zielkonflikte, wie aus Abbildung 11.2 ersichtlich, oder jener der Synergien, wie in Abbildung 11.3

aufgezeigt, zugeordnet werden. Zwischen den identifizierten Zielkonflikten und Synergien hat sich die Möglichkeit der Bildung von sieben thematischen Paaren auf Ebene der Subkategorien herauskristallisiert, innerhalb derselben je nach eingenommener Perspektive oder Maßnahmenausgestaltung teilweise eine Umwandlung von Zielkonflikten zu Synergien möglich zu sein scheint. Die thematischen Zielkonflikt-Synergie-Paare sind der Abbildung 12.1 zu entnehmen.

Das erste thematische Paar bringt die Dominanz der ökonomischen Nachhaltigkeitsdimension mit der ökonomischen Nachhaltigkeit als Finanzierer und Motivator zusammen. Die Vernachlässigung der sozialen Nachhaltigkeitsdimension bildete zusammen mit dem gesellschaftlichen Erwartungsdruck als Treiber das zweite thematische Paar. Das dritte Paar besteht aus den abweichenden Betrachtungszeiträumen, die ursächlich für das Entstehen von Zielkonflikten sein können, sowie den langfristigen, kongruenten Betrachtungszeiträumen als Treiber für Synergien. Zudem kann die Regulierung aus zwei Perspektiven bzw. als das vierte Paar, betrachtet werden, einerseits als Handlungsmassstab und andererseits als Wegweiser. Das fünfte Paar wurde wie folgt betrachtet: während mangelnder Wissensstand, abweichende Überzeugungen und kontroverse Stakeholderinteressen als Ursache für etwaige Zielkonflikte identifiziert werden, kann durch Investitionen in Nachhaltigkeitsschulungen Verständnis und Überzeugung aufgebaut werden, um Synergien zu heben. Das sechste thematische Paar behandelt MBO-Zielsysteme, Arbeitgeberattraktivität und sonstige Mitarbeiterbelange, welche je nach Ausgestaltung sowohl das Potenzial für Zielkonflikte als auch für Synergien bergen. Abschliessend ist das siebente thematische Paar zu nennen, bei welchem Zielkonflikte aus makroökonomischen und politischen Faktoren bzw. aus den Pflichten für Kantonal-, Regional- und Landesbanken resultieren, die teilweise mit Hilfe von Blended Finance-Ansätzen in Synergien umgewandelt werden könnten.

Um die Umwandlung von Zielkonflikten in Synergien zu gewährleisten, ist eine Bewusstseinsbildung für vorherrschende Zielkonflikte durch das Bankenmanagement unabdingbar. Dabei können die i. Z. m. der zweiten empiriegeleiteten Forschungsfrage diskutierten Transparenzmechanismen behilflich sein. Wurde die Transparenz über die bestehenden bzw. drohenden Zielkonflikte erst einmal erzielt, bedarf es weiterer Anstrengungen bzw. vertiefter Auseinandersetzungen mit den zugrunde liegenden Themenstellungen, um alternative Herangehensweisen zu erarbeiten, die das Potenzial für eine Umwandlung eines Zielkonflikts zu einer Synergie bergen. Gelingt dies in einzelnen Fällen nicht, so können Steuerungsmechanismen für verbleibende Zielkonflikte zum Einsatz kommen, die ebenfalls im Rahmen der zweiten empiriegeleiteten Forschungsfrage behandelt wurden.

Zusammenfassend kann festgehalten werden, dass die vorliegende empirische Untersuchung konkrete Interdependenzen zwischen den drei Nachhaltigkeitsdimensionen für Banken in der Schweiz und in Liechtenstein hervorgebracht hat, während in vorangegangenen wissenschaftlichen Untersuchungen insbesondere die Auswirkungen von Nachhaltigkeitsbemühungen auf den wirtschaftlichen Erfolg von Banken untersucht werden. Die empirische Untersuchung hat dabei, aufbauend auf den Erkenntnissen aus der Theorie, eine Differenzierung zwischen Zielkonflikten und Synergien vorgenommen.

EFF2: Welche internen Transparenz- und Steuerungsmechanismen für Interdependenzen zwischen den drei Nachhaltigkeitsdimensionen bei Banken in der Schweiz und in Liechtenstein erachten die Experten für sinnvoll?
Wie bereits eingehend erläutert, können Transparenzmechanismen als Hilfestellung bei der Identifikation von institutsspezifischen Interdependenzen fungieren. Die Transparenz zu Interdependenzen ist eine Voraussetzung dafür, zum einen die Erkenntnisse über bestehende Interdependenzen in Strategie- und Entscheidungsfindungsprozesse einfliessen zu lassen, und zum anderen ggf. Zielkonflikte durch alternative Herangehensweisen in Synergien zu verwandeln, um die Erreichung der Nachhaltigkeitsziele zu fördern, bzw. Hemmnisse für die Zielerreichung zu beseitigen.

In Summe konnten im Rahmen der empirischen Studie sieben Transparenzmechanismen eruiert werden, die der Identifikation sowie Überwachung von Interdependenzen durch die Schaffung von Transparenz dienen sollen. Die identifizierten Transparenzmechanismen lassen sich in vier Gruppen unterteilen, wie Abbildung 12.3 aufzeigt.

Die erste Gruppe subsumiert die „Voraussetzungen“ zur Schaffung von Transparenz über Interdependenzen. Diese bestehen einerseits aus der integrierten und holistischen Betrachtungsweise bzw. dem Einbezug aller drei Dimensionen der Nachhaltigkeit, ebenso wie die Betrachtung der Nachhaltigkeitsstrategie als Teil der Geschäftsstrategie bzw. der Nachhaltigkeitsberichterstattung als Teil der finanziellen Berichterstattung. Andererseits gelten langfristige und kongruente Betrachtungszeiträume als wichtige Voraussetzung für die Transparenz über Interdependenzen.

Die zweite Gruppe beinhaltet die „Instrumente und Methoden“ der Identifikation und Überwachung von Interdependenzen. Diese reichen von der Operationalisierung über den interdisziplinären Diskurs bis zur Erweiterung der Art und Diversität der Bewertung.

Die dritte Gruppe beschreibt „sektorspezifische Orientierungshilfen" in Form von Branchen- bzw. Industrieerfahrungswerten, die im Rahmen der ersten Forschungsfrage für Banken in der Schweiz und in Liechtenstein erarbeitet wurden.

Die vierte Gruppe soll „problemorientierte Ansätze" repräsentieren, die institutsspezifisch bzw. situationsabhängig weiterentwickelt bzw. beliebig erweitert werden können. Als Beispiel wird analog zur Diskussion über Zielkonflikte, die aus widersprüchlichen MBO-Zieldefinitionen innerhalb einer Bank entstehen können, der Ansatz der integrierten Überprüfung der MBO-Systeme dargestellt.

Interdependenzen, insbesondere Zielkonflikte, sollten in jedem Fall effektiv gesteuert werden. In diesem Zusammenhang wurden im Rahmen der empirischen Studie sieben Steuerungsmechanismen eruiert, und um einen achten Mechanismus ergänzt, welcher aus der Diskussion der Empirie mit der Theorie abgeleitet wurde. Die identifizierten Steuerungsmechanismen für Interdependenzen zwischen den drei Nachhaltigkeitsdimensionen bei Banken in der Schweiz und in Liechtenstein wurden zum Zweck der Systematisierung in drei Gruppen untergliedert, wie aus Abbildung 12.4 hervorgeht.

In der ersten Gruppe werden Governance-Mechanismen aufgezeigt. Darunter fallen Priorisierungsfestlegungen für konkurrierende Nachhaltigkeitsdimensionen in Guidelines und Policies bzw. in Strategiepapieren, ergänzt um die Pflicht zur Anwendung von ETP-Prozessen. Diese gelten in denjenigen Fällen, in denen von den definierten Vorgaben abgewichen werden soll.

In der zweiten Gruppe werden die qualitativen Steuerungsmechanismen zusammengefasst. Diese beinhalten vor dem Hintergrund einer zielgerichteten Steuerung einerseits die Definition und Überwachung von Ausschlusskriterien, sowie andererseits die Unterteilung der Zielkonflikte in No Go-, Transformation- und Compliant-Cases.

Die dritte Gruppe beinhaltet die quantitativen Steuerungsmechanismen. Diese umfassen effektive Limitsysteme, zu entwickelnde Kalkulationsansätze zur Optimierung der Ausgewogenheit zwischen den drei Dimensionen, was Gegenstand von zukünftigen Forschungsvorhaben sein kann, sowie auch Szenarioanalysen und Stresstestings.

Zusammenfassend kann festgehalten werden, dass die vorliegende empirische Untersuchung im Unterschied zu den theoretischen Erkenntnissen nicht nur eine Differenzierung zwischen Transparenz- und Steuerungsmechanismen vorgenommen hat, sondern diese auch kontextspezifisch systematisiert hat.

12.4 Gestaltungsgeleitete Fragestellungen

Aus den theoriegeleiteten und empiriegeleiteten Teilergebnissen sowie der Diskussion und Interpretation derselben wurden, wie in Abschnitt 12.1 dargelegt, die Hauptergebnisse formuliert. Basierend auf diesen Hauptergebnissen ergeben sich die folgenden beiden gestaltungsgeleiteten Fragestellungen, welche es in Teil IV der Arbeit zu beantworten gilt.

GFF1: Welche Empfehlungen im Zusammenhang mit der Identifikation von Interdependenzen zwischen den drei Nachhaltigkeitsdimensionen bei Banken in der Schweiz und in Liechtenstein können ausgesprochen werden?

GFF2: Welche Empfehlungen im Zusammenhang mit der Anwendung von internen Transparenz- und Steuerungsmechanismen für Interdependenzen zwischen den drei Nachhaltigkeitsdimensionen bei Banken in der Schweiz und in Liechtenstein können ausgesprochen werden?

Teil IV
Gestaltungsteil

13 Handlungsempfehlungen bzw. Lösungsansätze für die Forschung

In der Forschung besteht über das Vorliegen von Interdependenzen zwischen den drei Nachhaltigkeitsdimensionen im Weitesten Einigkeit. Zudem wurde die hinderliche Wirkung von Zielkonflikten im Unterschied zur förderlichen Wirkung der Synergien auf die Erreichung von Nachhaltigkeitszielen bereits nachgewiesen (Haffar, 2018, S. 18–20; Kostetckaia & Hametner, 2022, S. 924–925; Nilsson & Weitz, 2019, S. 255).

Gleichzeitig haben die Forschenden auch die Bedeutung der kontextspezifischen Betrachtung von Interdependenzen in bestehender Literatur herausgearbeitet, denn Zielkonflikte und Synergien zwischen der ökonomischen, der ökologischen sowie der sozialen Nachhaltigkeitsdimension können kontextspezifisch und regional betrachtet in unterschiedlicher Form und Konstellation auftreten (Urban & Hametner, 2022, S. 2).

Die vorliegende Forschungsarbeit hat sich, den Empfehlungen anderer Forschender auf diesem Fachgebiet folgend, der Identifikation kontextspezifischer Interdependenzen zwischen den drei Nachhaltigkeitsdimensionen bei Banken in der Schweiz und in Liechtenstein gewidmet. Ein weiteres Ziel lag in dem Aufzeigen möglicher kontextspezifischer Transparenz- und Steuerungsmechanismen, die den Bankmanagern in der Schweiz und in Liechtenstein im Umgang mit genannten Interdependenzen dienlich sein können.

Im Ergebnis können einerseits Beschreibungen von bankenspezifischen Zielkonflikten (Teil III/ Abschnitt 11.2.3) und Synergien (Teil III/ Abschnitt 11.2.4) präsentiert, und andererseits in Form thematischer Zielkonflikt-Synergie-Paare in Verbindung zueinander gesetzt werden (Teil III/ Abschnitt 12.1.1). Damit wird deutlich, dass eine Umwandlung gewisser Zielkonflikte in Synergien gelingen kann, beispielsweise durch eine Entscheidung für alternative Handlungsoptionen.

A. Tschütscher-Alanyurt, *Interdependenzen zwischen den Nachhaltigkeitsdimensionen*, https://doi.org/10.1007/978-3-658-50493-9_13

Im Rahmen dieser Arbeit konnte zudem eine Systematisierung von Transparenzmechanismen (Teil III/ Abschnitt 12.1.2) zur Identifizierung und Darstellung von Interdependenzen erarbeitet werden.

Wurden Interdependenzen zwischen den drei Nachhaltigkeitsdimensionen identifiziert und transparent gemacht, kann jedes Bankinstitut einen Nutzen aus der effektiven Steuerung derselben ziehen. Die vorliegende Forschungsarbeit zeigt zu diesem Zweck eine Reihe von Steuerungsmechanismen auf, welche systematisiert in drei Gruppen eingeteilt werden konnten (Teil III/ Abschnitt 12.1.3).

Aus der Beschreibung kontextspezifischer Zielkonflikte und Synergien, der systematisierten Transparenzmechanismen sowie der systematisierten Steuerungsmechanismen werden in den folgenden Abschnitten 13.1 bis 13.3 Handlungsempfehlungen für die Forschung abgeleitet.

13.1 Handlungsempfehlungen für die Forschung im Umgang mit Interdependenzen

Im Rahmen dieser Arbeit konnte anhand der kontextspezifischen Erhebung von Zielkonflikten und Synergien für Banken in der Schweiz und in Liechtenstein eine Forschungslücke teilweise geschlossen werden und die Literatur damit um diese Erkenntnisse erweitert werden.

Unter Anwendung eines qualitativen Forschungsansatzes und unter Zuhilfenahme von leitfadengestützten, teilstandardisierten Experteninterviews zum Zweck der Datenerhebung konnten eine Reihe von Zielkonflikten und Synergien zwischen den drei Nachhaltigkeitsdimensionen bei Banken in der Schweiz und in Liechtenstein erhoben werden. Allerdings ist anzumerken, dass in einem dynamischen makroökonomischen und rechtlichen Umfeld eine periodische Überprüfung dieser Ergebnisse von Nöten ist. Zudem ist erforderlich, im Rahmen einer weiteren Untersuchung die Beschreibung der branchenspezifischen Zielkonflikte und Synergien auf deren Vollständigkeit und Wesentlichkeit hin zu überprüfen.

Die Ergebnisse der für die vorliegende Forschungsarbeit durchgeführten qualitativen Untersuchung zeigen, dass die interviewten Experten wesentlich mehr Zielkonflikte als Synergien genannt haben. Vor diesem Hintergrund wäre eine Untersuchung der Gründe für die Nennungen von Interesse. Infolgedessen stellt sich die Frage, inwiefern Zielkonflikte lediglich bewusster wahrgenommen werden als Synergien, oder inwiefern materielle Gründe für die Dominanz von Zielkonflikten ggü. Synergien bestehen. Ist Letzteres zutreffend, stellt sich in weiterer Folge die Anschlussfrage, ob bzw. wie die materiellen Gründe hierfür beseitigt werden können. Auch können die Erkenntnisse zu Zielkonflikt-Synergie-Paaren und zur Möglichkeit der Umwandlung von Zielkonflikten in Synergien, etwa über alternative Handlungsoptionen, eine tragende Rolle spielen. Diesen Fragestellungen könnte beispielsweise im Rahmen einer Fallstudie auf den Grund gegangen werden.

Abschließend ist es empfehlenswert, neben weiterer kontextspezifischer Forschungsarbeiten zu Interdependenzen zwischen den drei Nachhaltigkeitsdimensionen in anderen Branchen, die Übertragbarkeit der vorliegenden Forschungsergebnisse auf Banken in anderen Regionen zu überprüfen, beginnend mit Ländern innerhalb der EU. Aufgrund ähnlicher rechtlicher Rahmenbedingungen bestehen auf Ebene der EU die Bemühungen, ein sog. Level Playing Field bzw. gleiche und damit faire Wettbewerbsbedingungen innerhalb der EU zu schaffen (Stern, 2020, S. 56–57). Folglich kann die Hypothese gewagt werden, dass eine Übertragbarkeit der Forschungsergebnisse auf Banken mit Sitz in der EU weitestgehend möglich sein müsste.

13.2 Handlungsempfehlungen für die Forschung im Umgang mit Transparenzmechanismen

Auf Basis der Untersuchungsergebnisse dieser Arbeit kann ein Hinweisen auf das Bestehen von Interdependenzen sowie die Betonung der förderlichen Wirkung von Synergien im Unterschied zur hinderlichen Wirkung von Zielkonflikten nicht ausreichend sein. Vielmehr müssen Transparenzmechanismen bereitgestellt werden, welche es dem Bankenmanagement erlauben, ihre institutsspezifischen Interdependenzen laufend zu identifizieren, intern transparent zu machen und damit Entscheidungen auf informierter Basis zu treffen.

Die Systematisierung der kontextspezifisch erhobenen Transparenzmechanismen stellt eine effektive Hilfestellung dar, beginnend bei den „Voraussetzungen“ für die Transparenz zu Interdependenzen, über „Methoden und Instrumente“ sowie „branchenspezifische Orientierungshilfen“, bis hin zu „problemorientierten Ansätzen“, die institutsspezifisch ergänzt werden können.

In einem nächsten Schritt wäre die Überprüfung der Effektivität und Vollständigkeit der Transparenzmechanismen, beispielsweise im Rahmen von Fallstudien, von bedeutsamem Wert.

Im Zusammenhang mit den SDGs werden in Teil II der vorliegenden Arbeit die sog. Seven-Point Scale-Methode (Nilsson et al., 2016, S. 321) sowie der sog. Nexus Approach (Liu et al., 2018, S. 466–467) vorgestellt. Ergänzend dazu wird auch das SMART-Tool (Schader et al., 2016, S. 15–16) aus dem landwirtschaftlichen Sektor näher betrachtet. Die Prüfung der kontextspezifischen Adaption dieser Instrumente zum Zweck der Nutzung durch Banken in der Schweiz und in Liechtenstein könnte erstrebenswert sein.

13.3 Handlungsempfehlungen für die Forschung im Umgang mit Steuerungsmechanismen

Die Schaffung von Transparenz sichert noch nicht einen effektiven Umgang mit Interdependenzen. Hierzu ist eine Bekanntmachung effektiver Steuerungsmechanismen und eine Bestimmung dieser notwendig. Die vorliegende Untersuchung hat die Systematisierung von acht Steuerungsmechanismen, aufgeteilt in den drei Gruppen der „Governance-Mechanismen“, der „qualitativen Mechanismen“ sowie der „quantitativen Mechanismen“, vorgenommen.

Analog zu den Transparenzmechanismen wird eine Validierung der Effektivität und Vollständigkeit der unter Teil III/ Abschnitt 12.1.3 dargestellten Steuerungsmechanismen vor dem Hintergrund der heute noch kaum verbreiteten Anwendung derselben in der Praxis, beispielsweise im Rahmen einer Fallstudie, empfohlen. Dieser Umstand hat sich ebenfalls in der geringen Anzahl der Nennung von Steuerungsmechanismen durch die Experten im Rahmen der empirischen Untersuchung niedergeschlagen.

Für die Lehre und Forschung impliziert dies zum einen die Deckung des Bedarfs nach einem Wissensaufbau, zum anderen weitere praktikable Instrumente für die Praxis zu entwickeln.

14 Handlungsempfehlungen bzw. Lösungsansätze für die Praxis

Nachfolgend werden auf Basis der gewonnen Erkenntnisse Handlungsempfehlungen für eine Überprüfung bestehender Interdependenzen sowie die Anwendung von Transparenz- und Steuerungsmechanismen aufgezeigt. Banken entwickeln und beschließen mit dem Bestreben der erfolgreichen Umsetzung etwaige Unternehmens- sowie Nachhaltigkeitsstrategien. Wie im Theorieteil vorliegender Arbeit ausgeführt, können bereits in der Strategiesetzung und in weiterer Folge auch in der Operationalisierung der Strategie Interdependenzen zwischen den Nachhaltigkeitsdimensionen entstehen, darunter einerseits hinderlich wirkende Zielkonflikte, andererseits förderliche Synergien.

Die im Rahmen vorliegender Arbeit präsentierten Ergebnisse sollen die erfolgreiche Erreichung der Unternehmens- und Nachhaltigkeitsziele fördern, indem der Weg für einen effektiven Umgang mit Interdependenzen aufgezeigt wird.

In Abbildung 14.1 wird ein vertikales Ablaufmodell zur Anwendung der Ergebnisse vorliegender Arbeit präsentiert, beginnend mit der Identifikation von Interdependenzen über die Schaffung von Transparenz bis hin zur Steuerung und Überwachung derselben. Dieses Ablaufmodell vereint somit alle theorie- sowie empiriegeleiteten Ergebnisse vorliegender Arbeit und setzt diese auf Stufe der Policies & Guidelines, der Strategie und Planung, der Operationalisierung derselben sowie im internen Berichtswesen um.

A. Tschütscher-Alanyurt, *Interdependenzen zwischen den Nachhaltigkeitsdimensionen*, https://doi.org/10.1007/978-3-658-50493-9_14

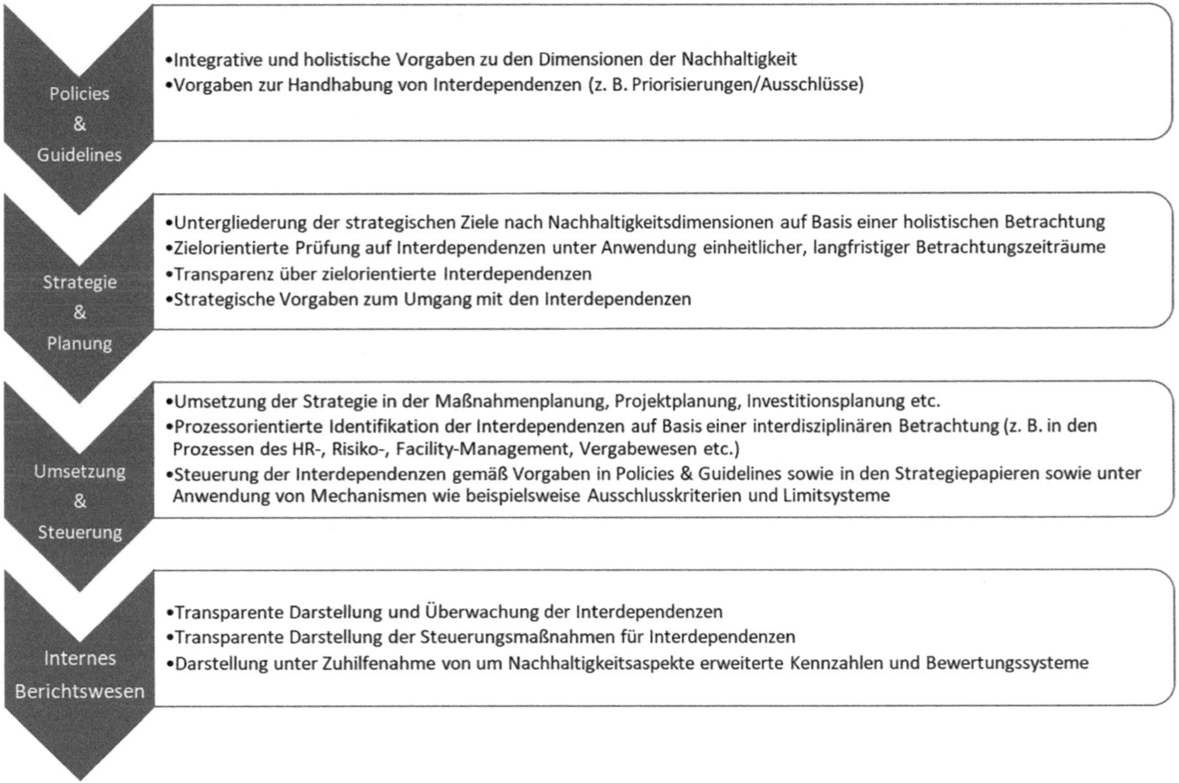

Abbildung 14.1 Vertikales Ablaufmodell zur Identifikation, Steuerung und Überwachung von Interdependenzen zwischen den drei Nachhaltigkeitsdimensionen. (Quelle: Eigene Darstellung)

14.1 Handlungsempfehlung für spezielle Anwendungsbereiche in der Praxis

In den Abschnitten 14.1.1 bis 14.1.4 sollen mit Bezug zum vertikalen Ablaufmodell gemäß Abbildung 14.1 konkrete Prozesse zur Einbindung der drei Erkenntnisse vorliegender Forschungsarbeit wie folgt aufgezeigt werden: die Identifizierung von Interdependenzen zwischen den drei Nachhaltigkeitsdimensionen, die Schaffung von Transparenz über dieselben, und inwiefern deren Steuerung gelingen kann.

Die Einbindung der Forschungsergebnisse in die beispielhaft aufbereiteten Prozesse erfolgt so generisch wie nötig, jedoch so detailliert wie möglich, um einerseits eine institutsspezifisch angepasste Umsetzung der dargestellten Prozesse, und andererseits die Übertragung auf ähnliche Prozesse zu ermöglichen. Folglich sollen neben der Berücksichtigung aller Nachhaltigkeitsdimensionen insbesondere die Interdependenzen zwischen denselben transparent werden, und eine effektive Steuerung der Interdependenzen sichergestellt werden, damit die Erreichung der Unternehmens- und Nachhaltigkeitsziele der Bank unterstützt werden kann.

14.1.1 Policies und Guidelines

Die im Rahmen von Teil III/ Abschnitt 12.1.3 vorgestellten Steuerungsmechanismen beinhalten die Möglichkeit der Steuerung von Interdependenzen über Governance-Instrumente, darunter beispielsweise Policies und Guidelines.

Nachfolgend wird ein Formulierungsvorschlag für die Aufnahme von Vorgaben zum Umgang mit Interdependenzen zwischen den drei Nachhaltigkeitsdimensionen in eine Policy angeboten. Dieser bedarf indes instituts- und fallspezifischer Anpassungen und kann nicht unreflektiert übernommen werden. Ist eine solche Vorgabe in einer Policy festgehalten, bedarf es für jeden einzelnen Fall, in welchem eine Abweichung hiervon beabsichtigt wird, eines ETP-Prozesses.

Vorschlag 1: Werden Maßnahmen angedacht, die langfristig betrachtet positive Wirkungen auf ökologische und/oder soziale Nachhaltigkeitsaspekte entfalten (betrachtet über eine Periode von mehr als 5 Jahren), jedoch voraussichtlich eine maximale negative Auswirkung in der Höhe von bis zu xx % p. a. (während der gleichen zeitlichen Periode) auf die für diese Perioden geplanten finanziellen Ergebnisse haben, so sind den positiven ökologischen und sozialen Wirkungen der Vorrang zu gewähren.

Vorschlag 2: Negative Nachhaltigkeitswirkungen in der sozialen Nachhaltigkeitsdimension sind in keinem Fall zu akzeptieren und in jedem Fall durch die Umsetzung von Handlungsalternativen zu vermeiden, selbst wenn die Handlungsoption negative ökonomische Folgen nach sich zieht. Negative Nachhaltigkeitswirkungen in der ökologischen Nachhaltigkeitsdimension sind lediglich dann zulässig, wenn diese nach einer Transitionsphase von max. 5 Jahren nachhaltig beseitigt werden und während dieser Zeit durch effektive Kompensationsmaßnahmen zumindest teilweise abgefedert werden können.

Die Ausgestaltung von Regelungen in Policies wird oftmals durch persönliche Überzeugungen des zuständigen Entscheidungsgremiums beeinflusst, welches jedoch gesetzliche Vorgaben nicht durch unternehmensinterne Regelungen aushebeln kann. Es handelt sich somit um freiwillige interne Vorgaben als Ergänzung zu rechtlichen Bestimmungen, weshalb diese mannigfaltig ausgestaltet sein können und stets institutsspezifisch zu definieren sind. Vorliegende Formulierungsvorschläge sollen lediglich einen initialen Impuls bzw. eine Diskussionsgrundlage bieten.

14.1.2 Strategie- und Planungsprozess

Neben den Policies und Guidelines soll zudem ein möglicher Weg zur Einbindung der Forschungsergebnisse in den Strategie- und Planungsprozess aufgezeigt werden. Unabhängig von der verfolgten Methode im Strategie- und Planungsprozess kann auf Basis der Ergebnisse der vorliegenden Untersuchung empfohlen werden, zunächst die verwendeten klassischen Instrumente, wie beispielsweise die SWOT-Analyse, um Nachhaltigkeitsaspekte zu erweitern (Kiszka, 2023, S. 433). Folglich kann bereits die festgelegte Strategie einer zielorientierten Überprüfung auf Interdependenzen unterzogen werden. Ebenso kann der Umgang mit den zielorientierten Interdependenzen bereits im Strategiepapier definiert werden. Die integrierte und holistische Betrachtung aller drei Dimensionen der Nachhaltigkeit sowie ein langfristiger und kongruenter Betrachtungszeitraum stellen Voraussetzungen für die Transparenz über die Interdependenzen dar und sind entsprechend im Strategie- und Planungsprozess zu berücksichtigen.

Anschließend sollten die definierten strategischen Ziele operationalisiert und damit so weit als möglich prozessorientiert konkretisiert werden. Zudem ist es unerlässlich, neben den klassischen quantitativen Kennzahlen auch qualitative bzw. nachhaltigkeitsbezogene Zielgrößen in den Strategie- und Planungsprozess aufzunehmen.

In weiterer Folge gilt es, die prozessorientierten Interdependenzen zwischen den drei Nachhaltigkeitsdimensionen durch eine gezielte Analyse jedes Ziels und jeder dazugehörigen Maßnahme, zum Beispiel im Rahmen eines interdisziplinären Diskurses, unter Zuhilfenahme der branchenspezifischen Erfahrungswerte zu identifizieren und transparent zu machen. Auf Grundlage der Transparenz über bestehende Zielkonflikte und Synergien können alternative Handlungsoptionen geprüft werden, um ggf. Zielkonflikte in Synergien umzuwandeln.

Abschließend liegt idealerweise ein operationalisierter Plan vor, der einem möglichst effizienten Synergiepfad folgt. Für verbleibende Zielkonflikte kommen effektive Steuerungsmechanismen, wie beispielsweise definierte Limite, evtl. kombiniert mit Priorisierungen im Strategiepapier, zum Einsatz.

Abhängig vom Ambitionsniveau des Managements, eine mit möglichst wenigen inhärenten Zielkonflikten belastete und einem stringenten Synergiepfad folgende Strategie, auszuarbeiten, kann in weiteren Planungsiterationen die Definition alternativer strategischer Zielsetzungen erfolgen. In diesem Fall wird der in Abbildung 14.2 dargestellte Kreislauf erneut durchlaufen, dies im Sinne des bereits vorgestellten input-process-output-Ansatzes.

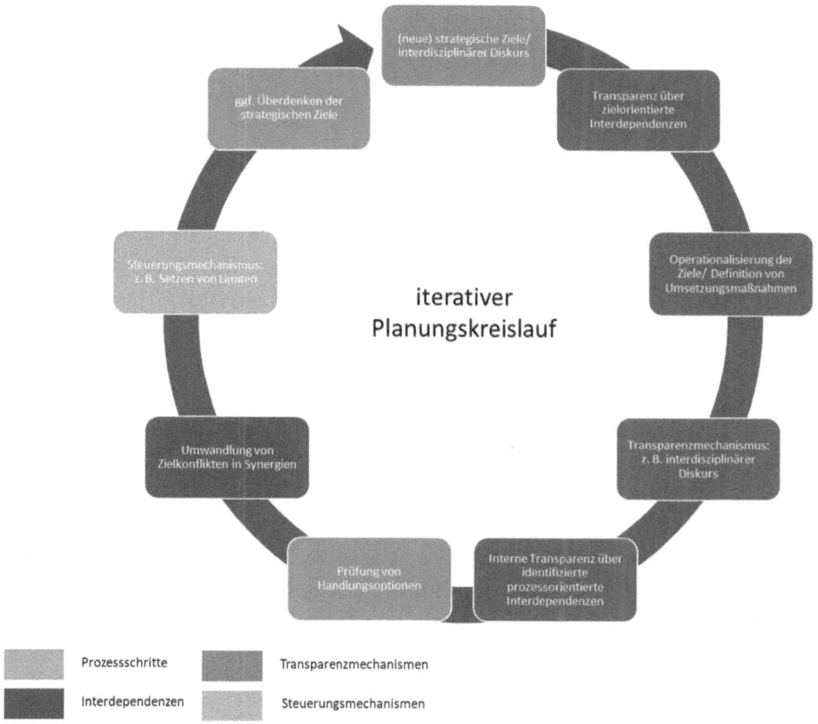

Abbildung 14.2 Iterativer Planungskreislauf. (Quelle: Eigene Darstellung)

Im Rahmen der Definition und Operationalisierung von Zielen kann eine integrierte Planung bzw. eine integrierte Betrachtung der Ziele und Maßnahmen bereits zur Transparenz über Interdependenzen zwischen den drei Nachhaltigkeitsdimensionen führen. Angesichts dessen müsste beispielsweise der CO_2-Absenkungspfad in Verbindung mit den Wachstumszielen geplant werden. Sinnvoll könnte auch die Kombination aus Maßnahmen für den CO_2-Absenkungspfad mit Wachstumszielen und Vergabe- bzw. Annahmekriterien sein. Ebenso aufschlussreich könnte die Planung der Wachstumsziele im Allgemeinen zusammen mit dem CO_2-Absenkungspfad und den Wachstumszielen in den nachhaltigen Anlageportfolios im Speziellen sein. Als ein weiteres Beispiel könnte die integrierte Planung von sozialen Nachhaltigkeitsmaßnahmen mit dem Ressourceneinsatz sowie der Cost-Income-Ratio (CIR) sein. Stehen diese sozialen Maßnahmen i. Z. m. Arbeitnehmerbelangen, könnten Turnover-Ratios zusammen mit dem Ressourceneinsatz für die Maßnahme selbst sowie für Rekrutierungsbemühungen erfolgen.

14.1.3 Operationalisierung der Strategie und Planung

Infolge der Verabschiedung einer integrierten Unternehmens- und Nachhaltigkeitsplanung können im Zuge der Umsetzung unter anderem Projekt- und Investitionsanträge zum Einsatz kommen. Ebenfalls können Ausschreibungsprozesse oder Adjustierungen des Anlageuniversums erforderlich werden. Zur Unterstützung der Zielverfolgung können Incentivierungssysteme, beispielsweise in Form von MBOs, zum Einsatz kommen, die erneut zu Interdependenzen zwischen den drei Nachhaltigkeitsdimensionen führen können. In den folgenden Abschnitten 14.1.3.1 bis 14.1.3.3 wird auf derartige Prozesse eingegangen und dabei die mögliche Einbindung der Forschungsergebnisse dargestellt.

14.1.3.1 Projekt- und Investitionsanträge

Der Einsatz von Projekt- und Investitionsanträgen gehört zum gelebten Standard jeder gut geführten Bank. Nachhaltigkeitsaspekte sind in Investitionsentscheidungen mit zu berücksichtigen, da zukunftsgerichtete Investitionen insbesondere im Rahmen von Transformationsprojekten die nachhaltige Entwicklung von Unternehmen begünstigen können (Hilbert, 2024, S. 215).

Projektanträge können beispielsweise im Vorfeld zu Digitalisierungs-, Produktentwicklungs-, HR- oder Facility Management-Projekten erforderlich werden.

Einem Vorhaben, wie beispielsweise einer energetischen Bürogebäudesanierung, wird vermutlich ein Investitionsantrag vorausgehen. Im Rahmen solcher

Anträge werden typischerweise neben der Darlegung der Gründe für den Bedarf der Investition und den Durchführungsplänen auch Angaben zu den ökonomischen Eckpunkten sowie ggf. Ausführungen zu operationellen Chancen und Risiken gemacht. Eine Erweiterung dieser Projekt- und Investitionsanträge um Nachhaltigkeitsbelange ist angezeigt.

Die Empfehlung für die Praxis lautet daher analog zu Abbildung 14.3 und zum Zweck der holistischen Betrachtungsweise neben einer Erweiterung der Projekt- und Investitionsanträge um Belange aller drei Dimensionen der Nachhaltigkeit, die Beurteilungen über langfristige und kongruente Zeiträume vorzunehmen. Zudem sollten die Interdependenzen zwischen den drei Nachhaltigkeitsdimensionen erhoben und bereits in den Anträgen transparent dargestellt werden, um eine umfassende Entscheidungsgrundlage zu gewährleisten. Als Transparenzmechanismus bietet sich beispielsweise der interdisziplinäre Diskurs an. Gleiches gilt für die zwingend darzulegenden Steuerungsmechanismen für die identifizierten Zielkonflikte.

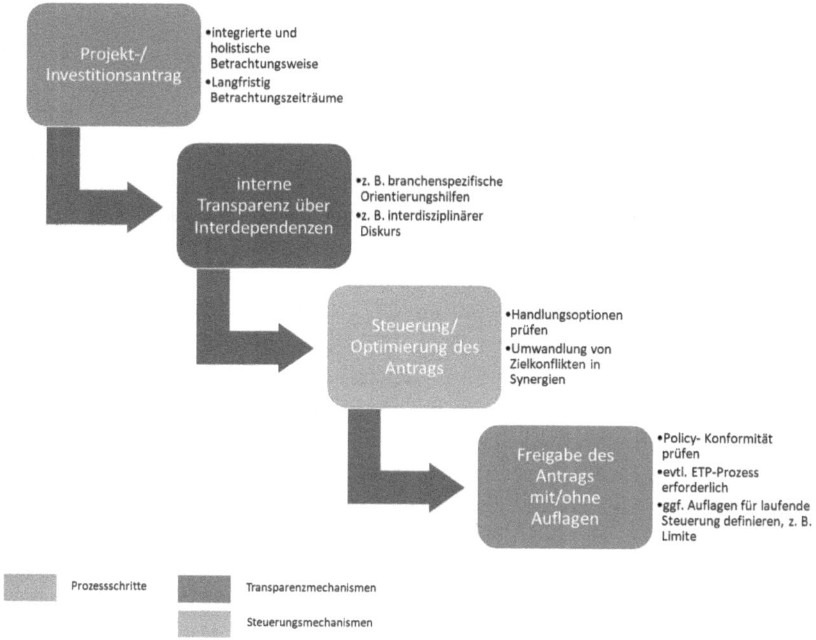

Abbildung 14.3 Integrierte Projekt- und Investitionsanträge. (Quelle: Eigene Darstellung)

Die Überprüfung der Interdependenzen bzw. die Diskussion über Handlungsoptionen könnte zu Änderungen bereits in der Phase der Antragserstellung zwecks Auflösung von Zielkonflikten führen, bevor diese zur Entscheidungsfindung an das zuständige Gremium weitergeleitet werden. Idealerweise wird das Management hierbei Synergien den Zielkonflikten vorziehen.

Zum Zweck der Steuerung der Interdependenzen könnte ggf. auf die Priorisierungen in Guidelines und Policies referenziert werden. Im Bedarfsfall könnte mit ETP-Anträgen operiert werden, um speziellen Situationen Rechnung zu tragen, die in den allgemeingültigen Klauseln von Governance-Dokumenten indes nicht umfänglich mitgedacht bzw. antizipiert werden können.

14.1.3.2 Ausschreibungsprozesse und Anlageuniversum

Vor dem Hintergrund von Kooperationen mit externen Partnern für potenzielle Vorhaben bzw. Projekte gehört es ab einer gewissen Größenordnung bzw. Wesentlichkeit bereits heute zur Good Governance, mehrere Anbieter zur Angebotsstellung einzuladen, um einen möglichst objektiven Auswahlprozess zu ermöglichen. Denkbar sind beispielsweise die Ausschreibung eines Bauprojektes für ein Bürogebäude, eines Beratungsauftrags für ein Transformationsprojekt, einer Prozessauslagerung oder die Einladung zu Pitches für CO_2-Kompensationsvorhaben.

Im Rahmen der Formulierung der Ausschreibungskriterien sowie der Prüfung der Angebote wird typischerweise darauf geachtet, dass keine Interessenskonflikte vorliegen, gesetzliche Vorgaben eingehalten werden, die Konkurrenzfähigkeit der Angebote gewährleistet ist, vordefinierte Qualitätskriterien erfüllt sind, Risiken im Allgemeinen weitestgehend gemieden werden und die laufende Überwachung bzw. Steuerung gewährleistet bleibt.

Um im Auswahlprozess für bspw. ein CO_2-Kompensationsprojekt eine holistische Beurteilung vornehmen zu können, ist es erforderlich, neben der ökonomischen Nachhaltigkeitsdimension auch Informationen zu ökologischen und sozialen Nachhaltigkeitsaspekten zu berücksichtigen. Daneben ist jedoch auch die Transparenz über Interdependenzen zwischen diesen drei Dimensionen erforderlich. Empfohlen wird daher die Anwendung der in Teil III/ Abschnitt 12.1.2 sowie 12.1.3 vorgestellten Transparenz- und Steuerungsmechanismen sowohl für den Ausschreibungs- als auch den Auswahlprozess.

Auch im Bereich der Anlagengeschäfte nehmen Banken Selektionen sowohl für eigene Anlagen als auch für Kundenanlagen vor, welchen eine vertiefte Prüfung entlang definierter Kriterien vorausgehen sollte. Dabei werden neben ökonomischen Kriterien auch ökologische und soziale Kriterien betrachtet. Anlagepräferenzen und -ziele der Kunden sowie das Kundenprofil spielen dabei eine wesentliche Rolle. Solange jedoch keine Prüfung ggf. bestehender Interdependenzen zwischen den drei Nachhaltigkeitsdimensionen erfolgt, kann weder die Erreichung der Nachhaltigkeitsziele noch die Erfüllung der Nachhaltigkeitspräferenzen der Kunden abschließend beurteilt werden.

Die Empfehlung lautet daher, in diesen und ähnlichen Fällen zum Zweck der Identifikation, Transparentmachung und Steuerung von Interdependenzen neben den durch Ratingagenturen offengelegten Informationen weiterführende Informationen einzuholen, welche eine holistische Beurteilung, insbesondere auch der Interdependenzen, erlauben.

Die Problematik liegt dabei insbesondere in der Durchleuchtung externer Parteien, um volle Transparenz erzielen zu können. Dies erfordert auch eine Überprüfung der bei der externen Partei zur Anwendung kommenden Transparenz- und Steuerungsmechanismen bzw. der inhärenten Interdependenzen. Ein Lösungsansatz könnte die Erweiterung der für solche Auswahlprozesse bereits vorhandenen sog. Due Diligence-Fragebögen sein. In Tabelle 14.1 werden einige Fragen vorgestellt, die in einem Due Diligence-Prozess ergänzend erörtert werden könnten, um Interdependenzen zwischen den drei Nachhaltigkeitsdimensionen aufzudecken.

Tabelle 14.1 Due Diligence-Fragenkatalog zu Interdependenzen bei Drittparteien. (Quelle: Eigene Darstellung)

Fragen zu Transparenzmechanismen	Fragen zu Steuerungsmechanismen
Finden alle drei Nachhaltigkeitsdimensionen Berücksichtigung in der Strategie sowie den Produkten des Unternehmens?	Wurde der Umgang mit Interdependenzen zwischen den drei Nachhaltigkeitsdimensionen in internen Guidelines oder Policies festgelegt? Wenn ja, wie lauten die Regelungen?
Liegt eine integrierte Unternehmens- und Nachhaltigkeitsstrategie vor?	Wurde der Umgang mit Interdependenzen in den Strategiepapieren festgelegt? Wenn ja, wie lauten die Regelungen?
Liegt ein integriertes Finanz- und Nachhaltigkeitsreporting vor?	Wie ist das Vorgehen bei beabsichtigten Abweichungen von ggf. zuvor definierten Regelungen zum Umgang mit Interdependenzen?
Werden Unternehmens- und Nachhaltigkeitsziele für langfristig kongruente Zeiträume definiert? Gilt dies auch für die Incentivierungssysteme?	Wurden Ausschlusskriterien bzw. Limite i. Z. m. Nachhaltigkeitsaspekten definiert? Wenn ja, welche?

(Fortsetzung)

Tabelle 14.1 (Fortsetzung)

Fragen zu Transparenzmechanismen	Fragen zu Steuerungsmechanismen
Wie ausführlich ist die Operationalisierung der Nachhaltigkeitsstrategie erfolgt? Wurden in den definierten Zielen und Maßnahmen Zielkonflikte oder Synergien zwischen den drei Nachhaltigkeitsdimensionen identifiziert? Wenn ja, welche?	In welchen Bereichen ist das Unternehmen bereits compliant mit den eigenen Nachhaltigkeitsvorgaben bzw. -zielen? In welchen Aspekten befindet sich das Unternehmen noch in einer Transitionsphase? Wie ist die inhaltliche und zeitliche Transition genau geplant? Wie erfolgt die Überwachung dieser?
Ist das Unternehmen bereit, mit dem Kunden einen regelmäßigen interdisziplinären Diskurs zu Nachhaltigkeitsaspekten zu führen und einen zweckentsprechenden Datenzugang zu gewähren?	Kommen quantitative Steuerungsmechanismen für Interdependenzen zwischen den drei Nachhaltigkeitsdimensionen zur Anwendung? Wenn ja, welche?
Spiegeln sich Nachhaltigkeitsaspekte in der Art und Diversität der im Berichtswesen angewendeten Bewertungsmethoden wider? Sind Interdependenzen zwischen den drei Nachhaltigkeitsdimensionen Teil der internen Berichterstattung?	Bestehen sonstige, ggf. auch qualitative Steuerungsmechanismen für Interdependenzen zwischen den drei Nachhaltigkeitsdimensionen? Wenn ja, welche?
Welche sonstigen, unternehmensspezifischen Transparenzmechanismen zu Interdependenzen zwischen den drei Nachhaltigkeitsdimensionen kommen beim Unternehmen zur Anwendung?	Welches ist das interne Entscheidungsgremium i. Z. m. der Steuerung von Interdependenzen zwischen den drei Nachhaltigkeitsdimensionen und damit auch der Empfänger ggf. bestehender Berichterstattung? Welche Stakeholder werden ggf. zusätzlich einbezogen?
Liegen dem Unternehmen Branchen- bzw. Industrieerfahrungswerte zu Interdependenzen vor, an denen sich das Unternehmen orientiert?	In welcher Form und in welchem Ausmaß beabsichtigt das Unternehmen derartige Informationen mit uns als Kunden laufend zu teilen?

14.1.3.3 MBO-Systemüberprüfung

Als gängige Bestandteile legitimer Arbeitsverhältnisse werden sog. monetäre Anreizsysteme gesehen. Im Bankensektor stellen zusätzlich zu einem Fixum bspw. variable Bonuszahlungen Teile von Kompensationsmodellen dar. Zumeist sind Bonusansprüche an die Erreichung von vorgängig definierten Zielen geknüpft, um die Motivation und Leistungsbereitschaft der Mitarbeitenden für diese Ziele zu stärken.

Im Rahmen vorliegender Forschungsarbeit wird empfohlen Interdependenzen zwischen den Nachhaltigkeitsdimensionen, die in MBO-Systemen durch das Festlegen von widersprüchlichen Zielen entstehen können, transparent zu machen, zu beseitigen bzw. effektiv zu steuern. Der Hintergrund liegt in der nicht zu unterschätzenden Eigendynamik, die monetäre Anreizsysteme entwickeln können. Mitarbeitende werden ihre Ziele jedenfalls erreichen wollen, um den in Aussicht gestellten Bonus beziehen zu können, dies mitunter auch ungeachtet möglicher Zielkonflikte bzw. Nachteile für das Unternehmen, die Umwelt oder die Gesellschaft. Umso bedeutsamer ist eine Überprüfung der MBO-Systeme auf inhärente Interdependenzen und eine frühzeitige Auflösung von Zielkonflikten, damit die Erreichung von Unternehmens- und Nachhaltigkeitszielen insgesamt nicht konterkariert wird.

Wie bereits in Teil III/ Abschnitt 11.2.5.6 dargestellt, wird eine gesamthafte Überprüfung des MBO-Systems einer Bank empfohlen, bevor die individuellen Zielvereinbarungen freigegeben werden. Im Zuge dieses Überprüfungsvorgangs sollen zum einen mögliche Zielkonflikte zwischen den Zielvereinbarungen einzelner Manager untereinander aufgedeckt und ggf. aufgelöst werden. Zum anderen sollen mögliche Zielkonflikte, die bereits in der Strategiesetzung bzw. der Operationalisierung derselben unerkannt geblieben waren, im Rahmen der MBO-Systemüberprüfung transparent gemacht und idealerweise aufgelöst werden. Zielkonflikte, die bereits im Strategiesetzungsprozess entstanden sind, jedoch bis zum MBO-Überprüfungsprozess unentdeckt blieben, können mitunter zu einer neuerlichen Überprüfung der strategischen Ziele führen.

Im MBO-Überprüfungsprozess ist nicht außer Acht zu lassen, dass sowohl ein kurzfristiger bzw. zeitlich nicht kongruenter Incentivierungsrahmen als auch die nicht-integrierte und holistische Betrachtungsweise zu unentdeckten Interdependenzen führen können. Beide Punkte wurden in Teil III/ Abschnitt 12.1.2 als Voraussetzungen für die Erzielung von Transparenz über Interdependenzen definiert.

Im Zuge der MBO-Systemüberprüfung wird daher empfohlen, die in Teil III/ Abschnitt 12.1.2 sowie 12.1.3 vorgestellten Transparenz- und Steuerungsmechanismen zur Anwendung zu bringen. Abbildung 14.4 unterbreitet einen Vorschlag zur Vorgehensweise bei der Überprüfung des MBO-Systems einer Bank auf Interdependenzen, die sowohl innerhalb eines MBOs eines Mitarbeitenden sowie zwischen den MBOs verschiedener Mitarbeiter der Bank entstehen können. Der nachfolgend abgebildete Kreislauf stellt eine Integration des MBO-Überprüfungsprozesses in jenen der Strategiesetzung aus Abschnitt 14.1.2 dar.

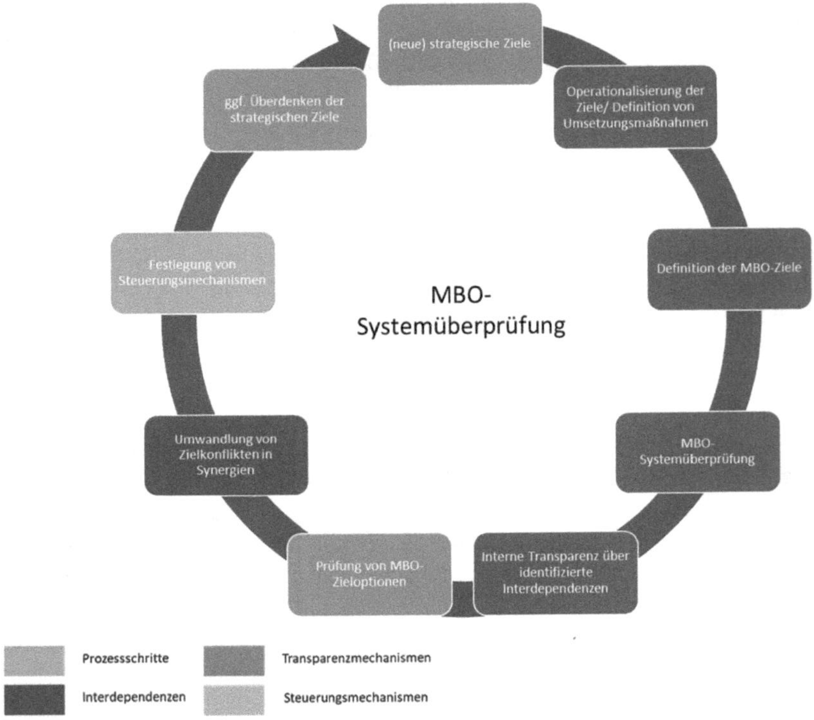

Abbildung 14.4 Überprüfung des MBO-Systems einer Bank auf Interdependenzen. (Quelle: Eigene Darstellung)

14.1.4 Internes Berichtswesen

Im internen Berichtswesen gilt es vorwiegend, Transparenz über die identifizierten Interdependenzen zu schaffen und gleichzeitig die Entwicklung derselben zu überwachen. Wurden Steuerungsmaßnahmen für einzelne Interdependenzen beschlossen, so sind auch diese transparent darzulegen und laufend auf ihre Wirksamkeit zu überwachen. Abbildung 14.5 zeigt beispielhaft eine Umsetzungsmöglichkeit im internen Berichtswesen auf.

Beschreibung der Interdependenz	Einordnung des Umgangs mit der Interdependenz	Steuerungsinstrument
Zielkonflikt	No Go	Ausschlusskriterium gem. Statuten
Zielkonflikt	Transformation	Limite definiert
Zielkonflikt	Transformation	Priorisierung festgelegt
Zielkonflikt	Transformation	Umwandlung in Synergie: Handlungsalternative
Synergie	Compliant	Überwachung der Synergie
Synergie	Compliant	Bewahrungsmaßnahmen
Synergie	Compliant	Förderungsmaßnahmen zur Verstärkung

Abbildung 14.5 Darstellung und Überwachung der Interdependenzen sowie Steuerungsmaßnahmen im internen Berichtswesen. (Quelle: Eigene Darstellung)

14.2 Allgemeine Handlungsempfehlungen für die Praxis

Nachdem im vorherigen Abschnitt Empfehlungen für die Bankenpraxis zum Umgang mit Interdependenzen entlang des vertikalen Ablaufmodells nach Abbildung 14.1 ausgesprochen wurden, sollen diese nunmehr durch allgemeine Handlungsempfehlungen komplementiert werden, die sich ebenfalls aus den theorie- und empiriegeleiteten Ergebnissen ableiten lassen.

In Abbildung 14.6 wird zunächst das im Allgemeinen verfolgte Interesse im Umgang mit Interdependenzen zwischen den Nachhaltigkeitsdimensionen von der Identifikation über die Transparenz bis hin zur Steuerung von Interdependenzen aufgezeigt.

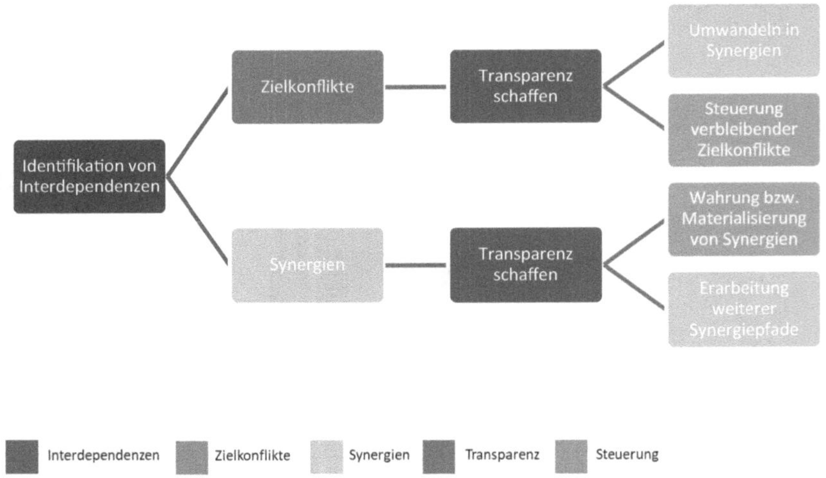

Abbildung 14.6 Allgemeiner Umgang mit Interdependenzen zwischen den drei Nachhaltigkeitsdimensionen in der Bankenpraxis. (Quelle: Eigene Darstellung)

Zum Zweck der Umsetzung des in Abbildung 14.6 dargelegten allgemeinen Umgangs mit Interdependenzen durch das Management wird zunächst die Empfehlung ausgesprochen, auf die in Teil III/ Abschnitt 12.1.2 sowie 12.1.3 vorgestellten Transparenz- und Steuerungsmechanismen zurückzugreifen und diese sowohl zur Schaffung von Transparenz über als auch zur Steuerung von Interdependenzen zwischen den Nachhaltigkeitsdimensionen aktiv zur Anwendung zu bringen. Empfohlen wird zudem, auf die Beschreibung der branchenspezifischen Zielkonflikte und Synergien aus Teil III/ Abschnitt 11.2.3 bzw. 11.2.4 als Orientierungshilfe zur Identifikation der institutsspezifischen Interdependenzen sowie auf die Handlungsempfehlungen für spezifische Anwendungsprozesse zurückzugreifen, die in vorherigem Abschnitt 14.1 vorgestellt wurden.

Mehrfach wird in Teil II sowie Teil III der vorliegenden Arbeit auf die Bedeutung der Anwendung des klassischen Nachhaltigkeitsbegriffs hingewiesen, der neben der ökologischen und der sozialen auch die ökonomische Nachhaltigkeitsdimension berücksichtigt. Grundsätzlich steht einer Orientierung am ESG-Ansatz nichts entgegen, sofern eine Integration mit der ökonomischen Nachhaltigkeitsdimension erfolgt, insbesondere, um die vielen potenziellen Zielkonflikte zur ökonomischen Nachhaltigkeitsdimension nicht zu übersehen und gleichzeitig mögliche Synergien zu dieser Dimension erkennen und materialisieren zu können.

Förderlich für eine Erreichung langfristiger Nachhaltigkeitsziele in allen drei Dimensionen ist die Existenz kurzfristiger Ziele weder gänzlich unabhängig neben den langfristigen Zielen noch ein Entgegenstehen dieser. Vielmehr sollten sich die kurzfristigen Ziele aus den langfristigen ableiten. Daraus ergibt sich das Erfordernis, die Ziele in allen drei Dimensionen zunächst zeitlich kongruent und langfristig zu definieren, um diese widerspruchsfrei auf kurzfristige Umsetzungsschritte herunterbrechen zu können.

Absolut unerlässlich ist es zudem, einerseits das Verständnis zu Interdependenzen zwischen den Nachhaltigkeitsdimensionen auf den unterschiedlichen Führungsebenen einer Bank zu stärken, und andererseits laufend an der Überzeugung der Schlüsselpersonen von der institutsspezifischen Nachhaltigkeitsstrategie zu arbeiten. Die Involvierung von Mitarbeitenden sowohl in die Erarbeitung der Strategie, weiters in Schulungen als auch in transparente Informationsflüsse stellen den Schlüssel hierfür dar. Dabei sollten insbesondere Interdependenzen sowie deren Steuerung ein wesentlicher Teil von Nachhaltigkeitsschulungen und des internen Berichtswesens sein. Gerade Zielkonflikte können mit Bedenken bzw. abweichenden Überzeugungen einhergehen. Ein transparenter und proaktiver Umgang mit Interdependenzen kann den Schlüssel zur Auflösung der Zielkonflikte und gleichzeitig der damit einhergehenden Bedenken darstellen.

Aus den Schulungen sollte zudem das Erlernen neuer Bewertungsansätze resultieren, die eine optimale Kombination aus traditionellen, meist quantitativen Kennzahlen, mit neuen nachhaltigkeitsbezogenen Kenngrößen erlauben, und ergänzend zu quantitativen auch aus qualitativen Bewertungs- und Steuerungsmechanismen bestehen können. Sowohl das strategische als auch das operative Management muss den Umgang mit einer neuen Diversität an Kenngrößen erlernen, um eine Berücksichtigung von ökologischen und sozialen Belangen neben den traditionellen ökonomischen Aspekten zu gewährleisten. Gleichzeitig ist auch eine Verbesserung der Datenverfügbarkeit und -qualität für diese neuen Ansätze wesentlich. Der Umgang mit unsicheren Prognosen in Entscheidungsprozessen stellt grundsätzlich keine neue Herausforderung für das Bankmanagement dar. Dennoch muss zugestanden werden, dass ökologische und soziale Aspekte im Bankenmanagement sowie die Wechselwirkungen zwischen allen drei Nachhaltigkeitsdimensionen durchaus Neuigkeitswert haben und im Umgang mit diesen zunächst Erfahrungswerte gesammelt werden müssen. Auch Erfolgsmessungen und Incentivierungssysteme müssen sich inskünftig neu an diesen holistischen Ansätzen und langfristigen Ausrichtungen, sowie den diverseren Bewertungsansätzen orientieren.

Klare Zuständigkeiten auf strategischer und operativer Ebene für die Schaffung von Transparenz über Interdependenzen und deren Steuerung stellen sicher, dass die bewusste und fortlaufende Auseinandersetzung mit der hinderlichen Wirkung von Zielkonflikten im Unterschied zur förderlichen Wirkung von Synergien nicht übersehen wird.

Nachhaltigkeit besteht aus verschiedenen sachlichen, räumlichen sowie zeitlichen Dimensionen und Facetten, die untereinander durch Interdependenzen verbunden sind. Dieser Umstand verlangt nach einer Auseinandersetzung mit Fragestellungen des Nachhaltigkeitsmanagements aus unterschiedlichen Blickwinkeln, sodass sich die Arbeit in interdisziplinären Teams bzw. Gremien anbietet.

Die diesem Thema innewohnende Komplexität impliziert bereits eine längere Transitionsphase von der traditionellen hin zu einer nachhaltigen Bankenlandschaft. Je besser eine Erkennung und Steuerung der Interdependenzen gelingt, desto schneller und effektiver lässt sich die Transition umsetzen.

Zusammenfassung und Konklusion 15

15.1 Fazit Gestaltungsteil

In Teil IV der vorliegenden Arbeit wurden auf Basis der Erkenntnisse aus der Diskussion der Empirie mit der Theorie konkrete Handlungsempfehlungen für die Forschung und die Praxis ausgesprochen.

Im Rahmen einer empirischen Untersuchung konnte anhand eines qualitativen Forschungsansatzes eine erste branchenspezifische Analyse zu Interdependenzen bei Banken in der Schweiz und in Liechtenstein erfolgen. Im Ergebnis resultierte eine Beschreibung der branchenspezifischen Zielkonflikte und Synergien zwischen den drei Nachhaltigkeitsdimensionen im Bankensektor. Diese Erkenntnisse wurden durch systematisierte Transparenz- und Steuerungsmechanismen ergänzt, damit der Kreislauf im Umgang mit den identifizierten Interdependenzen geschlossen und ein effektiver Nutzen zur Erreichung von Nachhaltigkeitszielen gezogen werden kann.

Auf den theoretischen und empirischen Erkenntnissen aus Teil II und III der Arbeit aufbauend, konnte im Gestaltungsteil nunmehr eine Anregung ggü. der Forschung zur regelmäßigen Überprüfung der erhobenen branchenspezifischen Zielkonflikte und Synergien auf ihre Aktualität und Vollständigkeit hin erfolgen. Zudem konnten auch Empfehlungen an die Forschung zur Überprüfung der Effektivität der präsentierten Transparenz- und Steuerungsmechanismen sowie zur Übertragbarkeit auf andere Regionen ausgesprochen werden.

Des Weiteren wurden konkrete Handlungsempfehlungen für die Praxis für einen effektiven Umgang mit Interdependenzen, beginnend bei der institutsspezifischen Identifikation über die Transparenz bis zur Steuerung, formuliert. Die Handlungsempfehlungen für die Praxis beinhalten neben allgemeinen Empfehlungen auch Anwendungsbeispiele zur Berücksichtigung der erarbeiteten

A. Tschütscher-Alanyurt, *Interdependenzen zwischen den Nachhaltigkeitsdimensionen*, https://doi.org/10.1007/978-3-658-50493-9_15

Transparenz- und Steuerungsmechanismen für Interdependenzen in ausgewählten bankbetrieblichen Prozessen entlang des vertikalen Ablaufmodells gemäß Abbildung 14.1. Im Einzelnen wurden neben dem Strategie- und Planungsprozess sowie der Ausgestaltung von Policies und Guidelines auch operative Prozesse, wie beispielsweise Projekt- und Investitionsanträge, Ausschreibungsprozesse und die Auswahl von Anlageprodukten sowie der MBO-Überwachungsprozess, unter Einbezug von Interdependenzen zwischen den drei Nachhaltigkeitsdimensionen und unter Beachtung von Transparenz- und Steuerungsmechanismen für Interdependenzen, beispielhaft konzipiert.

15.2 Beantwortung der gestaltungsgeleiteten Fragestellung

Die gewonnenen Erkenntnisse des Gestaltungsteils erlauben die Beantwortung der gestaltungsgeleiteten Fragestellungen wie folgt:

GFF1: Welche Empfehlungen im Zusammenhang mit der Identifikation von Interdependenzen zwischen den drei Nachhaltigkeitsdimensionen bei Banken in der Schweiz und in Liechtenstein können ausgesprochen werden?

Mit einer Beschreibung von branchenspezifischen Zielkonflikten und Synergien für Banken ist ein Beitrag für die Forschung zur teilweisen Schließung einer Forschungslücke im Bereich der kontextspezifischen Identifikation von Interdependenzen zwischen den drei Nachhaltigkeitsdimensionen bei Banken in der Schweiz und in Liechtenstein gelungen. Die Empfehlung ggü. der Forschung i. d. Z. ist folgelogisch, weitere kontextspezifische Forschung zu Interdependenzen voranzutreiben. Die Hintergründe liegen einerseits darin, dass die großen Unterschiede bei Interdependenzen zwischen Branchen und Regionen erneut evident geworden sind, andererseits, dass die hinderliche Wirkung von Zielkonflikten bzw. die förderliche Wirkung von Synergien im Nachhaltigkeitsmanagement erhöhte Aufmerksamkeit verdienen, um die Erreichung von Nachhaltigkeitszielen insgesamt zu begünstigen bzw. zu beschleunigen. Wie bereits in Abschnitt 13.1 ausgeführt wurde, wird es die Aufgabe künftiger Forschung sein, die Übertragbarkeit vorliegender Forschungsresultate auf andere Regionen zu überprüfen sowie die Effektivität und Vollständigkeit der Forschungsergebnisse zu validieren und regelmäßig zu aktualisieren.

Für die Praxis wurde in Kapitel 14 anhand spezifischer Anwendungsbeispiele dargestellt, wie eine Integration der Identifikation von Interdependenzen in bestehende Prozesse entlang des vertikalen Ablaufmodells gemäß Abbildung 14.1

gelingen kann. Diese Beispiele wurden durch allgemeine Handlungsempfehlungen ergänzt, um eine institutsspezifische Umsetzung bestmöglich zu unterstützen. Der Praxis soll damit aufgezeigt werden, dass praktisch in jedem bereits bestehenden Managementprozess Interdependenzen zwischen den drei Nachhaltigkeitsdimensionen mitgedacht bzw. integriert werden müssen und können, um Synergiepfade auf dem Weg zur effizienten Erreichung der Nachhaltigkeitsziele bestmöglich offenzulegen bzw. zu entwickeln und in weiterer Folge zu beschreiten.

GFF2: Welche Empfehlungen im Zusammenhang mit der Anwendung von internen Transparenz- und Steuerungsmechanismen für Interdependenzen zwischen den drei Nachhaltigkeitsdimensionen bei Banken in der Schweiz und in Liechtenstein können ausgesprochen werden?

Der Beitrag der vorliegenden Arbeit liegt für die Forschung in einer Systematisierung von Transparenz- und Steuerungsmechanismen für Interdependenzen zwischen den drei Nachhaltigkeitsdimensionen bei Banken in der Schweiz und in Liechtenstein. Hiermit wurde eine wesentliche Forschungslücke unter Anwendung des qualitativen Forschungsansatzes teilweise geschlossen. In einem weiteren Schritt erfolgt, wie in den Abschnitten 13.2 sowie 13.3 bereits ausgeführt wurde, eine Empfehlung an die Forschung für die Prüfung der Effektivität und Vollständigkeit der vorgestellten Mechanismen durch alternative Forschungsansätze. Neben zusätzlicher kontextspezifischer Forschung in anderen Branchen und Regionen i. Z. m. Transparenz- und Steuerungsmechanismen wird empfohlen, die Übertragbarkeit der vorliegenden Forschungsergebnisse zu prüfen.

In Abschnitt 14.1 wurde für die Praxis die Anwendung der vorgestellten Transparenz- und Steuerungsmechanismen beispielhaft anhand von spezifischen bankbetrieblichen Anwendungsprozessen entlang des vertikalen Ablaufmodells gemäß Abbildung 14.1 aufgezeigt. Eine institutsspezifische Ausgestaltung bzw. Ergänzung dieser Anwendungsbeispiele wird in Abschnitt 14.2 durch die ergänzende Bereitstellung allgemeiner Handlungsempfehlungen unterstützt. Insgesamt wird der Praxis empfohlen, regelmäßig und in allen relevanten Prozessen die vorgestellten Transparenz- sowie Steuerungsmechanismen für Interdependenzen zwischen den drei Nachhaltigkeitsdimensionen zur Anwendung zu bringen.

Teil V
Schlussteil

Zusammenfassung und Fazit 16

Im letzten Teil dieser Arbeit soll der Bogen zwischen der Ausgangslage und den erzielten Ergebnissen gespannt und ein abschließendes Fazit gezogen werden.

Den Ausgang hat die vorliegende Arbeit mit der durch Müller-Christ (2020, S. 85) besonders treffend beschriebenen und auch heute noch zutreffenden Forschungslücke i. Z. m. den Interdependenzen zwischen den drei Nachhaltigkeitsdimensionen genommen:

> *„Weder die Managementlehre noch die Förderpraxis hat bislang auf diese Tatsache ausreichend Rücksicht genommen. Trotz der Omnipräsenz des Integrationsbegriffs lassen sich kaum systematische Ansätze finden, was Integration – also die Wiederzusammenführung zuvor getrennter Dimensionen – wirklich bedeutet."* (Müller-Christ, 2020, S. 85)

Die Vereinten Nationen formulierten im Jahr 2015 ein ähnliches Statement für die Agenda 2030 mit den an Staaten adressierten 17 Zielen für nachhaltige Entwicklung, wie in Teil I/ Abschnitt 6.1.1 dargelegt wurde. Der Inhalt dieser Aussage motivierte zu mehreren Studien, die sich der Untersuchung der Zielkonflikte und Synergien zwischen den Nachhaltigkeitszielen der Agenda 2030 verschrieben hatten.

> *„Die Querverbindungen zwischen den Zielen für nachhaltige Entwicklung und deren integrierter Charakter sind für die Erfüllung von Ziel und Zweck der neuen Agenda von ausschlaggebender Bedeutung. Wenn wir unsere Ambitionen in allen Bereichen der Agenda verwirklichen können, wird sich das Leben aller Menschen grundlegend verbessern und eine Transformation der Welt zum Besseren stattfinden." (United Nations General Assembly, 2015, S. 2)*

A. Tschütscher-Alanyurt, *Interdependenzen zwischen den Nachhaltigkeitsdimensionen*, https://doi.org/10.1007/978-3-658-50493-9_16

Die Forschenden betonen in ihren Studien zu den Interdependenzen zwischen den SDGs, dass diese kontextspezifisch sowie regional abweichen und daher differenziert zu betrachten sind.

> *"SDG interactions are not universal in nature, but depend on the given geographical and institutional context." (Urban & Hametner, 2022, S. 2)*

Mit dem Ziel, die in Teil II/ Abschnitt 7.4 dargelegte Forschungslücke in der kontextspezifischen und regionalen Betrachtung von Interdependenzen bei Banken in der Schweiz und in Liechtenstein zumindest teilweise zu schließen, und Ansätze für den Umgang mit den identifizierten Interdependenzen zu erarbeiten, wurde die vorliegende Forschungsarbeit verfasst.

Die zwei Hauptzielstellungen bestanden somit zum einen in der Bereitstellung einer branchenspezifischen Orientierungshilfe zur Identifikation von institutsspezifischen Interdependenzen zwischen den drei Nachhaltigkeitsdimensionen bei Banken in der Schweiz und in Liechtenstein, sowie zum anderen in der Empfehlung von Transparenz- und Steuerungsmechanismen für den Umgang mit den identifizierten Interdependenzen. Konkludierend kann festgehalten werden, dass beide definierten Hauptzielstellungen und die damit verbundenen, in Teil I/ Abschnitt 4.2.1 der vorliegenden Arbeit formulierten erwarteten neuen Ergebnisse und Erkenntnisse, vollumfänglich erfüllt bzw. erbracht werden konnten.

Zunächst wurden Interdependenzen bei Banken in Zielkonflikte und Synergien unterteilt, aufgezeigt und beschrieben (Teil III/ Abschnitt 11.2.3 und Abschnitt 11.2.4). Die beschriebenen branchenspezifischen Zielkonflikte und Synergien konnten zudem in einen Bezug zueinander gesetzt werden (Teil III/ Abschnitt 12.1.1), um die Möglichkeit der Umwandlung von Zielkonflikten in Synergien zu untermauern. Die Beschreibung der kontextspezifischen Zielkonflikte und Synergien zwischen den drei Dimensionen der Nachhaltigkeit bei Banken in der Schweiz und in Liechtenstein soll als branchenspezifische Orientierungshilfe für die Identifikation institutsspezifischer Interdependenzen dienen, worin ein wesentlicher Beitrag zur Schließung der beschriebenen Forschungslücke (Müller-Christ, 2020, S. 85; Urban & Hametner, 2022, S. 2) liegt.

Anschließend wurde eine Systematisierung für sieben interne Transparenzmechanismen (Teil III/ Abschnitt 12.1.2) vorgestellt. Die branchenspezifische Orientierungshilfe repräsentiert eine dieser Mechanismen. Ergänzend konnte eine Systematisierung von in Summe acht Steuerungsmechanismen (Teil III/ Abschnitt 12.1.3) dargestellt werden, die eine effektive Steuerung der identifizierten und transparent gemachten Interdependenzen ermöglichen sollen. Beide

Ergebnisse leisten einen wesentlichen Beitrag zur Schließung der in Teil II/ Abschnitt 7.4 aufgezeigten Forschungslücke (Haffar, 2018, S. 21; Müller-Christ, 2020, S. 335–337; Sailer, 2022, S. 170–172).

Um repetitive Ausführungen zu vermeiden, wird an dieser Stelle auf die ausführliche Zusammenfassung der erzielten Hauptergebnisse, dargelegt in Teil III/ Abschnitt 12.3 der vorliegenden Arbeit, verwiesen.

Ergebnisse und Erkenntnisse 17

In Teil I/ Abschnitt 3.2 sowie 3.3 wurde die Forschungs- und Praxisrelevanz der vorliegenden Arbeit ex ante aufgezeigt. Vor diesem Hintergrund soll nachfolgend zusammenfassend dargelegt werden, mit welchen Ergebnissen und Erkenntnissen die Relevanz für Forschung und Praxis in einer ex post-Betrachtung untermauert werden kann.

17.1 Relevante Ergebnisse und Erkenntnisse für die Forschung

Nach eingehender Erhebung des Standes der Forschung konnten einerseits Lücken in der kontextspezifischen Identifizierung von Interdependenzen bei Banken festgestellt werden. Andererseits waren keine kontextspezifischen Transparenz- und Steuerungsmechanismen für den Umgang mit Interdependenzen bei Banken auffindbar.

Vorliegende Forschungsarbeit trägt mit den Erkenntnissen aus einer explorativen Untersuchung zur teilweisen Schließung beider Lücken bei, indem eine Beschreibung von branchenspezifischen Zielkonflikten und Synergien für Banken in der Schweiz und in Liechtenstein bereitgestellt wird, die als Orientierungshilfe für die institutsspezifische Identifizierung von Interdependenzen herangezogen werden kann. Ergänzend werden thematische Zielkonflikt-Synergie-Paare aufgezeigt, die auf die Möglichkeit der Umwandlung von Zielkonflikten in Synergien deuten.

Des Weiteren werden Systematisierungen von Transparenz- und Steuerungsmechanismen für Interdependenzen zwischen den drei Nachhaltigkeitsdimensionen bei Banken in der Schweiz und in Liechtenstein vorgestellt. Drei der

A. Tschütscher-Alanyurt, *Interdependenzen zwischen den Nachhaltigkeitsdimensionen*, https://doi.org/10.1007/978-3-658-50493-9_17

aufgezeigten Steuerungsmechanismen konnten dabei den zuvor dargestellten Zielkonflikt-Synergie-Paaren zugeordnet werden.

17.2 Relevante Ergebnisse und Erkenntnisse für die Praxis

Die Untersuchungen im Rahmen dieser Arbeit zeigten auf, dass unerkannte und intransparente bzw. nicht effektiv gesteuerte Interdependenzen zwischen den drei Nachhaltigkeitsdimensionen zu Behinderungen in der Erreichung von Unternehmens- und Nachhaltigkeitszielen führen können, irreversible Kosten bzw. Sunk Costs (Arkes & Blumer, 1985) verursachen und die Materialisierung von Risiken zur Folge haben können. Gleichzeitig kann die positive Wirkung von Synergien im Transformationsprozess zu einer auf Nachhaltigkeit ausgerichteten Bank ungenutzt bleiben (Nilsson & Weitz, 2019, S. 255).

Werden Banken sowohl ökonomisch als auch ökologisch und sozial nachhaltig geführt, kommt dies letztlich auch jeder Volkswirtschaft zugute, da insbesondere von systemrelevanten Banken hohe ökonomische und gleichzeitig auch ökologische und soziale Risiken ausgehen können. Ebenso kommt Banken in der nachhaltigen Transformation eine wesentliche Rolle zu (Waschbusch et al., 2021, S. 55–56). Zwischen den drei Dimensionen der Nachhaltigkeit können Interdependenzen bestehen. Dabei wirken Zielkonflikte hinderlich und Synergien förderlich auf dem Weg zu nachhaltiger Transformation. Diese Wirkungszusammenhänge gilt es, Nutzen bringend einzusetzen.

Die wichtigsten Ergebnisse vorliegender Forschungsarbeit für die Praxis bilden daher einerseits die Beschreibung branchenspezifischer Zielkonflikte und Synergien im Bankensektor, die als Basis bzw. Orientierungshilfe für die Identifikation institutsspezifischer Interdependenzen dienen sollen. Andererseits sollten die aufgezeigten Transparenz- und Steuerungsmechanismen für Interdependenzen in strategische und operative Prozesse von Banken Einzug halten. Beispielhaft werden zu diesem Zweck spezifische Anwendungsfälle vorgestellt und allgemeine Handlungsempfehlungen ausgesprochen, die den Banken bei der Anpassung ihrer institutsspezifischen Prozesse behilflich sein sollen, sodass ein effektiver Einbezug von Interdependenzen, beginnend von der Identifikation über die Transparenz bis hin zur Steuerung sowohl auf Unternehmens- als auch auf Produktebene, ermöglicht wird.

Mithilfe der dargebotenen Modelle soll es den Banken gelingen, unter Berücksichtigung von Interdependenzen zwischen den Nachhaltigkeitsdimensionen eine effektive Transformation zu einem nachhaltigen Geschäftsmodell zu vollziehen, sowie ihrer Rolle bei der Kanalisierung von Finanzmitteln in Bereichen zur Förderung nachhaltiger Entwicklung gerecht zu werden.

Um repetitive Ausführungen zu vermeiden, wird an dieser Stelle auf die ausführliche Zusammenfassung der Handlungsempfehlungen in Teil IV/ Kapitel 15 der vorliegenden Arbeit verwiesen.

Ausblick 18

Im Zuge der Verfassung der vorliegenden Arbeit ist es gelungen, umfangreiche Ergebnisse und Erkenntnisse über Interdependenzen zwischen den drei Nachhaltigkeitsdimensionen bei Banken in der Schweiz und in Liechtenstein zu gewinnen. Jedoch unterliegen diese Ergebnisse auch Limitationen, die es transparent aufzuzeigen gilt.

18.1 Limitationen

Die relevanten Fragestellungen dieser Arbeit waren bis zum Zeitpunkt dieser Forschungsarbeit kaum Gegenstand der Forschung (Brosius et al., 2012, S. 4), weshalb eine qualitative Forschungsmethode für ein exploratives Vorgehen zur Gewinnung neuer Erkenntnisse (Mayer, 2013, S. 23–25) gewählt wurde. Die für qualitative Untersuchungen übliche kleine Stichprobengröße führte zu neuen Erkenntnissen, welche es im Rahmen weiterführender Forschung zu validieren und ggf. zu erweitern gilt, wofür sich neben Fallstudien und quantitativen Forschungsvorhaben auch Begleitstudien zur Umsetzung der Handlungsempfehlungen anbieten.

Die der vorliegenden Arbeit zugrunde liegenden Forschungsfragen haben bereits früh im Prozess sowohl eine branchenspezifische als auch eine regionale Eingrenzung erfahren, womit für die Ergebnisse eine entsprechende Limitierung auf Banken mit Sitz in der Region Schweiz/Liechtenstein einhergeht. Die Prüfung einer Übertragbarkeit der Ergebnisse auf benachbarte Regionen oder angrenzende Branchen, beispielsweise innerhalb des Finanzdienstleistungssektors, ist nicht Teil der vorliegenden Arbeit, könnte jedoch im Rahmen weiterer Forschungsarbeiten betrachtet werden.

A. Tschütscher-Alanyurt, *Interdependenzen zwischen den Nachhaltigkeitsdimensionen*, https://doi.org/10.1007/978-3-658-50493-9_18

Zudem ist die vorliegende Untersuchung ausschließlich auf die Identifikation von institutsinternen Transparenz- und Steuerungsmechanismen beschränkt. Ziel der vorliegenden Arbeit war somit nicht die Prüfung, inwiefern und in welcher Form Interdependenzen zwischen den drei Nachhaltigkeitsdimensionen extern offengelegt oder der Umgang mit denselben extern diskutiert werden soll. Auch diesen Fragestellungen könnte in weiteren Studien nachgegangen werden.

Vor dem Hintergrund dieser Limitationen wäre weiterführende Forschung auf dem Gebiet der Interdependenzen zwischen den drei Nachhaltigkeitsdimensionen wünschenswert. Konkrete Vorschläge werden in Abschnitt 18.3 im Sinne eines Forschungsausblicks unterbreitet. Zunächst wird allerdings in Abschnitt 18.2 ein Praxisausblick dargelegt.

18.2 Praxisausblick

Der Bankenpraxis wird mit den Ergebnissen vorliegender Forschungsarbeit zum einen eine branchenspezifische Orientierungshilfe zur institutsspezifischen Identifikation von Zielkonflikten und Synergien bereitgestellt, welche zudem die Wege der Umwandlung von Zielkonflikten zu Synergien aufzeigen kann. Zum anderen werden Transparenz- und Steuerungsmechanismen vorgestellt, die bei der Identifikation von sowie beim effektiven Umgang mit Interdependenzen nützlich sein können.

Vor dem Hintergrund der Herausforderungen der Transformation von konventionellen zu nachhaltigen Geschäftsmodellen ist eine zunehmende und bewusste Auseinandersetzung mit dem Thema der Identifikation, Transparenz und Steuerung von Interdependenzen bei Banken in der Schweiz und in Liechtenstein unabdingbar. Der routinierte Einbezug von Interdependenzen in Strategie- und Entscheidungsfindungsprozesse durch das Management von Banken muss das Ziel von umfassenden Schulungsmaßnahmen bzw. bewusstseinsbildender Arbeit sein, um einerseits die Transformation zu nachhaltigen Geschäftsmodellen bei Banken erfolgreich bzw. effektiv vorantreiben zu können. Andererseits sollte das Ziel sein, den Banken zu ermöglichen, ihrer Rolle als Akzelerator einer nachhaltigen Entwicklung unter Berücksichtigung aller drei Dimensionen der Nachhaltigkeit gerecht zu werden.

Der intensive bzw. bewusste Einsatz der vorgestellten Modelle in der Praxis wird zu institutsspezifischen Erweiterungen, Weiterentwicklungen bzw. Optimierungen derselben auf Basis zunehmender Praxiserfahrung führen, wovon in weiterer Folge auch die Forschung profitieren kann. Es bedarf einer engen Zusammenarbeit zwischen der Praxis und der Forschung, wenngleich die zeitlichen sowie finanziellen Restriktionen bekannt sind und stets eine Rolle spielen werden.

Zunehmender Druck aufgrund faktischer makro- sowie mikroökonomischer Notwendigkeiten, gepaart mit gesellschaftlichen sowie politischen Erwartungshaltungen, fordern Erfolgsmeldungen i. Z. m. Transformationsbemühungen hin zu einer nachhaltigen Finanzwirtschaft. Bleiben Erfolge im Rahmen von Transformationsbemühungen aus, ist mit zunehmender Regulierung zu rechnen. Der effizienteste Weg zum Erfolg wird in der Beschreitung von Synergiepfaden unter Berücksichtigung aller drei Dimensionen der Nachhaltigkeit sowie unter Priorisierung langfristiger Erfolge ggü. kurzfristiger, ausschließlich ökonomischer Interessen, gesehen. In der Praxis wird nach und nach die Identifizierung dieser Synergiepfade erlernt werden, um sich langfristig und damit nachhaltig entlang derselben zu bewegen. Die derzeitig geltende Regulierung als maximalen Handlungsmaßstab für Nachhaltigkeitsbemühungen anzusetzen, führt unter Umständen zur Notwendigkeit weiterführender Regulierung. Hingegen stellen Innovationen und ein Chancenmanagement sinnvolle Alternativen für die Praxis dar.

18.3 Forschungsausblick

Als charakterisierend für einzelne Branchen gilt, dass sich diese unterschiedlichen Marktsegmenten mit verschiedenen Produkten und Dienstleistungen, unter regional differenzierten Marktgegebenheiten, widmen. Daher liegt der Nutzen von Untersuchungen zu Interdependenzen zwischen den drei Nachhaltigkeitsdimensionen in ihrer Kontextbezogenheit und unter Berücksichtigung regionaler Spezifika. Vor diesem Hintergrund sollten weitere, kontextspezifische Untersuchungen zu Interdependenzen zwischen den drei Nachhaltigkeitsdimensionen durchgeführt werden, und dabei die Übertragbarkeit der im Kontext mit Banken in der Schweiz und in Liechtenstein erzielten Erkenntnisse auf insbesondere benachbarte Regionen überprüft werden. Eine Übertragbarkeit der vorliegenden Ergebnisse auf Banken innerhalb Europas erscheint aufgrund vergleichbarer regulatorischer und makroökonomischer Gegebenheiten wahrscheinlich, sollte jedoch in gesonderten Untersuchungen im Einzelnen geprüft werden.

Im Rahmen von Fallstudien könnten zudem die in vorliegender Forschungsarbeit präsentierten Modelle und Systematisierungen zu Transparenz- und Steuerungsmechanismen validiert werden. Die daraus gewonnenen Erkenntnisse bestätigen im Idealfall die Funktionalität der vorgestellten Modelle oder dienen der Optimierung derselben.

Im Zusammenhang mit aktuellen technischen Entwicklungen sind zudem Untersuchungen zum Einsatz von KI zur Unterstützung bei der Identifikation und Steuerung von Interdependenzen anzustreben. KI könnte evtl. auch hilfreich bei der Entwicklung von Handlungsoptionen sein, die eine Umwandlung von Zielkonflikten in Synergien ermöglichen bzw. Synergiepfade offenlegen können.

Schlussendlich ist festzuhalten, dass aufgrund sich ändernder bzw. weiterentwickelnder Märkte, Produkte und Technologien auch die Erkenntnisse der vorliegenden Untersuchung laufend aktuell zu halten sowie weiterzuentwickeln sind.

Literaturverzeichnis

Abdel-Karim, B. M. & **Kollmer**, F. X. (2022a). Konzeption und Einflussbereich des Sustainable Finance. In B. M. Abdel-Karim & F. X. Kollmer (Hrsg.), *Sustainable Finance. Herausforderungen und technologische Lösungen für Banken und Finanzdienstleister* (S. 19–24). Wiesbaden: Springer Fachmedien Wiesbaden.

Abdel-Karim, B. M. & **Kollmer**, F. X. (Hrsg.). (2022b). *Sustainable Finance. Herausforderungen und technologische Lösungen für Banken und Finanzdienstleister*. Wiesbaden: Springer Fachmedien Wiesbaden. https://doi.org/10.1007/978-3-658-36389-5

Abdel-Karim, B. M. & **Kollmer**, F. X. (2022c). Wichtige Punkte: Die Grundlagen. In B. M. Abdel-Karim & F. X. Kollmer (Hrsg.), *Sustainable Finance. Herausforderungen und technologische Lösungen für Banken und Finanzdienstleister* (S. 11–17). Wiesbaden: Springer Fachmedien Wiesbaden.

Abdel-Karim, B. M. & **Rebernik**, C. (2022). Tomorrow: Sustainable Finance als Geschäftsmodell. In B. M. Abdel-Karim & F. X. Kollmer (Hrsg.), *Sustainable Finance. Herausforderungen und technologische Lösungen für Banken und Finanzdienstleister* (S. 51–58). Wiesbaden: Springer Fachmedien Wiesbaden.

Ahrend, K.-M. (2022). *Geschäftsmodell Nachhaltigkeit. Ökologische und soziale Innovationen als unternehmerische Chance* (2., überarbeitete und erweiterte Auflage). Berlin: Springer Gabler.

Alcamo, J., **Thompson**, J., **Alexander**, A., **Antoniades**, A., **Delabre**, I., **Dolley**, J. et al. (2020). Analysing interactions among the sustainable development goals: findings and emerging issues from local and global studies. *Sustainability Science*, *15*(6), 1561–1572. https://doi.org/10.1007/s11625-020-00875-x

AMAS. (2022). *Selbstregulierung zu Transparenz und Offenlegung bei Kollektivvermögen mit Nachhaltigkeitsbezug*. Zugriff am 01.12.2023. Verfügbar unter: https://www.am-switzerland.ch/de/regulierung/selbstregulierung/selbstregulierung-sustainable-finance

Amerland, A. (2023). *Das sind die Management-Herausforderunen 2023*. Zugriff am 19.07.2024. Verfügbar unter: https://www.springerprofessional.de/leadership/corona-krise/das-sind-die-fuehrungstrends-2021/18602170

Amt für Statistik Liechtenstein. (2023). *Volkswirtschaftliche Gesamtrechnung 2021*. Zugriff am 11.11.2024. Verfügbar unter: https://www.statistikportal.li/de/themen/volkswirtschaft-und-preise/volkswirtschaftliche-gesamtrechnungen

A. Tschütscher-Alanyurt, *Interdependenzen zwischen den Nachhaltigkeitsdimensionen*, https://doi.org/10.1007/978-3-658-50493-9

Amt für Veröffentlichungen der Europäischen Union. (2022). *Das Primärrecht der Europäischen Union*. Zugriff am 05.11.2023. Verfügbar unter: https://eur-lex.europa.eu/DE/legal-content/summary/the-european-union-s-primary-law.html

Anderl, A. & **Ciarnau**, A. (2023). Greenwashing am Kapitalmarkt. In A. Zahradnik & C. Richter-Schöller (Hrsg.), *Praxishandbuch nachhaltige Finanzierung* (S. 215–233). Wien: Linde Verlag Ges.m.b.H.

Arkes, H. R. & **Blumer**, C. (1985). The psychology of sunk cost. *Organizational Behavior and Human Decision Processes*, *35*(1), 124–140. https://doi.org/10.1016/0749-5978(85)90049-4

Awaworyi Churchill, S. (2019). Microfinance financial sustainability and outreach: is there a trade-off? *Empirical economics*, 1329–1350. https://doi.org/10.1007/s00181-019-01709-1

Ayayi, A. G. & **Wijesiri**, M. (2022). Is there a trade-off between environmental performance and financial sustainability in microfinance institutions? Evidence from South and Southeast Asia. *Business strategy and the environment*, *31*(4), 1552–1565. https://doi.org/10.1002/bse.2969

B01. Bankmanagement. *Virtuelles Interview*. Interview durch Arzu Tschütscher, MS Teams (21.03.2024).

B02. Behörde/Institution. *Persönliches Interview*. Interview durch Arzu Tschütscher, Zürich (29.02.2024).

B03. Beratung/IT-Dienstleistung für Banken. *Virtuelles Interview*. Interview durch Arzu Tschütscher, MS Teams (31.01.2024).

B04. Bankmanagement. *Persönliches Interview*. Interview durch Arzu Tschütscher, Schwyz (21.02.2024).

B05. Behörde/Institution. *Persönliches Interview*. Interview durch Arzu Tschütscher, Vaduz (11.01.2024).

B06. Bankmanagement. *Persönliches Interview*. Interview durch Arzu Tschütscher, Vaduz (26.01.2024).

B07. Beratung/IT-Dienstleistung für Banken. *Persönliches Interview*. Interview durch Arzu Tschütscher, Ruggell (08.02.2024).

B08. Bankmanagement. *Persönliches Interview*. Interview durch Arzu Tschütscher, Vaduz (07.02.2024).

B09. Behörde/Institution. *Persönliches Interview*. Interview durch Arzu Tschütscher, Vaduz (15.01.2024).

B10. Bankmanagement. *Persönliches Interview*. Interview durch Arzu Tschütscher, Vaduz (10.01.2024).

B11. Bankmanagement. *Virtuelles Interview*. Interview durch Arzu Tschütscher, MS Teams (08.02.2024).

B12. Behörde/Institution. *Virtuelles Interview*. Interview durch Arzu Tschütscher, MS Teams (01.02.2024).

B13. Beratung/IT-Dienstleistung für Banken. *Virtuelles Interview*. Interview durch Arzu Tschütscher, MS Teams (17.01.2024).

B14. Bankmanagement. *Persönliches Interview*. Interview durch Arzu Tschütscher, Vaduz (18.01.2024).

B15. Bankmanagement. *Persönliches Interview*. Interview durch Arzu Tschütscher, Chur (10.01.2024).

BaFin. (2020). *Merkblatt zum Umgang mit Nachhaltigkeitsrisiken*. Zugriff am 22.11.2023. Verfügbar unter: https://www.bafin.de/SharedDocs/Downloads/DE/Merkblatt/dl_mb_Nachhaltigkeitsrisiken.html

Bali Swain, R. & **Yang-Wallentin**, F. (2020). Achieving sustainable development goals: predicaments and strategies. *International Journal of Sustainable Development & World Ecology, 27*(2), 96–106. https://doi.org/10.1080/13504509.2019.1692316

Banke, M. (2022). *Corporate Social Responsibility: Untersuchung der Auswirkungen aktueller Entwicklungen und Berichtgestaltungsmöglichkeiten auf Unternehmen und Stakeholder*. Technische Universität Dortmund, Dortmund. https://doi.org/41141

Bassen, A., **Lopatta**, K., **Wolters**, K. & **Zwick**, Y. (2023). Im Dschungel der Berichtssysteme. Ein Beitrag zur internationalen Suche nach Transparenz. In Y. Zwick & K. Jeromin (Hrsg.), *Mit Sustainable Finance die Transformation dynamisieren. Wie Finanzwirtschaft nachhaltiges Wirtschaften ermöglicht* (S. 171–185). Wiesbaden: Springer Gabler.

Baumast, A. (2019). GRI - Von Empfehlungen für die Berichterstattung zum globalen Standard. In A. Baumast, J. Pape, S. Weihofen & S. Wellge (Hrsg.), *Betriebliche Nachhaltigkeitsleistung messen und steuern* (S. 44–51). Stuttgart, Deutschland: utb GmbH.

Baumast, A., **Pape**, J., **Weihofen**, S. & **Wellge**, S. (Hrsg.). (2019). *Betriebliche Nachhaltigkeitsleistung messen und steuern*. Stuttgart, Deutschland: utb GmbH. https://doi.org/10.36198/9783838547794

Baumgarth, K. (2018). *Binnenmarktharmonisierung nach Art. 114 AEUV am Beispiel der Tabakrichtlinie 2014/40/EU*. Diplomarbeit. Johannes Kepler Universität, Linz.

Beckmann, M. (2007). *Corporate social responsibility und corporate citizenship. Eine empirische Bestandsaufnahme der aktuellen Diskussion über die gesellschaftliche Verantwortung von Unternehmen* (Wirtschaftsethik-Studie, Nr. 2007,1). Halle: Lehrstuhl für Wirtschaftsethik an der Martin-Luther-Univ. Halle-Wittenberg.

Benavides, F. G. & **Delclos**, G. L. (2024). Climate emergency and decent work. *Scandinavian journal of work, environment & health, 50*(4), 229–232. https://doi.org/10.5271/sjweh.4162

Bening, C. R., **Blum**, N. U. & **Haupt**, M. (2019). Eine nachhaltige Kreislaufwirtschaft ist mehrdimentional. *Die Volkswirtschaft, 8–9/2019*, 40–43.

Bennich, T., **Weitz**, N. & **Carlsen**, H. (2020). Deciphering the scientific literature on SDG interactions: A review and reading guide. *The Science of the total environment, 728*, 1–19. https://doi.org/10.1016/j.scitotenv.2020.138405

Benuzzi, M., **Klaser**, K. & **Bax**, K. (2022). Which ESG Dimension Matters Most to Private Investors? An Experimental Study on Financial Decisions, 1–33. https://doi.org/10.2139/ssrn.4262763

Berg, F., **Kölbel**, J. F. & **Rigobon**, R. (2022). Aggregate Confusion: The Divergence of ESG Ratings. *Review of Finance, 26*(6), 1315–1344. https://doi.org/10.1093/rof/rfac033

Besedovsky, N. (2018). Finanzialisierung von Nachhaltigkeit. In M. Hasenfratz, N. Besedovsky, S. Neckel, T. Wiegand, M. Boddenberg & S. Miriam Pritz (Hrsg.), *Die Gesellschaft der Nachhaltigkeit. Umrisse eines Forschungsprogramms* (25–40). Bielefeld: transcript Verlag.

Beuermann, C., **Wang-Helmreich**, H. & **Obergassel**, W. (2020). *Rundum Nachhaltig. Synergien und Zielkonflikte von Klimazielen und den SDGs*, **Friedrich-Ebert-Stiftung**. Zugriff am 26.04.2023. Verfügbar unter: https://library.fes.de/pdf-files/iez/17210.pdf

Binder Gösswang Rechtsanwälte GmbH (Hrsg.). (2022). *Sustainability. Das Recht der Nachhaltigkeit* (Rechtspraxis). Wien: LexisNexis.

Böffel, L. & **Schürger**, J. (Hrsg.). (2023a). *Digitalisation, Sustainability, and the Banking and Capital Markets Union*. Cham: Springer Nature Switzerland AG. https://doi.org/10.1007/978-3-031-17077-5

Böffel, L. & **Schürger**, J. (2023b). Sustainability: A Current Driver in EU Banking and Insurance Regulation. In L. Böffel & J. Schürger (Hrsg.), *Digitalisation, Sustainability, and the Banking and Capital Markets Union* (S. 229–271). Cham: Springer Nature Switzerland AG.

Bogner, A. & **Menz**, W. (2009a). Experteninterviews in der qualitativen Sozialforschung. Zur Einfuhrung in eine sich intensivierende Methodendebatte. In A. Bogner, B. Littig & W. Menz (Hrsg.), *Experteninterviews. Theorien, Methoden, Anwendungsfelder* (3., grundlegend überarbeitete Auflage, S. 7–31). Wiesbaden: VS Verlag für Sozialwissenschaften.

Bogner, A. & **Menz**, W. (2009b). Das theoriegenerierende Experteninterview: Erkenntnisinteresse, Wissensformen, Interaktion. In A. Bogner, B. Littig & W. Menz (Hrsg.), *Experteninterviews. Theorien, Methoden, Anwendungsfelder* (3., grundlegend überarbeitete Auflage, S. 61–98). Wiesbaden: VS Verlag für Sozialwissenschaften.

Borchardt, S., **Buscaglia**, D., **Miola**, A. & **Neher**, F. (2019). *Interlinkages and policy coherence for the sustainable development goals implementation. An operational method to identify trade-offs and co-benefits in a systemic way*. Zugriff am 22.11.2023. Verfügbar unter: https://publications.jrc.ec.europa.eu/repository/handle/JRC115163

Breu, T., **Bergöö**, M., **Ebneter**, L., **Pham-Truffert**, M., **Bieri**, S., **Messerli**, P. et al. (2021). Where to begin? Defining national strategies for implementing the 2030 Agenda: the case of Switzerland. *Sustainability Science*, *16*(1), 183–201. https://doi.org/10.1007/s11625-020-00856-0

Breuer, A., **Janetschek**, H. & **Malerba**, D. (2019). Translating Sustainable Development Goal (SDG) Interdependencies into Policy Advice. *Sustainability*, *11*(7), 1–20. https://doi.org/10.3390/su11072092

Brosius, H.-B., **Haas**, A. & **Koschel**, F. (2012). *Methoden der empirischen Kommunikationsforschung*. Wiesbaden: VS Verlag für Sozialwissenschaften. https://doi.org/10.1007/978-3-531-94214-8

Brühl, V. (2023). The Green Asset Ratio (GAR): a new key performance indicator for credit institutions. *Eurasian Economic Review*, *13*(1), 57–83. https://doi.org/10.1007/s40822-023-00224-0

Bueno, N., **Bernaz**, N., **Holly**, G. & **Martin-Ortega**, O. (2024). The EU Directive on Corporate Sustainability Due Diligence (CSDDD): The Final Political Compromise. *Business and Human Rights Journal*, 1–7. https://doi.org/10.1017/bhj.2024.10

Carlowitz, H. C. von, **Huss**, J. & **Gadow**, F. von. (2012). *Sylvicultura oeconomica. Haußwirthliche Nachricht und Naturmäßige Anweisung zur Wilden Baum-Zucht: Faksimile der Erstauflage Leipzig 1713*. Remagen-Oberwinter: Norbert Kessel.

Cling, J.-P., **Eghbal-Teherani**, S., **Orzoni**, M. & **Plateau**, C. (2020). The interlinkages between the SDG indicators and the differentiation between EU countries: It is (mainly) the economy! *Statistical Journal of the IAOS*, *36*(2), 455–470. https://doi.org/10.3233/SJI-190507

Cosmi, M., **Arts**, J. & **Klosterhalfen**, S. (2023). The Profitability-Sustainability Trade-Off in Complex Chemical Value Chains. *International Journal of Production Economics*, 1–36. https://doi.org/10.2139/ssrn.4519911

Costa, A. J., **Curi**, D., **Bandeira**, A. M., **Ferreira**, A., **Tomé**, B., **Joaquim**, C. et al. (2022). Literature Review and Theoretical Framework of the Evolution and Interconnectedness of Corporate Sustainability Constructs. *Sustainability*, *14*(8). https://doi.org/10.3390/su14084413

Costanza, R., **Hart**, M., **Posner**, S. & **Talberth**, J. (2009). Beyond GDP: The need for new measures of progress. *The Pardee Papers*, (4), 1–37. Zugriff am 26.04.2023. Verfügbar unter: https://www.bu.edu/pardee/files/documents/PP-004-GDP.pdf

Diekmann, A. (2020). *Empirische Sozialforschung. Grundlagen, Methoden, Anwendungen* (13. Auflage). Hamburg: Rowohlt E-Book.

Dr. dresing & pehl GmbH. (2024). *audiotranskription. f4x Spracherkennung*. Zugriff am 11.11.2024. Verfügbar unter: https://www.audiotranskription.de/f4/f4-dsgvo/

Dusseldorp, M. (2017). *Zielkonflikte der Nachhaltigkeit*. Wiesbaden: Springer Fachmedien Wiesbaden. https://doi.org/10.1007/978-3-658-17247-3

Edel, I. & **Mayer**, B. (2022). Climate Change Litigation. Globaler Überblick und haftungsrechtliche Fragestellungen. In Binder Gösswang Rechtsanwälte GmbH (Hrsg.), *Sustainability. Das Recht der Nachhaltigkeit* (Rechtspraxis, S. 11–27). Wien: LexisNexis.

Eidgenössische Finanzmarktaufsicht Schweiz. (2024). *Bewilligte Banken und Wertpapierhäuser*. Zugriff am 24.07.2024. Verfügbar unter: https://www.finma.ch/de/~/media/finma/dokumente/bewilligungstraeger/pdf/beh.pdf?la=de

Eidgenössisches Departement für auswärtige Angelegenheiten. (2024). *Banken und Versicherungen*. Zugriff am 11.11.2024. Verfügbar unter: https://www.eda.admin.ch/aboutswitzerland/de/home/wirtschaft/finanzplatz/banken-und-versicherungen.html

Eisenmenger, N., **Pichler**, M., **Krenmayr**, N., **Noll**, D., **Plank**, B., **Schalmann**, E. et al. (2020). The Sustainable Development Goals prioritize economic growth over sustainable resource use: a critical reflection on the SDGs from a socio-ecological perspective. *Sustainability Science*, *15*(4), 1101–1110. https://doi.org/10.1007/s11625-020-00813-x

Eling, M. (2022). *Framework für Nachhaltigkeit aus Perspektive der Assekuranz* (I.VW HSG Schriftenreihe, No. 70). St. Gallen: Institut für Versicherungswirtschaft der Universität St.Gallen.

Elkington, J. (1994). Towards the Sustainable Corporation: Win-Win-Win Business Strategies for Sustainable Development. *California Management Review*, *36*(2), 90–100. https://doi.org/10.2307/41165746

Englert, M. & **Ternès**, A. (Hrsg.). (2019). *Nachhaltiges Management. Nachhaltigkeit als exzellenten Managementansatz entwickeln*. Berlin: Springer Gabler. https://doi.org/10.1007/978-3-662-57693-9

Erbetta, F., **Bruno**, C. & **Pirovano**, C. (2023). Corporate sustainability and performance. An efficiency perspective. *Business strategy and the environment, Wiley*, 2649–2661. https://doi.org/10.1002/bse.3262

Ersoy, E., **Swiecka**, B., **Grima**, S., **Özen**, E. & **Romanova**, I. (2022). The Impact of ESG Scores on Bank Market Value? Evidence from the U.S. Banking Industry. *Sustainability*, *14*(15), 9527. https://doi.org/10.3390/su14159527

Europäische Kommission. (2001). *Europäische Rahmenbedingungen für die soziale Verantwortung der Unternehmen. Grünbuch,* **Europäische Kommission.** Beschäftigung und Soziales : Arbeitsbeziehungen und industrieller Wandel. Zugriff am 08.11.2024. Verfügbar unter: https://eur-lex.europa.eu/LexUriServ/LexUriServ.do?uri=COM:2001:0366:FIN:de:PDF

Europäische Kommission. (2018a). *Mitteilung der Kommission zum Aktionsplan: Finanzierung nachhaltigen Wachstums. Aktionsplan Finanzierung nachhaltigen Wachstums,* **Europäische Kommission**. Zugriff am 09.07.2024. Verfügbar unter: https://eur-lex.europa.eu/legal-content/DE/TXT/PDF/?uri=CELEX:52018DC0097

Europäische Kommission. (2018b). *Nachhaltiges Finanzwesen: Aktionsplan der Kommision für eine umweltfreundlichere und sauberere Wirtschaft*. Brüssel. Zugriff am 22.11.2023. Verfügbar unter: https://ec.europa.eu/commission/presscorner/detail/de/IP_18_1404

Europäische Kommission. (2019a). *Mitteilung der Kommission zum European Green Deal. European Green Deal,* **Europäische Kommission**. Zugriff am 09.07.2024. Verfügbar unter: https://commission.europa.eu/strategy-and-policy/priorities-2019-2024/european-green-deal_en

Europäische Kommission. (2019b). Mitteilung der Kommission zur Ergänzung der Leitlinie für die Berichterstattung über nichtfinanzielle Informationen: Nachtrag zur klimabezogenen Berichterstattung. Mitteilung NFRD Nachtrag. *Amtsblatt der Europäischen Union*. Zugriff am 06.11.2023. Verfügbar unter: https://eur-lex.europa.eu/legal-content/DE/TXT/PDF/?uri=CELEX:52019XC0620(01)

Europäische Kommission. (2023a). ESRS – Anhang 1. *Amtsblatt der Europäischen Union.*

Europäische Kommission. (2023b). *SDG interlinkages visualization tool – Target level. SDGs Know*. Zugriff am 16.11.2023. Verfügbar unter: https://knowsdgs.jrc.ec.europa.eu/interlinkages/targets

Europäisches Parlament. (2022). RICHTLINIE (EU) 2022/2464 – Corporate Sustainability Reporting Directive. CSRD. *Amtsblatt der Europäischen Union.*

European Banking Authority. (2022a). *The EBA roadmap on sustainable finance*. Zugriff am 09.07.2024. Verfügbar unter: https://www.eba.europa.eu/sites/default/documents/files/document_library/Publications/Reports/2022/ESG%20roadmap/1045378/EBA%20Roadmap%20on%20Sustainable%20Finance.pdf

European Banking Authority. (2022b). *Final draft implementing technical standards on prudential disclosures on ESG risks in accordance with Article 449a CRR. EBA/ITS/2022/01*. Zugriff am 08.11.2023. Verfügbar unter: https://www.eba.europa.eu/sites/default/documents/files/document_library/Publications/Draft%20Technical%20Standards/2022/1026171/EBA%20draft%20ITS%20on%20Pillar%203%20disclosures%20on%20ESG%20risks.pdf

Eurostat. (2023). *SDG monitoring indicator set*. Zugriff am 16.11.2023. Verfügbar unter: https://ec.europa.eu/eurostat/web/sdi/database

Fabian, T. (2022). Sustainable Finance. In Binder Gösswang Rechtsanwälte GmbH (Hrsg.), *Sustainability. Das Recht der Nachhaltigkeit* (Rechtspraxis, S. 93–115). Wien: LexisNexis.

Fader, M., **Cranmer**, C., **Lawford**, R. & **Engel-Cox**, J. (2018). Toward an understanding of synergies and trade-offs between Water, Energy, and Food SDG Targets. *Frontiers in Environmental Science*, *6*, 1–11. https://doi.org/10.3389/fenvs.2018.00112

Fathi, K. (2019). *Resilienz im Spannungsfeld zwischen Entwicklung und Nachhaltigkeit. Anforderungen an gesellschaftliche Zukunftssicherung im 21. Jahrhundert*. Wiesbaden, Germany: Springer VS.

Finanzmarktaufsicht Liechtenstein. (2024). *Register Banken*. Zugriff am 12.08.2024. Verfügbar unter: https://fmaregister.fma-li.li/search?searchText=&number=&category=3&searchInvalid=false

FINMA. (2021). *FINMA-Aufsichtsmitteilung 05/2021. Prävention und Bekämpfung von Greenwashing*. Zugriff am 01.12.2023. Verfügbar unter: https://www.finma.ch/de/~/media/finma/dokumente/dokumentencenter/myfinma/4dokumentation/finma-aufsichtsmitteilungen/20211103-finma-aufsichtsmitteilung-05-2021.pdf?sc_lang=de&hash=7BBBCFAD39942ADE4FB8CAA876020CF4

Fischer, A. P. & **Hosp**, G. (2023, 16. Oktober). Die Zeit, mit dem Finger auf andere zu zeigen, ist vorbei. *Neue Züricher Zeitung*, S. 22–23.

Flammer, C., **Giroux**, T. & **Heal**, G. (2024). *Blended Finance,* **National Bureau of Economic Research, Cambridge.** NBER working paper series: No. 32287. Zugriff am 09.07.2024. Verfügbar unter: https://www.nber.org/papers/w32287

Flick, U. (2021). *Qualitative Sozialforschung. Eine Einführung* (10. Auflage). Reinbeck bei Hamburg: rowohlts enzyklopädie im Rowohlt Taschenbuch Verlag.

FMA Liechtenstein. (2024). *Nachhaltigkeit in der Finanzwirtschaft – Rechtsgrundlagen*. Zugriff am 09.08.2024. Verfügbar unter: https://www.fma-li.li/de/finanzplatz/nachhaltigkeit-in-der-finanzwirtschaft/rechtsgrundlagen.html

Frank, S., **Heckenthaler**, S. & **John**, G. (2022). Nachhaltigkeitsrisiken in der Finanzbranche. In Binder Gösswang Rechtsanwälte GmbH (Hrsg.), *Sustainability. Das Recht der Nachhaltigkeit* (Rechtspraxis, S. 117–139). Wien: LexisNexis.

Franzen, P. (2022). *Einflussanalyse des Dow Jones Sustainability Europe Index auf den Unternehmenswert. Eine Ereignisstudie*. Ereignisstudie. Hochschule Wismar, Wismar.

Frey, B. & **Brogyanyi**, C. (2023). Nachhaltigkeitsberichterstattung im Lichte der Corporate Sustainability Reporting Directive und deren Relevanz für Finanz- und Kapitalmärkte. In A. Zahradnik & C. Richter-Schöller (Hrsg.), *Praxishandbuch nachhaltige Finanzierung* (S. 125–157). Wien: Linde Verlag Ges.m.b.H.

Gaedicke, M. & **Willert**, M. (2023). Die Rolle der Versicherer in der nachhaltigen Transformation. In Y. Zwick & K. Jeromin (Hrsg.), *Mit Sustainable Finance die Transformation dynamisieren. Wie Finanzwirtschaft nachhaltiges Wirtschaften ermöglicht* (S. 65–80). Wiesbaden: Springer Gabler.

Gerwing, T., **Kajüter**, P. & **Wirth**, M. (2022). The role of sustainable corporate governance in mandatory sustainability reporting quality. *Journal of Business Economics*, *92*(3), 517–555. https://doi.org/10.1007/s11573-022-01092-x

Gläser, J. & **Laudel**, G. (2010). *Experteninterviews und qualitative Inhaltsanalyse als Instrumente rekonstruierender Untersuchungen* (4. Auflage). Wiesbaden: VS Verlag für Sozialwissenschaften.

Gleissner, W. & **Weissman**, A. (2023). *Das zukunftsfähige Familienunternehmen. Mit dem QScore zu Unabhangigkeit, Resilienz und Robustheit*. Wiesbaden: Springer Gabler.

Global Compact Netzwerk Deutschland. (2023). *United Nations Global Compact*. Zugriff am 04.11.2023. Verfügbar unter: https://www.globalcompact.de/ueber-uns/united-nations-global-compact

Global Reporting Initiative. (2021). *Konsolidierte GRI-Standards*. Zugriff am 24.04.2023. Verfügbar unter: https://www.globalreporting.org/

Grant Thornton (2023). *Regulatory Outlook 2024. Sustainable Finance/ESG & IKT-Sicherheit*, Schaan.

Griese, G. (2020). *Nachhaltigkeit in Banken.* Dissertation. Nomos Verlagsgesellschaft mbH & Co. KG; Nomos Verlagsgesellschaft, Baden-Baden.

Groschupp, S. (2022). *Die Trade-Offs der Nachhaltigkeit. Eine Forschungsreise zur dreiwertigen Logik und zu Science Constellations* (Systemaufstellungen in Wissenschaft und Praxis Ser). Wiesbaden: Springer Gabler.

Gruber, A. (2022). Nachhaltigkeit entlang der globalen Lieferketten. Der Entwurf eines „EU-Lieferkettengesetzes". In Binder Gösswang Rechtsanwälte GmbH (Hrsg.), *Sustainability. Das Recht der Nachhaltigkeit* (Rechtspraxis, S. 67–91). Wien: LexisNexis.

Guest, G., **Bunce**, A. & **Johnson**, L. (2006). How many interviews are enough? An Experiment with data saturation and variability. *Field Methods, 2006*(Vol. 18, No. 1), 59–82. https://doi.org/10.1177/1525822X05279903

Haffar, M. (2018). *Sustainability with (out) compromise: How companies perceive, manage, and communicate trade-off decisions in the practice of corporate sustainability.* Dissertation. Toronto Metropolitan University, Toronto. https://doi.org/10.32920/ryerson.14665392.v1

Halsnæs, K., **Some**, S. & **Pathak**, M. (2024). Beyond synergies: understanding SDG tradeoffs, equity and implementation challenges of sectoral climate change mitigation options. *Sustainability Science, 19*(1), 35–49. https://doi.org/10.1007/s11625-023-01322-3

Hametner, M. (2022). Economics without ecology: How the SDGs fail to align socioeconomic development with environmental sustainability. *Ecological Economics, 199*, 1–15. https://doi.org/10.1016/j.ecolecon.2022.107490

Hauff, M. von. (2021). *Nachhaltige Entwicklung. Grundlagen und Umsetzung* (3., überarbeitete und erweiterte Auflage). Berlin: De Gruyter Oldenbourg.

Hecker, C. (2016). Finanzmärkte und (soziale) Nachhaltigkeit – ein schwieriges Verhältnis. *Wirtschaftsdienst, 96*(3), 173–178. https://doi.org/10.1007/s10273-016-1953-9

Heimel, J. & **Krams**, B. (2021). Sharing Economy: Nachhaltigkeit versus Profitorientierung. In W. Wellbrock & D. Ludin (Hrsg.), *Nachhaltiger Konsum. Best Practices aus Wissenschaft, Unternehmenspraxis, Gesellschaft, Verwaltung und Politik* (53–69). Wiesbaden: Springer Gabler.

Helfferich, C. (2011). *Die Qualität qualitativer Daten* (4. Auflage). VS Verlag für Sozialwissenschaften.

Henke, O., **Herlyn**, E. & **Jansen**, S. (2020). Allianz für Entwicklung und Klima – Innovative Partnerschaft für die Agenda 2030 und das Pariser Klimaschutzabkommen. In E. Herlyn & M. Lévy-Tödter (Hrsg.), *Die Agenda 2030 als Magisches Vieleck der Nachhaltigkeit. Systemische Perspektiven* (FOM-Edition, 223–253). Wiesbaden: Springer Gabler.

Herlyn, E. (2020). Multi-Akteurs-Partnerschaften als Chance für eine erfolgreiche Umsetzung der Agenda 2030. In E. Herlyn & M. Lévy-Tödter (Hrsg.), *Die Agenda 2030 als Magisches Vieleck der Nachhaltigkeit. Systemische Perspektiven* (FOM-Edition, S. 47–76). Wiesbaden: Springer Gabler.

Herlyn, E. & **Lévy-Tödter**, M. (Hrsg.). (2020). *Die Agenda 2030 als Magisches Vieleck der Nachhaltigkeit. Systemische Perspektiven* (FOM-Edition). Wiesbaden: Springer Gabler.

Hickel, J. (2019). The contradiction of the sustainable development goals: Growth versus ecology on a finite planet. *Sustainable Development, 27*(5), 873–884. https://doi.org/10.1002/sd.1947

Hickel, J. & **Kallis**, G. (2020). Is Green Growth Possible? *New Political Economy, 25*(4), 1–25. https://doi.org/10.1080/13563467.2019.1598964

Hilbert, S. (2019). Nachhaltigkeitscontrolling. In M. Englert & A. Ternès (Hrsg.), *Nachhaltiges Management. Nachhaltigkeit als exzellenten Managementansatz entwickeln* (S. 521–549). Berlin: Springer Gabler.

Hilbert, S. (2024). *Einfach Controlling. Eine praxisorientierte Darstellung in Zeiten von Komplexität und Nachhaltigkeit* (1. Auflage). Stuttgart: Kohlhammer Verlag.

Hiß, S., **Griese**, G. & **Nagel**, S. (2018). „Da gibt es Sachen, die macht man einfach nicht" – Deutungsmuster von Banken im Kontext von Nachhaltigkeit und Krise. *KZfSS Kölner Zeitschrift für Soziologie und Sozialpsychologie, 70*(S1), 317–341. https://doi.org/10.1007/s11577-018-0548-4

Hofer, B. & **Resta**, V. (2024). *ESG/Sustainable Finance - Vermeidung von Greenwashing.* Zugriff am 26.11.2024. Verfügbar unter: https://www.grantthornton.ch/de/aktuelles/esg-greenwashing/#:~:text=Greenwashing%20ist%20%C2%ABunlauter%C2%BB,-Im%20Rahmen%20der&text=Ab%20dem%201.,%C3%BCberpr%C3%BCfbare%20Grundlagen%20belegt%20werden%20k%C3%B6nnen.

Hoppe, C. (2022). *Auswirkungen einer nachhaltigen Unternehmenskultur auf die Wertentwicklung von Banken.* Wissenschaftliche Reihe BWL-Bank, Band 9. Duale Hochschule Baden Württemberg Stuttgart, Stuttgart. Zugriff am 09.07.2024. Verfügbar unter: https://www.dhbw-stuttgart.de/fileadmin/dateien/Bank/Wissenschaftliche_Reihe_Band_9_2021_V_2022_01_17.pdf#page=74

Hülsdünker, T. & **Hoffart**, F. M. (2021). Finanzwende und Zivilgesellschaft. *Forschungsjournal Soziale Bewegungen, 34*(4), 611–627. https://doi.org/10.1515/fjsb-2021-0060

Hunziker, A. W. (2017). *Spass am wissenschaftlichen Arbeiten. So schreiben Sie eine gute Semester-, Bachelor- oder Masterarbeit* (7. Aufl.). Zürich: Verlag:SKV.

Hussy, W., **Schreier**, M. & **Echterhoff**, G. (2013). *Forschungsmethoden in Psychologie und Sozialwissenschaften für Bachelor* (2., überarbeitete Auflage). Berlin, Heidelberg: Springer Verlag.

Hutzschenreuter, T. (2020). Zielkonflikt Nachhaltigkeit. *ICC-Germany-Magazin, 10.* Zugriff am 13.07.2024. Verfügbar unter: https://www.iccgermany.de/magazin-post/zielkonflikt-nachhaltigkeit/

IFRS Foundation. (2022). *News: IFRS Foundation completes consolidation with Value Reporting Foundation.* Homepage. Zugriff am 07.11.2023. Verfügbar unter: https://www.ifrs.org/news-and-events/news/2022/08/ifrs-foundation-completes-consolidation-with-value-reporting-foundation/

IFRS Foundation. (2024). *IFRS Taxonomy. IFRS Sustainability Disclosure Taxonomy 2024.* Zugriff am 09.07.2024. Verfügbar unter: https://www.ifrs.org/content/dam/ifrs/publications/amendments/english/2024/issb-tu-2024-1-ifrs-sustainability-disclosure-taxonomy.pdf?bypass=on

ILO. (2024). *Der Klimawandel bringt für 70 Prozent der Arbeitnehmerinnen und Arbeitnehmer weltweit schwerwiegende Gesundheitsgefährdungen mit sich – so die Ergebnisse eines aktuellen Berichts der ILO.* Zugriff am 07.06.2024. Verfügbar unter: https://www.ilo.org/nl/resource/news/der-klimawandel-bringt-fur-70-prozent-der-arbeitnehmerinnen-und-0

Interview JuS.de. (2023). Trilog: CSDDD. JuS Kurzinterview mit Prof. Dr. Anne-Christin Mittwoch. *Juristische Schulung,* (7/2023). Zugriff am 09.07.2024. Verfügbar unter: https://rsw.beck.de/docs/librariesprovider51/jus-aktuell/jus_aktuell_2023_21.pdf

IPCC. (2023). *Climate Change 2023: Synthesis Report*. Genf, Schweiz. Zugriff am 24.04.2023. Verfügbar unter: https://www.ipcc.ch/report/ar6/syr/ https://doi.org/10.59327/IPCC/AR6-9789291691647

ISSB. (2023a). *IFRS Sustainability Disclosure Standard 1. Basis for Conclusions on General Requirements for Disclosure of Sustainability-related Financial Information,* **IFRS Sustainability**. Zugriff am 09.07.2024. Verfügbar unter: https://www.ifrs.org/issued-standards/ifrs-sustainability-standards-navigator/

ISSB. (2023b). *IFRS Sustainability Disclosure Standards 2. Basis for Conclusions on Climate-related Disclosures,* **IFRS Sustainability**. Zugriff am 09.07.2024. Verfügbar unter: https://www.ifrs.org/issued-standards/ifrs-sustainability-standards-navigator/

Kaplan, R. S. & **Norton**, D. P. (1996). Using the Balanced Scorecard as a Strategic Management System. *Harvard Business Review, 75 (1)*, 75–85.

Karametaxas, X. (2021). Sustainable Finance: Aktuelle Entwicklungen in der Gesetzgebung der EU und der Schweiz. *ex/ante, 01/2021*, 33–44. Zugriff am 24.04.2023. Verfügbar unter: https://www.ex-ante.ch/index.php/exante/article/view/148

Kashi, A. & **Shah**, M. E. (2023). Bibliometric Review on Sustainable Finance. *Sustainability, 15*(9). https://doi.org/10.3390/su15097119

Kaupa, C. (2024). The Problem of Carbon Credits and Offsetting in Corporate Climate Disclosure. *SSRN Electronic Journal*. https://doi.org/10.2139/ssrn.4818440

Khol, F., **Tagwerker**, P. & **Hekele**, V. (2022). Nachhaltigkeit in börsenotierten Unternehmen. In Binder Gösswang Rechtsanwälte GmbH (Hrsg.), *Sustainability. Das Recht der Nachhaltigkeit* (Rechtspraxis, S. 181–203). Wien: LexisNexis.

Kiszka, S. (2023). *Die Steuerung von Nachhaltigkeitsrisiken und -chancen in Kreditinstituten. Eine Betrachtung des regulatorischen Rahmens, der aufsichtlichen und marktseitigen Erwartungshaltungen sowie praxisbezogener Umsetzungsanregungen* (Wettbewerb und Regulierung von Märkten und Unternehmen, Band 58, 1. Auflage). Baden-Baden: Nomos.

Kiszka, S. & **Hastenteufel**, J. (2024). *Praxiseinschätzungen zur Nachhaltigkeit in der Bankenbranche. Auswirkungen auf Geschäftsmodell, Gesamtbanksteuerung und ausgewählte Geschäftsfelder* (essentials). Wiesbaden: Springer Gabler.

Kopfmüller, J., **Brandl**, V., **Jörissen**, J., **Paetau**, M., **Banse**, G., **Coenen**, R. et al. (2001). *Nachhaltige Entwicklung integrativ betrachtet. Konstitutive Elemente, Regeln, Indikatoren* (Global zukunftsfähige Entwicklung - Perspektiven für Deutschland, Bd. 1). Berlin: Ed. Sigma.

Kostetckaia, M. & **Hametner**, M. (2022). How Sustainable Development Goals interlinkages influence European Union countries' progress towards the 2030 Agenda. *Sustainable Development, 30*(5), 916–926. https://doi.org/10.1002/sd.2290

Kraemer, G., **Reichstein**, M., **Camps-Valls**, G., **Smits**, J. & **Mahecha**, M. D. (2020). The Low Dimensionality of Development. *Social Indicators Research, 150*(3), 999–1020. https://doi.org/10.1007/s11205-020-02349-0

Krisciukaityte, K., **Balezentis**, T. & **Streimikiene**, D. (2023). LINKING FINANCIAL PERFORMANCE AND EFFICIENCY TO SUSTAINABILITY IN BANKING SECTOR: A LITERATURE SYNTHESIS. *Journal of Business Economics and Management, 24*(3), 506–526. https://doi.org/10.3846/jbem.2023.19462

Kroll, C., **Warchold**, A. & **Pradhan**, P. (2019). Sustainable Development Goals (SDGs): Are we successful in turning trade-offs into synergies? *Palgrave Communications*, *5*(1), 1–12. https://doi.org/10.1057/s41599-019-0335-5

Kropp, A. (2019). *Grundlagen der Nachhaltigen Entwicklung. Handlungsmöglichkeiten und Strategien zur Umsetzung* (essentials, 1. Auflage 2019). Wiesbaden: Springer Fachmedien Wiesbaden GmbH; Springer Gabler.

Kuckartz, U. & **Rädiker**, S. (2020). *Fokussierte Interviewanalyse mit MAXQDA*. Wiesbaden: Springer Fachmedien Wiesbaden. https://doi.org/10.1007/978-3-658-31468-2

Kuckartz, U. & **Rädiker**, S. (2022). *Qualitative Inhaltsanalyse. Methoden, Praxis, Computerunterstützung* (Grundlagentexte Methoden, 5., überarbeitete Auflage). Weinheim: Beltz Juventa.

Kumpan, C. & **Misterek**, R. (2023). Nachhaltigkeitsrisiken für Kreditinstitute. *Zeitschrift für Bankrecht und Bankwirtschaft*, 1–34. https://doi.org/10.15375/zbb-2023-0103

Kvale, S. (1995). Validierung: Von der Beobachtung zu Kommunikation und Handeln. In U. Flick (Hrsg.), *Handbuch qualitative Sozialforschung. Grundlagen, Konzepte, Methoden und Anwendungen* (2. Aufl., S. 427–431). Weinheim: Beltz, PsychologieVerlagsUnion.

Laumann, F., **Kügelgen**, J. von, **Kanashiro Uehara**, T. H. & **Barahona**, M. (2022). Complex interlinkages, key objectives, and nexuses among the Sustainable Development Goals and climate change: a network analysis. *The Lancet. Planetary health*, *6*(5), 422–430. https://doi.org/10.1016/S2542-5196(22)00070-5

Lettenbichler, M. (2024). Der Einfluss von Nachhaltigkeitsaspekten auf die Willensbildung des Leitungsorgans einer AG. *GesRZ - Zeitschrift für Gesellschafts- und Unternehmensrecht*, (1/2024), 7–13.

Leuchters, M. (2023). Soziale Mindeststandards in der Taxonomie. *I.M.U. Policy Brief*, *5/2023*(No. 8). Zugriff am 09.07.2024. Verfügbar unter: https://www.econstor.eu/handle/10419/271103

Liechtensteiner Landtag. (1926). Personen- und Gesellschaftsrecht. PGR. *Liechtensteinisches Landesgesetzblatt* (Nr. 4). Zugriff am 06.11.2023. Verfügbar unter: https://www.gesetze.li/konso/pdf/1926004000?version=126

Liechtensteinischer Bankenverband. (2023). *Mitglieder des LBV*. Zugriff am 14.11.2023. Verfügbar unter: https://www.bankenverband.li/verband/organisation/mitglieder

Lim, M. M. L., **Søgaard Jørgensen**, P. & **Wyborn**, C. A. (2018). Reframing the sustainable development goals to achieve sustainable development in the Anthropocene—a systems approach. *Ecology and Society*, *23*(3), 1–20. https://doi.org/10.5751/ES-10182-230322

Liu, J., **Hull**, V., **Godfray**, H. C. J., **Tilman**, D., **Gleick**, P., **Hoff**, H. et al. (2018). Nexus approaches to global sustainable development. *Nature Sustainability*, *1*(9), 466–476. https://doi.org/10.1038/s41893-018-0135-8

Lopatta, K., **Buchholz**, F. & **Kornblum**, W. (2022). Controlling und Corporate Sustainability: eine exemplarische Darstellung anhand der Kreditwirtschaft. In W. Becker & P. Ulrich (Hrsg.), *Handbuch Controlling* (Springer eBook Collection, 2., überarbeitete und erweiterte Auflage, S. 1057–1076). Wiesbaden: Springer Gabler.

Lyaskovskaya, E. & **Khudyakova**, T. (2021). Sharing Economy: For or against Sustainable Development. *Sustainability*, *13*(19), 1–20. https://doi.org/10.3390/su131911056

Lyytimäki, J., **Lonkila**, K.-M., **Furman**, E., **Korhonen-Kurki**, K. & **Lähteenoja**, S. (2021). Untangling the interactions of sustainability targets: synergies and trade-offs in the Northern European context. *Environment, Development and Sustainability, 23*(3), 3458–3473. https://doi.org/10.1007/s10668-020-00726-w

Marxer, F. (2007). *Die personalistische Aktiengesellschaft im liechtensteinischen Recht.* Genf, Zürich, Basel, Zürich/St. Gallen: SwissLex; Dike Verlag AG.

Maurer, A. (2009). Die Reformen des Vertrags von Lissabon. Institutionelle Reformen - Struktur der EU-Verträge. In J. Lieb & A. Maurer (Hrsg.), *Der Vertrag von Lissabon. Kurzkommentar* (3., aktualisierte und erweiterte Auflage, S. 10–11). Berlin: SWP Berlin.

Maurice, L. C. S. (2022). *Corporate Social Responsibility. The Co-Responsibility of Business along Global Supply Chains* (BestMasters, 1st ed. 2022). Wiesbaden: Springer Fachmedien Wiesbaden; Imprint Springer Gabler. https://doi.org/10.1007/978-3-658-39113-3

Mayer, H. O. (2013). *Interview und schriftliche Befragung. Grundlagen und Methoden empirischer Sozialforschung* (6., überarb. Aufl.). Berlin/Boston: De Gruyter; De Gruyter Oldenbourg.

Mayring, P. (2016). *Einführung in die qualitative Sozialforschung* (6., neu ausgestattete, überarbeitete Aufl.). Weinheim: Beltz.

Mayring, P. (2022). *Qualitative Inhaltsanalyse. Grundlagen und Techniken* (13. überarbeitete Aufl.). Weinheim, Basel: Beltz.

Meadows, D. L. (1972). *Die Grenzen des Wachtums. Bericht d. Club of Rome zur Lage d. Menschheit* (Dva informativ). Stuttgart: Deutsche Verl.-Anst.

Menicucci, E. & **Paolucci**, G. (2023). ESG dimensions and bank performance: an empirical investigation in Italy. *Corporate Governance: The International Journal of Business in Society, 23*(3), 563–586. https://doi.org/10.1108/CG-03-2022-0094

Menon, R. (2023). *"Getting Transition Finance Right". Speech by Mr Ravi Menon, Managing Director, Monetary Authority of Singapore, at the COP28 Singapore Pavilion Finance Day on 3 December 2023,* **Monetary Authority of Singapore**. Zugriff am 07.12.2023. Verfügbar unter: https://www.mas.gov.sg/news/speeches/2023/getting-transition-finance-right

Meyer, D. (2023). Auswirkungen der europäischen Nachhaltigkeitsregulierungen im Finanzbereich auf die Schweiz. *ex/ante, 2023*(02/2023), 16–27.

Millenium Institute. (2023). *iSDG Simulator*. Zugriff am 19.12.2023. Verfügbar unter: https://www.millennium-institute.org/isdg-simulator

Ministerium für Infrastruktur und Justiz & Ministerium für Präsidiales und Finanzen. (2023). *Vernehmlassungsbericht der Regierung zur Umsetzung der Nachhaltigkeitsberichterstattung CSRD im PGR sowie im Wirtschaftsprüfergesetz,* **Regierung Fürstentum Liechtenstein**. Zugriff am 06.11.2023. Verfügbar unter: https://www.llv.li/serviceportal2/amtsstellen/stabstelle-regierungskanzlei/vnb_abaenderung-pgr-und-wpg_umsetzung-csrd-und-cbcr.pdf

Mödritscher, G. & **Wall**, F. (2021). Nachhaltiger Konsum und seine Verankerung im Controlling. In W. Wellbrock & D. Ludin (Hrsg.), *Nachhaltiger Konsum. Best Practices aus Wissenschaft, Unternehmenspraxis, Gesellschaft, Verwaltung und Politik* (S. 71–81). Wiesbaden: Springer Gabler.

Morales, M. E., **Batlles-delaFuente**, A., **Cortés-García**, F. J. & **Belmonte-Ureña**, L. J. (2021). Theoretical Research on Circular Economy and Sustainability Trade-Offs and Synergies. *Sustainability, 13*(21), 1–17. https://doi.org/10.3390/su132111636

Müller, R., **Lipp**, L. & **Plüss**, A. (2014). *Der Verwaltungsrat* (4., ergänzte und überarbeitete Version). Zürich: SCHULTHESS.

Müller-Christ, G. (2020). *Nachhaltiges Management. Über den Umgang mit Ressourcenorientierung und widersprüchlichen Managementrationalitäten : Handbuch für Studium und Praxis* (3., aktualisierte und erweiterte Auflage). Baden-Baden: Nomos.

Murray, S. (2023). *Why nature's future underpins the future of business. Managing biodiversity can be even more complex than reducing carbon emissions. But the costs of inaction are becoming clear.* Zugriff am 07.12.2023. Verfügbar unter: https://www.ft.com/content/ca666c93-65f4-4070-9ca8-0f3a44d19319

Nagel-Jungo, G., **Huber**, J.-M., **Buchs**, A., **Camenisch**, J., **Bumann**, C. & **Leu**, R. (2023). *Nachhaltigkeit: Wo steht der Schweizer Mittelstand?* ZHAW & Mazars AG. Zugriff am 07.11.2023. Verfügbar unter: https://ger.mazars.ch/Home/Insights/Publikationen/Studien

Ngamvilaikorn, K., **Lhaopadchan**, S. & **Treepongkaruna**, S. (2024). Corporate governance, social responsibility and sustainability commitments by banks: Impacts on credit risk and performance. *Corporate Social Responsibility and Environmental Management, 31*(6), 5109–5121. https://doi.org/10.1002/csr.2852

Nilsson, M., **Chisholm**, E., **Griggs**, D. [David], **Howden-Chapman**, P., **McCollum**, D., **Messerli**, P. et al. (2018). Mapping interactions between the sustainable development goals: lessons learned and ways forward. *Sustainability science, 13*(6), 1489–1503. https://doi.org/10.1007/s11625-018-0604-z

Nilsson, M., **Griggs**, D. [Dave] & **Visbeck**, M. (2016). Policy: Map the interactions between Sustainable Development Goals. *Nature, 534*(7607), 320–322. https://doi.org/10.1038/534320a

Nilsson, M. & **Weitz**, N. (2019). Governing Trade-Offs and Building Coherence in Policy-Making for the 2030 Agenda. *Politics and Governance, 7*(4), 254–263. https://doi.org/10.17645/pag.v7i4.2229

Nizam, E., **Ng**, A., **Dewandaru**, G., **Nagayev**, R. & **Nkoba**, M. A. (2019). The impact of social and environmental sustainability on financial performance: A global analysis of the banking sector. *Journal of Multinational Financial Management, 49*, 35–53. https://doi.org/10.1016/j.mulfin.2019.01.002

Pallwein-Prettner, A., **Müllner**, M. & **Schachinger**, M. (2022). Sustainability Reporting und Diversity Management. In Binder Gösswang Rechtsanwälte GmbH (Hrsg.), *Sustainability. Das Recht der Nachhaltigkeit* (Rechtspraxis, S. 41–65). Wien: LexisNexis.

Panda, S. & **Mitra**, A. (2021). Does Growth Sustainability affect Stock Value? An Empirical Investigation in Indian Banking Sector. *Journal of Decision Making and Leadership (JDML), 1*(1), 77–86.

Pham-Truffert, M., **Metz**, F., **Fischer**, M., **Rueff**, H. & **Messerli**, P. (2020). Interactions among Sustainable Development Goals: Knowledge for identifying multipliers and virtuous cycles. *Sustainable Development*, (5), 1–28. https://doi.org/10.1002/sd.2073

Platform on Sustainable Finance. (2022). *Final Report on Social Taxonomy.* Platform on Sustainable Finance. Zugriff am 09.07.2024. Verfügbar unter: https://finance.ec.europa.eu/system/files/2022-08/220228-sustainable-finance-platform-finance-report-social-taxonomy_en.pdf

Popović, T., **Reichard-Chahine**, J., **Reichenberg**, M., **Schirpke**, A., **Seeberger**, A.-C. & **Wozniak**, A. (2021). Sustainable Insurance. Nachhaltiger Konsum am Beispiel von Versicherungsprodukten, -dienstleistungen und -beratung. In W. Wellbrock & D. Ludin (Hrsg.), *Nachhaltiger Konsum. Best Practices aus Wissenschaft, Unternehmenspraxis, Gesellschaft, Verwaltung und Politik* (S. 719–935). Wiesbaden: Springer Gabler.

Pradhan, P., **Costa**, L., **Rybski**, D., **Lucht**, W. & **Kropp**, J. P. (2017). A Systematic Study of Sustainable Development Goal (SDG) Interactions. *Earth's Future*, *5*(11), 1169–1179. https://doi.org/10.1002/2017EF000632

Probst, B., **Toetzke**, M., **Kontoleon**, A., **Diaz Anadon**, L. & **Hoffmann**, V. H. (2023). Systematic review of the actual emissions reductions of carbon offset projects across all major sectors. *ETH Working Paper*. https://doi.org/10.3929/ethz-b-000620307

PWC (2023). *ESG Breakfast Event*, St. Gallen.

Rat für nachhaltige Entwicklung. (2020). *Leitfaden zum deutschen Nachhaltigkeitskodex.* Rat für nachhaltige Entwicklung. Zugriff am 09.07.2024. Verfügbar unter: https://www.nachhaltigkeitsrat.de/wp-content/uploads/2019/01/DNK_Leitfaden_BITV_DE_190226_1.pdf

Regierung des Fürstentums Liechtenstein. (2021). *Regierungsprogramm 2021–2025. Nachhaltig. Verlässlich. Gestaltend.* Zugriff am 22.11.2023. Verfügbar unter: https://www.regierung.li/files/attachments/20211005-Broschuere-Regierungsprogramm-2021-2025-637690469875425556.pdf?t=637707485734142794&nid=14871&groupnr=14871&lang=de

Regierung des Fürstentums Liechtenstein. (2024). *Beteiligungsstrategie der Regierung des Fürstentums Liechtenstein für die Beteiligung an der Liechtensteinischen Landesbank AG.* Zugriff am 14.06.2024. Verfügbar unter: https://llb.li/de/die-llb/investoren/aktie/details

Rheinbay, L., **Funke**, C., **Machur**, W., **Holst**, A., **Braun**, N., **Demandt**, M. et al. (2021). *Germany's transition to a circular economy. How to unlock the potential of cross-industry collaboration.* Wuppertal: Wuppertal Institut; Accenture. Zugriff am 09.07.2024. Verfügbar unter: https://www.buergerundstaat.de/4_22/nachhaltigkeit.pdf

Riegler, M. (2023). Towards a definition of sustainable banking – a consolidated approach in the context of guidelines and strategies. *International Journal of Corporate Social Responsibility*, *8*(1), 1–26. https://doi.org/10.1186/s40991-023-00078-4

Sachs, J., **Kroll**, C., **Lafortune**, G., **Fuller**, G. & **Woelm**, F. (2022). *Sustainable Development Report 2022.* https://doi.org/10.1017/9781009210058

Saeed, M. A. & **Kersten**, W. (2020). Supply chain sustainability performance indicators. A systematic literature review. *Logistics Research*, (13:6), 1–19. https://doi.org/10.15480/882.3251

Sailer, U. (2022). *Nachhaltigkeitscontrolling. So werden Unternehmen nachhaltig gesteuert* (UTB, Bd. 5332, 4., vollständig überarbeitete Auflage). München: UVK Verlag. https://doi.org/10.36198/9783838558905

SASB. (2023). *SASB Standard Finanzsektor – Geschäftsbanken. Nachhaltigkeitsberichterstattungsstandards.* Zugriff am 07.11.2023. Verfügbar unter: https://sasb.org/standards/

Schader, C., **Baumgart**, L., **Landert**, J., **Muller**, A., **Ssebunya**, B., **Blockeel**, J. et al. (2016). Using the Sustainability Monitoring and Assessment Routine (SMART) for the Systematic Analysis of Trade-Offs and Synergies between Sustainability Dimensions and Themes at Farm Level. *Sustainability*, *8*(3), 1–20. https://doi.org/10.3390/su8030274

Schäffer, U. (2022). „Der Controller wird zum Pacemaker". *Controlling & Management Review*, *66*(3), 16–21. https://doi.org/10.1007/s12176-022-0456-3

Schaltegger, S. (2015). Die Beziehung zwischen CSR und Corporate Sustainability. In A. Schneider & R. Schmidpeter (Hrsg.), *Corporate Social Responsibility. Verantwortungsvolle Unternehmensführung in Theorie und Praxis* (2., erg. u. erw. Aufl. 2015, S. 199–209). Berlin, Heidelberg: Springer Berlin Heidelberg.

Scherer, L., **Behrens**, P., **Koning**, A. de, **Heijungs**, R., **Sprecher**, B. & **Tukker**, A. (2018). Trade-offs between social and environmental Sustainable Development Goals. *Environmental Science & Policy*, *90*, 65–72. https://doi.org/10.1016/j.envsci.2018.10.002

Schick, G., **Senn**, M. & **Peters**, M. (2021). Corona-Krise und Klimawandel: Finanzmarkt bleibt instabil. *Forschungsjournal Soziale Bewegungen*, *34*(2), 188–202. https://doi.org/10.1515/fjsb-2021-0017

Schneider, A. (2015). Reifegradmodell CSR – eine Begriffsklärung und -abgrenzung. In A. Schneider & R. Schmidpeter (Hrsg.), *Corporate Social Responsibility. Verantwortungsvolle Unternehmensführung in Theorie und Praxis* (2., erg. u. erw. Aufl. 2015, S. 21–42). Berlin, Heidelberg: Springer Berlin Heidelberg.

Schöchli, H. (2024, 30. Mai). EU-Entscheid bringt die Schweiz in Zugzwang. Brüssel verschärft Regeln zur Konzernverantwortung. *Neue Züricher Zeitung*, S. 21.

Schoof, C. (2023). *Kapitalmarktwahrnehmung der integrierten nichtfinanziellen Berichterstattung in Deutschland*. Technische Universität Dortmund. https://doi.org/10.26083/tuprints-00023271

Schwaab, J. (2018). *Using multi-Objective optimization for improving the sustainability of urban development*. Dissertation. Eidgenössische Technische Hochschule Zürich, Zürich. Zugriff am 09.07.2024. Verfügbar unter: http://hdl.handle.net/20.500.11850/238191

Schweizer Bundesrat. (2022a). *Sustainable-Finance Schweiz. Handlungsfelder 2022–2025 für einen führenden nachhaltigen Finanzplatz*. Zugriff am 22.11.2023. Verfügbar unter: https://www.newsd.admin.ch/newsd/message/attachments/74560.pdfhttps://www.admin.ch/gov/de/start/dokumentation/medienmitteilungen.msg-id-92274.html

Schweizer Bundesrat. (2022b). *Klimapolitik: Bundesrat verabschiedet Botschaft zum revidierten CO2-Gesetz*. Bern. Zugriff am 09.07.2024. Verfügbar unter: https://www.admin.ch/gov/de/start/dokumentation/medienmitteilungen.msg-id-90389.html#:~:text=Mit%20dem%20revidierten%20CO2%2DGesetz,Zeit%20von%202025%20bis%202030.

Schweizer Bundesrat. (2022c). *Nachhaltige Unternehmensführung: Bundesrat legt weiteres Vorgehen fest*. Bern. Zugriff am 09.07.2024. Verfügbar unter: https://www.admin.ch/gov/de/start/dokumentation/medienmitteilungen.msg-id-92009.html#:~:text=Nachhaltige%20Unternehmensf%C3%BChrung%3A%20Bundesrat%20legt%20weiteres%20Vorgehen%20fest,-Der%20Bundesrat&text=Bern%2C%2002.12.2022%20%2D%20Der,Dezember%202022%20best%C3%A4tigt.

Science Based Targets initiative. (2022). *Financial Sector Science-Based Targets Guidance* (Version 1.1). Zugriff am 14.06.2024. Verfügbar unter: https://sciencebasedtargets.org/sectors/financial-institutions

Science Based Targets initiative. (2023). *SBTi Corporate Net Zero Standard*. Version 1.1. Zugriff am 07.11.2023. Verfügbar unter: https://sciencebasedtargets.org/resources/files/Net-Zero-Standard.pdf

Sedlmeier, P. & **Renkewitz**, F. (2013). *Forschungsmethoden und Statistik für Psychologen und Sozialwissenschaftler* (Always learning, 2., aktualisierte Aufl.). München, Harlow u.a.: Pearson, Higher Education.

Slama Ben, M. & **Hamouda Ben**, S. (2024). *The Impact of Corporate Social Responsibility on the Financial Performance of European Banks: A Simultaneous Equations Model.* Zugriff am 07.11.2024. Verfügbar unter: https://www.researchgate.net/publication/377021763_The_Impact_of_Corporate_Social_Responsibility_on_the_Financial_Performance_of_European_Banks_A_Simultaneous_Equations_Model

Smet, J. de (2023). Sustainability and Systemic Risk in EU Banking Regulation. In L. Böffel & J. Schürger (Hrsg.), *Digitalisation, Sustainability, and the Banking and Capital Markets Union* (S. 273–294). Cham: Springer Nature Switzerland AG.

Sousa, M., **Almeida**, M. F. & **Calili**, R. (2021). Multiple Criteria Decision Making for the Achievement of the UN Sustainable Development Goals: A Systematic Literature Review and a Research Agenda. *Sustainability*, (13, 4129), 1–37. https://doi.org/10.3390/su13084129

Statista. (2023). *Größte Banken in der Schweiz nach Bilanzsumme im Jahr 2022.* Zugriff am 14.11.2023. Verfügbar unter: https://de.statista.com/statistik/daten/studie/299205/umfrage/banken-in-der-schweiz-nach-ihrer-bilanzsumme/

Stern, T. (2020). *Bankenaufsichtsrecht im Europäischen Wirtschaftsraum. Normative Lehren aus der Finanzkrise* (Wirtschaftsrecht). Wien: Jan Sramek Verlag.

Stern, T. (2023). ESG-Risiken im prudentiellen Regime: Herausforderungen für Regulierung und Aufsicht. In A. Zahradnik & C. Richter-Schöller (Hrsg.), *Praxishandbuch nachhaltige Finanzierung* (S. 113–123). Wien: Linde Verlag Ges.m.b.H.

Stucki, T. & **Wörter**, M. (2021). Statusbericht der Schweizer Kreislaufwirtschaft: Erste repräsentative Studie zur Umsetzung der Kreislaufwirtschaft auf Unternehmensebene. *ETH Zürich - KOF Studien*, (167). https://doi.org/10.3929/ethz-b-000523708

Stüttgen, M., **Mattmann**, B. & **Baumgartner**, D. (2022). *Divergenzen zwischen Nachhaltigkeitsratings. Beispiel Tesla*, **HSLU/IFZ**. Zugriff am 01.05.2023. Verfügbar unter: https://hub.hslu.ch/sustainable/divergenzen-zwischen-nachhaltigkeitsratings-beispiel-tesla/

Swiss Banking. (2022a). *Richtlinien für Anbieter von Hypotheken zur Förderung der Energieeffizienz.* Zugriff am 01.12.2023. Verfügbar unter: https://www.swissbanking.ch/_Resources/Persistent/b/b/f/a/bbfaa1ee2cc01e74fdccc5cf4f5da828b8e7ebf9/SBVg_Richtlinien_Anbieter_Hypotheken_zur_F%C3%B6rderung_der_Energieeffizienz_DE.pdf

Swiss Banking. (2022b). *Richtlinien für die Finanzdienstleister zum Einbezug von ESG-Präferenzen und ESG-Risiken bei der Anlageberatung und Vermögensverwaltung.* Zugriff am 01.12.2023. Verfügbar unter: https://www.swissbanking.ch/_Resources/Persistent/2/4/4/c/244ca532e883b1d16b64ea5ca26a2c1a550e7737/SBVg_Richtlinien_Anlageberatung_und_Vermo%CC%88gensverwaltung_DE.pdf

TCFD. (2017). *Recommendations of the Task Force on Climate-related Financial Disclosures. Final Report.* Zugriff am 07.11.2023. Verfügbar unter: https://www.fsb-tcfd.org/recommendations/

Trane, M., **Marelli**, L., **Siragusa**, A., **Pollo**, R. & **Lombardi**, P. (2023). Progress by Research to Achieve the Sustainable Development Goals in the EU: A Systematic Literature Review. *Sustainability*, *15*(9), 1–37. https://doi.org/10.3390/su15097055

Tschütscher-Alanyurt, A. (2022). *Nachhaltigkeit in Organisationen. Mit dem positiven Nachhaltigkeitskreislauf in die Zukunft* (1. Auflage). Stuttgart: Schäffer-Poeschel Verlag.

UNEP FI. (2012). *Principles for Sustainable Insurance*. Zugriff am 09.11.2023. Verfügbar unter: https://www.unepfi.org/psi/wp-content/uploads/2012/06/PSI-document.pdf

United Nations. (2024). *The Sustainable Development Goals Report 2024*. Zugriff am 09.11.2024. Verfügbar unter: https://unstats.un.org/sdgs/report/2024/The-Sustainable-Development-Goals-Report-2024.pdf

United Nations General Assembly. (2015). *Transforming our world: the 2030 Agenda for Sustainable Development*. Zugriff am 21.04.2023. Verfügbar unter: https://sustainabledevelopment.un.org/content/documents/21252030%20Agenda%20for%20Sustainable%20Development%20web.pdf

Urban, P. & **Hametner**, M. (2022). The Economy–Environment Nexus: Sustainable Development Goals Interlinkages in Austria. *Sustainability*, (14, 12281), 1–25. https://doi.org/10.3390/su141912281

Van Bommel, Z. (2023). *Sustainable Finance in Financial Institutions: A Literature Review of the Integration of ESG Factors and Balancing Profitability Goals*. Essay. University of Twente, Niederlande. Zugriff am 11.11.2024. Verfügbar unter: https://essay.utwente.nl/95676/

Velte, P. (2022). Zur Symbiose von Integrated Reporting und Controlling. Einbettung in die empirische Forschung und Handlungsempfehlungen. In W. Becker & P. Ulrich (Hrsg.), *Handbuch Controlling* (Springer eBook Collection, 2., überarbeitete und erweiterte Auflage, S. 1213–1231). Wiesbaden: Springer Gabler.

Vereinte Nationen. (2015). *Übereinkommen von Paris*. Zugriff am 22.11.2023. Verfügbar unter: https://www.bmuv.de/fileadmin/Daten_BMU/Download_PDF/Klimaschutz/paris_abkommen_bf.pdf

Vieweg, W. (2019). *Nachhaltige Marktwirtschaft. Eine Erweiterung der Sozialen Marktwirtschaft* (essentials, 2., aktualisierte Auflage). Wiesbaden: Springer Gabler.

Vladimirova, K. & **Le Blanc**, D. (2016). Exploring Links between Education and Sustainable Development Goals through the Lens of UN Flagship Reports. *Sustainable Development*, *24*(4), 254–271. https://doi.org/10.1002/sd.1626

Vogt-Beck, C. (2023, 7. Dezember). „Die Wirtschaft als Treiber von Entwicklung kann und muss eine verantwortliche Rolle einnehmen". Cordula Ott beschäftigt sich schon ihr ganzes Leben lang mit der Frage, wie nachhaltige Entwicklung gelingen kann. *Wirtschaft regional,* S. 4–5 (Interview mit Cordula Ott).

Vollmar, B. H. (2022). Controlling und Nachhaltigkeit. In W. Becker & P. Ulrich (Hrsg.), *Handbuch Controlling* (Springer eBook Collection, 2., überarbeitete und erweiterte Auflage, S. 1095–1133). Wiesbaden: Springer Gabler.

Wall, F. (2022). Stakeholder-Controlling. In W. Becker & P. Ulrich (Hrsg.), *Handbuch Controlling* (Springer eBook Collection, 2., überarbeitete und erweiterte Auflage, S. 1135–1153). Wiesbaden: Springer Gabler.

Waschbusch, G., **Kiszka**, S. & **Strauss**, P. (2021). *Nachhaltigkeit in der Bankenbranche. Ansätze zur Integration des Nachhaltigkeitsgedankens in die bankbetriebliche Praxis* (Wettbewerb und Regulierung von Märkten und Unternehmen, Bd. 47, 1. Auflage). Baden-Baden: Nomos.

WCED. (1987). *Our common future*. Oxford: Oxford Univ. Press.

WEF. (2024). *Vom Regenwald bis zum Korallenriff: Erhaltung des Lebens auf der Erde*. Zugriff am 24.07.2024. Verfügbar unter: https://www.weforum.org/de/open-forum/event_sessions/from-rainforests-to-reefs-sustaining-life-on-earth/

Wehrden, H. von, **Kater-Wettstädt**, L. & **Schneidewind**, U. (2019). Fridays for Future aus nachhaltigkeitswissenschaftlicher Perspektive. *GAIA*, *28/3*, 307–309. https://doi.org/74088

Weitz, N., **Carlsen**, H., **Nilsson**, M. & **Skånberg**, K. (2018). Towards systemic and contextual priority setting for implementing the 2030 Agenda. *Sustainability Science*, *13*(2), 531–548. https://doi.org/10.1007/s11625-017-0470-0

Wellbrock, W., **Ludin**, D. & **Krauter**, S. (2020). *Nachhaltigkeitscontrolling. Instrumente und Kennzahlen für die strategische und operative Unternehmensführung* (Springer eBook Collection, 1st ed. 2020). Wiesbaden: Springer Fachmedien Wiesbaden; Imprint Springer Gabler. https://doi.org/10.1007/978-3-658-30700-4

Wiek, A., **Withycombe**, L. & **Redman**, C. L. (2011). Key competencies in sustainability: a reference framework for academic program development. *Sustainability Science*, *6*(2), 203–218. https://doi.org/10.1007/s11625-011-0132-6

Yang, S., **Zhao**, W., **Liu**, Y., **Cherubini**, F., **Fu**, B. & **Pereira**, P. (2020). Prioritizing sustainable development goals and linking them to ecosystem services: A global expert's knowledge evaluation. *Geography and Sustainability*, *1*(4), 321–330. https://doi.org/10.1016/j.geosus.2020.09.004

Zimm, C., **Sperling**, F. & **Busch**, S. (2018). Identifying Sustainability and Knowledge Gaps in Socio-Economic Pathways Vis-à-Vis the Sustainable Development Goals. *Economies, MDPI*, *6*(2), 1–22. https://doi.org/10.3390/economies6020020

Zimmermann, F. M. (2016a). Globale Herausforderungen und die Notwendigkeit umzudenken – wie soll das funktionieren? In F. M. Zimmermann (Hrsg.), *Nachhaltigkeit wofür? Von Chancen und Herausforderungen für eine nachhaltige Zukunft* (SpringerLink Bücher, 1. Aufl. 2016, S. 27–58). Berlin: Springer Spektrum.

Zimmermann, F. M. (2016b). Was ist Nachhaltigkeit - Eine Perspektivenfrage? In F. M. Zimmermann (Hrsg.), *Nachhaltigkeit wofür? Von Chancen und Herausforderungen für eine nachhaltige Zukunft* (SpringerLink Bücher, 1. Aufl. 2016, S. 1–24). Berlin: Springer Spektrum.

Zimmermann, F. M. & **Risopoulos-Pichler**, F. (2016). Bildung und Forschung für nachhaltige Entwicklung – eine Notwendigkeit im 21. Jahrhundert. In F. M. Zimmermann (Hrsg.), *Nachhaltigkeit wofür? Von Chancen und Herausforderungen für eine nachhaltige Zukunft* (SpringerLink Bücher, 1. Aufl. 2016, S. 229–255). Berlin: Springer Spektrum.

Zimmermann, S. (2020a). *Banking for the Climate: Activation Mechanisms of the Sustainable Logic*. Working Paper. Fernuniversität Hagen, Hagen. https://doi.org/10.18445/20200514-110512-0

Zimmermann, S. (2020b). *Differences in Kind and Degree: How Institutional Logics Shape Corporate Sustainability Strategies: A Multiple Case Study in the German Banking Industry*. Dissertation. Fernuniversität Hagen. https://doi.org/10.18445/20200526-130003-0

Zwick, Y. & **Jeromin**, K. (Hrsg.). (2023). *Mit Sustainable Finance die Transformation dynamisieren. Wie Finanzwirtschaft nachhaltiges Wirtschaften ermöglicht*. Wiesbaden: Springer Gabler. https://doi.org/10.1007/978-3-658-38044-1

Kolibri 360 GmbH
Ferdinand-Jühlke-Straße 7
99095 Erfurt, Deutschland
produktsicherheit@kolibri360.de